纳税检查

NASHUI JIANCHA

王志焕 编著

（第二版）

首都经济贸易大学出版社
Capital University of Economics and Business Press
·北 京·

图书在版编目(CIP)数据

纳税检查/王志焕编著. --2版. --北京:首都经济贸易大学出版社,2020.9

ISBN 978-7-5638-3113-5

Ⅰ.①纳… Ⅱ.①王… Ⅲ.①纳税—税收检查—中国—高等学校—教材 Ⅳ.①F812.423

中国版本图书馆CIP数据核字(2020)第142996号

纳税检查(第二版)
王志焕 编著

责任编辑	陈雪莲
封面设计	**风得信·阿东** **FondesyDesign**
出版发行	首都经济贸易大学出版社
地　　址	北京市朝阳区红庙 (邮编 100026)
电　　话	(010)65976483　65065761　65071505(传真)
网　　址	http://www.sjmcb.com
E-mail	publish@cueb.edu.cn
经　　销	全国新华书店
照　　排	北京砚祥志远激光照排技术有限公司
印　　刷	北京建宏印刷有限公司
开　　本	710毫米×1000毫米　1/16
字　　数	380千字
印　　张	22
版　　次	2018年4月第1版　**2020年9月第2版** 2020年9月总第4次印刷
书　　号	ISBN 978-7-5638-3113-5
定　　价	45.00元

再版说明

本教材自出版以来,被很多高校选用,为高校师生的学习提供了便利。随着税收营商环境的优化,国家减税降费的力度不断加大。为尽量贴近税务稽查实践,增强教材的全面性、针对性和实用性,对本教材进行了修订,对有关章节的内容和观点做了调整,增加和更新了部分内容。此次修订以第一版为基础,框架结构仍以分税种稽查实务为主线,以专题的形式讲解税务稽查基本知识、分税种稽查实务两大部分,共七章,内容包括:税务稽查概述;税务稽查工作程序;会计报表、账簿和凭证的检查;增值税的检查;消费税的检查;企业所得税的检查;个人所得税的检查。第二版在第一版的基础上主要做了以下几个方面的改动:

第一,规范了一些术语。长期以来,纳税检查相关教材的术语不统一,如有纳税检查、税务稽查、税务检查等,此次修订,虽然教材名称未变,但是里面的内容术语统一改为税务稽查,力求接近税务稽查工作的实际。

第二,删除了个别内容。例如,第一章税务稽查概述中,税务稽查的管辖内容之一——职能管辖已不符合现实,国税和地税已然合并。

第三,更新了一些内容。本教材第四章至第六章,每章内容均按照政策依据、常见的涉税问题、主要检查方法、税务稽查实例的顺序编著,其中,政策依据部分变动较大,特别是增值税和个人所得税的相关政策法规,本次修订进行了相应的更新。

第四,修订了部分练习题的内容,增加了一些案例分析。每章课后的习题均有增删,目的是便于学生加深对教材中相关理论和方法的理解。案例分析的特点在于:通过分析具有很强的现实背景和足够的数据容量的案例,一方面,帮助读者迅速掌握重要、抽象的知识要点,透彻地了解税务稽查工作;另一方面,提高读者对"纳税检查"这门课程的兴趣。

本教材的编写和修订是一个不断完善的过程,由于时间仓促,加之笔者水平有限,恳请广大师生读者将使用中发现的问题及时告知,以便在教材的修订中加以改进。

王志焕

前　　言

近几年来我国财务会计和税收制度发生了较大的变化，目前高等院校财税专业可用的纳税检查教材很少，既有的教材也往往脱离了财务会计和税收制度改革发展的实际情况。有鉴于此，根据最新的财务会计和税收制度，结合纳税检查课程教学经验，编写了本教材。

本教材根据我国现行税收法规、财务会计制度和会计准则，紧密联系税收检查工作的实际情况，全面系统地阐述了纳税检查的基本理论、基本方法和基本技能。

本书在编写过程中力求体现以下特色：

第一，每章开篇以导入案例作为切入点，提出一些与本章具体内容相关的问题，引发读者思考的同时，提高读者的学习兴趣。

第二，本教材根据最新的税收法律法规、会计准则编写，具有很强的时效性。

第三，每章根据内容的需要，增加一些有利于拓展读者视野的案例，增加教材的可读性和趣味性，让读者在轻松愉快的氛围里掌握相关知识。

第四，每章附有形式多样的自测题和案例分析题，以巩固和加强对重要知识点的理解和运用，发挥读者的主观能动性，实现教、学、做的统一，提高读者的动手能力。

第五，因为学生所学会计学知识大多针对工业企业，因此本教材的税务检查内容主要是工业企业的税务检查相关问题。

本书适用于高等院校财政、税务、会计等相关专业本科生的教学，也可作为财政、税务干部培训和从事相关工作的在职人员的学习参考用书。

由于笔者水平有限，书中多有不妥之处，恳请同行批评指正。咨询、意见和建议可反馈至邮箱：1026800783@qq.com。

王志焕

目　录

第一章　税务稽查概述 …… 1

第一节　税务稽查的概念和意义 …… 2

第二节　税务稽查的形式和方法 …… 6

第三节　税务稽查的权限和义务 …… 18

第四节　税务稽查的证据 …… 28

本章习题 …… 36

第二章　税务稽查工作程序 …… 46

第一节　税务稽查的程序 …… 47

第二节　税务稽查工作底稿、税务稽查报告和税务自查报告 …… 66

第三节　错账的调整方法 …… 73

本章习题 …… 82

第三章　会计报表、账簿和凭证的检查 …… 89

第一节　税务稽查的分析技能 …… 90

第二节　会计报表的检查分析 …… 94

第三节　会计账簿的检查分析 …… 108

第四节　会计凭证的检查分析 …… 116

本章习题 …… 123

第四章　增值税的检查 …… 127

第一节　销项税额的检查 …… 127

第二节　进项税额的检查 …… 154

第三节　应纳增值税税额的检查 …… 164

第四节　增值税其他检查内容 …… 173

第五节　生产企业出口货物免、抵、退税的检查 …… 178

本章习题 …… 183

第五章　消费税的检查 ………… 196
第一节　生产销售和自产自用应税消费品的检查 ………… 197
第二节　委托加工应税消费品的检查 ………… 208
第三节　进口环节和零售环节应税消费品的检查 ………… 217
第四节　消费税其他检查内容 ………… 219
本章习题 ………… 228

第六章　企业所得税的检查 ………… 238
第一节　企业应税收入的检查 ………… 239
第二节　生产成本的检查 ………… 251
第三节　应纳税所得额计算中各项扣除的检查 ………… 276
第四节　企业资产税务处理的检查 ………… 284
第五节　应纳税所得额及应纳税额的检查 ………… 289
第六节　企业所得税检查后的账务调整 ………… 296
第七节　企业所得税纳税检查实例 ………… 301
本章习题 ………… 314

第七章　个人所得税的检查 ………… 321
第一节　个人所得税征收管理的检查 ………… 322
第二节　个人所得税计税依据的检查 ………… 328
第三节　个人所得税特殊计税方法的检查 ………… 333
本章习题 ………… 342

第一章 税务稽查概述

案例导读

缴清税款恢复“自由身”

宁波某船业有限公司负责人严某遇到了一系列烦心事。由于资金紧张，该公司曾向当地银行申请一笔贷款，没想到几次申请均被银行否决了，企业的运营因此受到了重大影响。

询问银行工作人员后，严某才得知，由于他所经营的某船业公司属于税收违法黑名单上榜企业，企业在银行备案的信用等级已降到最低，今后企业若开展投融资活动，将会在多个领域受到资格限制。不仅如此，严某的新老客户从税务网站和其他媒体中得知该企业被列入税收违法黑名单后，纷纷对企业的经营发展、履约能力和信誉度提出质疑，不少企业因此取消了订单。

原来，该船业有限公司在2008—2013年通过账外私设小金库、隐匿销售收入、违规抵扣增值税进项税额等方式偷逃了巨额税款。该公司的违法行为最终被宁波市象山县国税局稽查局查实，追缴税款447.81万元，罚款266.68万元。该公司因此被宁波市国税局列入税收违法黑名单，并对外公示。

令严某更加震惊的是，企业上榜黑名单后，除了银行贷款、业务订单受到影响外，公司和其本人还受到了来自多个单位实施的联合惩戒：市公安局依法把严某列入阻止出境名单；市财政局将当事人信息提交有关处室依法备案，限制政府性资金支持，并在一定期限内禁止其参加政府采购活动；出入境检验检疫局将该公司直接列为出入境检验检疫信用D级（动态调整），同时对其实行了限制性管理措施。

因为一时贪念，致使公司运营遭受重创，严某悔不当初。他立即筹措资金，最终缴清税款、滞纳金、罚款共计900余万元。2016年6月，宁波市国税局将其撤出了税收违法黑名单，缴税情况也被推送至参与联合惩戒的各个单位，严某和其公司终于恢复了“自由身”。

（资料来源：http：//www.cstax.gov.cn/hnmh/zwgk/zwdt/csyw/content_118420.html）

第一节　税务稽查的概念和意义

一、税务稽查的概念

税务稽查由税务局稽查局依法实施。稽查局的主要职责是依法对纳税人、扣缴义务人和其他涉税当事人履行纳税义务、扣缴义务情况及涉税事项进行检查处理，以及围绕检查处理开展的其他相关工作。稽查局具体职责由国家税务总局依照《税收征管法》《税收征管法实施细则》有关规定确定。税务稽查是征税管理工作的一项重要内容，是确保国家财政收入和税收法律法规贯彻落实的重要手段。税务稽查既有利于全面贯彻国家的税收政策，严肃税收法纪，加强纳税监督，查处偷税、漏税和逃骗税等违法行为，确保税收收入足额入库，也有利于帮助纳税人端正经营方向，促使其加强经济核算，提高经济效益。税务稽查的概念主要涉及以下几个方面。

（一）税务稽查的主体

广义的税务稽查主体范围很广，既包括国家法律赋予经济监督权利的“权利主体”，如税务局的稽查局、审计机关和财政机关等，还包括税务稽查的“义务主体”——实施自查的纳税人。其中，税务局稽查局是税务稽查的基本主体，审计、财政等则是辅助主体。狭义的税务稽查主体就是税务局稽查局。

《税务稽查工作规程》第四条规定：稽查局在所属税务局领导下开展税务稽查工作。上级稽查局对下级稽查局的稽查业务进行管理、指导、考核和监督，对执法办案进行指挥和协调。

（二）税务稽查的客体

税务稽查的客体是纳税人。纳税人是税收执法相对人，依法纳税是每一个纳税人的法定义务。这里的纳税人包括纳税义务人、代收代缴义务人、代扣代缴义务人和其他涉税当事人。其他涉税当事人包括纳税担保人、委托代征人、税务代理人、银行和其他金融机构等与税务事项和税务案件有关的单位和个人。税务稽查就是对纳税人履行纳税义务的情况进行监督，检查纳税人是否及时、足额地缴纳了税款，是否依法办理了纳税手续，是否服从税务机关的管理，有无税务违法行为。

（三）税务稽查的目的

开展税务稽查，核实纳税人履行纳税义务情况，揭露纳税人逃税、欠税和抗税的行为，其目的是保证国家税收政策、法规的正确贯彻执行，堵塞各种“跑冒滴漏”，保证国家财政收入及时足额入库，严肃财经纪律，规范纳税秩序，实现税收职能。

（四）税务稽查的依据

税务稽查是依据国家法律法规进行的，是以会计核算为前提，建立在会计制度的实施基础之上的一种经济监督活动。当法律法规和其他财会制度发生冲突时，在进行税务稽查时以法律法规为准。坚持依法治税是税务部门做好税收工作永恒的主题。依法治税是依法治国的重要组成部分，只有在税务稽查过程中始终坚持依法治税的原则，才能使税务稽查达到应有的目的。税务管理流程如图1－1所示。

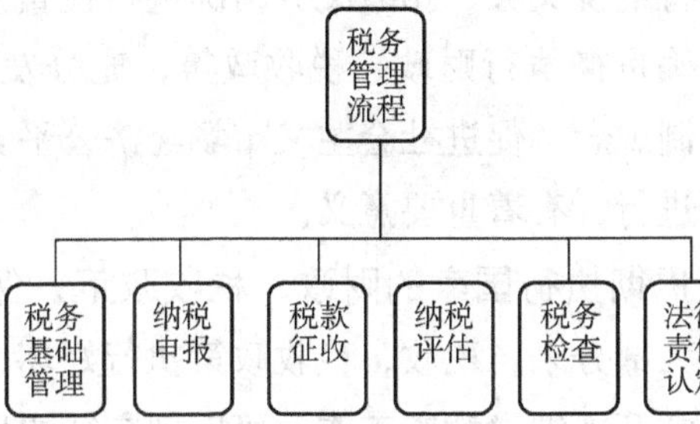

图1－1　税务管理流程

二、税务稽查的原则

税务稽查的原则是指税务机关查办涉税案件的规则。《税务稽查工作规程》第三条规定：税务稽查应当以事实为根据，以法律为准绳，坚持公平、公开、公正、效率的原则。税务稽查应当依靠人民群众，加强与有关部门、单位的联系和配合。

以事实为根据和以法律为准绳原则是指在税务稽查中坚持实事求是，按照法律、法规和规章办事。税务稽查工作要做到实事求是。税务稽查会对纳税人、扣缴义务人和其他涉税当事人的财产或者自由产生影响，因此，不可以主观臆断。例如，收集证据时，要客观地收集各种各样的证据，还原事实真相。

公平是指不偏不倚。税务机关对稽查案件的处理，不可太重，也不能太轻。公平也是被查对象对税务机关的期盼。“不患寡而患不均”（《论语·季氏》），追求公平，一直以来就是人类社会的努力方向。选案要公平，处理、处罚也要公平。

公开是指完全不隐蔽。税务机关对税务稽查程序公开透明，处理不偏不倚，经得起历史和时间的检验。

公正是指公平正直。税务机关对稽查案件的处理公道，不徇私枉法。执法机关和执法者务必牢记，公正执法才能赢得民心。税务稽查人员应遵守工作纪律，恪守职业道德。

稽查资源有限，任务繁重，不计成本的税务稽查思路需要改变。税务机关对稽查案件的检查和处理不可久拖不决，应该讲究效率，快查快结，尽快地给被查对象一个说法。例如，《税务稽查工作规程》第二十二条第四款规定："检查应当自实施检查之日起60日内完成；确需延长时间的，应当经稽查局局长批准。"有些案件久拖不下，数年未结，这是对工作的不负责任，也存在巨大的执法风险。

三、税务稽查的意义

税务稽查是税收管理的重要组成部分，是税务机关依法对纳税人、扣缴义务人和其他涉税当事人履行纳税义务、扣缴义务情况进行检查监督的一种手段。开展纳税检查工作，对正确贯彻执行财政、税收政策，充分发挥税收的职能作用，严肃财经纪律，增强法制观念，促进社会主义市场经济公平竞争，保证改革开放和国家经济建设的顺利进行，有着重要意义。

（一）有利于正确贯彻执行国家的财政、税收政策，保证国家财政收入

我国财政收入的绝大部分来自税收，税收政策执行好坏，与国家预算收入计划的完成关系极大。经常开展纳税稽查工作，可以把应征的税款及时足额组织入库，以保证国家有充足的财政收入，同时有利于严肃财经纪律，增强法治观念，保障改革和建设的顺利进行

（二）有利于发挥税收的调节作用，促进国民经济持续稳定健康发展

税收不仅是国家财政收入的主要来源，还是国家管理经济的一个重要调节杠杆。国家通过建立完整的税制，设置不同的税种、税目，确立不同的课税对象，制定不同的税率等办法，积极参与国民收入的分配和再分配，影响企业和个人的经济利益，引导生产和调节消费，促进国民经济持续、稳定、健康地发展。开展纳税稽查工作可以监督征纳双方更好地贯彻落实国家的财政、税收政策，使税收调节经济的作用得到充分发挥。

（三）有利于帮助企业改善经营管理，促进企业提高经济效益

税务稽查是对企业已经发生的经济业务的有关税收事项进行的事后检查。开展税务稽查不仅可以发现并纠正企业在纳税方面存在的问题，而且可以发现和揭露企业在财务管理和产、供、销、运等各方面存在的问题，从而促进企业采取措施，建立健全财务管理制度，改善经营管理，提高经济效益，同时，也便于税务部门制定切实可行的规划和措施，开展促产增收活动。

（四）有利于提高纳税遵从，促进国家税收征纳关系的和谐

纳税遵从是指纳税人依照税法规定履行纳税义务的程度和水平，在一定意义上，它反映出纳税人依法诚信纳税的道德水平和法制意识，因而也是衡量一个国家税收征纳关系是否和谐的重要指标。税务机关通过有效的税务稽查来查处税收违法行为，达到强化纳税人的税收法律责任意识，增加违法成本的目的，从而迫使纳税人在涉税行为的取向上，更多地选择“守法”而放弃“违法”。事实证明，税务稽查在引导纳税遵从方面具有不可替代的重要作用，是实现纳税从“他律”向“自律”转变的催化剂。

四、税务稽查人员的素质要求

税务稽查工作要求稽查人员要有全面的、系统的知识结构。稽查人员政治素质、业务知识、工作作风、工作能力等综合素质的好坏，直接影响着税务服务水平的高低，因此，建立一支高素质的税务稽查人员队伍是优化税收服务的根本要求，也是实现和谐稽查的必然要求。

对税务稽查人员的素质要求如下。

第一，提高稽查人员的业务素质。建立健全业务学习制度，制定中长期业务培训规划，坚持培训方式多样化，不断拓宽业务培训渠道。以提高稽查业务技能为着眼点，分门别类地开展计算机知识、税收应用检查软件、税收政策法规、企业财务会计、相关法律知识等实用技能培训，为进一步提高税务稽查服务的质量和稽查效率奠定坚实的基础。

《税务稽查工作规程》第九条规定：税务机关必须不断提高稽查信息化应用水平，充分利用现代信息技术采集涉税信息，强化稽查管理和执法监督。所以稽查人员必须学习现代信息技术，只会“纸上谈兵”，不会“网上冲浪”的检查人员必须淘汰。

第二，提高稽查人员的廉政素质。用铁的纪律约束每一位检查干部的行为，特别是狠刹吃、拿、卡、要、报等不正之风，坚决防止出现查人情税、查关系税等以查谋私、侵害纳税人利益的情况，坚决杜绝查而不报、徇私枉法等纵容违法行为，损害国家利益、扰乱经济秩序的行为。

《税务稽查工作规程》第八条规定，税务稽查人员应当遵守工作纪律，恪守职业道德，不得有下列行为：违反法定程序、超越权限行使职权；利用职权为自己或者他人谋取利益；玩忽职守，不履行法定义务；泄露国家秘密、工作秘密，向被查对象通风报信、泄露案情；弄虚作假，故意夸大或者隐瞒案情；接受被查对象的请客送礼；未经批准私自会见被查对象；其他违法乱纪行为。税务稽查人

员在执法办案中滥用职权、玩忽职守、徇私舞弊的，依照有关规定严肃处理；涉嫌犯罪的，依法移送司法机关处理。

资料卡片

黑龙江省税务部门开展监督执纪问责工作纪实

2017年，黑龙江省国税系统共受理信访举报206件（重复线索98件），6人被判处刑罚，4人正在接受司法调查。与此同时，对税收执法过错、管理不到位等问题，加大问责追责力度，严肃追究责任人及相关领导的责任，2017年全省国税系统共问责133人次。

（资料来源：http：//sjdb. hljnews. cn/news/58062. html）

第三，提高稽查人员的工作热情和积极性。创造一种人人争先创优的氛围和机制，坚持竞争上岗，综合考评，优化职责分工，推行轮岗制度，合理利用人才资源，以业绩、能力、工作质量论英雄，真正做到“能者上，庸者下”，创造公正、公开的用人环境，充分体现优胜劣汰、任人唯贤的用人机制，有效地提高稽查人员的积极性和主动性，激发敬业精神，强化工作责任心。

第二节　税务稽查的形式和方法

一、税务稽查的形式

税务稽查的形式是指税务机关开展税务检查的具体组织方式。税务稽查的形式往往因检查时间、检查内容和检查目的的不同而不同，主要有以下三种方式。

（一）纳税人自查

税务机关可以组织纳税人开展自查或互查，以此来了解不同行业纳税人或同行业不同纳税人的纳税义务履行情况。纳税人自查属于一般性检查，带有普查性质。

（二）税务机关专业稽查

税务局的稽查局（以下简称“稽查局”）可以组织税务人员对纳税人的各项涉税事宜进行专业检查。按照税务稽查对象来源性质的不同，税务稽查可分为日常稽查、专项稽查和专案稽查三类。

1. 日常稽查。日常稽查是稽查局有计划地对税收管辖范围内纳税人及扣缴义务人履行纳税义务情况及扣缴义务情况进行检查和处理的执法行为。

日常稽查与征管部门负责的日常检查主要存在以下区别：一是目的不同。日常稽查目的在于发现、分析和掌握税收违法活动的动向和规律，查处税收违法行为；而日常检查的对象是检查对象的管理行为，目的在于掌握检查对象履行法定义务的情况，提高税收管理水平。二是内容不同。日常稽查是对纳税人和扣缴义务人履行各项法定义务的全面核查，具有系统审计功能；而日常检查是指税务机关清理漏管户、核查发票、催报催缴、评估问询，了解纳税人生产经营和财务状况等不涉及立案稽查与系统审计的日常管理行为。三是程序不同。日常稽查程序包括选案、检查、审理、执行四个环节；而日常检查则不必履行上述程序。

2. 专项稽查。专项稽查是指稽查局按照上级税务机关的统一部署或下达的任务，对管辖范围内的特定行业或某类特定的纳税人，或特定的税务事务所进行的专门税务稽查。专项稽查和税收专项检查既有共同点也有不同点。共同点在于二者均应按照统一部署，集中人力、物力和财力解决带有普遍性的问题，都具有收效快，反响大的特点。不同点在于专项稽查由稽查局组织和实施，而税收专项检查由税务局统一安排，稽查局牵头组织，有关部门共同参与实施。从后者的角度讲，也可以将专项稽查看作税收专项检查的组成部分。

3. 专案稽查。专案稽查是指稽查局依照税收法律法规及有关规定，以立案形式对纳税人、扣缴义务人履行纳税义务、扣缴义务情况所进行的调查和处理的执法行为。专案稽查具有两个明显的特点：一是稽查对象特定。专案稽查对象来源于确定的线索，具有明显的税收违法嫌疑。二是适用范围广。专案稽查适用于举报、上级交办、其他部门移办、转办以及其他所有涉嫌税收违法案件的查处。

（三）多部门联合检查

多部门联合检查主要有以下两种形式。

1. 税务机关内部各部门之间的联合检查，包括征收部门与检查部门的联合检查，检查部门之间的联合检查。其特点是检查力量强、检查效果好。

2. 税务部门与其他经济部门之间进行的联合检查。一般由税务机关会同企业主管部门、财政、银行、物价等部门进行综合检查，促使企业加强内部监督，遵守财经纪律。其特点是检查范围广，查处问题全面，解决问题及时，能发挥综合治理的效果。

税务稽查的形式是多种多样的，税务机关应依据检查需要，结合企业实际，灵活运用。在检查工作中，为加快检查进度、提高检查效果，应注意将专业检查与群众检查相结合，实现税务稽查的预期目标。

—— 资料卡片 ——

2018 年 8 月，在一次跨部门情报信息交流中，杭州市税务稽查部门收到海关部门的一条移送线索，杭州 F 公司在申报出口纸制品过程中，将本应归入退税率为零的商品申报为退税率为 13% 的商品，企图骗取退税款。经稽查人员调查核实发现，该公司确有骗税迹象，涉案出口完税价格超过 1 000 万元人民币。此后，立即将此案移送公安部门，同步进行查处。最终，该公司被证实骗取国家出口退税款近 200 万元。

一位具有 30 年工作经历的老稽查干部说："这是我们税务部门与公安、海关、银行等部门联动打击虚开骗税行为的一个缩影，也是稽查工作面对新问题探索出的行之有效的方法。"

（资料来源：国家税务总局网站）

二、税务稽查的方法

税务稽查的方法是税务机关和税务稽查人员实施税务稽查时，为发现税收违法问题，搜集相关证据，依法采取的各种手段和措施。税务稽查的方法是实现税务稽查目的、完成税务稽查任务的重要手段。在税务稽查工作中，采用何种方法，应视稽查的目的和要求及被查单位的生产经营特点、财务管理水平和会计核算水平的具体情况而定。

（一）税务稽查的账务检查方法

1. 按税务稽查的内容和范围，可分为全查法和抽查法。所谓全查法，又称详查法，是税务机关对被查单位在检查期内的所有会计资料进行全面、系统而详细的检查，以检查纳税人是否严格履行纳税义务的一种方法。这种检查方法适用于那些经济业务比较简单、会计核算资料不多但账目混乱、不能按照税务机关的要求办理纳税申报或缴纳税款的少数单位。其优点在于能全面发现企业存在的涉税问题，检查工作彻底，但存在工作烦琐、浪费人力的缺陷。

所谓抽查法，又称选查法，是与全查法相对而言的，指税务机关对被查单位在检查期内的部分账簿、凭证等会计资料进行有选择性的检查，找出疑点、查处问题的一种检查方法。这种方法适用于经营规模大、经济业务复杂且账证比较健全的企业，通过检查这些企业的部分资料，如会计报表，对这些资料进行分析，寻找检查线索，发现企业存在的问题。其优点在于能在短时间内发现企业存在的问题，节省检查时间，但要求检查人员的素质高，善于发现问题，否则容易遗漏。

2. 按税务稽查实施的先后顺序，可分为顺查法和逆查法。顺查法又称正查法，是税务机关按照企业会计核算的程序，从原始凭证开始，依次对记账凭证、账簿、会计报表进行检查的方法。这种方法与上述全查法类似，主要适用于检查经营规模小、账目混乱、核算水平低的企业。其优点在于检查全面彻底，可以系统了解企业核算的全过程，便于发现疑点和问题。但这种检查方法比较烦琐，浪费时间，影响检查进度，体现不了重点。

逆查法又称倒查法，是相对于顺查法而言的，是税务机关采取的从审查分析会计报表或部分总账入手，逆向地审查总账、明细账、记账凭证、原始凭证的一种检查方法。这种方法适用于所有类型的企业，是税务机关常用的一种检查方法。其优点在于能迅速抓住检查重点，将问题查深查透，加快检查进度。但由于检查面窄，容易漏掉有问题的地方，而且检查工作不彻底，检查效果不佳，因而在实际工作中往往与抽查法结合使用。

3. 按税务稽查实施的地点，可分为实地检查法和调账检查法。所谓实地检查法，就是税务检查人员亲自到企业核算地进行纳税检查的方法。这种检查方法比较常用。

所谓调账检查法，就是税务检查人员将检查对象的所有会计核算资料调回税务机关进行检查的一种检查方法。这种检查方法一般适用于存在问题比较严重、必须进行全面系统检查的企业。但必须注意的是，税务机关外调被查单位的会计核算资料时，必须依法开具清单。

4. 按税务稽查的方式，可分为审阅法和核对法。

(1) 审阅法。审阅法是指对会计凭证、账簿、报表和其他有关资料进行仔细阅读和审查，以判断其反映的经济活动是否真实、合法的一种税务稽查方法。一般从形式和内容两个方面进行审阅。

对会计报表的审阅，主要注意各项经济指标有无异常变动，各种比例是否正常，平衡关系、勾检关系是否正常，等等。

对账簿的审阅，着重注意记账是否正确，核算有无错误，费用开支是否正常，等等。例如，“库存商品”账户的贷方发生额，一般应与“主营业务成本”“待处理财产损溢”“发出商品”等科目对应。若发现“库存商品”贷方发生额的对应科目是“银行存款”“库存现金”等，说明企业有漏报、瞒报销售收入和逃避税收的行为。

对凭证的审阅，则应注意经济业务是否合法、合理，字迹有无涂改，手续是否完备，会计分录和科目的对应关系是否正确等；对其他资料如生产经营计划、经济合同、各种定额、生产记录、考勤记录等，审阅时应注意其反映的内容是否真实、合法，发生的时间和金额是否与会计记录一致。

对会计资料以外的其他资料进行审阅，一般是为了进一步获取全面信息。在实际工作中，应视检查的具体情况审阅有关资料。一般可审阅以下几方面的内容：一是除审阅其本身的合法性、合理性外，还应结合所掌握的其他资料进行审阅；二是审阅时间逻辑关系，应审核资料所反映日期与经济业务发生日期、会计核算记录日期是否存在前后矛盾的情况。

（2）核对法。核对法又称为联系查法，是指依据账簿、凭证、报表和其他有关资料之间的逻辑关系，相互对照和审查的一种检查方法。核对法可依据账内的勾检关系，也可依据账外的逻辑联系。根据会计核算原理，企业的表表、表账、账账、账证、证证、账实之间存在一定的逻辑勾检关系，如果企业财会人员不按记账规则和记账程序记账，或是汇总计算错误，或有意弄虚作假，势必破坏企业会计资料之间应有的逻辑关系。因此，这种方法可以用来查证纳税人是否真实地反映了生产经营情况，有无错账、漏账或违反财经纪律行为而造成少缴或不缴税。核对法的内容主要包括以下几方面。

一是表表核对。表表核对是指将企业纳税申报表和不同会计报表中有相应关系的项目或指标的数据进行核对。例如，将增值税纳税申报表中的“主营业务收入”项目与主营业务收支明细表中的“主营业务收入”栏的有关项目和数据进行核对。

二是表账核对。表账核对是指将企业总分类账和明细分类账中的有关项目及数据与会计报表和纳税申报表中的有关项目和数据进行核对，查明各指标数据是否正确。例如，将资产负债表中的“应付职工薪酬”项目与“应付职工薪酬”总账或明细账进行核对，将损益表中的“管理费用”和“财务费用”项目与“管理费用”和“财务费用”总账及明细账进行核对。

三是账账核对。账账核对是指将有内在联系的总分类账或各总分类账与其所辖明细分类账之间的有关项目和数据进行核对。例如，将“库存商品”账户的贷方发生额与同期“主营业务成本”和“发出商品”等账户的借方发生额进行核对，看是否相符，如不相符，还要进一步查明产品的去向。

四是账证核对。账证核对是将总账和明细账与企业的记账凭证和相应的原始凭证或其他证明材料进行核对。例如，将“固定资产”明细账与固定资产增加或减少时的有关记账凭证及其原始凭证进行核对，看其原始凭证是否合法、合规；将“原材料”明细账与材料购进时的有关凭证进行核对，看材料的进价是否真实、合理，增值税进项税额是否准确记载；等等。

五是证证核对。证证核对是指将记账凭证所反映的数据及经济业务内容与所附的原始凭证，以及企业内部管理有关联的凭证进行核对。例如，对购入原材料的检查，可将供货单位开具的发票等单据与购货单位的入库验收单核对，再与记账凭证进行核对，看是否相符，若不相符，则应进一步查明原因。

六是账实相符。账实相符是指将实物类资产账户与各类实物类资产的实际盘存或清查数量进行核对。例如，将“固定资产”各明细账与厂房、建筑物、机器设备等的盘点情况进行核对，将“原材料”“包装物”等明细账与这些实物的盘存数量和金额进行核对，等等。

（二）税务稽查的分析方法

税务稽查的分析方法是对被检查的会计报表、账簿、凭证等资料和情况进行审查分析，以查证落实或确定进一步检查线索的一种检查方法。它又可分为对比分析法、推理分析法和控制计算法三种。

1. 对比分析法。对比分析法又称比较分析法，是指运用会计核算中以货币表现的综合指标，按照同口径与本企业的历史资料、计划指标或同类企业的相同指标，进行对比分析以捕捉检查线索的一种检查分析方法。在运用对比分析法时，既可以采用绝对数对比，即采用某项指标的实绩与计划（或定额）进行对比，或与同类型企业相同指标进行横向对比；还可以将有关指标如销售、成本、利润之间的相对变动程度进行对比。通过对比，发现异常情况，据以查明变动因素。运用对比分析法，要注意指标的可比性，对比口径的一致性，否则，比较的结果不能说明问题。还要注意，对比分析的结果只能为检查提供线索，并不意味着经济活动的分析可以替代实际检查，更不能以对比分析的结果作为定案的依据。此方法适用于会计核算比较健全、会计资料完备的企业检查。

2. 推理分析法。推理分析法又称推理判断法，是根据已掌握的事实，运用逻辑学原理去推想事物形成的原因或可能产生的结果或可能有类似事实的一种分析方法。进行推理时，应注意以事实为依据，按照事物发展的规律，合乎逻辑，不能脱离实际凭空臆想，也要注意避免钻牛角尖，把事情复杂化，不利于快速得出检查结论。

3. 控制计算法。控制计算法又称逻辑审查法，是指根据有关数据之间相互制约的关系，用某一可靠的或科学测定的数据来验证另一核算资料或申报资料是否正确，或以某一经济事项的核算资料来审定另一经济事项的核算资料的一种检查分析方法。

（1）控制计算法的基本程序。

首先，确定需要进行分析的事项或目标。例如，分析税收负担率的实际情况时，必须将企业一定时期履行纳税义务的具体事项确定下来，而这一具体事项可以是企业全部经营的税收负担率，也可以是增值税税收负担率，还可以是所得税税收负担率。

其次，确定事项分析的参考数据和采集进行事项分析的数据。需要进行分析的事项或目标一经确定，就必须根据被分析事项的特征，确定相应的参数，同时采集供分析的相关数据。确定事项分析的参考数据，可以是企业同期比较值，也可以是行业平均值，如分析税收负担率时，必须获得企业同期比较值或者行业平均值，同时，采集具有可比性的相关数据。

再次，建立事项分析的数学模型。建立数学模型，是控制计算法的基本条件。对同一事项进行分析比较可以有多种不同的方法，也可以建立多种数学分析模型。例如，在分析企业增值税税收负担率时，为了求得销售对进项税额影响的足够支持，以一定时期企业实际缴纳的增值税和同期实现的销售收入为基本依据，考虑和分析同期存货购入、结存以及销售变动对进项税额的影响。这样，建立的数学模型更能反映企业真实的增值税税收负担率，更易于发现问题。

最后，数据分析结果比较。建立数学模型，是正确运用控制计算法的关键。根据控制计算法所得到的数据，以及与企业实际数据进行比较而出现的差异，需要通过进一步检查和核实才能确定是否对税收构成实际影响。

（2）常用的控制计算法。税务检查工作中经常采用的控制计算法有：①材料检查中的以产定耗；②产品检查中的以耗计产；③销售检查中的以存核销、以支计销等。

【例1-1】 某企业当月实际原材料耗用量10 000吨，单位产品耗用0.2吨/件，检查“库存商品”科目借方入库数量40 000件。判断该企业可能存在的问题。

解析：

应出产量＝10 000÷0.2＝50 000（件）

可能存在的问题：领用材料未全部用于生产；完工产品未入库即销售。

【例1-2】 假设某企业某期采集的信息资料为：原材料消耗1 000吨，单位产品原材料消耗定额10吨/台，平均单价1 500元/台，产销比例为80%，申报销售收入80 000元。判断该企业可能存在的问题。

解析：

本期产品产量＝本期原材料消耗量/单位产品原材料消耗定额＝1 000/10＝100（台）

本期销售数量＝产量×产销比例＝100×80%＝80（台）

应税销售额控制数＝本期销售数量×平均单价＝80×1 500＝120 000（元）

应税销售额控制数 120 000 元 > 申报销售收入 80 000 元，初步判断该企业可能存在账外经营、瞒报销售收入问题。

（三）税务稽查的调查方法

在税务稽查工作中，不能只局限于就账查账，还必须运用辅助的检查方法来发现问题和证实问题。查账为调查提供线索，调查则为查账证实问题，两者互为补充，方能查得深透。常用的调查方法有观察法、询问法和外调法三种。

1. 观察法。观察法是指到纳税人生产经营的车间、仓库、工地等现场，实地观察企业的产、供、销各环节的运行情况和内部管理控制情况，从中发现薄弱环节和存在问题的一种调查方法。运用观察法，可以核对账证资料所反映的情况是否真实、准确，有无账外经营，经济活动是否合法等，从这个意义上说，观察法是账务检查的延续和补充。进行实地观察时，可由被查单位有关部门的负责人陪同，一般不事先通知被观察对象。观察时要结合询问法，观察的情况要形成书面记录，请有关人员签章证明，或进行录像或摄影。

2. 询问法。询问法是指根据查账提供的线索和群众举报的情况，通过向被查单位内外有关人员调查询问，取得一些可靠的资料来证实某些问题的一种调查方法。《税收征管法》规定：税务机关有权询问纳税人、扣缴义务人与纳税或代扣代缴、代收代缴税款有关的问题和情况。采用这种方法，事前要明确询问哪些问题，做到有的放矢。询问法又包括面询和函询两种形式。

（1）面询，即当面口头询问。面询要做到有计划、通盘安排，确定时间、地点、当事人，并拟订提纲，以免遗漏重要问题。面询时，一般要有两名税务检查人员参加，要注意说明谈话目的，消除当事人的顾虑或抵触情绪，严禁逼供、套供等。同时约几个当事人面询时，应注意把他们分开，分别询问，防止串供。谈话内容应有记录，并请当事人审阅签名和押印。如有必要，谈话时可以录音或请当事人写出书面材料，谈话记录和书面材料也可请当事单位签署意见并盖章，同时应严格保密。

（2）函询，即发函查询。函询可分为默认式函询和答复式函询两种。函询时应注意以下几点：函询目的要明确，文字要简洁易懂；函询内容要详细，数字要准确、清晰；函件上应写明回信详细地址和邮政编码、单位名称、收信人姓名等，并作登记。对答复式函询，如遇逾期不回复的单位，应再次催问；应重视退回信件，查明原因，因单位撤并而退回的，更应进一步查核。

3. 外调法。外调法是指对发生怀疑的外来凭证或外地往来款项，通过到发生地外调以取得证明的一种调查方法。外调法又可分为函查和派员异地调查两种形式。采用外调法往往需要对方所在地税务部门协查，才能快速有效地取得证据。函查与函询在要求上有相通的地方，但两者也有区别。函询是直接发往被询问对象，函查则通常发往对方所在地税务部门，请当地税务部门协助调查有关问题。增值税专用发票的核查就经常使用此法。函查可以最快的速度取得证明，能节省人力和办案开支，但对案情较复杂的案件，采取派员异地调查形式，效果往往更好。采用外调法应注意以下几点。

（1）外调的目的要明确，函件文字要简练规范，内容要准确全面。

（2）对发票的检查，应按照统一的发票核对卡的栏次，依次填清核对单位名称、发票填开日期、发票字轨、号码、商品名称和金额（若是增值税专用发票，金额栏应分开价款和税款金额）及有关应列明的项目。

（3）派员异地调查要求外调人员熟悉案情，应变能力强，办案经验丰富。

（4）外调提供的证据材料要注意印章齐全，内容具体详细。

（四）税务稽查的盘存方法

盘存法是指通过对货币资金、存货、固定资产和其他物资进行盘点和清查，并与账面记录相对照来确定有无盈余、亏损和损坏的一种检查方法。由于盘存法盘点工作量大，所以其可与企业季末或年末盘点工作相结合。盘点时，着重盘产成品、库存商品和贵重物资。对品种繁多、量大的原材料等物资，可只就可疑部分进行抽查。对必须进行重点检查的大宗货物或者在需要进行全面盘存时，需组织得力的盘点班子，采用适当的盘点方法，以加速盘点进度，保证盘点质量。盘存法又可分为直接盘点法和监督盘点法两种。

1. 直接盘点法。直接盘点法是由税务检查人员亲自到现场对实物进行盘点的一种盘存方法。采用这种方法有以下几个注意要点。

（1）盘点时要停止收发。

（2）如有几个仓库，应尽可能同时盘点，以防拆东墙补西墙。

（3）盘点时原实物经管人员和主管人员应自始至终在场，不得离开。特别是盘点现金和贵重物品时，如经管人员中途离开，应停止盘点，暂时封存，等经管人员回来后再继续盘点。

（4）盘点时一般要结合审查物品的质量和所有权。

（5）盘点得到的数量、质量情况应当场进行记录，并由被检查单位的原经管人员、主管人员和税务检查人员签字盖章，以明确责任。

（6）货币资金和贵重物资一般用突击盘点的方法。

2. 监督盘点法。监督盘点法又称观察盘点法、共同盘点法，是指税务检查人员虽到现场，但不亲自动手盘点，而是在旁边观察盘点的一种盘存方法。采用这种方法有以下几个注意要点。

（1）要求被检查单位制订盘点计划，税务检查人员可对盘点计划和方法提出建议。

（2）盘点前一般事先发出通知，盘点时要停止收发，税务检查人员要能控制待盘点的物资。

（3）盘点时除了观察物资数量外，还可结合检查物资的规格、质量和所有权。

（4）对大宗物资如不便逐一过磅计量，可抽样检验。

（5）尽可能不由原经管人员进行具体点数，而由第三者点数。

（6）盘点结果应当场记入盘点清单，并由原经管人员、主管人员和税务检查人员共同签字盖章。

（7）对物资出现溢余、短缺的情况，应进一步查明原因。

三、税务查账技巧

（一）收入不入账、多收少记或少付多记的查账技巧

收入不入账、多收少记或少付多记通常发生于财会制度不健全的单位，特别是开票与收款同属于一人时，最易出现此种现象。作案人大都是那些直接经手管理财物的人员，如采购员、出纳员、仓库保管人员以及收款员等。这些作案成员有的是开票时，提高单价从中吃回扣或报销后占有，有的是内外勾结一票两开进行贪污，有的是收款后只给交款人开收据不记账，情况比较复杂。

针对这种作案手段，一般应从以下几个方面组织调查：一是应将所有已使用过的发票和收据的存根联都收集起来，检查号码是否连续，有无缺号、缺页，检查作废的发票和收据的正联以及入账联是否粘在存根联上，然后对发票和收据存根联的合计数同入账数进行核对，看是否符合；二是将收款人员和交款人保存的单据相互核对，挤出差额，追去向；三是将笔数、金额相核对，挤差额，追去向；四是收集人证与其他资料相核对；五是账实核对，然后进行综合分析，实事求是地加以判断。

（二）虚报冒领费用开支的查账技巧

虚报冒领费用开支类案件大都发生在直接经手管理财物的人员中，作案手段多种多样。主要舞弊手段是伪造、盗用、涂改或重报购货发票和费用单据。伪造单据常见于利用白条发票或收据，主要表现有：虚报冒领职工差旅费、临时工工资以及长期支取已死亡职工的退休金等。

对此应从以下几个方面组织调查：一是要组织审查可疑凭证的来源，看所报销的票据是单位还是个人出具的，有没有收款人的手印或印章；二是要注意审查支出的流向和支出形式，看是否存在人为的从中作弊；三是带着从账目中审查的疑点，找领款人或领款单位进行核对，获取有无虚报冒领的依据；四是对已获取的证据进行技术鉴定，如笔迹、手印、印章等。

（三）开假单据报销的查账技巧

直接经管财物的产、供、销人员或金融管理人员，在作案时开假单据的形式很多，而且比较复杂，但分析起来不外两种，即合法与非法。一种是使用经税务机关登记的有税契的合法形式的发票，另一种是未经有关部门允许而印制非法发票和白条。

对这类案件的查法有：一是组织查账人员认真细致地审查发票的来源，重点审查票据的出处、样式、规格和发票本身记载的品名、数量、单价、金额等，要注意查对发票的出处与购货渠道和内容是否一致，发票本身反映的内容与购货的渠道是否一致，发票上反映出的内容与购货单位所需要的产品、原材料是否相符，发票的首尾内容是否一致，是何人书写的，通过审查发现疑点，进行追查；二是发票与入库的实物相对照，从中发现有无实物入库；三是对发票进行科学的笔迹鉴定，以证实是否伪造。

（四）隐瞒收入，搞“小金库”的查账技巧

隐瞒收入，搞“小金库”的作案手段是近年来才有的，而且使用较为普遍。作案者往往以公家名义达到营私之目的。有些“小金库”名义上是为集体，实际上是为隐形私利服务的。“小金库”的存在，给贪污受贿违纪活动打开了方便之门。这类案件往往很难查，不好认定，时常以不正之风为借口，以退代罚。

对这类案件的查法有：一是将支出单位的账目与收入单位的账目相对照、挤差额，看是否入账；二是审查单位设立的账簿与科目是否合法；三是将支出账与库存账对照，看是否存在差额，有差额的是否入账；四是将收货单位的支出账与发货单位的收入账相对照，看有无差额，以便从中发现账外资金；五是审查销售物品或门类繁多的各种扣款、罚没款、集体存款利息以及合理的回扣是否入账；六是查“小金库”是否建账和有记载，将账簿与库存相对照，看使用渠道是否合理；七是查“小金库”与账外资金的实际支配权，看是否由个人支配，以及是否存入银行个人账户从中贪污利息。

（五）“大头小尾”的查账技巧

“大头小尾”的作案成员多是各类开票人员和业务员，他们相互勾结作案。

所谓的"大头小尾"，也就是存根联、记账联上边的数字小，而收款联上的数字大。在做法上是指将正联撕下另写或隔开套写。

对这类案件的查法有：一是派人持开票方的底联与业务单位的报销联相核对；二是票据与实物相核对；三是发动知情人揭发。

（六）重复报销的查账技巧

重复报销，是指一张单据报销两次或者正副联各入账报销一次，把已经挂失和作废的单据又私自报销，把前个年度已入账的单据抽出在下个年度报销。这类作案人员一般是直接从事财务工作的财会人员或管财物的人员。他们钻管理混乱或制度不健全的漏洞，寻机作案。

对采取这种手段进行贪污的，在组织查账时应注意从以下几个方面入手：一是要审查入账的票据凭证是正联还是副联，一般副联是不能作为记账凭据的；二是要审查票据的发生时间，看是否是当年当月发生的，对跨年度票据，尤其是原因不明的要当作重点进行追查；三是账据核对，查验是否重复报销。

（七）虚设账户从中侵吞公款的查账技巧

虚设账户从中侵吞公款的情况，一般发生在应收、应付货款等往来结算账户上。例如，事先将一笔赊销的货款业务记入一个虚设的应收销货款账户，而不以客户真实名称开立账户，该货款收到后，即将该笔货款侵吞，然后再采用坏账方法注销该账户。

其查账技巧是：清查应收销货款账户上处理坏账损失的手续是否完备真实，或通过其他途径进行追查，弄清情况。

（八）利用账目混乱浑水摸鱼的查账技巧

利用账目混乱浑水摸鱼的情况，通常发生在会计制度不健全和机构不健全，财务工作无人负责的单位。

其查账技巧有：一是清理账目，通过账证、账账和账表的相互核对，清理所有账目；二是采取内查外调来搞清是属于会计业务处理上的问题，还是属于违法违纪舞弊的问题。

（九）利用漏账、错账，截留中饱私囊的查账技巧

在往来结算中发生漏账、错账或者原始凭证计算上发生错误的情况下，因长期无人过问，一直挂在账上，财会人员便可能乘机截留中饱私囊。一般采用的手法是：将收到的其他现金款项不如实入账，而直接冲销该账户；或者将该账户转入"其他应收款"账目上虚拟的暂付款账目后，再开具现金支票，落入私囊，并用以冲平该项虚拟的暂付款账户。

其查账技巧是：前者可通过现金收入凭证与该账户进行核对验证；后者可通过仔细审查其他应收款账目上的暂付账户查清。

（十）运用计算机辅助查账

涉及单位财务数据量大，必须要改进查账技术方法，可运用计算机辅助查账手段，在工作效率上求突破。充分运用“OA”平台，实现“OA”与“AO”的交互使用，提高查账调查工作的科技含量。如运用“AO”现场审计实施系统对某金融机构信贷进行分析，通过数万户的筛选搜索某个信息，发现某金融机构以活期存款户“信贷科”“信贷股”户头命名，该账户以虚列信贷支出，套取收入用于揽储贴息和走访费用等项开支。

第三节　税务稽查的权限和义务

一、税务稽查的权限

税务稽查的权限是指法律法规赋予稽查局实施税务监督检查的权力及限制。稽查局应当在所属税务局的征收管理范围内实施税务稽查。稽查局只有在对被查当事人或案件具有管辖权时才能实施稽查，不能超越管辖范围实施稽查。依据《税收征管法》第五十四条至第五十八条关于税务检查的规定，稽查局在实施税务稽查时享有下列权力。

（一）查账权

税务查账是税务稽查实施时普遍采用的一种方法。它不仅包括各种纸质账簿资料的检查，即对纳税人的会计凭证、会计账簿、会计报表和其他有关的会计核算资料以及扣缴义务人代扣代缴、代收代缴税款的会计凭证、会计账簿和其他有关的会计核算资料进行检查的权力，也包括对被查对象与纳税有关的电子信息的检查。

税务机关行使查账权时，可以在纳税人、扣缴义务人的业务场所进行；稽查工作需要调取账簿、记账凭证、报表和其他有关资料时，应当向被查对象出具《调取账簿资料通知书》，并填写《调取账簿资料清单》交其核对后签章确认。

（二）场地检查权

场地检查权是指税务机关对纳税人或扣缴义务人的生产、经营场所和货物存放地进行检查的权力。

场地检查的内容主要包括：一是检查商品、货物或其他财产是否与账证相符；二是检查账簿、凭证等会计资料档案的设置、保存情况，特别是原始凭证的保存情况；三是检查当事人计算机及其服务器的配置和贮存的数据信息情况；四是检查当事人是否隐藏账外证据资料。

（三）责成提供资料权

责成提供资料权是指税务机关指定或要求纳税人、扣缴义务人提供与纳税或扣缴税款有关的资料的权力。责成提供的资料必须是纳税人、扣缴义务人与纳税或者代扣代缴、代收代缴税款有关的文件、证明材料和其他有关的资料，包括纳税申报表、营业执照、税务登记证、税收专用缴款书、通用完税证等。

税务检查部门在收取这些资料时必须开列清单，并在规定的时限内归还。纳税人提供的资料需作为涉税案件证据留档的，检查人员应依法办理取证手续。

（四）询问权

询问权是指税务机关在税务检查实施过程中，向纳税人、扣缴义务人或有关当事人询问与纳税或者代扣代缴、代收代缴税款有关的问题和情况的权力。询问可在被询问人的单位或住所进行，也可以通知当事人到税务机关接受询问。询问应当由两名以上检查人员实施。除在被查对象生产、经营场所询问外，应当向被询问人送达《询问通知书》（见图 1－2）。

询问时应当告知被询问人如实回答问题。询问笔录应当交被询问人核对或者向其宣读；询问笔录有修改的，应当由被询问人在改动处捺指印；核对无误后，由被询问人在尾页结束处写明“以上笔录我看过（或者向我宣读过），与我说的相符”，并逐页签章、捺指印。被询问人拒绝在询问笔录上签章、捺指印的，检查人员应当在笔录上注明。

询问通知书

税询〔　〕号

__________：

根据《中华人民共和国税收征收管理法》第五十四条第（四）项规定，请于____年____月____日____时到____就涉税事宜接受询问。

联系人员：

联系电话：

税务机关地址：

税务机关（签章）

年　月　日

图 1－2　《询问通知书》格式

（五）查证权

查证权是指税务机关到车站、码头、机场、邮政企业及其分支机构检查纳税人托运、邮寄应纳税商品、货物或者其他财产的有关单据、凭证和有关资料的权力。检查人员实地调查取证时，可以制作现场笔录、勘验笔录，对实地检查情况予以记录或者说明。制作现场笔录、勘验笔录，应当载明时间、地点和事件等内容，并由检查人员签名和当事人签章。当事人拒绝在现场笔录、勘验笔录上签章的，检查人员应当在笔录上注明原因；如有其他人员在场，可以由其签章证明。现场笔录格式如图 1－3 所示。

×××税务局（稽查局）

现 场 笔 录

共　　页第 1 页

时　间：____年____月____日____时____分至____年____月____日____时____分

地　点：________________

当事人：________________

执法人员：________记录人：________

见证人：________联系电话：________

现场情况记录：

____

____

____

____

执法人员签名：　　　　年　月　日

记录人签名：　　　　年　月　日

当事人签章：　　　　年　月　日

见证人签名：　　　　年　月　日

图 1－3　现场笔录格式

（六）检查存款账户权

检查存款账户权是指税务机关对纳税人、扣缴义务人在其开户银行或者其他金融机构的存款账户进行检查的权力。对其检查的要点主要是纳税人、扣缴义务人的存款账户情况，诸如开了几个存款户头以及存款户头的使用情况是否正常等。

按照《税收征管法》第六十条的规定，纳税人未将其全部银行账号向税务机关报告的，可以处以 2 000 元以下的罚款，情节严重的处以 2 000 元以上 10 000元以下的罚款。

（七）税收保全措施

税务机关有根据认为从事生产、经营的纳税人有逃避纳税义务行为的，可以在规定的纳税期之前，责令限期缴纳应纳税款；在限期内发现纳税人有明显的转移、隐匿其应纳税的商品、货物以及其他财产或者应纳税的收入的迹象的，税务机关可以责成纳税人提供纳税担保。如果纳税人不能提供纳税担保，经所属税务局局长批准，税务机关可以采取税收保全措施。

1. 税收保全措施的适用条件。税收保全措施只适用于从事生产经营的纳税人，必须有根据认为从事生产、经营的纳税人有明显的转移、隐匿其应纳税的商品、货物以及其他财产或者应纳税的收入等行为或迹象，必须是在规定的纳税期之前和责令限期缴纳的期限之内，必须在纳税人不肯或不能提供纳税担保的情况下，必须经所属税务局局长批准。

2. 税收保全措施的形式。一是书面通知纳税人开户银行或者其他金融机构冻结纳税人的金额相当于应纳税款的存款；二是扣押、查封纳税人的价值相当于应纳税款的商品、货物或者其他财产。税务机关扣押商品、货物或者其他财产时，必须开付收据；查封商品、货物或者其他财产时，必须开付清单。

执行税收保全措施的物品范围：个人及其所扶养家属维持生活必需的住房和用品，不在税收保全措施范围之内；个人及其所扶养家属维持生活必需的住房和用品不包括机动车辆、金银饰品、古玩字画、豪华住宅或者一处以外的住房；税务机关对单价 5 000 元以下的其他生活用品，不采取税收保全措施和税收强制执行措施。

《税收征管法》实施细则第六十三条规定，税务机关执行扣押、查封商品、货物或者其他财产时，应当由两名以上税务人员执行，并通知被执行人。被执行人是自然人的，应当通知被执行人本人或者其成年家属到场；被执行人是法人或者其他组织的，应当通知其法定代表人或者主要负责人到场；拒不到场的，不影响执行。

3. 税收保全措施的程序。税务局采取税收保全措施时，会向纳税人送达《税收保全措施决定书》，告知其采取税收保全措施的内容、理由及依据，并依法告知其有申请行政复议和提起行政诉讼的权利。

税务局采取冻结纳税人在开户银行或者其他金融机构的存款措施时，会向纳税人开户银行或者其他金融机构送达《冻结存款通知书》，冻结其相当于应纳税款的存款。

税务局采取查封商品、货物或者其他财产措施时，会填写《查封商品、货物或者其他财产清单》，由纳税人核对后签章；采取扣押纳税人商品、货物或者其他财产措施时，会出具《扣押商品、货物或者其他财产专用收据》，由纳税人核对后签章。

税务局采取查封、扣押有产权证件的动产或者不动产措施时，会依法向有关单位送达《税务协助执行通知书》，通知其在查封、扣押期间不再办理该动产或者不动产的过户手续。

4. 税收保全措施的解除。纳税人有下列情形之一的，稽查局应当依法及时解除税收保全措施：纳税人已按履行期限缴纳税款的；税收保全措施被复议机关决定撤销的；税收保全措施被人民法院裁决撤销的；其他法定应当解除税收保全措施的。

《税务稽查工作规程》第三十七条规定，解除税收保全措施时，应当向纳税人送达《解除税收保全措施通知书》，告知其解除税收保全措施的时间、内容和依据，并通知其在限定时间内办理解除税收保全措施的有关事宜：采取冻结存款措施的，应当向冻结存款的纳税人开户银行或者其他金融机构送达《解除冻结存款通知书》，解除冻结；采取查封商品、货物或者其他财产措施的，应当解除查封并收回《查封商品、货物或者其他财产清单》；采取扣押商品、货物或者其他财产的，应当予以返还并收回《扣押商品、货物或者其他财产专用收据》。

税收保全措施涉及协助执行单位的，应当向协助执行单位送达《税务协助执行通知书》，通知解除税收保全措施相关事项。

纳税人在规定的限期内缴纳了应纳税款的，税务机关必须自收到税款或者银行转回的完税凭证之日起 1 日内解除税收保全措施。纳税人在限期内已缴纳税款，税务机关未立即解除税收保全措施，使纳税人的合法利益遭受损失的，税务机关应当承担赔偿责任。

5. 税收保全措施的期限。采取税收保全措施的期限一般不得超过 6 个月；查处重大税收违法案件中，有下列情形之一，需要延长税收保全期限的，应当逐级报请国家税务总局批准：案情复杂，在税收保全期限内确实难以查明案件事实的；被查对象转移、隐匿、销毁账簿、记账凭证或者其他证据材料的；被查对象拒不提供相关情况或者以其他方式拒绝、阻挠检查的；解除税收保全措施可能使纳税人转移、隐匿、损毁或者违法处置财产，从而导致税款无法追缴的。

（八）税收强制执行措施

所谓税收强制执行措施，是指税务机关在采取一般税收管理措施无效的情况下，为了维护税法的严肃性和国家征税的权力所采取的税收强制手段。这不仅是税收的无偿性和固定性的内在要求，也是税收强制性的具体表现。当今各国都在税收法律或行政法规中赋予了税务机关必要的税收强制执行权，以确保国家征税的有效行使。

1. 适用范围。税收强制执行措施的适用对象既包括从事生产、经营的纳税人，又包括扣缴义务人、纳税担保人，但不包括非从事生产经营的纳税人。其中，从事生产、经营的纳税人的具体情况分为两种：一是未按规定期限缴纳税款的；二是在税务机关依法进行检查时，有逃避纳税义务行为，并有明显的转移、隐匿其应纳税的商品、货物以及其他财产或者应纳税收入的迹象的。

——社会写真——

限期缴纳税款通知书

××限缴〔20××〕3001号

××公司：

你公司截至20××年3月18日欠缴已申报税款1 059 309.81元，具体见下表（略）。根据《中华人民共和国税收征收管理法》第三十二条的规定，限你公司于收到本通知书之日起3日内向××市××新区税务局缴纳上述税款及滞纳金。滞纳金从缴款期限次日起至实际缴纳之日止按日根据欠税金额加收万分之五，截至20××年3月18日应计滞纳金为436 562.74元。超过上述限缴日期未缴或少缴上述款项的，我局将根据《中华人民共和国税收征收管理法》第四十条的规定采取强制执行措施。

×市××税务局

二〇××年三月二十六日

2. 形式。税收强制执行措施的形式有两种：一是书面通知开户银行或其他金融机构从被执行人存款中扣缴税款、滞纳金；二是扣押、查封、依法拍卖或者变卖被执行人价值相当于应纳税款的商品、货物或其他财产，以拍卖或变卖所得抵缴税款、滞纳金。拍卖、变卖应当交由依法成立的拍卖机构执行，无法委托拍卖或者不适于拍卖的，可以交由当地商业企业代为销售，也可以责令纳税人限期处理；如果无法委托商业企业销售，纳税人也无法处理的，可以由税务机关变价处理，具体办法由国家税务总局制定。拍卖或变卖所得抵缴税款、滞纳金，以及扣押、查封、保管、拍卖、变卖等费用后，剩余部分应当在3日内退还被执行人。

3. 程序。《税务稽查工作规程》第六十五条规定：稽查局对被执行人采取强制执行措施时，应当向被执行人送达《税收强制执行决定书》，告知其采取强制执行措施的内容、理由及依据，并告知其依法申请行政复议或者提出行政诉讼的权利。

4. 应注意的问题。采取强制执行措施必须坚持告诫在先、执行在后的原则。强制执行必须发生在限期缴纳期满之后。采取强制执行前，应当依法报经县以上税务局（分局）局长批准。个人及其扶养家属维持生活必需的住房和日用品不在强制执行的范围内。税务机关将扣押、查封的商品、货物或者其他财产变价抵缴税款时，应当交由依法成立的拍卖机构拍卖。

采取税收保全措施、强制执行措施的权力，不得由法定的税务机关以外的单位和个人行使。税收保全措施与税收强制执行措施之间只有可能的连续关系，但没有必然的因果连续关系。也就是说，税收强制执行措施不一定有税收保全措施做铺垫，而税收保全措施的结果不一定就是税收强制执行措施。

二、税务稽查人员的义务

（一）示证检查的义务

税务人员进行税务检查时，应当出示税务检查证和税务检查通知书。无税务检查证和税务检查通知书或人数少于两人以上的，纳税人、扣缴义务人及其他涉税当事人有权拒绝检查。税务检查证是税务人员进行税务检查的法定证明。持有税务检查证件才能进行税务检查，以防止非税务人员进行税务检查的现象和杜绝冒充税务检查人员进行税务检查的违法犯罪行为。

（二）保守秘密的义务

《税务稽查工作规程》第六条规定：税务稽查人员应当依法为纳税人、扣缴义务人的商业秘密、个人隐私保密。税务机关在进行税务检查的过程中，凡根据一般的商业交易原则，被检查人不愿告知他人的商业秘密，税务检查人员有保密的义务。但对于纳税人或扣缴义务人的偷漏税行为，不受这点约束。

（三）依法查询的义务

《税务稽查工作规程》第三十三条规定：查询从事生产、经营的纳税人、扣缴义务人存款账户的，应当经所属税务局局长批准，凭《检查存款账户许可证明》（格式见图1－4）向相关银行或者其他金融机构查询。查询案件涉嫌人员储蓄存款的，应当经所属设区的市、自治州以上税务局局长批准，凭《检查存款账户许可证明》向相关银行或者其他金融机构查询。

税务局（稽查局）
检查存款账户许可证明
×税许〔　〕号

________：

根据《中华人民共和国税收征收管理法》第五十四条第（六）项规定，经________税务局（分局）局长批准，我局税务人员________等______人（税务检查证号码分别为：______）前去你处查询________的________情况，请予支持协助。

税务机关（签章）
年　月　日

图1－4　《检查存款账户许可证明》格式

税务机关查询纳税人、扣缴义务人在银行或者其他金融机构的存款账户以及其他信息所获得的资料，不得用于税收以外的用途。

资料卡片

中国五个地级市未设市辖区：

1. 广东省东莞市
2. 广东省中山市
3. 海南省三沙市
4. 海南省儋州市
5. 甘肃省嘉峪关市

（四）依法回避的义务

税务稽查回避是指稽查局查处某一案件的稽查人员，在与案件有利害关系或其他关系，有可能影响公正执法时退出该案检查实施的一项制度。稽查人员的回避，可以在税务稽查实施之前，也可以在税务稽查实施的过程之中。为了保证稽查人员在税务稽查实施过程中公正执法，稽查人员与纳税人、扣缴义务人或者其法定代表人、直接责任人有下列关系之一的，应当申请回避：一是夫妻关系；二是直系血亲关系；三是三代以内旁系血亲关系；四是近姻亲关系；五是可能影响公正执法的其他利害关系。

《税务稽查工作规程》第七条规定，税务稽查人员有《税收征管法细则》规定回避情形的，应当回避。被查对象要求税务稽查人员回避的，或者税务稽查人员自己提出回避的，由稽查局局长依法决定是否回避。稽查局局长发现税务稽查人员有规定回避情形的，应当要求其回避。稽查局局长的回避，由所属税务局领导依法审查决定。

（五）其他义务

除以上义务外，税务稽查人员的其他义务包括：①当纳税人的生产经营场所和货物存放地与纳税人的生活住宅合用的时候，税务机关不可直接行使场地检查权，必须提请司法机关的协助；②在行使责成提供资料权的时候，税务机关所要求纳税人、扣缴义务人提供的文件、证明材料和有关资料一定要与纳税或扣缴税款有关；③税务人员在车站、机场、码头、邮政企业等场所进行检查的时候，应事先征询这些单位的同意。

三、税务稽查的管辖

税务稽查管辖，是指税务机关及其专门职能机构办理税务违法案件及其他稽查事项的分工和权限。税务稽查管辖是基于税收属地管理、分税征管权责和切实效能的原则确定的，有利于防止稽查主体越权稽查或者重复核查，同时也可以对那些有管辖权而不认真行使职责的稽查主体进行约束，使税务违法行为能够及时、有效、正确地得到处理，切实维护国家税收利益和纳税人、扣缴义务人及其他当事人的合法权益。

（一）地域管辖

地域管辖是根据税务机关的管理区确定其实施检查权的地域范围，是横向划分同级税务机关之间及其所属专门职能机构在各自管辖区域内实施检查的权限分工。《税务稽查工作规程》第十条规定：稽查局应当在所属税务局的征收管理范围内实施税务稽查。税收违法行为，由违法行为发生地或者发现地的稽查局查处。税收法律、行政法规和国家税务总局对税务稽查管辖另有规定的，从其规定。

由被查对象所在地税务机关负责税务案件查处的属地原则是与税务管理相一致的，这样做可以将日常的管理权和检查权结合起来，便于开展税务检查。发票案件由案发地负责。利用发票进行违法犯罪的，多数都是跨地区作案，具有流动性大、隐蔽性强等特点，所在地税务机关往往难以及时掌握。另一方面，利用发票进行犯罪活动有的是纳税人，有的则是没有办理税务登记的非纳税人，无法按照属地管辖原则来确定管辖权。因此，由案发地税务机关负责发票案件的查处更为合理。税法另有规定的，按税法规定执行，主要是针对纳税人所在地与经常行为发生地不一致时作出的特殊规定。

（二）级别管辖

级别管辖指根据税务机关的级别确定其检查的管辖范围。分级分类稽查应当结合税收违法案件查处、税收专项检查、税收专项整治等相关工作统筹确定。各级税务局的稽查局可以充分利用税源管理和税收违法情况分析成果，结合本地实际，按照以下标准在管辖区域范围内实施分级分类稽查：纳税人生产经营规模、纳税规模；分地区、分行业、分税种的税负水平；税收违法行为发生频度及轻重程度；税收违法案件复杂程度；纳税人产权状况、组织体系构成；其他合理的分类标准。

《税务稽查工作规程》第十三条规定：上级稽查局可以根据税收违法案件性质、复杂程度、查处难度以及社会影响等情况，组织查处或者直接查处管辖区域内发生的税收违法案件。下级稽查局查处有困难的重大税收违法案件，可以报请上级稽查局查处。

（三）指定管辖

指定管辖是指上级税务机关以决定的方式指定下级税务机关对某一检查事项行使管辖权。通常只在两个或者两个以上的税务机关对检查的管辖发生纠纷或者因特殊情况无法行使管辖权时，才由上级机关确定由谁管辖（文件格式见图1－5）。《税务稽查工作规程》第十一条规定：税务稽查管辖有争议的，由争议各方本着有利于案件查处的原则逐级协商解决；不能协商一致的，报请共同的上级税务机关协调或者决定。

国家税务总局×××税务局

指定管辖申请

×税指辖请〔　〕号

________：

对________案件，________税务局与________税务局之间因税务稽查管辖发生争议、协商未果，根据《中华人民共和国行政处罚法》第二十一条和《税务稽查工作规程》第十一条规定，报请你局指定管辖。

附件：1.

2.

……

国家税务总局×××税务局（印章）

年　月　日

图1－5　指定管辖申请格式

第四节　税务稽查的证据

在税务稽查办案时，稽查人员最重要的一项工作就是收集当事人涉嫌税务违法的证据。涉税违法案件中的“证据”有其特定的法律含义，是指税务机关依法定程序收集，用来证明案件真实情况的一切事实。换句话讲，证据就是证明的根据，用以证明真实情况的一切事实都是证据，也就是用已知的事实去证明未知的事实，前者是后者的证据，后者是前者的证明对象。

一、证据的概念及特征

证据是指能够证明案件真实情况的有关事实或材料。税务稽查证据是指证明税收违法案件有关情况真实性的事实或材料。证据具有关联性、合法性和真实性三个特征。

《税务稽查工作规程》第二十四条规定：实施检查时，应当依照法定权限和程序，收集能够证明案件事实的证据材料。收集的证据材料应当真实，并与所证明的事项相关联。寥寥数语涵盖了涉税违法案件证据的法定标准，可以说是税务行政执法行为的“心脏”。

（一）关联性

证据必须是与案件有客观联系的事实。稽查的证据，必须与税收违法行为存在着紧密联系，能够反映纳税人是否存在税收违法行为。在确认证据是否具有关联性时，要运用逻辑推理和生活经验，进行全面、客观和公正的分析判断。其主要体现在以下两个方面：一是证据形式上的关联性，即证据应当与案件待证事实之间具有逻辑上的联系，对案件事实的认定有实质意义。这种联系表现为，运用形式逻辑的一般原理，可以推论出证据与案件待证事实之间的关系。二是证据内容上的关联性，即证据所反映的内容应当直接或间接说明案件的有关情况，具有有效的证明力。

社会写真

案例：某税务局发现甲公司隐瞒收入40万元少缴税款2万元，税务局认定该行为是偷税，遂作出追缴所偷税款，并处以罚款的处理、处罚决定。而该公司认为虽然2万元税款没有申报，但已在账上计提，不应定性为偷税，据此就罚款事项直接向法院提起诉讼。税务局在应诉时提供了证明该公司在办理税务登记和设立账簿问题上曾受过行政处罚的证据，认为该公司一贯不遵守税法，因此定性偷税准确。

分析：纳税人办理税务登记和设立账簿时的违法行为与是否虚假申报进行偷税没有实质关联性，因此该证明根本不用质证，更不用去判别它的合法性和真实性，直接就会被法官认定为不予采用。

（资料来源：http：//www. 66law. cn/laws/255713. aspx）

（二）合法性

合法性是指证据的收集主体、收集程序和证据形式合法。具体要求如下。

1. 取得或者提供证据的主体必须合法。例如，根据《税收征收管理法》及实施细则，稽查局必须按照法定的权限履行自己的职责，否则其收集的证据不具有合法性；根据《最高人民法院关于行政诉讼证据若干问题的规定》，不能正确表达意志的证人提供的证言不能成为定案的根据；鉴定人不具备鉴定资格的，其鉴定结论不具有合法性，也不能成为定案的根据。

2. 取得证据的程序和方式必须合法。稽查人员必须依照《税收征收管理法》及实施细则规定的检查范围、程序和方式进行税务检查并收集相关证据，不得超越和违反。否则，其取得的证据没有证明能力。例如，由其他行政机关执法人员收集的税务案件证据，在作出处理、处罚决定后补充收集的具有关联性和真实性的证据，一名稽查人员收集的证据，未出示法定证件收集的证据等均为不合法证据。税务稽查人员不得非法对当事人的生活居住场所进行检查；不得以偷拍、偷录、窃听等手段获取侵害他人合法权益的证据；不得以利诱、欺诈、胁迫、暴力等不正当手段获取证据；非法剥夺当事人依法享有的陈述、申辩或者听证权利所取得的证据无效；严重违反法定程序收集的证据无效。例如，违反税务人员回避制度收集的证据无效；在诉讼过程中，税务机关或者其代理人自行向原告和证人收集的证据无效。

3. 证据的形式必须符合法律规定。一方面，要求收集的证据必须是法定的七种证据；另一方面，必须符合法律对各种证据的具体规定。这方面的主要内容如下。

第一，询问（调查）笔录应当由稽查人员签名，交被询问人核对或者向其宣读。如记录有误或者有遗漏，应当由被询问人更正或者补充，在改动处签章或者押印。被询问人核对无误后，应当逐页签名或者盖章，还应当骑缝押印。

第二，当事人陈述、申辩笔录应当由检查人员、被查对象或其主要负责人签名或者盖章。

第三，证人证言材料应当写明证人的姓名、年龄、性别、职业、住址等基本情况；证言材料应当由本人签名或者签章、押印并注明出具日期；证人没有书写能力请人代写的，由代写人向本人宣读，并由本人及代写人共同签名或者盖章并押印；更改证言的，应当注明更改原因，但不退还原件。证人证言材料还应当附有居民身份证复印件等证明证人身份的文件。证人根据其经历所作的判断、推测或者评论不能成为定案的依据。

第四，制作《税务稽查工作底稿》应当载明时间和出处，由检查人员签名后交被查对象主要负责人或者财务负责人核对，确认无误后签字并盖章。

第五，取得被查对象保管书证原件的复制件、影印件或者抄录件的，应当注明原件保存单位和出处，由稽查人员签名，交被查对象主要负责人或财务负责人核对无异后加盖其印章并签名、押印。取得被查对象报表及会计账册的复制件，还应当对其存在的问题或证明的事实附有简要说明。

第六，稽查人员依法到纳税人的生产、经营场所和货物存放地，检查纳税人的商品、货物或者其他财产，检查时制作的现场查验笔录，应当载明时间、地点、检查内容和发现的与税收有关的问题，由稽查人员和当事人签名、盖章。当事人拒绝签名或者不能签名的，应当注明原因。有其他人在现场的，可由其他人签名。

第七，税务稽查应当委托有鉴定资格的合法鉴定部门对与案件有关的证据进行技术鉴定。鉴定部门出具的鉴定结论，应当载明委托人和委托鉴定的事项、向鉴定部门提交的相关材料、鉴定的依据和使用的科学技术手段、鉴定部门和鉴定人鉴定资格的说明，并有鉴定人的签名和鉴定部门的盖章。通过分析获得的鉴定结论，应当说明分析过程。

第八，稽查人员收集计算机数据等电子数据资料，应当由对方当事人认可或者由公正机关公正进行，才能作为税务行政案件定案的依据。

第九，稽查人员提取计算机数据或者录音、录像等视听资料，应当附有该声音内容的文字记录，并注明制作方法、制作时间、制作人和证明对象等。

（三）真实性

真实性也称客观性，是指证据能够客观反映案件的真实情况，证据事实能够证明违法事实。涉税案件证据的真实性是指税务行政执法中收集的证据要能客观地反映涉税案件事实的真相，证据的载体和所证明的内容应当客观真实。涉税违法行为必然会以某种形态客观存在，记载着某一具体事实及案情的各种信息，能够证明案件的真实情况，作为证据的事实是客观存在的，不以检查人员的主观意志为转移。真实性是使证据获得证据能力的本质要求，任何虚假的或者不真实的证据都不能作为认定案件事实的依据。真实性主要体现为：内容的真实性，即证据所证明的内容应以客观事实为基础，离开客观事实所作的主观臆断、没有根据的猜测等都不具有证据内容上的真实性；形式上的真实性，即证据必须以一定的有形载体展示在人们面前，如账簿、凭证、发票、证人证言等。

证据的真实性应遵循“不真实证据的排除规则”。由于现代科学技术的发展，通过复印拼装、照片拼接翻拍、计算机合成制作等手段可以伪造、变造、仿造证据的复制件或复制品，因此税务执法人员在取证时，因收集原件或原物有困难而收集复印件或复制品的，为使证据具有真实性，必须要求当事人书面认可复印件、复制品与原件、原物相符，或有其他证据印证，否则该证据不能采用。

证据是否具有“关联性、合法性、真实性”是税务案件证据能否作为定案依据的关键。关联性不涉及证据的真假和证明价值，却是证据适格的基础条件，是第一道“关卡”，是区分某案件中证据与非证据的界限。对不具有“关联性”的证据，无论其是否具备“合法性和真实性”，均不能作为证据采用。对经审查已具有“关联性”的税务案件证据的合法性的审查应作为第二道关卡，因为具有真实性的证据可能会因证据来源主体不合法或获取的程序、方式不合法或证据形式不合法而被作为不合法证据予以排除。因此，在审查证据的真实性之前必须先审查证据的合法性。对具有关联性和合法性的证据，审查其真实性。真实性又有客观真实与法律真实之分。客观真实，即客观存在的事实情况；法律真实，即法律所确定或认可的“真实”，是法律意义上的真实。在某些情况下，法律真实不等于客观真实，而涉税违法行政案件认可的是法律真实。

二、证据分类

（一）证据的法定种类

我国《行政诉讼法》和《税务行政复议规则（暂行）》将检查证据分为书证、物证、视听资料、证人证言、当事人的陈述、鉴定结论、勘验笔录和现场笔录七类证据。

1. 书证。书证是指以文字、符号、图画等所表达和记载的内容、含义来证明案件真实情况的证据。税务稽查工作中，书证是最重要的证据，也是数量最多的证据，通常表现为证明税收违法行为的凭证、账簿、发票、企业营业执照、法定代表人身份证等复印件。

2. 物证。物证是指用外形、特征、质量等证明案件真实情况的物品，如非法印制、买卖、伪造、变造的发票和完税凭证，非法印制增值税专用发票的机器等作案工具，倒卖发票获取的赃款、赃物，等等。

3. 视听资料。视听资料是指以录音、录像、计算机软件等可视可听的载体储存的，证明案件真实情况的音响、图像、文字或者其他信息，主要包括录音资料、录像资料、电子计算机储存资料、运用专门技术设备得到的信息资料等。

4. 证人证言。证人证言是指知道案件真实情况的人，向税务机关及工作人员所作的有关案件部分或全部事实的陈述。常见的证人证言有询问笔录、证人提供的口头或书面证词等。

《税务案件证据问题暂行规定》第十一条规定：证人必须是能正确表达意志的人，而且证人证明的事实必须与其年龄、智力状况或者精神健康状况相适应；写明证人的姓名、年龄、性别、职业、住址等基本情况；必须有证人的签名，不能签名的，应当以盖手印等方式证明；注明出具证言的日期；附有居民身份证复印件等证明证人身份的文件。

5. 当事人的陈述。当事人的陈述是指当事人作出的对案件真实情况的陈述。常见的当事人的陈述有询问笔录，当事人自述材料，陈述、申辩笔录等。

6. 鉴定结论。鉴定结论是指专门的鉴定部门借助鉴定人的专业知识、技能和经验，对案件有关事实材料涉及的专门性问题所作出的判断性意见。常见的鉴定结论有发票鉴定、海关完税凭证鉴定等。

7. 勘验笔录和现场笔录。勘验笔录和现场笔录是指税务机关及工作人员对与案件有关的现场、物品进行勘查、测量、检验和拍照、询问等制作的实况记录。其形式可以是文字记录、图片、照片等，如稽查人员现场制作的《实物盘点表》等。

（二）证据的学理分类

证据还可以按照表现形式、与税收违法案件主要事实之间的关系、来源方式等标准进行分类。

1. 言词证据与实物证据。证据按照表现形式，可以分为言词证据和实物证据。言词证据，是指以人的陈述形式表现出来的各种证据，如当事人陈述、证人证言、鉴定结论等都属于言词证据。其中，鉴定结论具有比普通言词证据更高的效力。实物证据，是指以客观存在的物体作为证据表现形式的证据，如检查案件中的单据、账册、报表、视听资料等都属于实物证据。实物证据的稳定性较强，其证明力一般高于言词证据。

2. 直接证据与间接证据。证据按照与案件主要事实之间的关系，可分为直接证据和间接证据。凡是能够直接证明案件主要事实的证据，属于直接证据。例如，原告提出购销合同来证明他与被告之间的购销关系，该合同就属于直接证据，因为它单独、直接地证明了原被告之间存在的购销关系。间接证据，就是指本身不能直接证明案件的主要事实，而需要同其他证据结合起来才能证明案件主要事实的证据。在不能取得直接证据的情况下，应通过若干个间接证据证明案件的事实。

3. 原始证据和传来证据。证据按照来源方式，可以分为原始证据和传来证据。原始证据是指从案件事实的最初来源获得的证据，即第一手的事实材料，如当事人提供或知情人提供的证言、外调取得的证据资料等。传来证据是从原始证据中衍生出来或在信息传播中间环节形成的证据，属于第二手的事实材料，如证人转述他人的证言，书证的抄件、影印件，各种证物的复制品，以及照片、录音、录像、复制的视听资料等。原始证据的证明力一般高于传来证据。

三、证据规则

证据规则是关于证据取得和证据效力方面的规则。了解和掌握证据规则，对提高检查人员取证能力将大有裨益。

（一）最佳证据规则

在证明同一事实的数个证据中，应当优先按照最具证明效力的证据对案件事实进行认定。

证据证明效力的排列顺序是：

第一，国家机关以及其他职能部门依职权制作的公文文书优于其他书证；

第二，鉴定结论、现场笔录、勘验笔录、档案材料，以及经过公证或者登记的书证优于其他书证、视听资料和证人证言；

第三，原件、原物优于复制件、复制品；

第四，法定鉴定部门的鉴定结论优于其他鉴定部门的鉴定结论；

第五，其他证人证言优于与当事人有亲属关系或者其他密切关系的证人提供的对该当事人有利的证言；

第六，原始证据优于传来证据；

第七，数个种类不同、内容一致的证据优于一个孤立的证据。

（二）非法证据排除规则

在取证过程中，主体违法、程序违法和手段违法等非法获取的证据，不具有法律上的证明效力，不能为法庭所采纳而作为定案的依据。例如，由其他行政机关执法人员收集的税务案件证据；在作出处理、处罚决定后补充收集的具有关联性和真实性的证据；一名稽查人员收集的证据；未出示法定证件收集的证据等均为不合法证据。

（三）补强证据规则

补强证据规则是指法律规定某些证据不能单独作为认定案件事实的依据，只有在其他证据与其印证时，才能认定案件事实。

不能单独作为认定案件事实的证据主要包括：未成年人所作的与其年龄和智力状况不相适应的证言；与一方当事人有亲属关系或者其他密切关系的证人所作的对该当事人有利的证言，或者与一方当事人有不利关系的证人所作的对该当事人不利的证言；应当出庭作证而无正当理由不出庭作证的证人证言；难以识别是否经过修改的视听资料；无法与原件、原物核对的复制件或者复制品；经一方或者他人改动，对方当事人不予认可的证据材料；其他不能单独作为定案依据的证据材料。

四、主要涉税违法行为的取证

（一）伪造、变造、隐匿、擅自销毁账簿、记账凭证

1. 伪造、变造（隐匿账簿，根据隐匿账簿的解释，加以描写）的账簿凭证，公安等部门出具的销毁账簿、记账凭证的证明。

2. 当事人陈述、证人证言、现场笔录、询问笔录、视听资料（如销毁账簿凭证的残骸等视听资料）。

3. 证明真实业务的账簿凭证、业务合同、记载经营活动的资料、资金往来资料等。

4. 业务关联方的有关账簿凭证、业务合同、记载经营活动的资料、资金往来资料等。

5. 有关职能部门的鉴定、裁决等。

6. 纳税申报资料。

7. 其他证据。

（二）在账簿上多列支出或者不列、少列收入

1. 不列、少列收入。

（1）不列、少列收入的账簿凭证等资料。

（2）证明真实业务的账簿凭证、业务合同、记载经营活动的资料、资金往来资料等。

（3）业务关联方的有关账簿凭证、业务合同、记载经营活动的资料、资金往来资料等。

（4）当事人陈述、证人证言、现场笔录、询问笔录、视听资料。

（5）纳税申报资料。

（6）其他证据。

2. 多列支出。

（1）多列成本费用（支出）的账簿凭证等资料。

（2）生产（经营）费用的归集、分配计算表等资料。

（3）销售成本结转资料等。

（4）相关合同、协议等资料。

（5）当事人陈述、证人证言、现场笔录、询问笔录、视听资料。

（6）纳税申报资料。

（7）其他证据。

（三）经税务机关通知申报而拒不申报

1. 税务登记证或责令限期申报的相关文书。

2. 主管税务机关的未申报证明。

3. 证明真实业务的账簿凭证、业务合同、记载经营活动的资料、资金往来资料等。

4. 当事人陈述、证人证言、现场笔录、询问笔录、视听资料。

5. 其他证据。

（四）进行虚假的纳税申报

1. 纳税申报资料。

2. 证明真实业务的账簿凭证、业务合同、记载经营活动的资料、资金往来资料等。

3. 业务关联方的有关账簿凭证、业务合同、记载经营活动的资料、资金往来资料等。

4. 当事人陈述、证人证言、现场笔录、询问笔录、视听资料。

5. 其他证据。

本章习题

一、单选题

1. 税务机关在调查税收违法案件时，经（　　）批准，可以查询案件涉嫌人员的储蓄存款。

A. 县以上税务局（分局）局长

B. 省税务局局长

C. 国家税务总局局长

D. 所属的设区市、自治州以上税务局局长

2. 税务机关采取税收保全措施，须经（　　）批准。

A. 县以上税务局（分局）局长

B. 省级、自治区、直辖市税务局局长

C. 国家税务局局长

D. 税务所所长

3. 税务机关采取税收保全措施的期限，一般不得超过 6 个月，重大案件需要延长的，应报经批准。有权批准的税务机关是（　　）。

A. 县级税务局　　B. 市级税务局

C. 省级税务局　　D. 国家税务总局

4. 稽查局在（　　）的领导下开展税务稽查工作。

A. 上级稽查局　　B. 省税务局

C. 国家税务总局稽查局　　D. 所属税务局

5. 税务机关采取强制执行措施将扣押、查封的商品、货物或者其他财产变价抵缴税款，拍卖或者变卖所得抵缴税款、滞纳金以及扣押、查封、保管、拍卖、变卖等费用后剩余部分，应当在（　　）日内退还被执行人。

A. 3　　B. 7　　C. 10　　D. 15

6. 增值税专用发票的检查是（　　）。

A. 日常检查　　B. 专项检查　　C. 专案检查　　D. 举报检查

7. 对采用调账检查方法的，在调取账簿资料时，稽查人员必须向纳税人、扣缴义务人送达（　　），当场填写（　　），并在规定的期限内完整归还。

A.《调取账簿资料通知书》《调取账簿资料清单》

B.《税务检查通知书》《调取账簿资料清单》

C.《调取账簿资料通知书》《账簿资料清单》

D. 《调取账簿通知书》《调取账簿资料专用收据》

8. 专项检查是指对（　　）纳税人进行的重点检查。

A. 个别　B. 单一　C. 某类　D. 某个

9. 税务机关采取税收保全措施的期限一般不得超过（　　）个月；重大案件需要延长的，应当报国家税务总局批准。

A. 1　B. 3　C. 6　D. 12

10. 税务机关对单价（　　）元以下的其他生活用品，不采取税收保全措施和强制执行措施。

A. 1 000　B. 3 000　C. 5 000　D. 10 000

11. 纳税人在税务机关采取税收保全措施后，按照税务机关规定的期限缴纳税款的，税务机关应当自收到税款或者银行转回的完税凭证之日起（　　）日内解除税收保全。

A. 1　B. 3　C. 7　D. 10

12. 税务机关无权进行税务检查的是（　　）。

A. 纳税人的账簿、记账凭证和报表及有关资料

B. 扣缴义务人的生产、经营情况

C. 到机场检查单位商品、货物的有关单据凭证和有关资料

D. 询问纳税人有关纳税的问题和情况

13. 关于检查存款账户，下列说法正确的是（　　）。

A. 检查人员必须持《税务检查通知书》《检查存款账户许可证明》

B. 检查人员必须持《检查存款账户许可证明》

C. 检查人员必须持税务检查证、《税务检查通知书》、《检查存款账户许可证明》

D. 检查人员必须持税务检查证

14. 下列属税收保全措施的是（　　）。

A. 书面通知纳税人开户银行或者其他金融机构扣缴相当于税款的存款

B. 变卖纳税人的商品、货物或者其他财产抵缴税款

C. 书面通知纳税人开户银行或其他金融机构冻结纳税人的金额相当于应纳税款的存款

D. 拍卖纳税人的金额相当于应纳税款的商品、货物或者其他财产以抵缴税款

15. 涉及两个或两个以上税务机关的检举案件，由最先受理的税务机关负责

查处，受理权限有争议的，由共同的上一级税务机关协调决定受理机关。这种管辖属于（　　）。

A. 级别管辖　　B. 指定管辖　　C. 协调管辖　　D. 上级管辖

16. 税务检查中调取被查对象以前年度账簿及有关资料时应经（　　）批准，填写《调取账簿资料通知书》《调取账簿资料清单》进行调取，并在（　　）内完整退还被查对象。

A. 经县以上税务局（分局）局长；3 个月

B. 经县以上税务局（分局）局长或设区市、自治州以上税务局检查局局长；3 个月

C. 经县以上税务局（分局）局长；3 个月，特殊情况可以延长至 6 个月

D. 经县以上税务局（分局）局长或设区市、自治州以上税务局检查局局长；3 个月，特殊情况可以延长至 6 个月

17. 从事生产、经营的纳税人、扣缴义务人未按照规定的期限缴纳或者解缴税款，纳税担保人未按照规定的期限缴纳所担保的税款，由税务机关责令限期缴纳，逾期仍未缴纳的，经县以上税务局（分局）局长批准，税务机关可以采取（　　）措施。

A. 税收强制执行　B. 税收保全　　C. 刑事拘留　　D. 没收财产

18. 税务机关查封商品、货物或者其他财产时，必须开付（　　）。

A. 清单　　B. 收据　　C. 清单和收据　　D. 发票

19. 税务机关在采取税收保全措施时，（　　）不在保全措施的范围之内。

A. 高档消费品

B. 易腐烂的商品

C. 个人及其所扶养家属维持生活必需的住房和用品

D. 金银首饰

20. 下列证据中，既属于间接证据，又属于原始证据的是（　　）。

A. 纳税人承认违法事实的陈述

B. 证人听到法定代表人与会计商议如何做假账的证言

C. 销售清单的复印件

D. 鉴定结论的复印件

21、税务案件的查处，原则上应当由（　　）负责。

A. 案发地税务机关　　B. 被查对象所在地税务机关

C. 上级税务机关　　D. 上级税务机关指定的税务机关

22. 税务师在2019年4月对某公司2019年度纳税情况进行审核时，发现该企业多摊销了租赁办公室的装修费30 000元，若该公司2018年度决算报表已编制，对该项费用调整的会计分录为（　）。

A. 借：长期待摊费用　30 000
　　贷：管理费用　30 000

B. 借：长期待摊费用　30 000
　　贷：以前年度损益调整　30 000

C. 借：长期待摊费用　30 000
　　贷：利润分配——未分配利润　30 000

D. 借：长期待摊费用　30 000
　　贷：本年利润　30 000

二、多选题

1. 纳税检查的客体是（　）。

A. 纳税义务人　B. 代扣代缴义务人
C. 代收代缴义务人　D. 税务机关
E. 纳税担保人

2. 税务机关派出人员在进行税务检查时，必须出示（　）。

A. 外出经营活动税收管理证明　B. 工作证
C. 税务检查证　D. 《税务检查通知书》

3. 《税收征管法》规定税务机关可以采取的税收保全措施有（　）。

A. 书面通知纳税人开户银行或者其他金融机构冻结纳税人的金额相当于应纳税款的存款
B. 书面通知纳税人开户银行或者其他金融机构从其存款中扣缴税款
C. 扣押、查封纳税人的价值相当于应纳税款的商品、货物或者其他财产
D. 扣押、查封、依法拍卖或者变卖其价值相当于应纳税款和滞纳金的商品、货物或其他财产，以拍卖或变卖所得抵缴税款

4. 税收保全措施的被执行人不包括（　）。

A. 从事生产经营的纳税人
B. 缴纳工资、薪金个人所得税的纳税人
C. 纳税担保人
D. 代扣代缴、代收代缴义务人

5. 根据《税收征管法》的规定，税务机关有权（　）。

A. 检查纳税人的账簿、记账凭证、报表和有关资料

B. 到纳税人的生活场所检查纳税人应纳税的商品、货物或者其他财产

C. 到车站、码头、机场、邮政企业及其分支机构检查纳税人托运、邮寄应纳税商品、货物或者其他财产的有关单据、凭证和有关资料

D. 询问纳税人、扣缴义务人与纳税或者代扣代缴、代收代缴税款有关的问题和情况

6. 税务检查人员收集证据时，可以（　　）。

A. 记录　　B. 录音　　C. 录像　　D. 复制

7. 某税务机关核定个体户张某应纳税额为 4 500 元，经该税务机关责令缴纳，张某仍拒不缴纳，税务机关依法扣押了其相当于 4 500 元税款的货物，并为其开具了收据。如果在扣押张某货物后，张某仍不缴纳税款，税务机关可以采取的措施有（　　）。

A. 将扣押的货物交由依法成立的拍卖机构拍卖

B. 若扣押的货物无法拍卖，可以交由当地商业企业代为销售

C. 责令提供纳税担保

D. 向人民法院提起行政诉讼

8. 经县以上税务局（分局）局长批准，可以将（　　）以前年度的账簿、记账凭证、报表和其他有关资料调回税务机关检查。

A. 纳税人　　B. 扣缴义务人　　C. 纳税担保人　　D. 合伙人

9. 在税务检查调查取证时，可以确定为被询问对象的有（　　）。

A. 被查对象的法定代表人　　B. 被查对象的主管人员

C. 被查对象的直接责任人员　　D. 被查对象法定代表人的配偶

10. 检查人员与被查对象有下列关系之一的，应当回避（　　）。

A. 直系血亲关系　　B. 三代以内旁系血亲关系

C. 近姻亲关系　　D. 可能影响公正执法的其他利害关系

11. 实施税收强制执行措施时，扣押、查封价值相当于应纳税款的商品、货物或者其他财产，其价值中应包括（　　）。

A. 应纳税款

B. 罚款

C. 滞纳金

D. 扣押、查封、保管、拍卖、变卖所发生的费用

12.《税收征管法》规定税务机关有（　　）的税务检查权。

A. 检查纳税人的账簿、记账凭证、报表和有关资料

B. 检查扣缴义务人代扣代缴、代收代缴税款账簿、记账凭证和有关资料

C. 到纳税人的生产经营场所检查纳税人应纳税的商品、货物或者其他财产

D. 上路检查纳税人所运输的货物

13. 税务机关采取税收保全措施和强制执行措施时，纳税人合法利益因下列原因发生损失，税务机关应当承担赔偿责任（　　）。

A. 税务机关未按照法定的权限执行

B. 税务机关未按照法定的程序执行

C. 税务机关依法采取税收强制执行措施

D. 税务机关未及时解除税收保全措施

14. 以下不属于个人及其所扶养家属维持生活必需的住房和用品的有（　　）。

A. 机动车辆　　B. 仅有的普通住宅

C. 金银饰品　　D. 古玩字画

15. 关于税务机关实施税收保全措施，以下说法正确的是（　　）。

A. 税收保全措施适用于从事生产、经营的纳税人和扣缴义务人

B. 实施税收保全措施必须经县以上税务局（分局）局长批准

C. 纳税人个人及其所扶养家属维持生活必需的住房和用品，不在税收保全措施范围之内

D. 因税务机关采取税收保全措施不当使纳税人的合法利益遭受损失的，税务机关应当承担赔偿责任

16. 税务师在 2019 年 2 月对某工业企业 2018 年度年终结账后的纳税情况进行审查时发现，该企业 2018 年 8 月将用于职工福利支出的 300 000 元计入“长期待摊费用”，该项“长期待摊费用”项目已于 2018 年 10 月开始摊销计入“生产成本”。该企业各月份均无在产品余额，但有一定的完工产品库存和完工产品出售情况，税务师进行账务调整时，应借记“应付职工薪酬”账户，贷记（　　）账户。

A. 生产成本　　B. 制造费用

C. 库存商品　　D. 以前年度损益调整

三、判断题

1. 在对纳税人的账簿进行检查时，经县以上税务局（分局）局长批准，可以将纳税人当年的账簿、记账凭证等调回税务机关检查。（　　）

2. 税务机关组织力量对王某举报的 B 公司偷漏税情况进行的检查属于专项

检查。(　　)

3. 我国现行税法规定，税务机关有权到车站、机场、码头、邮政企业及其分支机构检查纳税人托运、邮寄的应纳税商品、货物或其他财产。(　　)

4. 税务机关采取税收保全措施和强制执行措施时，对纳税人未缴纳的滞纳金也同时采取税收保全和强制执行措施。(　　)

5. 税务机关对单价 4 000 元的沙发，不采取税收强制执行措施。(　　)

6. 税务机关采取税收保全措施，作为纳税人妻子唯一代步工具的一辆小汽车不在税收保全措施的范围之内。(　　)

7. 税务人员实施税务检查可以向被查对象出示税务检查证，未出示税务检查证的，被检查对象及其他当事人也不得拒绝检查。(　　)

8. 纳税人将货物存放地与住宅混用，税务机关有权对其住宅实施检查。(　　)

9. 税务司法强制执行的程序发生是有条件的，只有在当事人对税务处罚决定不申请复议、不提起诉讼，也不予履行的情况下，才能采取司法强制执行措施。(　　)

10. 税务机关执行扣押、查封商品、货物或者其他财产时，被执行人是自然人的，应当通知被执行人本人或其成年家属到场；被执行人是法人或者其他组织的，应当通知其法定代表人或者主要负责人到场；拒不到场的，不影响执行。(　　)

11. 《税务稽查工作底稿》属于书证。(　　)

12. 鉴定结论属于言词证据。(　　)

13. 物证、书证、音像证据和鉴定结论都属于实物证据。(　　)

14. 原始证据的证明力一般高于传来证据。(　　)

15. 税务检查中逆查法是指从分析会计报表开始，延伸检查账簿、凭证。(　　)

16. 根据《税收征管法》及其实施细则的规定，税务机关可以采取书面通知纳税人开户银行或其他金融机构冻结纳税人的全部存款作为税收保全措施。(　　)

四、案例分析

1. 何某是一家私营企业的业主。2019 年 7 月，税务人员在检查该私营企业账务时，经县以上税务局局长批准，同时检查该企业在中国银行的存款账户及何某私人和其妻王某在储蓄所的存款。查实何某自 2019 年 1 月份以来账外经营收入70万元，于是依法作出补税罚款的处理决定。何某气急败坏，当即责问银行为何将该厂存款账户和私人储蓄存款提供给税务机关检查，银行人员称税务机关提供了检查存款账户的许可证明，有权进行检查。

要求：判断税务机关是否有权检查该企业的存款账户和何某本人及其妻子的个人储蓄存款并说明理由。

2. 某市税务局接到群众举报，称该市某酒家有偷税行为。为获取证据，该税务局派税务人员王某等四人扮作食客，到该酒家就餐。餐后索要发票，服务人员给开具了一张商业零售发票，且将饭菜写成了烟酒，当税务人员问是否可以打折时，对方称如果要白条，就可以打折。第二天，王某等四人又来到该酒家，称我们是市税务局的，有人举报你们酒家有偷税行为，并出示税务检查证，依法对酒家进行税务检查。检查中，该酒家老板不予配合。检查人员出示了前一天的就餐发票，同时当着老板的面打开吧台抽屉，从中搜出大量该酒家的自制收据和数本商业零售发票。

要求：分析税务机关的检查行为是否合法。

3. 2019年8月28日，某区税务局中心税务所对所属某商场2018年度的纳税情况进行检查。检查人员向该商场财务部门有关人员出示税务检查证后，对该商场的纳税情况开始进行检查。在实地检查中，检查人员从该企业的一个沙发后发现一本销售单据，经清点核对发现该单据属于账外单据，未记入销售收入账簿，共应补缴增值税3万元，应课征滞纳金2万元。该商场法人刘某发现后，指使有关人员将账外单据夺回，将检查人员推出门外，还给有关人员打电话，调集车辆将现存商品货物转移运走。当日下午，检查人员迅速返回税务所，报经所长批准后，开具《查封（扣押）证》，会同公安人员一同返回该商场，查封了该商场价值8万余元的商品货物，并向该商场开付查封清单。

要求：分别指出税务人员上述行为中哪些执法行为违反了《征管法》，并说明理由。

4. 申江公司是一家集体企业，2019年3月—5月，企业均为零申报，县税务局经过调查，初步了解到其货款通过东方公司账户结算，为掌握确凿证据，2019年5月15日检查局两名工作人员在出示税务检查证后，对东方公司的存款账户进行了检查核对，掌握了申江公司利用东方公司账号偷税10 000元的违法事实，5月20日，县税务局依照法定程序下达了税务处理决定：责令申江公司补缴税款，并加收滞纳金，并处30 000元罚款。

要求：判断县税务局的执法行为存在哪些问题，并说明理由。

5. 某县税务局接群众举报，称某大酒店有采取少列收入进行偷税的情况，县检查局于2019年5月25日派两名检查员对该酒店实施了检查，检查员在出示税务检查证后，对账簿及记账凭证进行核查；同时经县税务局局长批准，对案件涉嫌人员的储蓄存款进行了查询。查实了该酒店1月—4月利用收入不入账方式偷税9 500元的事实。

要求：判断税务部门在该案处理中有哪些违法行为，并说明理由。

6. 2019年第二季度，某税务所在调查摸底的基础上，决定对某行业的定额从7月起至12月适当调高，并于6月底下发了调整定额通知。某纳税户的定额由原来的4万元调整为5万元。该纳税户不服，说等到7月底将搬离此地，7月份的税款不缴了。7月17日税务所得知这一情况后，书面责令该纳税户必须于7月25日前缴纳该月份税款。7月20日，税务所发现该纳税户已开始转移货物，于是责令该纳税户提供纳税担保，该纳税户没有提供纳税担保，于是税务所书面通知该纳税户的开户银行从其存款中扣缴了7月份的税款。

要求：判断税务机关的行政处罚行为是否合法。

7. 2019年4月6日，某稽查局在税务检查中发现一木器加工厂有逃避纳税义务行为，于是在4月21日向该厂下达《限期缴纳税款通知书》，要求其在规定的15日内缴纳税款5 600元。该企业在4月25日、4月26日两天夜晚秘密转移产成品（家具）和生产工具，企图一走了之。发现这一情况以后，稽查局局长当机立断，签发扣押文书，于4月27日带领3名税务人员直奔该企业生产场所，依法办理相关手续之后，扣押其家具成品若干件，价值30 000元，并运至稽查局存放。直到4月29日，该企业仍无任何表示，稽查局即自行将扣押的家具卖掉，共得款26 000元。稽查局将其中5 600元抵缴税款，余款在5月10日返还给该企业。

要求：根据以上案情，指出该税务所在执法过程中存在的问题。

8. 某县税务局2019年4月在专项检查中，发现作为增值税一般纳税人的某制衣厂（私营企业）自成立至今，有多笔购销业务未申报纳税，税务机关于5月10下达《税务行政处罚告知书》（内含听证告知事项），该制衣厂未提出听证，税务机关于5月20日下达《税务处理决定书》，责令其限期缴纳税款、滞纳金，并处以3倍的罚款。为保证税款及时入库，经过县税务局局长审批同意，税务机关采取了税收保全措施，书面通知其开户银行暂停支付相当于税款、滞纳金和罚款的存款。该厂对税务机关采取的税收保全措施不服，于5月28日向某县人民法院提出行政诉讼，要求税务机关立即解除税收保全措施。县人民法院经过审查，认为该厂应先申请行政复议，再提起诉讼，于6月2日裁定不予受理。

要求：

（1）判断税务机关执行税收保全措施是否正确并说明理由。

（2）判断县人民法院的裁决是否正确，该厂是否可以直接提起行政诉讼并说明理由。

9. W市市民陈某夫妇在2019年5月利用自家房产，开办了一个便民百货店，从事商品零售业务。陈某夫妇认为利用自己的房子开店是不需要纳税的，所以一直未办理税务登记也未办理纳税申报，更未缴纳税款。

2019年9月18日，W市税务局稽查局根据群众举报，委派小张和小王两位税务稽查干部持税务部门开具的介绍信，对便民百货店进行税务检查。陈某认为小张曾经来商店买香烟，因为价格问题发生过争执，所以小张的检查属于打击报复，于是要求小张回避。小张和小王商量后一致认为这不符合税法的回避条件，当场拒绝了陈某的要求，正常实施检查。

经过检查计算，发现陈某5月至9月共少缴增值税9 000元，城建税630元（假设没有其他税款）。2019年9月19日，W市税务局稽查局下达《税务处理决定书》，责令陈某在10日内向W市税务局缴纳增值税9 000元，城建税630元，并缴纳规定的滞纳金（税务征管软件自动计算），并按照规定程序送达了有关税务事项告知书，责令陈某按期缴纳税款。

2019年9月30日，鉴于责令期满，陈某仍未缴纳税款，稽查局经研究，决定对陈某处以2 500元罚款，稽查干部小王正式送达《税务行政处罚决定书》，由于陈某拒绝签收，小王电话通知小张，并请小张前来正式签字作证，留置送达有关税务文书。

2019年10月15日，纳税人仍未缴纳税款和罚款，经稽查局局长批准，税务部门扣押并变卖了该商店正常销售的“食用色拉油”一批，将色拉油按八折价格变卖给W市某宾馆，所得变价收入在抵缴税款、滞纳金和罚款后，将余款于10月22日退还陈某。

要求：根据以上分析，判断税务部门及有关税务人员在具体行政行为方面有哪些不妥之处。

第二章　税务稽查工作程序

案例导读

稽查局在稽查执法中存在哪些错误？

20××年3月8日，某市税务局稽查局选案科工作人员通过行业财务比率指标分析，筛选确定A公司为被查对象。当天，选案科制作《税务稽查任务通知书》，向检查科下达稽查任务。检查科确定由李某、王某两名稽查人员负责本案的检查。

3月10日，稽查人员按规定提前以书面形式向A公司发出《税务检查通知书》，取得送达回证。3月12日，李某、王某到A公司，向公司财务人员出示税务检查证并取得相关的出示证明。两人经稽查局局长批准，持《调取账簿资料通知书》，调取了A公司2017年度的会计账簿、凭证和报表等有关资料，当场按规定填写《调取账簿资料清单》。两人依法询问了会计黄某，并制作了询问笔录。

经检查，A公司在2017年度有故意隐瞒销售收入造成少缴增值税、企业所得税税款10万元和违反规定多开1份普通发票（票面金额为1 800元）的违法事实。3月18日，本案检查终结。

3月20日，稽查人员将《税务稽查报告》《税务稽查工作底稿》和有关资料提交审理科审理。审理科认为案件事实清楚、证据充分，于4月7日制作《审理报告》，提请稽查局集体审理。4月8日，审理科按照稽查局的决定制作了《税务处理决定书》：对A公司追缴税款10万元、加收滞纳金并对所偷税款处以0.5倍的罚款。当天，报稽查局局长签发后，交执行科送达给A公司并取得送达回证。

问题：请就上面给出的资料，指出在稽查执法中存在的错误之处，并给出正确的做法。

（资料来源：http：//blog. sina. com. cn/s/blog_657a372a0100gs0h. html）

第一节　税务稽查的程序

税务稽查是税务机关代表国家行使执法权，必须严格遵照一定的执法程序进行。税务稽查的程序包括选案、检查、审理和执行四个环节，凡是立案的税务案件必须经过检查、审理环节。

《税务稽查工作规程》第五条规定：稽查局查处税收违法案件时，实行选案、检查、审理、执行分工制约原则。稽查局设立选案、检查、审理、执行部门，分别实施选案、检查、审理、执行工作。具体税务稽查程序如图 2－1 所示。

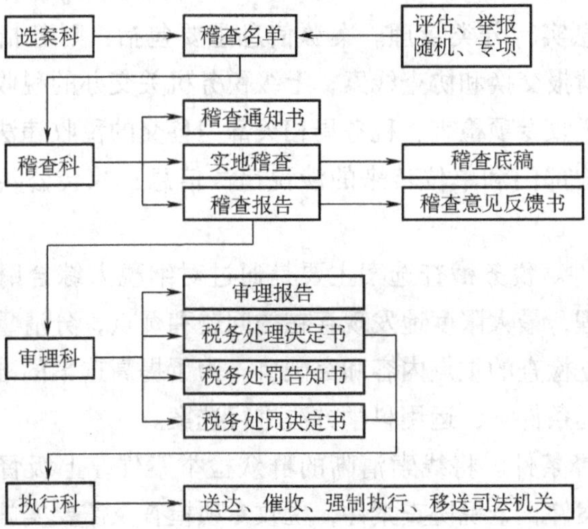

图 2－1　税务稽查程序

一、税务稽查选案

税务稽查选案是税务稽查的第一道程序，是税务稽查的起点和基础，也是税务稽查案源管理的主要内容。税务稽查选案的主要内容是确定税务稽查的对象，它的准确率的高低，直接影响着检查效率的高低，直接决定着检查成果的大小。依法、科学地确定稽查对象，对于税务机关公正执法，正确贯彻执行国家的税收政策，规范税务检查工作秩序，提高税务检查工作的质量和效率，充分发挥税务检查的监督职能等都具有十分重要的作用。

税务稽查选案流程包括收集案源信息、筛选待查对象、确定被查对象、立案启动检查四个部分。

（一）税务稽查对象的确定

1. 税务稽查选案的概念。税务稽查选案亦称税务稽查对象的确定，是指按照一定的方式、方法和要求，对纳税人各项信息数据进行采集、分析、筛选，最终为税务稽查的实施确定具体稽查对象的过程。税务稽查选案包括主动选案和被动选案。主动选案主要是指日常检查和税收专项检查对象的确定；被动选案主要是指上级交办案件和群众检举案件等对象的确定。

《税务稽查工作规程》第十四条规定：稽查局应当通过多种渠道获取案源信息，集体研究，合理、准确地选择和确定稽查对象。选案部门负责稽查对象的选取，并对税收违法案件查处情况进行跟踪管理。

《税务稽查工作规程》第十六条规定：选案部门应当建立案源信息档案，对所获取的案源信息实行分类管理。案源信息主要包括：财务指标、税收征管资料、稽查资料、情报交换和协查线索；上级税务机关交办的税收违法案件；上级税务机关安排的税收专项检查；税务局相关部门移交的税收违法信息；检举的涉税违法信息；其他部门和单位转来的涉税违法信息；社会公共信息；其他相关信息。

2. 选案的条件。税务稽查选案主要是通过对纳税人综合财务信息、纳税情况等的分析、处理，最大限度地发现存在的问题和疑点，分清重点检查对象和一般检查对象，确立检查的重点内容和突破口。为了提高选案的准确性，应在坚持优选和限选的前提条件下，运用科学方法进行选案。

（1）优先选择条件。将线索清晰的群众检举案件，上级督办或交办、部门转办、征管移交案件，金税协查案件，税收专项检查及需要实施检查的其他涉税案件，优先列入税务稽查选案的范围。

（2）限制选择条件。按照《税收征管法实施细则》第八十五条的规定，稽查局应建立科学的检查制度，统筹安排检查工作，严格控制对纳税人、扣缴义务人的检查次数。对全国、省、市重点税源企业抽查，拟定每年抽查比例为20%左右，原则上每5年检查一轮；对非重点税源企业，每年抽查比例不超过3%；对非企业纳税人，每年抽查比例不超过1%。对列入税务稽查异常对象名录库的企业，要加大抽查力度，提高抽查比例和频次；3年内已被随机抽查的税务稽查对象，不列入随机抽查范围。

3. 税务稽查案源的筛选方法。税务稽查案源的筛选，通常采用的方法有计算机选案、人工选案或人机结合选案，对各类税务信息进行收集、分类、分析、比对和数据处理，从而在所管辖的纳税人、扣缴义务人中，选取出最有嫌疑的被查对象。科学选案，只有借助现代技术手段才能实现。这是人工智能与计算机高性能运算功能的结合，是税务稽查科学选案的发展方向。西方发达国家大都有税务稽查选案分析计算机系统，而且90%以上的税务稽查对象都是通过计算机筛选出来的。

资料卡片

2015年，国家税务总局出台《推进税务稽查随机抽查实施方案》，稽查对象和稽查人员均通过摇号抽取。这种抽查方法排除了人为因素，避免了任性执法，确保了税务稽查的公正、公开。所有纳税人被稽查的概率均等，有利于保护纳税人的合法权益，是依法治税的具体体现。

2018年各地税务机关全面落实“双随机、一公开”的监管要求，对除综合整治非法发票、骗税、虚开以及高风险案源以外的案源，实施“双随机”抽查全覆盖，并依法公开随机抽查相关信息，杜绝“选户”和“选人”过程中的人为因素干扰，规范税务检查程序和执法过程，实现“阳光稽查”。

（资料来源：国家税务总局网站）

（二）立案的条件

税务机关通过税务检查监督发现纳税人、扣缴义务人及其他公民、组织实施了税务违法行为，经初步判明税务违法程度达到规定标准的，应当立案。立案一般要具备几个条件：①有一定的税务违法事实；②有明确的税务违法人；③依法应当或者需要追究其法律责任；④属于税务机关的管辖范围。

待查对象确定后，选案部门填制《税务稽查立案审批表》，附有关资料，经稽查局局长批准后立案检查。税务局相关部门移交的税收违法信息，稽查局经筛选未立案检查的，应当及时告知移交信息的部门；移交信息的部门仍然认为需要立案检查的，经所属税务局领导批准后，由稽查局立案检查。对上级税务机关指定和税收专项检查安排的检查对象，应当立案检查。

经批准立案检查的，由选案部门制作《税务稽查任务通知书》，连同有关资料一并移交检查部门。同时，建立案件管理台账，跟踪案件查处进展情况，及时报告稽查局局长。

（三）税收违法案件举报中心工作内容

各级税务部门设立税收违法案件举报中心，负责受理单位和个人对税收违法行为的检举。举报中心应当对外挂标识牌。税务机关应当向社会公布举报中心的电话（传真）号码、通信地址、邮政编码、网络检举途径，设立检举接待场所和检举箱。税务机关同时通过12366纳税服务热线接收税收违法行为检举信息。

税收违法行为检举是单位、个人采用书信、电话、传真、网络、来访等形式，向税务机关提供纳税人、扣缴义务人税收违法行为线索的行为。检举人可以实名检举，也可以匿名检举。单位和个人实名检举税收违法行为并经查实，为国家挽回税收损失的，根据其贡献大小，依照有关规定给予相应奖励。税收违法行为是指涉嫌偷税（逃避缴纳税款），逃避追缴欠税，骗税，虚开、伪造、变造发票，以及其他与逃避缴纳税款相关的税收违法行为。

二、实施税务检查

检查是税务稽查的第二个环节，也是核心环节，即税务稽查人员按照税收法律、法规、规章及稽查方案所确定的稽查范围、种类、方式和内容等要求，依据稽查标准，采取科学有效的方法，有目标、有步骤地进行稽查的实务操作活动。该环节是判断选案是否准确，纳税人是否存在纳税问题，以及如何定性的关键。搞好实施环节的工作，无疑抓住了整个税务稽查的中心点，从而能有效推动稽查工作的开展。

（一）税务稽查前的准备

案前准备工作可以有效提高检查工作科学化、精细化管理水平，提高检查工作效率，确保检查工作有的放矢、收到实效，对强化案件检查效果和提升检查案件质量具有重要的指导意义。税务稽查前的准备工作主要包括：一是在对被查对象基础资料分析的基础上，对症下药，结合相关税收政策、法规，找出涉税疑点，明确税务检查的重点和主攻方向。二是充分利用互联网、报纸、广播、电视等新闻媒体，获取有关工商、金融、价格及其他涉税信息，广泛收集外部案源信息。三是及时熟悉和掌握可能涉及的税收政策，对可能出现的税收疑难点问题进行充分的研究和讨论，以应对税收政策疑难问题解答，使检查实施更加合理合法、有理有据，这样不仅有利于提高纳税人对于税收政策的理解，也便于检查环节取证工作的顺利进行，以降低执法风险。四是调阅以前税务检查案卷，了解和掌握相同或类似案件检查思路和经验，以及违法问题产生的原因、处理结果，为本次检查提供参考。

通过以上对被查对象的资料与数据的搜集准备工作及全面案前分析，设定检查方法，明确检查工作范围和重点及涉税违法疑点，统一目标，提前协调与安排小组成员的分工，初步形成检查预案，做到税务检查实施工作有的放矢。

检查预案制度要求稽查人员依据被检查对象的税收征管资料和举报、转办、交办、协查、情报交换等资料中的信息，运用计算、稽核、经验判断等方法，对纳税人的涉税指标进行综合评估，了解企业的基本情况、发票领用存情况、纳税申报情况、税收负担率等，填写《税务案件稽查预案》，查找企业可能存在的涉税问题，分析问题形成原因，确定重点稽查项目、内容，拟定具体稽查方法，制订科学的检查实施方案。税务稽查预案须在接到稽查任务后3日内，由承办案件的税务稽查人员制订。重大或疑难案件的税务稽查预案，召集办案经验丰富、综合分析能力强的人员组成预案小组，共同讨论研究后制订。《税务案件稽查预案》由承办案件的税务稽查人员签字并经批准后实施。各种来源案件除特殊情况外必须制订税务稽查预案。

（二）实施税务稽查

1. 检查通知的下达。《税务稽查工作规程》第二十二条规定：检查前，应当告知被查对象检查时间、需要准备的资料等，但预先通知有碍检查的除外。检查应当由两名以上检查人员共同实施，并向被查对象出示税务检查证和《税务检查通知书》。检查应当自实施检查之日起60日内完成；确需延长检查时间的，应当经稽查局局长批准。

下达税务检查通知的目的：一是保护纳税人的合法权益，加强对税务机关的执法监督；二是告知被检查者提前做好接受税务检查的各项准备工作；三是当被检查者有特殊情况，不能按计划接受检查时，税务机关能及时对检查计划进行调整。《税务检查通知书》格式如图2－2所示。

税务检查通知书

×税检通〔 〕号

________：

根据《中华人民共和国税收征收管理法》第五十四条规定，决定派________等人，自______年____月____日起对你（单位）____年____月____日至____年____月____日期间（如检查发现此期间以外明显的税收违法嫌疑或线索不受此限）涉税情况进行检查。届时请依法接受检查，如实反映情况，提供有关资料。

税务机关（签章）

年 月 日

图2－2 《税务检查通知书》格式

2. 调取账簿等纳税资料。检查部门调取账簿、记账凭证、报表和其他有关资料时，应当向被查对象出具《调取账簿资料通知书》（见图2－3），并填写《调取账簿资料清单》交其核对后签章确认。调取纳税人、扣缴义务人以前会计年度的账簿、记账凭证、报表和其他有关资料的，应当经所属税务局局长批准，并在3个月内完整退还；调取纳税人、扣缴义务人当年的账簿、记账凭证、报表和其他有关资料的，应当经所属设区的市、自治州以上税务局局长批准，并在30日内退还。

调取账簿资料通知书

×税调〔 〕号

__________：

根据《中华人民共和国税收征收管理法实施细则》第八十六条规定，经__________税务局局长批准，决定调取你（单位）______年____月____日至______年____月____日的账簿、记账凭证、报表和其他有关资料到税务机关进行检查，请于____年____月____日至____年____月____日前送到税务局（稽查局）。

联系人员：

联系电话：

税务机关地址：

税务机关（盖章）

年　　月　　日

图2－3　《调取账簿资料通知书》格式

3. 调查取证。《税务稽查工作规程》第二十六条规定：需要提取证据材料原件的，应当向当事人出具《提取证据专用收据》，由当事人核对后签字盖章确认。对需要归还的证据材料原件，检查结束后应当及时归还，并履行相关签收手续。需要将已开具的发票调出查验时，应当向被查验的单位或者个人开具《发票换票证》；需要将空白发票调出查验时，应当向被查验的单位或者个人开具《调验空白发票收据》，经查无问题的，应当及时退还。

提取证据材料复制件的，应当由原件保存单位或者个人在复制件上注明“与原件核对无误，原件存于我处”，并由提供人签字盖章。

4. 纳税人逃避、拒绝或者以其他方式阻挠税务检查的认定。被查对象有下列情形之一的，依照《税收征管法》和《税收征管法实施细则》有关逃避、拒绝或者以其他方式阻挠税务检查的规定处理：提供虚假资料，不如实反映情况，或者拒绝提供有关资料的；拒绝或者阻止检查人员以记录、录音、录像、照相、复制等方式获取与税收违法案件有关资料的；在检查期间转移、隐匿、损毁、丢弃有关资料的；其他不依法接受税务检查行为的。

《税收征管法》第七十条规定：纳税人、扣缴义务人逃避、拒绝或者以其他方式阻挠税务机关检查的，由税务机关责令改正，可以处1万元以下的罚款；情节严重的，处1万元以上5万元以下的罚款。

检查过程中，检查人员应当制作《税务稽查工作底稿》，记录案件事实，归集相关证据材料，并签字、注明日期。检查结束前，检查人员可以将发现的税收违法事实和依据告知被查对象；必要时，可以向被查对象发出《税务事项通知书》，要求其在限期内书面说明，并提供有关资料；被查对象口头说明的，检查人员应当制作笔录，由当事人签章。

（三）税务稽查的中止和终结

《税务稽查工作规程》第四十四条规定，有下列情形之一，致使检查暂时无法进行的，检查部门可以填制《税收违法案件中止检查审批表》，附相关证据材料，经稽查局局长批准后，中止检查：当事人被有关机关依法限制人身自由的；账簿、记账凭证及有关资料被其他国家机关依法调取且尚未归还的；法律、行政法规或者国家税务总局规定的其他可以中止检查的情形。

中止检查的情形消失后，应当及时填制《税收违法案件解除中止检查审批表》，经稽查局局长批准后，恢复检查。

《税务稽查工作规程》第四十五条规定：有下列情形之一，致使检查确实无法进行的，检查部门可以填制《税收违法案件终结检查审批表》，附相关证据材料，移交审理部门审核，经稽查局局长批准后，终结检查：被查对象死亡或者被依法宣告死亡或者依法注销，且无财产可抵缴税款或者无法定税收义务承担主体的；被查对象税收违法行为均已超过法定追究期限的；法律、行政法规或者国家税务总局规定的其他可以终结检查的。

检查结束时，检查人员根据《税务稽查工作底稿》及有关资料，制作《税务稽查报告》，由检查部门负责人审核。

《税务稽查报告》由查账文字报告和查账计算表两部分构成，应分别编制。

1. 查账文字报告。税务稽查报告一般包括以下主要内容：案件的来源、被查对象的基本情况、检查时间和检查所属时期、主要违法事实及其手段、检查过程中采取的措施、违法性质、被查对象的态度、处理意见和依据、其他需要说明的事项、检查人员的签字和报告时间。

写税务稽查报告要抓住中心，突出重点，列举的问题必须是经过反复查证落实的具体事实；态度要客观、明朗，结论要慎重、准确，使报告正确地反映被查单位履行纳税义务的真实情况；要文字简练，层次分明，表达确切。

2. 查账计算表。查账计算表是反映被查单位应退（补）税款的计算过程和结果的表格。查账计算表目前尚无统一规定格式。

检查完毕，检查部门应当将《税务稽查报告》《税务稽查工作底稿》及相关证据材料，在5个工作日内移交审理部门审理，并办理交接手续。

三、税务稽查审理

税务稽查审理是税务稽查的第三个环节，即税务机关及其专门机构按照职责分工，在查明案件事实的基础上，依法对纳税人、扣缴义务人或者其他当事人是否有违法行为，应否及处以什么行政处罚或者作其他处理的审查判断过程。审理是确保公正、公平的税务处理和行政处罚，进而保护涉税案件当事人合法权益的重要环节，它在检查四个环节之间的相互监督制约机制中起着决定性作用。

（一）审理时限

审理部门接到检查部门移交的《税务稽查报告》及有关资料后，15日内提出审理意见。但下列时间不计算在内：①检查人员补充调查的时间；②向上级机关请示或者向相关部门征询政策问题的时间。案情复杂确需延长审理时限的，经稽查局局长批准，可以适当延长。

（二）审理方式

《税务稽查工作规程》第四十六条规定：审理部门接到检查部门移交的《税务稽查报告》及有关资料后，应当及时安排人员进行审理。审理人员应当依据法律、行政法规、规章及其他规范性文件，对检查部门移交的《税务稽查报告》及相关材料进行逐项审核，提出书面审理意见，由审理部门负责人审核。案情复杂的，稽查局应当集体审理；案情重大的，稽查局应当依照国家税务总局有关规定报请所属税务局集体审理。

在具体实践中，稽查审理方式根据案件的具体情况通常分为三个层次：

1. 一般性案件，由稽查局内设的审理部门进行审理，制作《稽查审理报告》，报稽查局局长审定。

2. 案情复杂的案件，即审理部门与检查部门对事实认定及定性问题存在意见分歧的案件，由审理部门提请稽查局集体审定。

3. 重大案件，由稽查局提请所属税务局案件审理委员会审定。

三级审理制度，可以较好地减少涉税案件的错误。

(三) 审理内容

实施审理时，审理人员应当认真审阅《税务稽查报告》及所有与案件有关的案卷资料，审理人员应当着重审核以下内容：

1. 被查对象是否准确。被检查对象主体是否准确，主要审查《税务稽查任务通知书》《税务检查通知书》《税务稽查报告》等税务检查文书中检查对象的名称是否与实际名称完全一致。

2. 税收违法事实是否清楚、证据是否充分、数据是否准确、资料是否齐全。

（1）事实清楚是指《税务稽查报告》所认定的涉税事实必须真实、具体、准确，即认定涉税案件的法律事实清楚。法律事实清楚是指按照法定的程序、标准，运用逻辑推理、自然法则和经验法则对各类证据的有效性及主要税收违法事实发生的时间、地点、情节、后果、责任、原因等逐一予以确认，然后以有效的证据判定案件的事实（即法律事实），保证审理确认的涉案事实清楚。

（2）证据充分是指证据要符合证据的三个特性，即证据的关联性、合法性、真实性，只有同时符合这三个要求的证据才足以支持所证明事实的存在。因此，稽查审理时要认真审核证据与事实之间、证据与证据之间的逻辑关系，确保证据确凿充分。

（3）数据准确不仅是指应补缴税款金额的计算准确，还需要对其计税依据的来源是否合法、手续是否完备、分类是否准确、相关税种征税范围是否符合，适用税率的取得等方面是否准确进行审查。审理中，对于资料中获取的数据，必须正确判断，慎重采纳。这是因为，案件有关当事人提供的数据，甚至稽查人员调查收集的数据都可能不准确、不真实或缺少证明力。造成这些情况的原因：一是某些当事人出于不良动机，故意歪曲，伪造事实，使数据失真；二是由于收集程序不合法或不得当，影响数据的真实性；三是稽查人员计算错误。因此，审理时要根据有关数据之间的相互控制、相互制约的原理，对各项数据逐项加以验算核实，做到准确无误。

（4）资料齐全是指《税务稽查报告》、《税务稽查工作底稿》、有关证据三类资料齐全。与案件有关的所有资料都要完整齐全，合法有效。

3. 适用法律、行政法规、规章及其他规范性文件是否适当，定性是否正确。审查适用法律法规主要包括：一是适用的法律法规是否完整引用；二是引用的法律法规是否正确；三是是否规范引用法律法规，是否列明法律法规的名称和相关的条款；四是法律法规的位阶引用是否符合要求等。

定性是否正确是指依据相关法律规定的违法行为的特征和条件来对当事人的

税收行为进行判断，如属于税收违法行为，则需要对其违法行为造成的后果和影响进行评判，为进行税务处理和处罚奠定基础。

4. 是否符合法定程序。案件审理符合法定程序要保证以下三点。

（1）程序的合法性。在审理时，首先要审查确定税务检查对象的程序是否合法，是否按照检查选案的原则和筛选方法取得被查对象；其次要审查检查实施环节是否符合规定程序，各要件是否有效、完备。如在开始检查时，是否两人以上并同时出示税务检查证和《税务检查通知书》。通过审查，判断检查程序是否合法。

（2）手续的完整性。审查法定手续，是指审查检查实施过程中应办理的相关手续是否符合规定和要求。例如，在审查调取以前年度的账簿及有关资料手续是否完整时，首先，要审查其行为是否有所属税务局局长批准手续，即在《税务行政执法审批表》上由局长签署批准同意意见的手续。其次，审查是否履行调取账簿资料的调账手续，即在送达《调取账簿资料通知书》的同时，对《调取账簿资料清单》上注明调取资料的名称、数量和调取日期进行核对，无误后由检查局和被查对象分别签字盖章的手续。最后，审查退还资料的手续，即在对调账资料名称、数量和退还时间核对无误后，在原《调取账簿资料清单》上由检查局和被查对象分别签字盖章的资料退还手续。通过上述审查，判断检查调账的手续是否完整。

（3）程序的时效性。审查程序的时效性，主要是审查检查实施过程中是否按照法定时限完成相关的事项。行政法律法规对行政程序的时限都有明确的规定。如在检查中提取的各种证据资料的日期必须在送达《税务检查通知书》并取得送达回证日期之后，做出《税务稽查报告》日期之前才具有法律效力。应通过稽查审理，确保税务检查实施符合法定程序。

5. 是否超越或者滥用职权。滥用职权是指检查人员违反法律规定的权限和程序，超越职权，违法决定、处理其无权决定、处理的涉税事项。滥用职权的表现不仅包括过度运用职务范围内的权力即超越职权，还包括不认真履行职务范围内的权力。检查规程中规定的超越或者滥用职权在意思上实际是重复的，应该改为“是否滥用职权”。

超越职权是指检查人员在检查时行使超越《税收征管法》及其细则的相关规定的税务检查权力的检查行为。例如，检查人员对车站运输的纳税人托运的货物实施开箱检查时，没有严格遵守行使查证权仅限于在车站对托运商品单据的检查，就是超越职权执法。

不认真履行职务范围内的权力是指检查人员在检查时不认真负责，对当事人的税收违法行为检查不认真，或当事人存在逃避纳税义务且有明显转移财产的现象时不及时采取税收保全措施等法律赋予检查人员的权力，都属于滥用职权。

6. 税务处理、处罚建议是否适当。拟定的处理、处罚建议是否得当，主要是审查检查人员提供的《税务稽查报告》对案件的定性是否准确，提出的处理处罚建议是否恰当。案件定性，即认定检查对象涉税事实的性质，是处理案件的关键。对不同性质的涉税问题，有不同的处理规定。只有定性准确，处理才能得当。认定涉税案件性质的依据主要包括法律事实、有关的税收法律法规等。

（四）税务机关的告知义务

稽查局拟对被查对象或者其他涉税当事人作出税务行政处罚的，审理人员制作《税务行政处罚事项告知书》（见图2－4），交检查人员送达被查对象，告知其依法享有陈述、申辩及要求听证的权利。

税务行政处罚事项告知书

税罚告〔　〕号

__________：

对你（单位）的税收违法行为拟于____年____月____日之前作出行政处罚决定，根据《中华人民共和国税收征收管理法》第八条、《中华人民共和国行政处罚法》第三十一条规定，现将有关事项告知如下：

一、税务行政处罚的事实依据、法律依据及拟作出的处罚决定：

二、你（单位）有陈述、申辩的权利。请在我局（所）作出税务行政处罚决定之前，到我局（所）进行陈述、申辩或自行提供陈述、申辩材料；逾期不进行陈述、申辩的，视同放弃权利。

三、若拟对你罚款2 000元（含2 000元）以上，拟对你单位罚款10 000元（含10 000元）以上，你（单位）有要求听证的权利。可自收到本告知书之日起3日内向本局书面提出听证申请；逾期不提出，视为放弃听证权利。

税务机关（签章）

年　月　日

图2－4　《税务行政处罚告知书》格式

税务行政处罚的听证程序，是指行政机关在作出重大行政处罚决定之前，依当事人申请，举行听证会，充分听取当事人的陈述、申辩，并允许当事人及利害关系人与执法人员进行质证的程序。

税务机关对公民作出2 000元及以上罚款，对法人或其他组织作出10 000元及以上罚款的行政处罚之前，税务机关应当向当事人送达《税务行政处罚事项告知书》，告知当事人已经查明的违法事实、证据、行政处罚的法律依据和拟给予的行政处罚，并告诉当事人有要求举行听证的权利。对于当事人要求听证的，税务机关应当举行听证。

听证应当依照下列程序组织：

第一，当事人要求听证的，应在税务机关告知后3日内提出；逾期不提出的，视为放弃听证权利。

第二，税务机关应当在收到当事人听证要求后15日内举行听证，并在举行听证的7日前将《税务行政处罚听证通知书》送达当事人，通知当事人举行听证的时间、地点、听证主持人姓名及有关事项。当事人由于不可抗力或者其他特殊情况而耽误提出听证的，在障碍消除后5日内，可以向税务机关申请延长期限。

第三，除涉及国家机密、商业秘密或者个人隐私外，听证应公开进行。听证由税务机关指定的非本案调查人员主持，当事人认为主持人与本案有直接利害关系的，有权申请回避。当事人可以亲自参加听证，也可以委托一至两人代理。《税务稽查工作规程》第五十三条规定，听证主持人由审理人员担任。

第四，举行听证时，调查人员提出当事人的违法事实、证据和处罚意见；当事人进行申辩和质证；听证应当制作笔录，笔录应当交当事人审核无误后签字或盖章。

第五，听证结束后，听证主持人应当将听证情况和处理意见报告税务机关负责人，依法作出决定。

对被查对象或者其他涉税当事人的陈述、申辩意见，审理人员应当认真对待，提出判断意见。对当事人口头陈述、申辩意见，审理人员应当制作《陈述申辩笔录》，如实记录，由陈述人、申辩人签章。

对不属于审理部门职权范围内的案件或虽属于审理部门职权范围，但经审理后认为定案有困难的案件，由审理部门提出初审意见，报请稽查局审理委员会审理，审理部门按稽查局审理委员会的意见制作《税务稽查审理报告》，报稽查局局长审批。

（五）纳税检查审理的终结

审理完毕，审理人员应当制作《税务稽查审理报告》，由审理部门负责人审核。《税务稽查审理报告》应当包括以下主要内容：审理基本情况；检查人员查明的事实及相关证据；被查对象或者其他涉税当事人的陈述、申辩情况；经审理认定的事实及相关证据；税务处理、处罚意见及依据；审理人员、审理日期。

《税务稽查审理报告》范文：

×××案案件基本情况和初步审理情况报告

1. 纳税人的基本情况。

2. 申报纳税情况。

3. 案由。

4. 稽查人员认定的违法事实的简要情况。

5. 纳税人的陈述申辩情况和听证记录的主要内容。

6. 初步审理情况，包括：①已认定成立的违法事实；②经补证或补充稽查后认定成立的违法事实；③否定的违法事实或经补证后否定的违法事实及否定的缘由；④稽查人员处理意见和审理人员的调整建议。

审理部门应当区分下列情形分别作出处理。

第一，认为有税收违法行为，应当进行税务处理的，拟制《税务处理决定书》。

第二，纳税人有税收违法行为，应当进行税务行政处罚的，拟制《税务行政处罚决定书》，税务行政处罚的种类有：罚款；没收财物和违法所得；停止出口退税权。

第三，认为税收违法行为轻微，依法可以不予税务行政处罚的，拟制《不予税务行政处罚决定书》。

第四，认为没有税收违法行为的，拟制《税务稽查结论》。

《税务处理决定书》《税务行政处罚决定书》《不予税务行政处罚决定书》《税务稽查结论》经稽查局局长批准后由执行部门送达执行。

税收违法行为涉嫌犯罪的，稽查局向检查管理部门提交《申请移送报告》，附有关资料，由检查管理部门填制《涉嫌犯罪案件移送书》，经所属税务局局长批准后，依法移送公安机关。

社会写真

税务局依法向某电影明星下达

《税务处理决定书》和《税务行政处罚决定书》

2018年6月初，在群众举报某电影明星“阴阳合同”涉税问题后，国家税务总局高度重视，责成江苏等地税务机关依法调查核实。

…………

9月26日，江苏省税务局依法先向该电影明星下达《税务行政处罚事项告知书》，对此，该电影明星未提出听证申请。

9月30日，江苏省税务局依法向该电影明星正式下达《税务处理决定书》和《税务行政处罚决定书》，要求其将追缴的税款、滞纳金、罚款在收到上述处理处罚决定后在规定期限内缴清，金额近9亿元人民币。

（资料来源：https：//www. toutiao. com/i6608006741755953677/）

四、税务稽查执行

税务稽查执行是指税务机关依照法定程序和权限，督促检查对象履行税务处理（罚）决定的过程。税务稽查执行包括案件执行受理、税务处理文书的送达、税款和罚款的入库、税务执行决定的执行。按照税务检查“四分离”制度的规定，税务稽查执行由各级稽查局负责执行的部门组织实施。稽查部门必须确定两名或两名以上稽查人员负责案件的执行。

（一）案件执行受理

案件执行受理是指审理部门在涉税案件处理完毕后，将税务处理文书（包括《税务处理决定书》《税务行政处罚决定书》《不予税务行政处罚决定书》《税务稽查结论等》）移交给执行部门，执行部门对移交的税务处理文书及其他材料进行核实签收，并进行登记。

（二）税务处理文书的送达

执行部门在接到审理部门移送的税务处理文书（《税务处理决定书》《税务行政处罚决定书》《不予税务行政处罚决定书》《税务稽查结论》）后，会在7日内送达当事人，有特殊情况不能在期限内送达的，报经稽查局局长批准后，可适当延长。

执行部门在送达相关税务文书时，会及时通过税收征管信息系统将税收违法案件查处情况通报被执行人主管税务机关。依据《税收征管法实施细则》的规定，税务处理文书可以根据不同的情况采用不同的方式送达。

1. 直接送达。直接送达是指执行人员将应送达的税务处理文书直接送达当事人签收的送达方式。这是一种常用的基本送达方式。凡是能够直接送达的，应采取直接送达的方式。税务处理决定送达后，必须办理《税务文书送达回证》手续，由接收人在《税务文书送达回证》上签收。

(1) 受送达人是公民的，应当由本人直接签收；本人不在的，交其同住成年家属签收。

(2) 受送达人是法人或者其他组织的，应当由法人的法定代表人、其他组织的主要负责人或者该法人、组织的财务负责人、负责收件的部门（人）签收。受送达人有代理人的，可以送交其代理人签收。

直接送达税务处理文书的，以签收人在送达回证上注明的收件日期为送达日期。《税务文书送达回证》格式见表2－1。

表2－1　税务文书送达回证

送达文书名称	
受送达人	
送达地点	
受送达人签名或盖章	年　月　日　时　分
代收人代收理由、签名或盖章	年　月　日　时　分
受送达人拒收理由	年　月　日　时　分
见证人签名或盖章	年　月　日　时　分
送达人签名或盖章	年　月　日　时　分
填发税务机关	（签章）年　月　日　时　分

2. 留置送达。留置送达是指在受送达人或其同住成年家属、税务代理人、代收人拒绝接收税务处理文书的情况下，把税务处理文书留在受送达人处的一种送达方式。

采用留置送达方式，送达人在送达回证上记明拒收理由和日期，并由送达人和见证人（应是税务部门以外的人员）签名或者盖章，将税务处理文书留在受送达人处，即视为送达。留置送达和直接送达具有同等法律效力。

3. 委托送达。委托送达是指税务处理文书在直接送达有困难的情况下，税务机关可以委托其他有关机关或者其他单位代为送达的送达方式。采取委托送达的，受托机关责任人应在《税务文书送达回证》上签字备注，并以受送达人在送达回证上签收的日期为送达日期。

4. 邮寄送达。税务文书可以采用邮寄送达，但是有一定的前提条件。直接送达税务文书有困难的，可以委托其他有关机关或者其他单位代为送达，或者邮寄送达。采取邮寄送达，以回执上注明的签收日期为送达日期。

5. 公告送达。公告送达是指税务机关以张贴公告、登报或者广播等方式，将需要送达的税务处理文书的有关内容告知受送达人的送达方法。应当注意的是，采取公告送达方式的，必须有下列情形之一：一是同一送达事项的受送达人众多；二是采用本节所述的其他方式无法送达的。

采取公告送达的，自公告之日起满30日，即视为送达。

资料卡片

深圳市税务局第三稽查局税务检查通知书、税务事项通知书公告

（深圳市××有限公司等十九户企业）

深圳市××有限公司等三十一户企业：

根据《中华人民共和国税收征收管理法》（以下简称《征管法》）第五十四条规定，我局将对你单位的涉税情况进行检查，因你单位不在注册地经营且相关人员均无法联系，《税务检查通知书》《税务事项通知书》（详见附件）无法送达。根据《中华人民共和国税收征收管理法实施细则》第一百零六条规定，现将《税务检查通知书》《调取账簿资料通知书》《税务事项通知书》（详见附件）予以公告，自公告之日起满30日内，即视为送达。请你单位自收到本通知之日起7日内到我局接受调查，并提供从开业至今的账簿凭证等与生产经营相关的资料，逾期我局将按有关税收法律法规处理。

深圳市税务局第三稽查局

2017年11月21日

（资料来源：深圳市税务局网站）

6. 电子送达。电子送达，是指税务机关通过电子税务局等特定系统向纳税人、扣缴义务人送达电子版式税务文书。经受送达人同意，税务机关可以采用电子送达方式送达税务文书。电子送达与其他送达方式具有同等法律效力。受送达人可以据此办理涉税事宜，行使权利、履行义务。税务机关采用电子送达方式送达税务文书的，以电子版式税务文书到达特定系统受送达人端的日期为送达日期，特定系统自动记录送达情况。受送达人需要纸质税务文书的，可以通过特定

系统自行打印，也可以到税务机关办税服务厅打印《税务处理决定书》、《税务行政处罚决定书》(不含简易程序处罚)、《税收保全措施决定书》、《税收强制执行决定书》、《阻止出境决定书》，以及税务稽查、税务行政复议过程中使用的税务文书等。

(三) 税务处理决定的执行

税务处理决定的执行是稽查工作的最后一道工序，即将发生法律效力的税务处理决定付诸实施的活动。税务处理决定文书送达被执行人后，被执行人必须按照规定的期限和方式，将查补税款、滞纳金、罚款及应没收的非法所得及时足额地缴入国库。《税收征管法实施细则》第七十三条规定：从事生产、经营的纳税人、扣缴义务人未按照规定的期限缴纳或者解缴税款的，纳税担保人未按照规定的期限缴纳所担保的税款的，由税务机关发出限期缴纳税款通知书，责令缴纳或者解缴税款的最长期限不得超过15日。同时，被执行人应按照税务处理决定的要求，将缴库凭证的复印件连同税务检查调整账务记录复印件报送执行部门，执行部门应按照税务检查取证的要求收集缴库凭证的复印件及调账凭证复印件，并归入案卷存档。

1. 税务机关依法强制执行。在处理决定要求的期限内，执行部门会及时了解当事人的执行情况，并督促当事人如期解缴查补的税款、滞纳金及罚款。当事人逾期未执行处理决定的，执行部门会依照《税收征管法》第五十五条之规定，对被执行人采取税收强制执行措施，以保证税务处理决定得以执行，维护税收法律、行政法规的严肃性。

纳税人有如下情形之一的，税务检查执行部门可采取强制执行措施：

(1) 被执行人未按照《税务处理决定书》确定的期限缴纳或者解缴税款、滞纳金的，稽查局经所属税务局局长批准，可以依法采取税收强制执行措施。

(2) 经检查确认纳税担保人未按照确定的期限缴纳所担保的税款、滞纳金的，责令其限期缴纳；逾期仍未缴纳的，经所属税务局局长批准，可以依法采取税收强制执行措施。

(3) 被执行人对《税务行政处罚决定书》确定的行政处罚事项，逾期不申请行政复议，不向人民法院起诉又不履行的，稽查局经所属税务局局长批准，可以依法采取税收强制执行措施，或者依法申请人民法院强制执行。

稽查局对被执行人采取强制执行措施时，会向被执行人送达《税收强制执行催告书》，告知其采取强制执行措施的内容、理由及依据，并告知其依法申请行政复议或者提出行政诉讼的权利。

2. 司法强制执行。司法强制执行，是指税务机关依法作出的已经发生法律效力的税务行政处罚决定，在负有义务的当事人不履行其义务时，申请人民法院强制其履行义务的一种措施。司法强制执行的程序发生是有前置条件的，当事人在收到《税务行政处罚决定书》之日起60日内可依法向上一级税务机关申请行政复议，或者3个月内依法向人民法院起诉。只有在当事人对税务行政处罚决定不申请行政复议、不提起行政诉讼，也不予履行的情况下，才能采取司法强制执行措施。税务行政复议的受案范围见表2－2。

稽查局在采取税收强制执行措施过程中，如滥用职权、违法采取税收强制执行措施，或者采取税收强制执行措施不当，对纳税人、扣缴义务人或者纳税担保人的合法权益造成直接的损失的，税务机关应当依法承担赔偿责任。

表2－2　税务行政复议的受案范围

复议种类	限于税务机关作出的具体税务行政行为	
	内容	具体项目
必经复议（先复议、后诉讼）	税务机关作出的征税行为	（1）确认纳税主体、征税对象、征税范围、减税、免税、退税、抵扣税款、适用税率、计税依据、纳税环节、纳税期限、纳税地点和税款征收方式等具体行政行为 （2）征收税款，加收滞纳金 （3）扣缴义务人、受税务机关委托的单位和个人作出的代扣代缴、代收代缴、代征行为等
选择复议	税收保全措施、强制执行措施	1. 税收保全措施有： （1）书面通知纳税人开户银行或者其他金融机构冻结纳税人的金额相当于应纳税款的存款 （2）扣押、查封纳税人的价值相当于应纳税款的商品、货物或者其他财产 2. 税务机关未及时解除保全措施，使纳税人及其他当事人合法权益遭受损失的行为 3. 强制执行措施有： （1）书面通知其开户银行或者其他金融机构从其存款中扣缴税款 （2）扣押、查封、依法拍卖或者变卖其价值相当于应纳税款的商品、货物或者其他财产，以拍卖或者变卖所得抵缴税款

（四）中止执行

执行过程中发现有下列情形之一的，由执行部门填制《税收违法案件中止执行审批表》，附有关证据材料，经稽查局局长批准后，中止执行：被执行人死亡或者被依法宣告死亡，尚未确定可执行财产的；被执行人进入破产清算程序尚未终结的；可执行财产被司法机关或者其他国家机关依法查封、扣押、冻结，致使执行暂时无法进行的；法律、行政法规和国家税务总局规定其他可以中止执行的。

中止执行情形消失后，应当及时填制《税收违法案件解除中止执行审批表》，经稽查局局长批准后，恢复执行。

（五）执行终结

被执行人在限期内缴清税款、滞纳金、罚款或者稽查局依法采取强制执行措施追缴税款、滞纳金、罚款后，执行部门应当制作《税务稽查执行报告》，记明执行过程、结果、采取的执行措施以及使用的税务文书等内容，由执行人员签名并注明日期，连同执行环节的其他税务文书、资料一并移交审理部门整理归档。审理部门应当在60日内收集稽查各环节与案件有关的全部资料，整理成税务稽查案卷，归档保管。

资料卡片

《税收征管法实施细则》第一百零七条规定，税务文书的格式由国家税务总局制定。本细则所称税务文书，包括：

（一）《税务事项通知书》

（二）《责令限期改正通知书》

（三）《税收保全措施决定书》

（四）《税收强制执行决定书》

（五）《税务检查通知书》

（六）《税务处理决定书》

（七）《税务行政处罚决定书》

（八）《行政复议决定书》

（九）《其他税务文书》

第二节　税务稽查工作底稿、税务稽查报告和税务自查报告

一、税务稽查工作底稿的概念

税务稽查工作底稿是税务检查人员实施税务检查过程中，对检查所涉及的账户、记账凭证以及相关的税收问题所作的记载。税务机关一旦涉及行政诉讼，税务稽查工作底稿作为税务机关实施检查行为的过程和程序的重要记录，可以用作税务机关分清责任、进行申辩的重要证据。根据《税务执法检查规则》，执法检查组检查过程中应制作《税收执法检查工作底稿》。发现违规、违法问题的，应写明行为的内容、时间、情节、证据的名称和出处等，并与被检查单位或有关人员核对事实，由被检查单位负责人及有关人员签字认可；被检查单位负责人或有关人员拒不签字的，应记录在案。税务稽查工作底稿格式见表 2－3。税务稽查原始记录见表 2－4。

表 2－3　税务稽查工作底稿

稽查对象名称　　　　　　　　　　　　　　　　　　第　　份

<table>
<tr><td>问题类别</td><td colspan="4"></td></tr>
<tr><td>检查资料名称</td><td colspan="4"></td></tr>
<tr><td colspan="5"></td></tr>
<tr><td rowspan="4">稽查
对象
意见</td><td rowspan="4">（签章）
年　月　日</td><td rowspan="4">附件</td><td>原始记录</td><td></td></tr>
<tr><td>复印件</td><td></td></tr>
<tr><td>其他</td><td>证明材料　　份</td></tr>
<tr><td>合计</td><td></td></tr>
</table>

稽查人员签字：　　　　　　　　　　　　　　　　年　　月　　日

表 2－4　税务稽查原始记录

被查对象名称：　　　　　　　　　　　　　　　　　　　　　　　　共　页第　页

序号	会计科目	记账日期	凭证号码	摘录	对应科目	金额		备注
						借方	贷方	
被查对象（当事人）陈述意见： （盖章） 年　月　日								

二、税务稽查报告

（一）税务稽查报告的概念和内容

税务稽查报告是税务检查人员依据现行税收法规及有关规章，对纳税人一定时期内的纳税事项进行税务稽查后，根据检查出的问题、情况以及处理意见，撰写出的书面报告。

税务稽查报告是税务公文较为重要的一种，它是税务机关全面掌握纳税人依法纳税的实际情况和问题的重要参考，是加强税收征收管理、严明税法、严肃处理税收违法行为的依据。如何更加规范写作税务稽查报告，使之能够更加客观、精确、全面地反映问题是摆在税务稽查人员面前的一项重要工作。

税务稽查报告的撰写需达到“细、精、准”的要求，也就是在撰写稽查报告时要做到内容细致、数据精确、处理准确。

税务稽查报告的主要内容如下：

第一，税务稽查报告需交代清楚案件的基本情况及被查单位的具体情况，包括案件来源、性质，稽查年度、方式及被查单位工商登记、税务登记、税收管辖、经营及履行纳税义务等情况。

第二，税务稽查报告要反映检查中存在的问题及处理处罚意见，这是稽查报告的关键内容，也是全部检查工作的浓缩。一是应分年度、分税种阐述被查单位存在的问题。二是对证据资料的获取及固定，应当遵循有多少证据说多少话的原则，需要做大量的取证及核对工作。三是对企业确认存在的违法问题，检查人员需要引法说话，具体事实引用具体法律，提出具体的处理处罚意见。四是在检查工作中发现税法规定不明确或模糊的新情况及需留待以后处理的问题，必须在报告中进行披露，以便合理规避稽查风险。

第三，其他事项。这部分内容主要反映被查单位的态度、报告的附件及报告日期等，虽然相比上一部分内容好像不重要，但却是体现稽查工作完整性的重要环节。

税务稽查工作是税收征管的最后一道环节，也是有效提高纳税遵从度的重要手段，税务稽查的效率在很大程度上决定着税收征管的质量与效率。税收违法行为的有效查处决定着纳税人在违法与守法之间的取向，因而只有检查人员通过税务稽查报告将税收违法行为客观、全面、完整地反映出来，才能合理、合法、公平、公正地执行税法赋予我们的权利和义务，才能真正体现税务稽查的作用，发挥税务稽查的震慑力，引导纳税人遵从税法、维护税法。

（二）税务稽查报告的特征

税务稽查报告属于财务审计文书的一种，因此，它除了具有一般财务审计文书的共同特点外，还具有鲜明的个性特征。

1. 法规性。税务稽查报告的全部内容，包括检查过程的记载，处理意见的陈述，都必须体现国家的税收法制和法规，也就是说，税收法制和法规的精神，要贯穿于报告的始末，体现于字里行间。国家税收法制、法规，既是检查纳税人纳税情况的标准，又是撰稿人提出处理意见的依据，是税收法制、法规的具体化。

2. 请示性。税务稽查报告只是税务机关的派出人员，在对纳税义务履行人的财务和纳税情况进行检查后，将检查过程、发现问题、检查结论作出实事求是的记载，并提出处理意见。但这仅仅是派出人员向派出单位的工作报告，并未形成一级决定。派出人员在检查过程中工作程序是否符合规定，援引税法是否正确，对纳税人处以补税和罚税的意见是否适度，计税是否合理，都应经主管税务机构审查、认定，并予以批准才能有效；补税、罚税的具体处理意见，必须经领导签署后才能具有法律效力。由此可见，请示性是税务稽查报告的一项重要特征。

3. 权威性。税务稽查报告一经税务主管机关认定和批准，便具有权威性。在税务稽查报告中提出的各种处理意见，诸如补交税款、加收滞纳金、酌情罚款、移送司法机关等，一经领导机构批准，便应付诸实施，任何人无权更改和拒绝执行，否则，就会受到更加严厉的处罚。

（三）税务稽查报告的结构与写法

1. 首部。

（1）标题。常见税务稽查报告的标题有两类：一是完全式标题。由被检查单位、时限、事由、文种名称四项组成，如《××公司20××年纳税情况稽查报告》；二是不完全式标题，即省略完全式标题四项要素中的任何一项或几项，如《关于前程公司纳税情况的稽查报告》。

（2）编号。

格式为：

案件编号：×××

纳税人：×××发展有限公司

纳税人识别号：×××

经济类型：×××

法定代表人：×××

检查期间：20××年×月×日

检查人：×××

检查类型：日常检查

检查实施时间：20××/09/04 至20××/09/11

（3）前言。简明扼要地介绍被检查单位的基本情况、检查范围、检查时间、检查方法；概述纳税人履行纳税义务过程中所取得的成绩及原因。纳税单位完成的各项经济指标，一般应以数字形式表述，通过与计划指标数比较、与上年同期数比较、与历史上最高水平数比较，并将比较情况用百分比差额数反映出来。

例如："按照我局9月份检查工作计划安排，我检查组一行五人于20××年8月4日至9月1日对××发展公司进行了税务稽查，现将有关情况报告如下……"

2. 主体。

（1）说明检查的内容和查出的问题。写明检查的内容及查出的各类问题，这是税务稽查报告的重点。在这一部分，应先概括地说明采用的检查方法、检查的主要内容以及查出了哪些问题，然后还应按各主要税种，如增值税、消费税、企业所得税及其他各税等，依照各种违法违纪行为的性质，分类叙述。在这里应该指出的是，税务稽查报告的内容不是检查记录的重复，应按照各种违法违纪行为导致税款流失数额的大小和问题的严重程度有主有次地阐述。对于技术性差错，可通知纳税户自行更正，而不必罗列于报告之内。

（2）针对查出的问题，作出检查结论。检查结论是税务稽查报告的关键性内容，应在认真研究，尽可能统一认识的基础上，慎重作出评价和处理决定。在检查结论中，要对纳税情况作出客观评价，既要肯定其执行税收法令和财务制度的好的一面，也要对其产生违法违纪问题的动机、性质和影响进行分析，对证据确凿的偷税、欠税、逃税、骗税等各种违法行为，应作出客观、公正、准确的结论。对纳税人有异议的问题，在耐心听取他们的申诉后，实事求是，坚持原则，依法办事，提出处理意见。

由于纳税检查的目的是使企业纠正违反税收法规和违反财经纪律的错误行为，堵塞漏洞，正确贯彻执行税收法令和严肃财经纪律。因此，在作检查结论时，对企业的评价要恰当，指出的问题要有理有据，切忌给被检查人“上纲”“上线”“扣帽子”。

（3）写明今后需解决的遗留问题。在实际检查工作中，有些问题可能一时调查不清，或者因政策界限不够明确而在当时无法作出结论和提出处理意见，这些问题只能作为悬案写入报告，留待今后进一步解决。对确实拿不准的问题，一定要实事求是地加以说明，至多提出参考性意见或提醒今后注意或以后查证解决，不要牵强附会草率作出结论性的评价，特别是涉及假账、偷税之类的案件，如果没有充分的证据，绝不能轻率定论。

税务稽查报告范文：

关于××公司纳税情况的稽查报告

一、基本情况

该公司系集体企业，位于××街×××号，法人代表×××，财务负责人×××，注册资本50万元，现有职工44人，主营业务：五金交电、百货日杂、家电、建材、印刷物资、金属材料、化工材料及产品、煤炭、农副土特产品、工艺美术、办公机具、文化用品。

税务主管机关××区地方税务局，税款缴纳方式为申报纳税。

二、发现问题

在检查中，我们采取逆查法，审核了该单位纳税资料，采用调账检查的方式，调阅了该单位2014年度、2015年度的凭证、账簿及相关纳税资料，着重检查了印花税、企业所得税等地方税种缴纳情况，发现问题如下：

（一）印花税

该单位2014年度、2015年度启用账簿三本来贴花，应补缴印花税15元；2014年实收资本增加55 931.02元，2015年应补贴印花税27.97元。共应补缴贴印花税42.97元。

（二）企业所得税

2014年企业申报应纳税所得额1 594 971.01元，经检查审增所得230 897.43元，其中，资本性支出计入低值易耗品摊销55 080元，多摊销房租5 833.33元，外单位成本费用多计16 716.5元，多列上年费用20 000元，固定资产清理损失计入管理费用49 025.88元，未经批准固定资产清理损失列入营业外支出66 801.52元，业务招待费超标准17 440.2元，检查审减所得10元为印花税。调整后全年应纳税所得额1 825 858.44元，应纳企业所得税456 464.61元，已纳所得税398 742.75元，应补缴企业所得税57 721.86元。

2015年企业申报应纳税所得额1 082 501.87元。经过审查增加所得4 100.14元。其中，超标准列支业务招待费4 100.14元，审查减少所得82.97元为印花税。调整后应纳税所得额为1 086 519.04元，应纳企业所得税271 629.76元，已纳企业所得税270 625.47元，应补缴企业所得税1 004.29元。2014年度、2015年度共应补缴企业所得税58 726.15元。

三、处理意见及依据

该单位在接受检查过程中，能积极配合检查人员开展工作，主动提供纳税资料，配合检查。

（1）根据《中华人民共和国印花税暂行条例》的规定应补缴印花税42.97元。根据《中华人民共和国企业所得税暂行条例》的规定应补缴企业所得税58 726.15元。

（2）由于该单位采取多列成本费用的手段少缴税款，根据《中华人民共和国税收征收管理法》第四十条的规定，应定为偷税，建议给予以下处罚：对该单位少交印花税，根据（94）财税字第065号《财政部国家税务总局关于印花税违章处罚问题的通知》处以五倍罚款，罚款金额为214.85元。对该单位少缴企业所得税罚款合计91 060.64元。

尾部由署名和日期组成，具体内容包括检查单位的名称、参加检查人员的姓名、成文日期，并加盖公章。

三、税务自查报告

税务自查报告，就是将税务机关认为可能有问题的事项，用书面文字给予解释说明。一般只要简单地介绍一下相关情况，更类似于情况说明。一般税务机关应该发一个正式的函，具体说明要自查的问题，然后规定交自查报告的具体日期。

大概的格式为："自查报告"第一行居中；第二行开始列明税务机关让自查者自查的问题，然后简单解释；最后在右下角写自查者所在公司名称、日期并加盖公章。

税务自查报告范文：

2018 年度自查报告

我公司于2018年4月12日至2018年5月10日对公司2015年1月—2017年12月的账务进行了自查，现将清查的情况汇报如下，由于时间仓促，汇报的内容难免有问题或有所遗漏，如有不妥，请理解和指正，谢谢！

纳税人名称：

税务登记号：

纳税人识别号：

经济类型：

法人代表：

检查时限：2015年1月—2017年12月

一、企业基本情况

我公司系私营企业，经营地址：××街×××号；主营：×××；注册资金：××万元；法人代表：×××；在册职工工资总额：××万元 。2015年实现营业收入××万元，2015年度经营性亏损××万元。

二、流转税（地税）

（1）主营业务收入：我公司2015年1月—2017年12月实现主营业务收入××元。

（2）城市维护建设税：我公司2015年1月—2017年12月应缴纳城市维护建设税××元，已缴纳××元，应补缴××元。

（3）教育费附加：我公司2015年1月—2017年12月应缴纳教育费附加××元，已缴纳××元，应补缴××元。

（4）残疾人就业保障金：我公司2015年1月—2017年12月年应缴残疾人就业保障金××元，已缴纳××元，应补缴××元。

（5）防洪保安资金：我公司2015年1月—2017年12月应缴防洪保安资金

××元，已缴纳××元，应补缴××元。

（6）地方教育附加费：我公司2015年1月—2017年12月应缴××元，已缴纳××元，应补缴××元。

三、地方各税部分

（1）个人所得税：我公司法人代表2015—2017年度工资收入××元，我公司2009—2011年度个人工资收入未达到个人所得税纳税标准，无个人所得税。

（2）土地使用税：我公司2015—2017年度应税土地面积10 000平方米，应纳土地使用税2万元，已缴纳。

（3）房产税：我公司2015—2017年度应税房产原值1 000万元，应纳房产税8.4万元，已缴纳。

（4）车船使用税：我公司拥有乘用车×辆，应缴纳车船税××元，已缴纳；商用车辆，其中客车×辆，应缴纳车船使用税××元，已缴纳；货车×辆，应缴纳车船使用税××元，已缴纳。

（5）印花税：我公司2015—2017年度主营业务收入××元，按0.03%税率应缴纳印花税××元。账本4本，每本5元贴花，共计20元。合计应缴纳印花税××元。

四、规费、基金部分

（1）我公司2015—2017年度为职工150人缴纳了社会养老保险及医疗保险，其他人员未在我公司缴纳，原因系这批职工的社会养老保险及医疗保险仍由以前的工作单位代缴，关系未转入我公司。

（2）我公司2015—2017年度缴纳残疾人就业保障金××元。

五、发票使用情况

2015—2017年度我公司开具了××发票，××张，金额××元，已全部记账作收入。

以上自查，请××税务局审核，因水平有限，不当之处，请多批评指导。

第三节　错账的调整方法

一、调账的概念和意义

调整账务（简称“调账”）是指纳税人根据检查结论和处理决定，按照会计制度的规定，对存在问题的会计账目进行更正和调整。它是执行《税务检查处理决定书》的一项重要工作。如果税务检查后，只考虑税款入库而不注重调账或随意调账，会产生前补后退、明补暗退、重复征税等问题，使税收检查成果得不到巩固。正确的调账，有利于纠正账务差错，保证财务会计资料与税收征管资料的一致性，也有利于防止明补暗退或重复补税，确保检查成果。

二、调账的原则

（一）与现行财务会计准则相一致

账务处理的调整要与会计原理相符合。调整错账，需要作出新的账务处理来纠正原错账。所以新的账务处理业务必须符合会计原理和核算程序，反映错账的来龙去脉，清晰表达调整的思路；应做到核算准确，数字可靠，正确反映企业的财务状况和生产经营情况，并使会计期间上下期保持连续性和整体性；要坚持平行调整，在调整总账的同时调整相应的明细账户。

（二）与税法的有关规定相一致

税务稽查后的账务调整的依据是企业的会计准则及企业会计制度，因为税务稽查后的账务调整归根到底是一种会计核算活动，属于会计核算的范畴，会计主体在进行会计核算时，所依据的就是公认的会计核算原则和国家颁布施行的财务会计制度。但在纳税问题上，会计规定与税收法规不一致的，必须按照税收法规的规定来执行。

（三）从实际出发，简便易行

既要做到账实一致，反映查账的结果，又要坚持从简账务调整的原则。在账务调整方法的运用上，能用补充登记调整法则不用红字冲销调整法，尽量做到从简适宜。

资料卡片

引起账务调整的原因：

1. 由于会计政策变更引起的账务调整；
2. 由于会计估计变更引起的账务调整；
3. 由于前期差错更正引起的账务调整；
4. 由于资产负债表日后事项引起的账务调整；
5. 由于税务检查引起的账务调整。

三、年度内的调账方法

在税务稽查实践中，税务稽查机关稽查的账务分为两种情况：一种是对本年度的账务进行稽查；另一种是对过去以往年度的账务进行稽查。因此，税务稽查后的账务调整涉及本年度的账务调整和跨年度的账务调整。针对需要调账的账务，我们首先应分清是哪种类型的错账，然后对症下药，采用简洁的方法对错账进行调整。

年度内调账是指纳税人在一个纳税年度或一个会计年度内，因还未编制决算会计报表，其核算过程中产生的错误对经营成果和纳税的影响只涉及当年的损益，还未递延到以后年度，因而只对年度内的错账进行纠正的一种调账方法。按月结转利润时，在本月内发现的错账，调整错账本身即可；在本月以后发现的错账，影响到利润的账项还需要先通过相关科目最终结转到"本年利润"科目调整。

注意：账未错，会计处理与税收政策规定不同，只调表计税，不调账。

（一）画线更正法

在结账前发生账簿中所记文字或数字书写计算错误（记账凭证无错），可以在错误的文字或数字上画一条红线，同时，在红线上空白处记入正确文字或数字，盖上私章。

（二）红字更正法

红字更正法，又称红字冲销法。在会计上，以红字记录表明对原记录的冲减。红字更正法适用于以下两种情况。

1. 根据记账凭证所记录的内容记账以后，发现记账凭证中的应借、应贷会计科目或记账方向有错误，且记账凭证同账簿记录的金额相吻合，应采用红字更正。更正的方法如下：

(1) 先用红字填制一张与原错误记账凭证内容完全相同的记账凭证，并据以用红字登记入账，冲销原有错误的账簿记录；

(2) 再用蓝字或黑字填制一张正确的记账凭证，并据以用蓝字或黑字登记入账。

【例2-1】某运输公司在2017年5月取得一次运输费收入1 500元，款已收存银行，取得货物运输业增值税专用发票。财务人员不清楚款项来源，将其记入"其他应付款"账户，会计处理为：

借：银行存款　　1 500

　贷：其他应付款　　1 500

解析：如果当月内发现会计处理错误，调账分录：

借：银行存款　　-1 500

　贷：其他应付款　　-1 500

借：银行存款　　1 500

　贷：主营业务收入——运输收入　　1335

　　　应交税费——应交增值税（销项税额）　　165

2. 根据记账凭证所记录的内容记账以后，发现记账凭证中应借、应贷的会计科目和记账方向都没有错误，记账凭证和账簿记录的金额也吻合，只是多记了金额，应采用红字更正。

【例2－2】 用银行存款4 000元购买办公用品，在填制记账凭证时，误记金额为40 000元，但会计科目、借贷方向均无错误，其错误记账凭证所反映的会计分录为：

借：管理费用　　40 000

　贷：银行存款　　40 000

解析：如果当月内发现会计处理错误，调账分录：

借：管理费用　　－36 000

　贷：银行存款　　－36 000

（三）补充登记法

补充登记法，又称蓝字补记法，用补记金额以更正原错误账簿记录的一种方法。这种方法适用于由于记账凭证所列金额小于应记金额（应借、应贷会计科目正确）而引起的账簿记录错误。在用补充登记法更正错账时，按少记的金额用蓝字填制一张应借、应贷会计科目与原错误记账凭证相同的会计凭证，在“摘要”栏中写明“补记少记金额”以及原错误记账凭证的号数和日期，并据以登记入账，以补充登记少记的金额。

（四）综合账务调整法

综合账务调整法，是将红字冲销法和补充登记法综合加以运用而进行调账的方法。一般适用于会计分录有一方科目用错，而另一方会计科目没有错的情况。正确的一方不调整，错误的一方反向转销调整。

注意：如果错账涉及的内容在同一个纳税年度内，可以直接调整“本年利润”账户。

【例2－3】 某纳税人本年度内将本单位在建工程人员某月的工资4 800元记入“管理费用”账户，账务处理为：

借：管理费用　　4 800

　贷：应付职工薪酬——工资　　4 800

解析：如果在当月就发现记账错误，则可作会计调账分录如下：

借：在建工程　　4 800

　贷：管理费用　　4 800

如果在年度内的次月发现记账错误，则可作会计调账分录如下：

借：在建工程　　4 800

　贷：本年利润　　4 800

四、年度后的调账方法

年度后调账是指对上一年度或以前几个年度的错账进行纠正的一种调账方法。如果涉及损益类账户，那么纳税人必须通过“以前年度损益调整”会计科目进行调整，应选择“综合账务调整法”进行调账。因为，在这种情况下，上年度财务决算已经编报，成本费用账户已经结平，没有余额，纳税人不可能再去调整原来的损益类科目，只有通过“以前年度损益调整”科目进行调账。

“以前年度损益调整”的主要账务处理为：

第一，企业调整增加以前年度利润或减少以前年度亏损，借记有关科目，贷记本科目；调整减少以前年度利润或增加以前年度亏损作相反的会计分录。

第二，由于以前年度损益调整增加的所得税费用，借记本科目，贷记“应交税费——查补的企业所得税”等科目；由于以前年度损益调整减少的所得税费用作相反的会计分录。

第三，经上述调整后，应将本科目的余额转入“利润分配——未分配利润”科目。本科目如为贷方余额，借记本科目，贷记“利润分配——未分配利润”科目；如为借方余额作相反的会计分录，本科目结转后应无余额。

要特别提醒的是：对“以前年度损益调整”这个科目的使用，只适用于损益类科目，对于跨年度的非损益类科目，如固定资产、应收账款、应付账款等科目不变。

对以前年度会计处理中所发现的错误，区别不同情况进行处理。

（一）账务处理正确的情况

账务处理正确，因会计与税法的差异而补税的，不需要对原账务处理进行调整。

【例2-4】 A企业2016年应纳税所得额100万元，所得税税率为25%，2017年6月经税务稽查后，查出业务招待费超限额10万元、列支赞助支出5万元，未作纳税调整，假设其他方面均无问题。企业列支的业务招待费的账务处理如下：

借：管理费用　　100 000

　贷：银行存款　　100 000

企业列支赞助支出的账务处理如下：

借：营业外支出　　50 000

　贷：银行存款　　50 000

解析：按会计准则的规定，企业这样的处理是正确的，但是税法对业务招待费的列支有限额规定，对赞助支出是不允许税前列支的，那么对于调整的部分，是不需要进行账务调整的，企业在补缴税款的时候，只对补缴的税款进行账务处理即可：

借：以前年度损益调整　　［（50 000＋100 000）×25%］37 500

　贷：应交税费——查补的企业所得税　　37 500

借：应交税费——查补的企业所得税　　37 500

　贷：银行存款　　37 500

借：利润分配——未分配利润　　37 500

　贷：以前年度损益调整　　37 500

（二）账务处理错误的情况

企业账务处理错误造成的补缴税款，必须按会计的记账原则对原账务处理进行调整。

1. 上一年度错账且对上年度税收发生影响的，应作如下调整。

（1）在上一年度决算报表编制前发现的，对于影响利润的错账须一并调整“本年利润”科目核算的内容。

（2）在上一年度决算报表编制后发现的，对于影响上年利润的项目，应通过“以前年度损益调整”科目进行调整。

【例2－5】税务机关2014年5月对某纳税人2013年度的纳税情况进行纳税检查时，发现该企业2013年将基建工程领用的原材料30 000元计入管理费用（增值税进项税额已经转出）。该企业适用25%的企业所得税税率，请问该企业应如何进行账务调整？

解析：根据企业会计准则的规定，基建工程领用的原材料应记入“在建工程”，该企业将其列入管理费用，等于虚增了成本，减少了当年利润，应调增在建工程成本，调增上年利润，补交企业所得税。

调账分录：

借：在建工程　　30 000

　贷：以前年度损益调整　　30 000

补交企业所得税7 500元（30 000×25%）。

借：以前年度损益调整　　7 500

　贷：应交税费——查补的企业所得税　　7 500

年末结转本年利润时：

借：以前年度损益调整　22 500
　贷：利润分配——未分配利润　22 500

【例2-6】某税务师事务所2016年审查2015年某企业的账簿记录，发现2015年12月份多结转材料成本差异40 000元（借方超支数），而消耗该材料的产品已完工入库。如果2015年12月末，该完工产品出售，2015年已经结账，2016年审核时发现多转超支的“材料成本差异”，怎么调整？（该企业适用25%的企业所得税税率）

解析：还原企业2015年12月多转材料成本差异账务处理：

借：生产成本　40 000
　贷：材料成本差异　40 000

完工产品入库时：

借：库存商品　40 000
　贷：生产成本　40 000

还原2015年12月出售时，企业账务处理：

借：主营业务成本　40 000
　贷：库存商品　40 000

结转利润时：

借：本年利润　40 000
　贷：主营业务成本　40 000

可以看出，虚增了2015年度的成本，减少了2015年的利润，少交了当年企业所得税。

2016年审核发现时，调账分录：

借：材料成本差异　40 000
　贷：以前年度损益调整　40 000

借：以前年度损益调整　（40 000×25%）10 000
　贷：应交税费——查补的企业所得税　10 000

借：以前年度损益调整　30 000
　贷：利润分配——未分配利润　30 000

2. 对上一年度错账且不影响上一年度的税收，但与本年度核算和税收有关的，可以根据上一年度账项的错漏金额影响本年度账项情况，相应调整本年度有关账项。

【例2－7】承例2－6，如果在2016年2月该完工产品出售，如何调账?

解析：这一错误账项虚增了2015年的产品生产成本，由于产品尚未售出，不结转产品销售成本，未对2015年税收发生影响。但是在2016年售出，此时虚增的生产成本便会转化为虚增的销售成本，从而影响2016年的税收。这时可直接调整2016年度的“主营业务成本”或“本年利润”账户。

如果在2016年出售当月发现，则调账分录为：

借：材料成本差异　　40 000

　贷：主营业务成本　　40 000

如果在2016年出售次月发现，则调账分录为：

借：材料成本差异　　40 000

　贷：本年利润　　40 000

3. 错账既涉及上年损益类账户又涉及非损益类账户，应计算分摊率在各有关账户之间按比例进行调整。

主要在材料采购成本、原材料成本的结转、生产成本的核算中发生的错误，应将错误额根据具体情况在期末原材料、在产品、产成品和本期销售产品成本之间进行合理分摊。在实际工作中一般较多地采用“按比例分摊法”。

第一步：计算分摊率。

$$分摊率=\frac{审查出的错误额}{\left(\begin{array}{c}期末结存\\材料成本\end{array}+\begin{array}{c}期末在产品\\结存成本\end{array}+\begin{array}{c}期末产成品\\结存成本\end{array}+\begin{array}{c}本期销售\\产品成本\end{array}\right)}$$

在“生产成本”账户贷方、“库存商品”账户借方查出的数额，只需在期末产成品、本期产品销售成本之间分摊；

在“原材料”账户贷方、“生产成本——基本生产成本”账户借方查出的错误额，即多转或少转成本的问题，应在公式中后三个项目之间分摊；

在“原材料”账户借方查出的问题，即多计或少计材料成本，要在公式中的四个项目之间分摊。

第二步：计算分摊额。

$$期末材料应分摊的数额=期末材料成本\times分摊率$$

$$期末在产品应分摊的数额=期末在产品成本\times分摊率$$

$$期末产成品应分摊的数额=期末产成品成本\times分摊率$$

$$本期销售产品应分摊的数额=本期销售产品成本\times分摊率$$

第三步：调整相关账户。

期末结账后，当期销售产品应分摊的错误数额应直接调整利润数。

【例2－8】注册税务师受托对某企业进行纳税审查，发现该企业某月份将基建工程领用的生产用原材料30 000元计入生产成本。由于当期期末既有期末在产品，也有生产完工产品，完工产品当月对外销售一部分，因此多计入生产成本的30 000元，已随企业的生产经营过程分别进入了生产成本、产成品、产品销售成本之中。经核实，期末在产品成本为150 000元，产成品成本为150 000元，产品销售成本为300 000元。注册税务师如何作相应调账处理？

解析：第一步：计算分摊率。

分摊率＝30 000／（150 000＋150 000＋300 000）＝0.05

第二步：计算各环节的分摊数额：

在产品应分摊数额＝150 000×0.05＝7 500（元）

产成品应分摊数额＝150 000×0.05＝7 500（元）

本期产品销售成本应分摊数额＝300 000×0.05＝15 000（元）

应转出的增值税进项税额＝30 000×17%＝5 100（元）

第三步：调整相关账户：

若审查在当年，调账分录为：

借：在建工程	35 100
贷：生产成本	7 500
库存商品	7 500
本年利润	15 000
应交税费——增值税检查调整	5 100

若审查期在以后年度，调账分录为：

借：在建工程	35 100
贷：生产成本	7 500
库存商品	7500
以前年度损益调整	15 000
应交税费——增值税检查调整	5 100

补交企业所得税3 750元（15 000×25%）。

借：以前年度损益调整	3 750
贷：应交税费——查补的企业所得税	3 750

年末结转本年利润时：

借：以前年度损益调整	11 250
贷：利润分配——未分配利润	11 250

本章习题

一、单选题

1. 税务检查对象的（　　）称为检查选案。

A. 挑选　　B. 筛选　　C. 确定　　D. 认定

2. 税务案件处理决定采用留置送达方式，送达人应当在送达回证上记明拒收理由和日期，并由（　　）签名或者盖章。

A. 送达人　　B. 见证人

C. 受送达人　　D. 送达人和见证人

3. 待查对象确定后，由（　　）填制《税务稽查立案审批表》，附有关资料，经稽查局局长批准后立案检查。

A. 选案部门　　B. 检查部门

C. 执行部门　　D. 税收违法案件举报中心

4. 税务局相关部门移交税收违法信息，稽查局经筛选未立案检查的，应当及时告知移交信息的部门；移交信息的部门仍然认为需要立案检查的，经（　　）批准后，由稽查局立案检查。

A. 所属稽查局领导　　B. 所属税务局领导

C. 上级税务局领导　　D. 上级稽查局领导

5. 经批准立案检查的，由选案部门制作（　　），连同有关资料一并移交检查部门。

A.《税务稽查立案审批表》　　B.《税务稽查任务通知书》

C.《税务检查通知书》　　D.《税务事项通知书》

6. 税务检查应当自实施检查之日起（　　）日内完成。

A. 15　　B. 30　　C. 45　　D. 60

7. 税务稽查的中心环节是（　　）。

A. 选案　　B. 检查　　C. 审理　　D. 执行

8. 检查结束前，检查人员（　　）将发现的税收违法事实和依据告知被查对象。

A. 不可以　　B. 经检查部门负责人同意后，可以

C. 可以　　D. 经稽查局局长批准后，可以

9. 检查结束前，必要时，可以向被查对象发出（　　），要求其在限期内书面说明，并提供有关资料。

A.《税务稽查工作底稿》　　B.《税务事项通知书》

C.《税务稽查报告》　　D.《税务检查通知书》

10. 检查完毕，检查部门应当将《税务稽查报告》《税务稽查工作底稿》及相关证据材料，在（　　）移交审理部门审理，并办理交接手续。

A. 5 个工作日内　　B. 5 日　　C. 3 个工作日　　D. 3 日

11. （　　）是全面反映检查过程和结果的书面总结报告。

A.《税务检查决定书》　　B.《税务稽查结论》

C.《税务稽查工作底稿》　　D.《税务稽查报告》

12. 税务稽查的最后一道程序是（　　）。

A. 检查实施　　B. 案件审理　　C. 案件处理　　D. 处理决定执行

13. 税务稽查案件的审理期限为（　　）。

A. 5 天　　B. 7 天　　C. 10 天　　D. 15 天

14. 税务执行机构接到审理机构转交的决定性文书后，应指派两名以上税务人员，在（　　）日内将有关文书送达被查对象，并监督其履行。

A. 3 日　　B. 7 日　　C. 15 日　　D. 30 日

15. 税务案件处理决定受送达人是公民的，应当由本人直接签收；本人不在的，交（　　）签收。

A. 其邻居　　B. 其单位领导

C. 其单位收发　　D. 其同住成年家属

16. 税务案件处理决定委托送达主要适用于（　　）。

A. 受送达人或者他的同住成年家属、税务代理人、代收人拒绝接收税收处理决定的情况

B. 受送达人是公民

C. 一般税务违法案件

D. 在直接送达有困难的情况下

17. 采取邮寄送达方式的，以（　　）为送达日期。

A. 邮寄日期　　B. 回执上注明的签收日期

C. 邮戳日期　　D. 邮政部门接受函件日期

18. 税务机关应当在收到当事人听证要求后（　　）举行听证。

A. 3 日　　B. 5 日　　C. 7 日　　D. 15 日内

19. 适用听证程序，要求听证的当事人，应当在《税务行政处罚事项告知书》送达后（　　）内向税务机关书面提出。

A. 3 日　　B. 5 日　　C. 7 日　　D. 15 日

20. 稽查局拟对 A 有限责任公司罚款（　　）元以上，A 公司有要求听证的权利。

A. 8 000　　B. 10 000　　C. 2 000　　D. 5 000

二、多选题

1. 税务文书的送达方式包括（　　）。

A. 直接送达　　B. 留置送达　　C. 委托送达　　D. 邮寄送达

2. 稽查审理部门对案件经过审理同意定案之后，对于需要处理的案件应当制作的法律文书有（　　）。

A.《稽查报告》

B.《税收强制执行决定书》

C.《税务处理决定书》

D.《税务行政处罚决定书》

3. 检查人员在实施检查前，应当（　　）。

A. 调阅被查对象纳税档案

B. 全面了解被查对象的生产经营状况、财务会计制度或者财务会计处理办法

C. 熟悉相关的税收政策

D. 确定相应的检查方法

4.《税务稽查报告》的主要内容应当包括（　　）。

A. 案件的来源及被查对象的基本情况

B. 检查时间和检查所属期间、主要违法事实及其手段

C. 检查过程中采取的措施、违法性质、被查对象的态度

D. 处理意见和依据、其他需要说明的事项、检查人员的签字和报告时间

5. 税务检查人员在实施检查完毕后，需将（　　）提交审理部门审理。

A.《税务稽查报告》　　B.《立案审批表》

C.《税务稽查工作底稿》　　D. 其他证据

6. 税务稽查案源的筛选方法通常有（　　）。

A. 计算机选案　　B. 人工选案

C. 人机结合选案　　D. 计划分配选案

三、判断正误题

1. 采取公告送达的，自公告之日起满 15 日，即视为送达。（　　）

2. 案件执行部门的人员可以兼做案件审理部门的工作。（　　）

四、技能训练题

1. 以现金支付银行利息 800 元，在填制记账凭证时误记入“银行存款”科目，并据以登记入账，其错误记账凭证所反映的会计分录为：

借：应付利息　　800

　贷：银行存款　　800

要求：如果在当月发现会计处理错误，说明如何调账。

2. 用银行存款 40 000 元购买原材料，在填制记账凭证时，误记金额为 4 000 元，但会计科目、借贷方向均无错误，其错误记账凭证所反映的会计分录为：

借：原材料　　4 000

　贷：银行存款　　4 000

要求：如果在当月发现会计处理错误，说明如何调账。

3. 某企业将自制产品用于专项工程，该产品不含税价 5 000 元，税率 17%，成本价 3 500 元。企业的会计账务处理为：

借：在建工程　　3 500

　贷：库存商品　　3 500

要求：如果在同一核算期内发现会计处理错误，说明如何调账。

4. 税务检查发现，某商场销售白酒一批，价款 46 800 元（含税），收妥货款存入银行，该批白酒成本 31 000 元，企业作如下账务处理：

借：银行存款　　46 800

　贷：库存商品　　31 000

　　　应收账款　　15 800

要求：如果在当月发现错误，说明如何调账。

5. 某注册税务师 2018 年 2 月对企业 2017 年的纳税情况进行审核，发现企业 2017 年 12 月份将基建工程领用的材料成本 20 000 元计入生产成本中，由于企业生产产品成本已经进行了部分结转和销售，所以无法按照审核发现的 20 000 元直接作为错账调整金额。

2017 年年底企业的在产品相关成本科目余额是 100 000 元，完工产品相关成本科目余额 500 000 元，当期的已销售产品成本是 400 000 元，假设该企业已经结账。

要求：

（1）按“比例分摊法”计算错账调整金额在相关环节分摊的分配率、分摊数额。

（2）作出跨年度账务调整分录（该企业适用 25% 的企业所得税税率）。

五、案例分析

1. 某县税务局的稽查局接群众举报，反映某商场利用收入不入账的方法偷逃税款。20××年5月18日，稽查局派两名税务干部李新和钱磊对其实施检查，税务人员在出示税务检查证后，对相关人员进行了询问，但没有线索，于是对商场经理宿舍进行了搜查，发现了一套流水账，按规定程序查实该商场利用收入不入账方法，偷逃税款50 000元的事实。5月29日，稽查局依法向该商场下达了《税务处理决定书》和《税务行政处罚事项告知书》，指出其违法事实，责令商场补缴税款50 000元，拟处30 000元罚款。5月31日，向该商场下达了《税务行政处罚决定书》。6月1日，该商场提出税务行政处罚听证要求。6月10日由李新、钱磊二人和另外一名税务干部共同主持了听证会，经听取意见后，作出维持原税务行政处罚的决定，决定书当场交给商场代表，并要求商场承担听证费用。该商场7月5日只补缴了50 000元税款，并于7月10日就30 000元罚款一事向县税务局提出行政复议申请，县税务局以纳税人未缴纳罚款及已超过法定复议期限为由不予受理复议申请。7月11日，商场向县人民法院起诉。

要求：根据以上资料指出县稽查局在该案处理过程中的违法行为，并说明理由。

2. 某市税务局稽查局选案科于2018年9月10日通过计算机选案系统筛选，确定该市××食品加工厂为稽查对象。选案科进行案源受理登记后，拟定处理意见，要求对该企业2017年度纳税情况进行检查，并经稽查局局长批准，根据要求填制了《税务稽查任务通知书》及其附件，连同案件有关资料一并送交检查科实施检查。

检查科确定由赵慧、王军和张成三名检查人员组成检查组，由赵慧任检查组组长。检查组调阅了被查对象的纳税档案等资料，确定了相应的检查方案。

9月14日，检查组开始实施税务检查。检查人员向被查对象出示了税务检查证和《税务稽查任务通知书》。检查人员向被查对象下达了由市税务局稽查局局长签发的《调取账簿资料通知书》，调取该企业2017年度账簿、凭证、报表和其他有关资料，开具了《调取账簿资料清单》一份，详细列明了调取的资料种类、数量和所属期间等，并由双方经办人员签字，交被查对象保存。

检查过程中，检查组需要查询被查对象在银行的存款情况，派王军持市税务局局长签发的《检查存款账户许可证明》，到该企业开户银行进行查询，并向银行人员出示了税务检查证，取得了需要的资料。

为了保证该案的执行，稽查局通知该公司的开户银行，对该公司实施冻结银行存款的税收保全措施，并根据在税务稽查实施中掌握的信息，对该公司的应收账款作进一步核实，确认该公司尚有数十户购货单位共计数百万元的应收账款没有收回。对此，稽查局对上述单位发出《税收保全通知书》，要求各欠款单位协助税务机关依法执行公务，将所欠货款汇入当事人已被冻结的银行账户。

检查过程中，检查人员复印了该企业部分账簿资料，并由该企业财务人员在复印件上写明了“此件与原件核对无误”字样，并加盖单位印章，作为书证。

检查过程中，检查人员发现该企业有逃避纳税义务的行为，并有明显的转移、隐匿其应纳税收入的迹象，为避免国家税款流失，经市税务局局长批准，检查人员持由市税务局局长签发的《查封（扣押）许可证》，依法采取了查封、扣押其商品、货物及其他财产的税收保全措施。执行查封、扣押工作由赵慧、王军负责，他们通知该企业的法定代表人，查封了该企业的部分库存产成品，根据查封物品填制了《查封商品、货物及其他财产清单》，并加贴封条。对这部分查封物品，稽查人员指令该企业负责保管。

检查过程中，检查人员发现该案件已经达到立案标准，按规定填制了《立案审批表》，报稽查局局长批准后予以补充立案。

检查人员将检查中发现的问题按规定和要求制作了《税务稽查工作底稿》，交由被查对象财务负责人逐项核对，签署“情况属实”，并签字盖章。

9月22日，检查结束，检查人员整理案件资料，制作了《税务稽查报告》，提交审理科签收审理。

该案件已经达到该市税务局稽查局集体审理标准。审理科对《税务稽查报告》及案件证据资料进行了审查，于9月25日初审完毕，提出了初步审理意见，提交税务稽查违法案件集体审理委员会进行集体审理。9月30日，集体审理委员会经过审理，认定该企业存在偷税行为，决定处以0.5倍罚款。10月1日，审理科制作了《税务行政处罚事项告知书》，送达纳税人，并取得了相应的《税务文书送达回证》，对拟处罚事项，该企业在陈述、申辩笔录中注明“无陈述、申辩意见”。10月5日，审理科制作了《税务处理决定书》和《税务行政处罚决定书》并报稽查局局长批准，分别要求纳税人10日内缴纳税款和罚款。

10月6日，审理科将《税务处理决定书》和《税务行政处罚决定书》交执行科签收执行。同日，执行科将《税务处理决定书》和《税务行政处罚决定书》送达被查对象处，该企业拒绝接收，并拒绝签署《税务文书送达回证》。稽查局执行人员在《税务文书送达回证》上写明了拒收理由和日期，并在送达人处签名，将税务文书留在了该企业财务科办公室，视为送达。

10 月 17 日，《税务处理决定书》和《税务行政处罚决定书》规定的税款、罚款缴款期限届满，纳税人未缴纳税款、罚款，未申请复议，也未向人民法院起诉，执行科报请市税务局局长批准后，将查封的物品交依法成立的拍卖机构拍卖。10 月 20 日，拍卖结束，稽查局以拍卖所得抵缴了税款、滞纳金、罚款，以及查封、拍卖等产生的费用。10 月 27 日，稽查局将剩余部分退还给了被查对象。

要求：根据给定的案情，指出税务稽查机关执法中存在的问题，并说明正确做法，执法依据可不具体列示。

第三章 会计报表、账簿和凭证的检查

案例导读

李某等故意销毁会计凭证、会计账簿案

南通市通州区人民检察院以通检诉刑诉〔2015〕476号起诉书指控被告人李某、曹某犯故意销毁会计凭证、会计账簿罪，于2015年9月2日公开开庭审理。现已审理终结。

南通市通州区人民检察院指控，被告人李某自1994年担任南通市通州区某某塑料厂（以下简称“某某塑料厂”，该厂已破产）厂长时就开始设立小金库。为了逃避税务机关的检查，被告人李某指使总账会计将小金库的账目及凭证保留一年后销毁。被告人曹某自2007年起担任某某塑料厂总账会计，其根据被告人李某的指示将2007年度至2011年度的小金库账簿及凭证销毁。2007年至2011年度，该小金库的收入来源合计人民币890 889.44元，其中支出合计人民币384 200元。具体事实如下：

1. 某某塑料厂业务单位南通某某天然保健品有限公司自2007年8月6日至2011年10月27日未开具增值税专用发票的货款入小金库合计人民币779 816.44元。

2. 挂靠某某塑料厂的人员自2007年至2011年缴纳养老保险入小金库合计人民币111 073元。

3. 2007年至2011年终，某某塑料厂从小金库中向某某塑料厂的管理人员、班组长及技术人员发放红包合计人民币384 200元。

被告人李某、曹某经公安机关传唤，到案后两被告人均如实供述了自己的犯罪事实。

（资料来源：http：//www、pkulaw、cn/case_es/pfnl_1970324844364276、html？match = Exact）

第一节　税务稽查的分析技能

在市场经济中，企业作为主要参加者，其地位和作用得到日渐提高和重视，企业的生产和经营活动直接关系着整个市场经济的发展。因此加强对企业的纳税检查和纳税监督，不仅能确保国家税收收入用于各项建设，同时还可以促进市场经济中各市场参与主体平衡发展，进而促进国家经济稳步健康发展，防止个别企业因偷漏税等违法行为出现规模异常膨胀导致垄断等不利于经济发展的情况。因此，加强纳税检查对于保证税收法规的正确贯彻实施，维护税收秩序，促进公平竞争及社会主义市场经济的健康发展，具有重要意义。为此，要求税务稽查人员必须有较高的政策水平和专业素养，并不断提高纳税检查工作技能，善于发现疑点目标，找出关键问题所在。根据纳税检查的实践经验，以下异常情况可以作为发现问题的切入点。

一、捕捉异常现象，从中发现涉税问题

税务稽查人员在查阅会计资料、账簿时，要特别注意反映在会计资料中的有关数字、时间、地点、往来单位、业务内容或科目对应关系等，查找异常现象，并从中发现涉税线索。

（一）异常数字

现实中，数字本身所代表的含义只是一个量的概念，只有将其与特定的业务内容相互联系，才能确定是否为异常数字。

1. 数字的大小。某个数字在特定的经济业务中和特定的时期里，其大小是否正常是可以加以判断的。例如，某商品单价 3 000 元，对于小型企业，如属“固定资产”账中的记录是正常的，而若是在“低值易耗品”账中的记录便是异常数字，应进一步查实其进项税金是否抵扣，是否应记入“固定资产”而未按规定记入。

2. 数字的变化趋势或范围。经济活动的某些量化指标有其特定的变化趋势或范围。某个数字若超出了特定经济活动的变化趋势或范围，则应视为异常数字。例如，某企业 1—11 月份各月产品销售收入一直在 50 万至 55 万元之间上下变化，而 12 月份为 105 万元，这个 105 万元数字大大超出了企业月营业收入的正常范围，应进一步核查是否有销售滞后入账或虚转收入问题。

3. 数字的正负。会计资料中的数字，表现为正数或负数，都是正常现象。

只有当多方面证据表明“利润总额”不应也不会出现负数（亏损）的情况下，若表现为负数（亏损），那么，此处负数（亏损）就应被看作异常数字。例如，当某企业“利润总额”数额为“0”，而人员、业务等情况未发生变化，特别是企业收入在连续两年中分别为1 500万元、2 460万元，其“利润总额”数额均显示的数字“0”，就应被看作异常数字，需要进一步查实是否存在隐瞒收入或多报成本费用问题。

4. 数字的精确程度。会计资料中数字应根据其反映的具体经济业务内容决定其精确程度。该精确却没有精确到适当的程度，或不该精确而精确到不正常的程度都应当视为数字异常。如某商业企业，每个月的销售收入均是整数值，且较为接近。那么这些数字就属异常数字，应检查是否如实反映销售收入。某企业的销售收入计划的数字若有角有分则是不正常的，这些数字就是异常数字，因为它精确到了反常的程度。这些数字，在查账时都要引起高度重视。

(二) 异常时间

异常时间，就是反映在会计资料中的不正常或不符合实际情况的有关时间。对异常时间，一般从以下两个方面查找。

1. 会计资料中反映的经济业务发生或记录的时间是否符合特定的时间。例如，对于季节性发生的经济业务，其设备的大修理等会计资料上反映的经济业务发生的时间必须符合特定的季节，否则就应该视为异常时间。

2. 根据会计资料中反映时间的长短是否超越了一个适当的时间界限。例如，某企业应收账款超过两年（甚至更长）的记录金额，其时间上已超过正常的时间界限，应视同异常时间进行检查分析，看其是否属截留收入或虚开发票。

(三) 异常地点

异常地点，是指反映在会计资料中的不符合正常情况的地点。一般从以下两个方面查找。

1. 根据有关距离的远近确定其是否合理。经济活动发生后所涉及的有关单位或地点，可根据经济业务的具体内容确定其距离的远近。例如，有些材料采购只能到外埠采购，而有的则不必舍近求远，否则就表现为采购地点上的异常现象，应进一步核查是否有虚开发票行为。

2. 根据物资运动流向确定其是否合理。经济业务发生的地点与经济业务的具体内容有着密切的联系。物资运动的合理流向决定了经济活动所涉及的地点具有一定的规律性。如果经济业务所涉及的地点与经济业务内容无关，甚至相互矛盾，即违背了物质运动的合理流向，应将其视为异常地点，应进一步核查是否有虚开发票行为。

（四）异常往来单位

异常往来单位，是指在经济活动中不应发生或一般不发生而实际却发生了业务往来的两个或两个以上的单位。对异常往来单位一般从以下两个方面进行查找。

1. 根据往来单位的各自业务范围。每一个经营实体，其正常生产或经营范围都是相对稳定的，如果会计资料中反映的经济活动超出了单位正常业务范围和对方单位的正常业务范围，则可将其视为异常往来单位，应进一步检查是否有虚开发票行为。

2. 根据经济业务发生后是否构成复杂的多角关系。一般情况下，有些经济业务只涉及两个单位，如购销业务涉及购货单位与销货单位，即付款单位和收款单位；有些经济业务只涉及本单位，或者说只涉及本单位的有关部门或人员，而不涉及其他单位。在查账过程中，若发现应只涉及两个单位或只涉及本单位的经济业务发生后，记账中却涉及多个单位，应将其视为异常往来单位。例如，在购销业务中，销货单位若不是收款单位，购货单位若不是付款单位，即构成复杂的购销业务的往来单位，应进一步检查该项经济业务的背后有无不正当的交易或是否存在虚开发票行为。

（五）异常业务内容或科目对应关系

所谓异常业务内容或科目对应关系，是指记录或反映在特定账户中的不正常的经济业务或某项经济业务发生后所涉及的科目（账户）形成不正常的对应关系。例如，记录或反映在“管理费用”账户中的广告费支出业务、罚款支出业务、分配福利部门人员的工资、奖金费用业务等，反映在“营业外收入”账户中产品销售业务等，反映在“其他应付款”账户中的有关营业外收入业务等。由此，上述账户与其对应账户形成了不正常的对应关系，要进一步检查是否涉及税收问题。对异常业务内容或科目对应关系，一般从以下三个方面进行查找。

1. 检查记账凭证。根据所列的会计科目及所反映的具体经济业务内容，对照会计制度，分析其是否构成异常科目对应关系。例如，某工业企业对本企业行政管理部门耗用的自产产品业务，编制如下记账凭证：借记“管理费用”科目，贷记“库存商品”科目。此处的两个账户便构成了异常对应关系。因为耗用自产的产品，属于视同销售业务，即：借记“管理费用”科目，同时按生产成本价格结转，贷记“库存商品”科目，按应耗用产品的销售价格缴纳增值税，贷记“应交税费——应交增值税”科目。被查单位作错误账务处理，偷逃了有关税款。

2. 检查应收应付款的明细账户。将发生时间较长、金额较大的经济业务的会计凭证调出，根据具体的经济业务内容分析其是否构成异常的科目对应关系。例如，在检查某商业企业“应收账款”明细账户时，发现12月末在某个不经常发生往来业务的客户账上借记了300万元，调出会计凭证，了解到会计分录是借记“应收账款”科目，贷记“主营业务收入”科目，而记账凭证却未附有任何原始凭证。据此，可以认为被查单位此项账务是虚增商品销售收入的舞弊行为，此处的“应收账款”与“主营业务收入”两个科目便构成了异常的对应关系。

3. 检查能够反映经济业务来龙去脉的账簿记录。根据所反映的具体经济业务分析其是否存在异常的科目对应关系。采用日记总账核算形式下的总账记录以及设有“对方科目”栏次的账簿记录能够反映出经济业务发生后所运用的会计科目。根据账户摘要所说明的经济业务内容，分析所运用的会计科目是否构成异常的科目对应关系。例如，审阅日记总账时发现一笔与某企业以物易物业务的账务处理是：借记“周转材料——低值易耗品”科目，贷记“库存商品”科目。可以断定，此处两科目构成了异常对应关系。因为以其产成品换回对方的某种物品作低值易耗品，既应看作购进业务，又应看作销售业务，最根本的是应通过“主营业务收入”与“主营业务成本”账户进行核算，未作如此处理，便少列了此项销售收入，进而偷逃了有关税款及其他款项的缴纳或分配。

二、捕捉账外信息，从中发现涉税问题

大部分涉税违法行为在会计资料中只能间接地反映出来，具有很大的隐秘性，因此，只有跳出会计资料，从账外发现线索捕捉信息，才能及时准确地发现涉税违法行为。利用账外信息捕捉涉税线索没有固定的方式方法。稽查人员应随时随地搜集信息，分析各方面有关情况，以判断是否存在涉税违法问题。

首先，根据座谈、参观过程中发现的异常现象和调查了解到的被查单位有关线索，捕捉有关涉税违法问题。例如，为了“上市”或“开拓市场”需要大量灰色支出等，就可作为追查是否截留收入或变相增加成本的线索。

其次，根据调查，了解查找被查单位内部控制制度的薄弱环节，捕捉有关涉税违法问题。例如，报表反映亏损严重，而职工反映福利待遇比较高，以此可判断并查找该单位是否有截留收入和设小钱柜问题。

再次，根据无意观察到的有关异常现象或表现，进行联系和联想，捕捉有关涉税违法问题。例如，稽查人员在工作之余无意观察了解到被查的工业企业设有销售自产产品门市部，联想在查账过程中未发现账务中设有销售自产产品门市

部，同时在查账过程中也未见其有销售自产产品销售业务的账务处理。以此为线索，查明被查单位以行政部门耗用自产产成品形式，将部分产成品移到本企业门市部，截留收入用于其他灰色支出。

第二节　会计报表的检查分析

企业财务会计报告是指企业对外提供的真实地反映企业某一特定日期财务状况和某一会计期间经营成果、现金流量的文件。它由会计报表、会计报表附注、财务情况说明书三部分组成。按照报送的时间不同，财务会计报告可分为年度、半年度、季度和月度报告。会计报表是企业财务会计报告的主体，是会计人员根据日常核算资料加工、整理定期编制的，用以反映企业某一特定日期财务状况和某一会计期间经营成果和现金流量的表格式文件。会计报表一般包括资产负债表、利润表、现金流量表。

对会计报表进行检查，主要是检查各种会计报表内项目内容是否真实、准确、合法，是否能如实地反映企业的财务状况和经营成果；在采用逆查法进行纳税检查时，通过对会计报表的检查和分析，可以确定检查重点，使检查工作有针对性地进行。

一、会计报表检查分析的意义

会计报表分析（简称“财务分析”），是指通过收集、整理企业财务会计报告中的有关数据，并结合其他有关的补充信息，对企业的财务状况、经营成果和现金流量情况进行综合比较与评价，为财务会计报告使用者提供管理决策和控制依据的一项管理工作。

做好会计报表分析工作，可以正确评价企业的财务状况、经营成果和现金流量情况，揭示企业经营活动中存在的矛盾和问题，为改善经营管理提供方向和线索；可以预测企业未来的报酬和风险；可以检查企业预算完成情况，考核经营管理人员的业绩，为建立健全合理的激励机制提供帮助。

二、会计报表分析的基本方法

进行会计报表分析，最主要的方法是比较分析法和因素分析法。在实际分析时，这两种方法往往结合使用。

（一）比较分析法

比较分析法是指对两个或几个有关的可比数据进行对比，揭示差异和矛盾的一种方法。比较是分析的最基本方法，没有比较，分析就无法开始。

1. 按比较参照标准分类。

（1）趋势分析。与本企业历史比，即将不同时期的指标相比，称为“趋势分析”。趋势分析就是分析期与前期或连续数期项目金额的对比。这种对财务报表项目进行纵向比较分析的方法是一种动态的分析方法。通过分析期与前期（上季、上年同期）财务报表中有关项目金额的对比，可以从差异中及时发现问题，查找原因，改进工作。连续数期的财务报表项目的比较，能够反映出企业的发展动态，以揭示当期财务状况和营业情况增减变化，判断引起变动的主要项目是什么，这种变化的性质是有利还是不利，发现问题并评价企业财务管理水平，同时也可以预测企业未来的发展趋势。

（2）同业分析。同与分析也称“横向比较”，是指与同类企业相比，即与行业平均数或竞争对手比较。将企业的主要财务指标与同行业的平均指标或同行业中先进企业指标对比，可以全面评价企业的经营成绩。与行业平均指标对比，可以分析判断该企业在同行业中所处的位置。和先进企业的指标对比，有利于吸收先进经验，克服本企业的缺点。

（3）预算差异分析。预算差异分析，是指与计划预算比，即实际执行结果与计划指标比较。将分析期的预算数额作为比较的标准，实际数与预算数的差距就能反映完成预算的程度，可以给进一步分析和寻找企业潜力提供方向。

2. 按比较的指标分类。

（1）比较会计要素的总量。总量是指财务报表某个项目的金额总量，如净利润、应收账款、存货等。总量比较主要用于时间序列分析，如研究利润的逐年变化趋势，看其增长潜力。有时也用于同业对比，看企业的相对规模和竞争地位。

（2）比较财务比率。财务比率是用倍数或比例表示的分数式，它反映各会计要素的相互关系和内在联系。财务比率的比较是最重要的比较。它们是相对数，排除了规模的影响，使不同比较对象建立起可比性，因此广泛用于历史比较、同业比较和预算比较。

（3）比较结构百分比。把损益表、资产负债表、现金流量表转换成结构百分比报表，用于发现有显著问题的项目，揭示进一步分析的方向。结构百分比实际上是一种特殊形式的财务比率，它排除了规模的影响，使不同比较对象建立起可比性，可以用于本企业历史比较、与其他企业比较和与预算比较。

（二）因素分析法

因素分析法也是财务报表分析常用的一种技术方法，它是指把整体分解为若干个局部的分析方法，包括财务的比率因素分解法和差异因素分解法。

1. 比率因素分解法。比率因素分解法，是指把一个财务比率分解为若干个影响因素的方法。例如，资产收益率可以分解为资产周转率和销售利润率两个比率的乘积。财务比率是财务报表分析的特有概念，财务比率分解是财务报表分析所特有的方法。

在实际的分析中，分解法和比较法是结合使用的。比较之后需要分解，以深入了解差异的原因；分解之后还需要比较，以进一步认识其特征。不断的比较和分解，构成了财务报表分析的主要过程。

2. 差异因素分解法。为了解释比较分析中形成差异的原因，需要使用差异分解法。例如，产品材料成本差异可以分解为价格差异和数量差异。差异因素分解法又分为定基替代法和连环替代法两种。

（1）定基替代法。定基替代法是测定比较差异成因的一种定量方法。按照这种方法，需要分别用标准值（历史的、同业企业的或预算的标准）替代实际值，以测定各因素对财务指标的影响。

（2）连环替代法。连环替代法是另一种测定比较差异成因的定量分析方法。按照这种方法，需要依次用标准值替代实际值，以测定各因素对财务指标的影响。

在财务报表分析中，除了普遍、大量地使用比较法和因素分析法之外，有时还使用回归分析、模拟模型等技术方法。

三、资产负债表及有关附表的检查

（一）对资产负债表填列内容的检查

资产负债表又称静态报表，是总括反映纳税人在某一特定日期财务状况的报表。资产负债表有报告式资产负债表和账户式资产负债表两种格式，我国《企业会计制度》规定采用账户式格式。它的基本结构分为左右两列，左边反映资产，右边反映负债和所有者权益。资产和负债均按照流动性的大小排列。

在对资产负债表进行检查时，检查人员应按规定的填列方法对该表的填列内容进行检查，通过对报表合法性、合理性的检查，判断纳税人的依法纳税程度。资产负债表是纳税人公开报表中的一张主要报表，反映其某一特定时点上的财务状况。无论是对投资人、债权人来说，还是对税务机关来说，检查资产负债表都是了解纳税人经营和财务情况的一个重要途径。

数字对比法和指标比较法是检查资产负债表常用的基本方法。数字对比法是通过分析和比较纳税人不同月份资产负债表的相同栏目的数字变化，发现纳税人的财务变动情况，进而发现其有关税收问题的一种方法。指标比较法是通过不同时期资产负债表所反映的各类经济指标的对比分析，发现和掌握纳税人有关税收问题的一种方法。资产负债率、流动比率、速动比率等指标都是检查资产负债常涉及的内容。

资产负债表由资产、负债、所有者权益三部分构成。资产和负债又因其流动性、时间性不同而分为流动资产、固定资产、短期负债、长期负债等。所以，税务机关在检查资产负债表时，还要针对每个项目的特点分析、检查，发现纳税人财务、涉税信息失真之处。

1. 分析纳税人的总体经营情况。

（1）通过流动资产和固定资产的数量和比重判断纳税人的行业特点。不同行业纳税人的资产形式构成有所不同：生产制造企业由于生产过程需要大量的生产设备，其固定资产占全部资产的比重较大；商品流通企业的主营业务是商品批发与零售，故其全部资产中流动资产所占比重较大。如果纳税人提供的资产负债表所表现的资产形式特征与纳税人的行业特征不符，说明纳税人提供的资产负债表违反常规，该企业可能存在问题。

（2）在遵从纳税人行业特征的基础上，通过流动资产和固定资产的配比来判断纳税人的生产经营情况。任何企业在其流动资产和固定资产构成比重一定的前提下，仍然存在流动资产和固定资产的合理配比问题，否则会影响企业的正常生产。例如，某工业企业资产负债表反映固定资产净值 2 000 万元，流动资产 150 万元（其中，其他应收款 130 万元），显然，报表反映的企业资产配比极不合理，实际经营中必然表现为企业缺乏流动资金，无法启动生产。而固定资产又大量闲置，造成浪费。企业生产不能正常进行，纳税情况自然会受到影响。对该类企业进行实地检查时，如果发现该企业尚能维持生产、员工尚能按期领取工资，则企业的报表可能失真，纳税人可能账外有账。再如，某工业企业资产负债表反映其固定资产净值 360 万元，流动资产净值 6 000 万元，这也是企业资产不合理的表现。遇到这类情况，我们必须深入分析资产的构成，如果流动资产中主要是银行存款或现金，则可以通过银行对账单进一步检查，如果流动资产中主要是存货，则可以通过点库发现问题；如果应收账款、预付账款构成了流动资产的主要部分，应该进一步查明其真实性，防止纳税人将销售收入长期挂账形成“流动资产”的假象。

2. 分析流动资产。

（1）现金及银行存款。现金及银行存款是纳税人正常生产的资金保证，其存量直接反映了企业的经营现状和支付能力。从理论上讲，现金及银行存款不足，纳税人就无法启动生产，如果企业的实际情况不是这样，至少说明企业存在账外账。但是，根据我国的现金管理制度，纳税人的库存现金也不能过多，如果报表上反映的现金量大，则可能存在“白条”抵库的情况，纳税人可能在寻找机会把部分应该税后列支的费用挤进税前成本，影响企业所得税。还有一点需要提及，无论纳税人资产负债表如何显示，实地检查时，最好向纳税人索要“银行对账单”，查明企业在银行的未达账项，这有利于发现问题。

（2）应收账款和坏账准备。应收账款和坏账都与纳税人的成本有关，检查报表时要分析纳税人不同时期应收账款和坏账准备的数量变化以发现问题。检查应收账款的内容构成可以防止其他项目挤入应收账款，最终影响成本。

（3）预付账款和其他应收款。预付账款一般来说是企业购买生产材料或设备的预付款，而其他应收款是企业非经营性往来款项，正常情况下两者之间没有联系。按规定，其他应收款形成的坏账，只能在企业的税后利润中处理，不能在税前成本中列支。有些纳税人将非经营性往来形成的坏账计入成本，利用预付账款“过桥”。如果纳税人提供的资产负债表反映出预付账款与其他应收款有相互调整的迹象，检查时一定要注意预付账款的构成和票据以及其他应收款的去向。除此以外，对于在报表上以红字表现的预付账款也要认真检查，防止纳税人将预收货款计入预付账款内，不及时缴纳有关税金。

（4）存货。存货是资产负债表中较为复杂的项目。对存货的分析检查主要有两个方面：一是存货的构成问题。要严格划清流动资产和固定资产的界限，划清生产物资和专项物资的界限，对于生产物资还要分清其存在形式。二是存货变化问题。如果纳税人报表所反映的存货变化违反生产常规，特别是第四季度反映的变化异常，说明纳税人有可能人为调整当年的利润与成本。实地检查时应该详细检查存货有关账户的情况，分析引起存货变化的原因，其中要特别注意材料的计价变化、产成品和在产品的成本划分等问题，有些纳税人往往通过这些项目的调整来逃税。

3. 分析长期投资。如果资产负债表反映长期投资减少，要追究其减少的原因，尤其要注意纳税人在转让其不动产股份时是否要缴纳有关税款。对于长期投资的增加，要注意是否存在从联营单位分回的利润增加投资而未补税的情况。

4. 分析固定资产。从资产负债表分析固定资产有关项目最重要的是分析固定资产原值及折旧的变化。按有关规定，纳税人固定资产的总量和计提的折旧在不同年份及不同月份之间都有延续性和必然联系，如果报表提供的数字有变化，实地检查时要注意。

5. 分析在建工程。在建工程在报表上的表现形式只能是以下几种：

（1）不同时期在建工程的金额不变，说明纳税人的在建工程处于停工状态；

（2）在建工程的金额逐月增加，表明纳税人的在建工程处于不断施工状态；

（3）纳税人的在建工程全部转入固定资产，说明在建工程已经完工，如果纳税人提供的资产负债表反映在建工程部分减少或为红字，纳税人可能有将在建工程的试运行收入冲减在建工程支出的行为，影响所得税收入。

6. 分析无形资产。

（1）无形资产的构成。要检查企业是否有把应计为无形资产的列作费用的情况。如按规定，土地使用权是无形资产的重要组成部分，但不动产开发企业除外。

（2）无形资产的价格。无形资产的来源决定其价格，这是税法规定的无形资产定价的原则。

（3）无形资产的摊销年限，税法对无形资产的摊销年限有严格的规定，如果纳税人违反规定必然存在税收问题。

7. 分析递延资产。递延资产的摊销影响纳税人税前成本，如果纳税人不同时期的递延资产发生变化，检查时应该注意，其中递延资产的内容和摊销年限是问题的关键。

8. 分析流动负债和长期负债。流动负债和长期负债反映了企业的负债水平和负债结构，往往也容易成为纳税人隐藏收入的地方。长期借款和短期借款有固定的核算内容和范围，虽然它们同属于企业的负债，却不能混淆。按我国税法规定，纳税人商品课税的纳税义务时间与销售货款、销售定金、预收货款的发生或实现时间息息相关。有些纳税人为了少缴、迟缴或不缴税款，将有关经营销售收入计入长期借款或短期借款栏内，以期达到逃税的目的，如果纳税人的资产负债率高于金融机构的贷款警戒线而纳税人的短期借款或长期借款仍然增加，可能存在纳税人隐匿收入的行为。

9. 分析所有者权益。所有者权益包括纳税人的实收资本、资本公积、盈余公积、未分配利润等内容，反映纳税人自有资金的实力和水平。对于所有者权益栏目，应该重点分析以下内容。

（1）实收资本的构成。如果实收资本含有外方投资，应该确认外资的来源，防止纳税人假借外商名义享受税收优惠待遇。

（2）盈余公积。盈余公积是企业从利润中提取的，利润是盈余公积的唯一来源，这就说明没有利润分配就不会有盈余公积的增加，如果纳税人提供的非年末资产负债表盈余公积有增加，说明纳税人有违规操作或转移应税收入的行为。

（二）资产负债表中往来账户的检查

企业的往来账主要有两种：一种是经营性（购销）往来账；另一种是其他往来账。经营性（购销）往来账是指企业对外经营（购销）业务引起的债权债务，是通过“应收账款”“预收账款”“应付账款”“预付账款”科目核算的。除此以外的其他往来账由于不属于对外经营业务或者企业内部的非经营性债权债务，是通过“其他应收款”和“其他应付款”科目核算。

现行的会计准则规定：对经营性债权债务结算账户披露金额不允许以相互抵消后余额列报，即在资产负债表中使用经营性往来账的双重性科目必须以重分类方式列报，各账户的债权债务之间不得互为抵消，真实地反映债权债务实际情况。而其他往来账的双重性科目则可以余额来列报，因为这些科目主要是非经营性或者内部之间的往来，不属于企业真正的债权债务，不符合经济民商法上债权债务构成要件。也就是说，其他往来账的债权债务相互抵消，企业本身是有权处置转移豁免的，而经营性债权债务相互抵消则需要对方同意才能行使处置转移豁免。

由于资产负债表列报的特殊规定，往来账户反映的数据与会计科目总账（明细）余额性质是不同的。因此，从税务稽查的角度看，重点应做好以下检查：

第一，“应收账款”直接反映企业发生经营性业务中已开具发票而没有收到款项金额。重点检查企业是否有虚开发票虚构业务的嫌疑。

第二，“预收账款”直接反映企业发生经营性业务中未开具发票而已经收到款项金额。重点检查企业是否有不按时开具发票延迟纳税的嫌疑。

第三，“应付账款”直接反映企业经营性业务中对方已开具发票而没有支付款项金额。一般本企业无涉税的嫌疑，仅协查是否有不申报滞留发票或者对方虚开发票行为。

第四，“预付账款”直接反映企业经营性业务中对方未开具发票而已经支付款项金额。一般本企业无涉税的嫌疑，仅协查对方有无不按时开具发票延迟纳税行为。

第五，“其他应收款”直接反映企业发生非经营性业务中已经支付与收取款项的差额。重点检查企业是否有转移企业利润且不缴纳个税的嫌疑。

第六，“其他应付款”属于负债类账户，用于核算企业除应付票据、应付账款、预收账款以外的各种应付、暂收其他单位或个人的款项。该账户贷方登记应付及暂收款项；借方登记归还数；期末贷方余额，反映尚未偿付的应付及暂收款数额。

“其他应付款”账户主要特点是核算内容比较繁杂，包括：应付的各种赔款、应付的各种罚金、应付租入固定资产和包装物的租金、存入保证金、应付统筹退休金及应付、暂收上级单位、所属单位的款项等。正是由于这个特点，该账户极易被不法纳税人作为转移隐匿应税收入、偷逃税款的工具，历来是对企业流转税、所得税等进行税务检查的一个重点检查的账户。

根据“其他应付款”账户的性质、用途、结构及结纳税产生的具体影响，其涉税检查应同时注重借、贷方发生额和余额的检查。应注意检查的涉税问题主要有：

1. 企业所设置的“其他应付款”账户是否真实？有无利用该账户转移隐匿的应税收入？

2. 酒类企业（生产啤酒、黄酒的企业除外）收取的包装物押金是否按税法的规定并入当期销售额如数缴纳了增值税、消费税？

3. 长期呆账的存入保证金是否属于逾期未退应予没收的包装物押金？有无因企业未及时转账而影响纳税？

例如，在对某房地产开发公司的税务稽查中发现，该企业的预收账款和其他应付款金额较大，且长期不动。经进一步抽查原始凭证，进行函证确认后，该单位如实说出，是销售收入未入账，达650万元。

（三）资产负债表附表的检查

资产负债表附表是指资产减值准备明细表、应交增值税明细表。

1. 资产减值准备明细表的检查。资产减值准备明细表检查的目的在于确定可以在税前扣除的资产减值准备金额。按照国家税务总局的规定，目前报批后允许在税前扣除的资产减值准备只有坏账准备金，且只能按“应收账款”年末余额一定比例（一律不得超过0.5%）计提。因此，在检查时必须首先检查计提坏账准备金的纳税人的报批手续是否完备；其次，核实纳税人所计提坏账准备金的金额是否正确，有无超过年末余额的0.5%的限额；再次，检查计提坏账准备金时是否包含“其他应收款”的年末余额的一定比例，如果包括，应检查其有无将该部分数据进行纳税调整；最后检查纳税人所计提的其余7项不得在税前扣除的资产减值准备金，有无进行所得税纳税调整，调整的数额是否相符。

2. 应交增值税明细表的检查。应交增值税明细表是反映某一会计期间纳税人计算缴纳、抵免增值税情况的报表，包含设在借方的五个栏目：“进项税额”

“已交税金”“减免税款”“出口抵减内销产品应纳税额”“转出未交增值税”，以及设在贷方的四个栏目：“销项税额”“出口退税”“进项税额转出”“转出多交增值税”。

该表主要应检查：销项税额的数额和进项税额的来源是否准确；已交税金及期末未交数等项目的填列是否正确；实行“免、抵、退”办法的纳税人，其出口退税和出口抵减内销产品应纳税额有无相关手续、数据计算是准确；当购进货物、在产品、产成品发生非常损失或所购进物资改变用途时，是否通过“进项税额转出”账户进行核算，税额计算是否正确。

（四）资产负债表与相关附表之间的稽核

资产负债表与相关附表之间的数据存在一定的勾稽关系。检查人员可以利用它们之间的这种关系，检查报表填列的正确性，找出报表的数据错误，进而发现涉税问题。

1. 资产减值准备明细表中的各项减值准备与资产负债表中相关资产科目，应当与各项资产总账科目的同期余额相符。

2. 应交增值税明细表中的“年初数”与“期末数”各项目的合计，应分别与资产负债表中“应交税费——应交增值税”项目的“年初数”和“期末数”相等。

四、利润表和利润分配表的检查

（一）利润表各项目填列办法的检查

利润表是反映纳税人在一定会计期间经营成果的报表，又称动态报表、损益表或收益报表。利润表一般有两种格式：单步式利润表和多步式利润表。我国采用多步式利润表格式，多步式利润表是对当期的收入、费用、支出项目按性质加以归类，按利润形成的主要环节列示一些中间性指标，如主营业务利润、营业利润、利润总额、净利润，分步计算当期净损益的一种方法。

1. 主营业务收入。利润表反映的主营业务收入在一般情况下会小于或等于企业所得税纳税申报表中的销售收入。其小于部分企业应作纳税调整处理。利润表中反映的主营业务收入尚不包括视同销售货物的收入，因此企业视同销售货物在会计上无须通过销售账户处理，这部分收入亦属于企业所得税的纳税调整项目。对该项目应分析销售成本率或毛利率，结合成本一起分析。

所谓销售滞后，是指按税法规定应当在当期确认并进行纳税申报的应税销售收入，拖延至后期确认并进行纳税申报的行为。三类滞后现象包括：一是直销收入滞后，指销售方直接向购货方销售商品或劳务（指按税法规定应当确认收入）后，若购货方不急于取得发票，销售方当期不确认收入，也不进行纳税申报，从而形成销售滞后。二是代销收入滞后，即供货方将货物发往异地代理商，代理商销售货物并将货款汇给供货方后，不提供或延缓提供“代销售清单”（或代理商提供“代销售清单”后，供货方不及时确认收入），从而形成销售滞后。三是经销收入滞后，即供货方将货物发往经销商后，经销商从供货方取得货物时暂不索取销售发票，当经销商将其货物出售后，再根据购货方情况向供货方索要发票，并将发票直接开往购货方，这样经销商不仅达到了不缴或少缴流通环节税款之目的，也同样造成了供货方销售滞后。

2. 主营业务成本。企业在正常核算情况下，利润表中反映的主营业务收入与主营业务成本存在着一定的配比性。纳税人除利用隐匿、转移、分解收入等手段偷逃流转税和所得税外，经常利用违反规定的成本开支范围列支或乱摊成本、转移成本，或任意歪曲各项要素分配的真实性等手法偷逃企业所得税。因此，主营业务成本项目历来是检查企业所得税时报表涉税分析的一个重点。

3. 税金及附加。税金及附加是与本期销售收入相关的税金及教育费附加，包括消费税、城市维护建设税、资源税、教育费附加及房产税、土地使用税、车船使用税、印花税等相关税费。税率极少变动，在企业仅使用一个税率或使用多个税率，而不同税率的销售收入占总销售收入的比重比较稳定的情况下，税金及附加与主营业务收入的比率一般不会出现大的波动。

4. 其他业务利润。其他业务利润是除产品销售以外的生产经营业务（如材料销售、固定资产和包装物出租、无形资产转让等）取得的利润。在报表涉税分析中应注意其他业务利润异常变化。

5. 销售费用。销售费用具有项目多、发生频繁、金额小的特点，纳税人经常利用非法列支、任意混淆费用开支范围等手段偷逃企业所得税。

6. 管理费用。管理费用是期间费用的主要内容，其费用项目多、金额较大，在期间费用中占有突出的比例。由于管理费用反映的是企业最高管理层管理机构所发生的耗费，检查工作具有一定的难度。宜采取按不同年度间管理费绝对额对比的方法，比较分析有无重大波动和异常，这是对这一涉税项目进行报表分析的行之有效的方法。应分析是否有虚报费用，是否将应计入成本的计入期间费用。

7. 财务费用。财务费用是企业筹集生产经营资金所发生的费用。财务费用项目少、重点项目突出是其显著特点。重点项目的利息支出与企业的银行借款数额和利率有关。针对这一特点，对利息支出的报表分析采用测算利息费用率（利息费用/借款总额）与同期银行利率对比的方法，分析判断其差率是否异常。

8. 投资收益。投资收益为应税收入，随着资本市场的发展，企业利润总额中投资收益所占比重日益加大，投资收益项目将成为企业所得税重点检查项目，可结合纳税申报表附表进行分析。

9. 营业外收入。营业外收入占利润总额比重一般不大，但通过利润表中营业外收入的异常变化进行分析，会发现一些偷逃税的线索。应检查是否有下脚料收入记入该账户，未申报缴纳增值税。

10. 营业外支出。虚设支出项目，混淆支出界限等是纳税人利用营业外支出项目偷税的惯用手法。此外，营业外支出项目中包括各种按规定计提的减值准备，它们都是计算应纳税所得额的纳税调整项目。

11. 所得税。企业的所得税支出不是利润分配的一种形式，而是一种费用。

（二）利润分配表的检查

利润分配表是专门反映纳税人对其在一定会计期间实现的净利润及以前年度未分配利润进行分配或亏损弥补的报表。

1. 利润分配的程序。根据现行《企业所得税法》的规定，企业缴纳了所得税后的利润应当按照下列顺序进行分配：弥补企业以前年度的亏损；提取法定盈余公积；支付优先股股利；提取任意盈余公积；支付普通股股利。因此，利润分配表检查的主要内容应包括“净利润”“可供分配的利润”“可供投资者分配的利润”“未分配利润”四部分。

2. 利润分配表的检查要点。

（1）检查企业对时间性差异、永久性差异调整方法选择的科学性、准确性，将利润总额调整成应纳税所得额和所得税费用计算的正确性。

（2）检查各项目的计算是否正确。

（3）将表中各项目数据与有关会计科目数额进行核对，检查其是否正确。

五、现金流量表的检查

（一）现金流量表的概念

现金流量表是反映纳税人一定会计期间内现金和现金等价物流入或流出信息的会计报表。现金流量表由正表和补充资料两个部分组成。正表主要包括经营活动产生的现金流量、投资活动产生的现金流量、筹资活动产生的现金流量三类，且每一类又都分为现金流入、现金流出两个方面。

（二）检查现金流量表的作用

1. 有助于评价纳税人支付税款的能力。现金流量表所反映的各类现金流入量、流出量、净流量指标，将给税务机关揭示纳税人变现能力的强弱，揭示了纳税人的货币支付能力和履行纳税义务的能力。

2. 有助于了解纳税人各项应税收入的分布。这对检查人员确定纳税人各项业务的规模，有无漏报、瞒报业务收入，有无转移一些不常见的现金收入私设“小金库”等问题无疑是很有帮助的。

3. 有助于了解投资者分配股利的情况。只有通过现金流量表中支付股利所流出的现金栏，才能解读到实际支付股利的情况，以便于在检查个人所得税时，与计税依据进行核对，以确定缴纳个人所得税的正确性。

4. 有利于税源管理，制定适当的税收政策。通过对不同行业的现金流量表汇总，税务机关可以了解国民经济中不同层次的社会需求，分析符合消费者需要和产业需要的产品、行业，制定相应的税收政策，培植税源，发掘税收增长点，满足国家经济建设的发展要求。

5. 有助于对未来的税收发展计划进行预测。通过“金税工程”，税务机关汇集了大量纳税人的现金流量数据，一旦需要，税务机关可以运用计算机数据库系统或者传统的手工操作方法，按照科学的算法，配备相应的参数，对税收的发展计划进行科学的预测。

（三）现金流量表的检查内容

审查现金流量表的方法不同于一般报表，着重采用审阅法、核对法和分析法。

1. 检查现金流量表，核对现金流量表项目中数据的计算是否正确，可以配合查看其编制的工作底稿或 T 型账户的资料进行。

2. 检查报表的勾稽关系是否正确。现金流量表正表中的数字是流入与流出单价差额，而补充资料中的数字是期末数与期初数的差额。两张表虽然计算依据不同，但计算结果应当一致，其中存在一定的勾稽关系。例如，正表第一项经营活动产生的现金流量净额应与补充资料第一项经营活动产生的现金流量净额相符，正表第五项与补充资料第三项现金与现金等价物净增加额在金额上应当相等。

3. 分析计算一些指标，对纳税人的纳税能力、持续发展的能力进行分析判断。这种方法是检查现金流量表最有价值的方法。

（1）分析指标。分析计算常用的指标有税费流出增长率、税费占现金流出量的比重、税费占经营活动现金流入量的比重等。

税费流出增长率 =（本年度支付各项税费 - 上年度支付各项税费）/上年度支付各项税费

税费占经营活动现金流出量的比重 = 本年度支付各项税费/本年度经营产生现金流出总量

税费占经营活动现金流入量的比重 = 本年度支付各项税费/本年度经营产生现金流入量总额

（2）分析方法。分析现金流量表指标的方法通常有对比分析法、结构分析法、趋势分析法。

采用对比分析法的做法是：将该纳税人某项指标的本年实绩与上年水平进行比较或者将该纳税人的指标与该纳税人所在的行业或地区的平均水平进行比较，以确定其地位。

结构分析法就是将该纳税人某项指标的实绩与辖区内该指标的总水平进行比较，以确定纳税人在本辖区纳税人中所处的位置和重要性水平。

趋势分析法与上述两种方法不同，上述两种方法讨论的都是静态的指标，而趋势分析法讨论的则是纳税人某指标的动态趋势，用以预测纳税人未来若干会计期间（通常按年计算）的指标水平或本辖区若干年税收收入的发展趋势。趋势分析法一般有时间趋势预测法、最小乘方法。

会计报表纳税检查实例

某重工机械制造有限公司是由DL机械制造有限公司与张某个人投资兴办的私营有限责任公司，注册资本1 000万元人民币，成立于2003年3月27日，2004年3月被认定为一般纳税人，2004年9月有第一笔收入。经营期20年，主要产品为生产A型钢的大型设备。所得税在国税缴纳。

一、案件分析

2017年12月份，评估人员从CTAIS和“一户式”中调取了该企业相关资料，对企业的2016年1月—11月和2017年1月—11月的税收申报数据和财务数据进行了对比分析。该企业属于通用设备制造业，行业平均税负为4.068%，2017年1月—11月，累计应税收入12 499 944.21元，应缴增值税358 326.07元，税负为2.87%，低于同行业平均税负。

（一）利润表的相关数据分析

2017年1月—11月，主营业务收入为1 005万元，主营业务收入同比增加245万元，增长32%；主营业务成本同比增加397万元，增长84%；毛利率为13%，2016年同期毛利率为37%，降低24%；成本利润率15%，2016年同期为60%，降低45%；财务费用156万元，同比增长136%。

（二）资产负债表的相关数据分析

1. 存货周转率：经计算2017年1月—11月，存货周转率为1.437，周转天数为250天，2016年同期周转率为0.67，周转天数为537天。

2. 资金结构分析：资产负债率为80%，其他应付款1 782万元，是流动负债的40%。在建工程1 773万元，是总资产的31%。而固定资产仅为72万元。

（三）基于以上几方面的分析，评估人员确定了以下几项疑点，并决定对该企业 2017 年 1 月—11 月的纳税情况进行纳税评估。

1. 企业的毛利率低于上年同期水平，而其他应付款数额较大，怀疑可能存在着关联企业间交易价格偏低、少计收入或多计成本的问题。

2. 存货周转天数过长，且主营业务成本增长率大大高于主营业务收入的增长率，怀疑可能存在销售收入滞后入账或成本多计、多抵进项税额的问题。

3. 财务费用增长较快，而且在建工程占资产的比例较高，怀疑可能存在利息未资本化的问题。

4. 连续几个月原材料与生产成本对应差额异常，怀疑可能存在工程领用材料未作进项税额转出的问题。

二、约谈举证

针对以上疑点，评估人员下发了约谈通知书，同企业的财务负责人和会计人员进行了约谈，并让其提供以下资料：①产品生产明细表和产品销售明细表；②产品销售合同；③原材料明细账与对应库存明细账；④企业借款合同。

企业财务人员提供了两张报表和借款合同，但没有提供产品销售合同、原材料明细账和库存明细账。评估人员查看了借款合同，确定是流动资金借款。企业财务人员对其他疑问进行了解释，企业的解释看似合理，但评估人员觉得证据不够充分，于是进入实地调查程序。

三、实地调查

（一）关于收入未及时入账的问题

评估人员查看了所有产品的销售合同，发现大部分合同都是企业的关联方机械制造公司与客户签订的，只有少部分是由该企业与其他公司签订的。评估人员把这些合同与仓库原材料领用单（分产品装订）进行核对，又核对了销售收入与预收账款、往来款明细账，发现未计入收入 583 万元（货物发出对方款未付）。

（二）关于与关联方原材料混库问题

企业成本计价方法为实际成本法，但却存在材料成本差异科目。经核对，企业同关联企业投资方之间的原材料往来有混库现象，原材料账面与实际盘点不符的时间较长，又无法取得发票，企业就自行滥用了材料成本差异科目，没有合法凭证，计入材料成本，差异 2 827 865.02 元。

（三）原材料与生产成本差异产生的原因

企业外购的直接用于生产产品的原材料，直接计入“生产成本”科目。另外，企业销售给关联企业某机械制造公司原材料 210 万元。

(四) 关于在建工程领用原材料未作进项税额转出的问题

经核查，该企业不存在在建工程领用材料进项未转出的问题。

(五) 关于同关联方之间的交易价格问题

产品的销售合同大多数是购货方同该企业的关联方机械制造公司签订的，由该企业生产产品，销售给关联方后，再由关联方销售给第三方。评估人员对这些已完工产品的价格进行了核查，对于价格明显不合理的部分按10%进行了加价。

四、评估结论

(一) 增值税方面

依据《增值税暂行条例实施细则》的规定，对货物已发出未计收入的部分共5 830 000元，补提销项税额991 100元；对关联方间的交易产品进行了加价，共补计收入380 480.7元，补提销项税额64 681.72元，扣除进项税额，应补缴税款582 950.26元、滞纳金1 748.85元，现已全部入库。至此，该企业全年已缴增值税941 276.33元，税负为5.59%，高于同行业平均税负。

(二) 企业所得税方面

依据《企业所得税税前扣除办法》的规定，对材料成本差异贷方余额2 827 865.02元中的已计入销售成本的部分2 446 402.03元，加上暂估入库的原材料取得发票的部分1 115 411.05元，进行了补税处理，应补缴所得税1 175 398.32元，已自行缴纳入库。

第三节　会计账簿的检查分析

会计账簿是由封面、扉页和账页组成的，每一账页又由账户名称、日期栏、凭证种类及号数栏、摘要栏、金额栏、页码等要素组成。会计账簿是以会计凭证为依据登记的，是用来全面、连续和系统地记录和反映经济业务的。会计报表是根据会计账簿上的信息来编制的。因此，会计账簿的质量取决于凭证的质量，又决定了报表的质量，企事业单位会计核算的大量工作集中并反映于会计账簿之中，因此对会计账簿进行分析检查对于保证会计信息的质量，考核被查单位会计工作的水平，查证企业经营活动中的会计错弊具有十分重要的意义。

一、账簿检查的基本内容

账簿检查的基本内容如下：

第一，审查账簿的入账登记、过账、调账、结账等操作业务的规范性和合规性，检查账户对应关系的清晰性。

第二，对有关总账和明细账进行核对分析，保证账账相符。

第三，复核、验证有关账簿所记载的收、付、存的数额及其小计、合计数的正确性。

第四，对账簿中记录的业务发生的异常点进行重点检查，并根据异常情况和重要错误的线索，进一步检查相应的会计凭证和实物，查明问题的原因所在。

第五，将账簿检查过程中发现的问题进行归纳分类，收集有关证据数据。可根据不同的性质将账簿中发现的错误归为一类，将账簿中发现的舞弊归为一类，分别列出其造成的危害和影响，并将有关证据材料附于其后。

二、会计账簿中常见的会计错弊

会计账簿错误的原因分布于会计核算的各个方面，如实物盘点错误、会计凭证错误、财务人员之间的交接错误、会计工作操作错误和作假等。明确会计账簿中的常见错误有助于查账人员在查账时集中注意力，掌握错误在账簿中的表现规律，提高发现错误的敏锐度、及时性和准确性。

（一）无据记账，凭空记账

无据记账和凭空记账是指会计账簿中所列的业务不是根据经检查无误的原始凭证填制记账凭证并逐笔登录的，而是会计人员凭空捏造出来的，或者在合法的凭证中插入一些不合法的业务内容。

——社会写真——

稽查人员在查阅某企业账目时，发现该企业12月份“主营业务收入”和“应收账款”账户较以往各期发生额大，经查阅明细账，发现“应收账款”明细账中未作登记。稽查人员根据账簿记录调阅有关记账凭证，发现有五张凭证内容全部相同，均为：

借：应收账款

　　贷：主营业务收入

　　　　应交税费——应交增值税（销项税额）

经审查，上述五张凭证均未附任何原始凭证，虚列收入200万元，五笔业务在“库存商品”明细账和“应收账款”明细账中均未作登记，准备于下年年初将上述分录作销货退回处理。该企业承包人为了在承包期内拿到承包奖金，虚增当期利润，并采用挂往来账的手段掩盖其不法的目的。

（二）涂改、销毁、遗失、损坏会计账簿，以掩盖其造假行为

如用类似涂改凭证的方法来篡改有关账簿，有的则制造事故，造成账簿不慎被毁的假象，从而将不法行为掩盖于一般的过失当中，使审查人员的线索中断。例如，某市纪检部门在决定对某企业进行审查时，该企业发生了火灾，烧毁了部分财务资料，事后经查发现，这是一个典型的想借此来掩盖会计舞弊的案例。

（三）设置账外账

即一个企业建立两套或三套账，一套用于内部管理（对外不公开），一套用于应付外来部门的检查，即根据自己的需要做出对外公布的一套账。

（四）登账、挂账、改账、结账作假

1. 登账作假。登账作假是指在登记账簿的过程中，不按照记账凭证的内容和要求记账，而是随意改动业务内容，或者故意使用错误的账户，使借贷方科目弄错，混淆业务应有的对应关系，以掩饰其违法乱纪的意图。

2. 挂账作假。挂账作假就是利用往来科目和结算科目将经济业务不结清到位，而是挂在账上，或者将有关资金款项挂在往来账上，等待时机成熟再回到账中，以达到“缓冲”、不露声色和隐藏事实真相之目的。

3. 改账作假。改账作假是指对账簿记录中发生的错误不按照规定的改错方法，而是用非规范的改错方法进行改错，或者利用红字“改错”随意对账户中的记录进行加减处理，如利用红字改变库存数、冲销材料成本差异数、无据减少销售数额等，以达到其违法乱纪之目的。

4. 结账作假。结账作假是指在结账及编制报表的过程中，通过提前或推迟结账、结总增列或结总减列和结账空转等手法故意多加或减少数据，虚列账面金额，或者为了人为地把账做平，而故意调节账面数据，以达到其掩饰或舞弊的目的。例如，某企业要申请银行贷款，但有多项指标不符合贷款的有关规定，于是总经理与财务经理商量之后，由财务部负责对本企业的账面进行一些“微调”，以达到银行贷款的条件，于是财会人员便利用倒轧的方法，虚列利润，从报表入手至账簿、凭证，调整企业所需的一系列数据。

（五）利用计算机舞弊

随着计算机会计系统的普及，计算机舞弊正被日益关注。其主要的作案手法是在实现计算机会计核算的单位，利用计算机的知识和经验，在系统程序中设置陷阱，篡改程序，或者篡改输入、篡改文件和非法操作等。例如，某企业会计人员利用自己的计算机知识，在单位计算机会计核算系统中加入了一段小程序，使得计算机核算出貌似真实的会计资料，而别人基于对计算机的信赖，对这种舞弊

也不易发觉。

三、会计账簿造假的识别方法

会计账簿错误的查找方法有很多种，其中较为常用的方法有以下几种。

（一）复核法

复核法又称复算法，是指采用原始、机械的方法对会计账簿中已发生的历史记录及其合计、小计、差额等进行重新验算，以证实有关金额或数据记录的正确性和准确性。它是采用查账人员进行验算核准后的有关数据来检查账面数据的，所以要求查账人员的验算是正确无误的，且其验算的资料数据的计算口径等与被验算的数据具有可比性。复核法的适用范围仅限于会计账簿中已经发生的有关数据资料。

（二）审查法

审查法是以会计法及会计准则的要求作为判断是非的准绳，检查、分析有关账簿资料的真实性、合法性和合规性，审查其有无差错、疑点或弊端。审查法的适用范围较广，在查账工作中经常运用。该方法的运用成功与否在很大程度上取决于查账人员自身的执法能力、观察能力、分析能力和判断能力，取决于其经验水平，所以对查账人员的自身素质要求较高。运用审查法对账簿进行分析时，主要是审阅账簿记录的有关经济业务是否符合会计核算的基本要求，记账内容是否规范，记账金额是否与记账凭证相符，内容记载是否齐全，账页是否连号，记账是否符合会计制度和记账规则，有无违反《会计法》的现象，有无涂改或其他异常迹象；对明细分类账的记账内容要认真审阅，审阅各科目所列内容是否违反国家有关法律法规的规定，是否有违反财务会计制度乱列名目、擅自支用等现象。

（三）核对法

核对法是指对账簿记录（包括相关资料）两处或两处以上的同一数值或有关数据进行互相对照，旨在查明账账、账证、账实、账表是否相符，以便证实账簿记录是否正确，有无错账、漏账、重账等行为。核对法在查账工作中的运用也十分广泛，查账人员常常利用其来发现疑点、取得证据，为进一步审查提供线索。核对法可由两人合作运用，也可由一人单独运用。

（四）核实法

核实法是核对法的一种特例，是指将账簿资料与实际情况进行对照，用以验证账实之间是否相符，并取得书面证据的一种方法。核实法主要用于核对账簿记录，结合采用盘点法所获取的实物证据，对账簿资料与实物进行对照。核实法重点用于盘存类账户，如现金、原材料等，此外，盘存类账户中银行存款、其他货币资金及其结算类账户中的应收账款、应付账款、暂收账款、暂付账款等，也可以用此法进行核对分析。该方法旨在查明账账、账证、账实、账表是否相符，以便证实账簿记录是否正确，有无错账、漏账、重账，有无营私舞弊、违法乱纪行为。

采用核实法核对的内容包括：核对凭证与账簿记录、账簿与账簿记录（总账与明细账）、账与报表记录、账与卡、账与实之间的数额是否相符；核对总分类账借方余额账户的合计数同贷方余额账户的合计数是否相符；核对账外账单，如银行对账单、客户往来清单等，同本单位有关账目的数据是否相符；核对原定的预算指标、定额、承包基数等同实际用以考核的预算指标、定额和承包基数是否相符；核对生产记录、发货托运记录、原材料消耗记录、产成品入库记录、废次品记录、考勤记录等同相应的账簿记录所反映的内容、数额是否相符；核对销售合同、外加工合同、联营合同等所记载的内容与金额，同有关账簿记录所反映的内容、金额是否相符。

（五）调节法

调节法是指为了检查账簿中的某些业务，而事先对其中某些因素进行增减调节，以使其相关可比的一种查账方法。因为被查单位各类账簿中的各种业务记录的角度和方式不同，其账簿与账簿之间、业务与业务之间可能存在差异，有时不具有可比性。另外，由于查账人员检查账簿的时点与被查单位做账的时点不同，两者面对的资料数据也可能存在差异，这些都影响着账项的比较与检查，因此需要采用调节法进行处理，以使其对口且具有可比性。例如，对银行存款未达账项进行调节，是将银行存款日记账余额与银行提供的对账单余额进行核对的前提。

（六）分析法

分析法主要包括账户分析法、比较分析法、比率分析法、相关分析法、分组分析法、因素分析法、推理分析法、图表分析法、差额分析法、量本利分析法等。

四、会计账簿检查的具体内容

（一）总分类账的检查

1. 将总账所有账户的期末借方余额同贷方余额核对，看其是否相符。

2. 在总账与其所属明细账核对时，将总账账户余额同其所统驭的二级账户或明细账户同期余额之和进行核对，看其是否相符。

3. 总分类账户中库存现金、银行存款的期末余额，应当与库存现金、银行存款日记账的期末余额相核对，看其是否相符。

（二）总分类账检查应注意的问题

1. 检查总分类账是否根据科目汇总表或记账凭证汇总表登记，并根据需要将总分类账和据以登记的科目汇总表或记账凭证汇总表与记账凭证核对，看总账记录是否真实、正确。

2. 检查总分类账中记载的经济业务是否符合税收法律法规和财务会计制度的规定，看其总账摘要栏中说明的经济业务是否与该账户的核算内容一致。

3. 检查总分类账，应注意各项经济业务本期发生额的增减变化，与上期进行比较，观察有无异常现象。特别是对与税收有关的经济业务，应根据总账记录的内容，进一步检查明细账和会计凭证，以便发现问题。

4. 根据复式记账原理，按会计科目设置的各种账户之间都有一定的对应关系，如“库存商品”账户的贷方与“主营业务成本”“发出商品”的借方发生对应关系。“制造费用”账户的贷方与“生产成本——基本生产成本、辅助生产成本”账户的借方发生对应关系等。检查时，必须有联系地进行，如果对应关系错误，或者出现了不应该出现的红字等情况，都应进一步查证落实。

例如，审查某企业记账凭证时，发现以下记账凭证，摘要为：预收××单位货款，会计分录为：

借：银行存款

　贷：预收账款

待该企业商品销售后，又作会计分录：

借：预收账款

　贷：库存商品

以此来逃避税款，隐瞒收入。

（三）明细分类账的检查

明细分类账户是对总分类账户进一步分类核算的账户。它根据实际需要设置，具体、详细地记录和反映经济业务，是总分类账户的具体化。对明细分类账的检查，必须注意它与总分类账的相互关系。

1. 明细账的检查内容。检查明细账中所记载的经济业务是否真实，单价、数量、金额的计算、填写是否正确，方向是否一致，必要时应与相关原始凭证或原始凭证汇总表核对。检查明细账与总分类账的记账方向是否相同，记账数额是否相符，本期发生额和期末余额是否相符。检查实物明细账（如材料、库存商品等账户）时，应注意所属各实物明细账的数额相加之和与总分类账余额是否相等，如果不等，可能存在问题，必须深入检查。

2. 侧重检查的账户。由于企业的账簿一般是按五大会计要素——资产、负债、所有者权益、成本、损益进行设置的，各类账户很多，而且每个账户记载有大量的经济业务和增减数字，所以在进行纳税检查时，对会计账簿及有关各个账户的检查应有所侧重，重点检查与税收有关系的账户。一般来说，应着重检查成本类、损益类账户，以及与其有关的其他账户。对所检查的账户，应根据其属性和对税收的影响程度，按照账户的记账结构，侧重检查其“借方”发生额、“贷方”发生额、“余额”或“借”“贷”“余”并重。

（1）侧重检查借方发生额的账户。

①“生产成本”明细账户的检查。对于“生产成本”明细账户，应注意其有无违反成本开支范围的支出。例如，将购置和建造固定资产、无形资产和其他资产的资本性支出挤入生产成本；将对外投资的费用列作生产成本；将支付的滞纳金、罚款、违约金以及企业赞助、不符合规定的捐赠支出挤入成本等。

②“物资采购”“制造费用”等明细账户的检查。这两个账户属于“集合分配”性质的账户，这类账户对成本有较大影响，也比较容易发生问题。在检查时，应注意其借方发生额所记录的内容有无不符合成本开支范围，计算的标准是否准确，有无将非本期应承担的生产性支出、资本性支出等通过这两个账户转入生产成本等问题。

③“销售费用”“管理费用”“财务费用”明细账户的检查。在检查这三个明细账户时，应注意其借方发生额记录的内容有无不符合开支范围和标准，有无把不属于期间费用的支出通过这三个账户转入“本年利润”账户，人为调节利润以达到调节应纳税所得额的问题。

④“待处理财产损溢”“营业外支出”等明细账户的检查。检查“待处理财产损溢”“营业外支出”等账户时，应注意是否有未按制度规定，未经审批擅自作财产损失处理的情况。如因保管不善而人为损毁、短缺、私占、挪借财产物资，未经认真查处就记入“待处理财产损溢”账户，从而转入“营业外支出”账户，一方面减少企业所得税的应纳税所得额，另一方面少计增值税等。

“待处理财产损溢”账户具有暂时性的特点，企业财产盘盈、盘亏时在该账户挂账，一旦批准后就根据批准的结果进行结转的账务处理。在一般情况下，该账户占用资金的数额较小，不易引起税务稽查人员的注意。但该账户对财产物资盘盈、盘亏的结转直接涉及企业的成本费用和营业外收支，因此该账户是一个容易舞弊的账户，其对纳税的影响不可忽视。应注意检查的涉税问题主要有：该账户入账的财产盘盈、盘亏或毁损数额是否真实？有无因虚假挂账而影响结转数？该账户对财产盘盈、盘亏或毁损的结转是否履行了批准手续？有无因擅自转销而影响纳税？该账户挂账的贷方余额是否为未及时结转的财产盘盈，因此少纳了企业所得税？

（2）侧重检查贷方发生额的账户。

①“主营业务收入”明细账户的检查。应将此类账户贷方发生额合计数与企业申报纳税项目的销售计税额进行核对，看数字是否相符，有无少报或瞒报收入而偷逃税的现象。

②“坏账准备”等明细账户的检查。检查企业坏账准备金计提的范围和标准是否正确，有无通过少提或多提坏账准备来调节当期损益的情况；通过审阅“坏账准备”“管理费用”等账户及对应账户，检查企业是否有利用直接转销法或备抵法前后期的不一致来调节当期损益的情况；检查“坏账准备”账户的借方发生额及相关原始凭证，查证有无人为多冲或少冲坏账准备的情况；检查“坏账准备”账户的贷方发生额或相应账户及相关的原始凭证，查证企业是否存在将收回的、已核销的坏账损失未记入“坏账准备”账户而记入其他账户如“应付账款”账户的情况。调查了解核销的坏账是否真实、合理，有无利用坏账的处理来掩盖挪用或贪污公款的情况；通过调查了解债务人，查证企业是否将债务人偿还的贷款不入账、挪作他用或贪污。

例如，按会计制度规定，企业坏账准备等必须按企业期末应收账款余额的一定比例（如0.3%）计提，检查人员在检查某企业坏账准备账簿时，其余额为20万元（全部为当月计提数），经查企业应收账款当月末余额为4 000万元，按0.3%计算应计提坏账准备为12万元，很明显坏账准备账簿余额与应收账款账簿余额对应关系不正确，多计提8万元，加大了成本，虚减了利润。

（3）侧重检查余额的账户。

①“原材料”“库存商品”等明细账户的检查。在检查时，应注意账面结存数量与库存物资盘点表、仓库存货账的数字是否相符，单价是否按规定的方法（如先进先出法、移动加权平均法、个别计价法）计算，汇总金额是否正确，账面余额如果出现红字，应进一步查清是属于溢余，还是多转成本所致。

②“应付账款”“其他应付款”等明细账户的检查。这类账户很容易掩盖一些久悬账面，如应转未转的“主营业务收入”或“其他业务收入”的货款收入、

加工劳务收入等。检查这些账户时，必须根据其余额的大小和时间长短，以及内容摘要，逐笔进行检查。

（4）借、贷方发生额及余额都需要检查的账户。

①“应交税费——应交增值税”明细账户的检查。该账户的借方发生额反映购进货物或接受应税劳务支付的进项税额和实际已经缴纳的增值税；贷方发生额反映销售货物或提供应税劳务应缴纳的销项税额、出口货物退税、转出已支付或应分担的增值税；期末借方余额，反映纳税人多交或尚未抵扣的增值税；期末贷方余额，反映纳税人尚未交纳的增值税。“应交税费——应交增值税”账户是明细账户检查的重点内容。

②“生产成本”明细账户的检查。该账户的借方发生额是企业发生的各项直接生产费用，贷方发生额是企业已经生产完工并已验收入库的库存商品以及入库的自制半成品；期末应注意借方发生额有无将不符合成本费用开支范围的支出、非本期应承担的生产性支出、资本性支出等计入产品生产成本；分配制造费用、辅助生产费用等间接费用的方法是否坚持会计的一贯性原则，计算是否准确；余额与实际盘点是否相符，有无多转、少转产品生产成本的情况。

上述账户检查的重点，是从纳税检查的角度提炼出来的。在实际工作中，应根据账务处理和检查工作实践，既要有所侧重，又要避免以偏概全，对具体问题应做具体分析。此外，还应注意从账与账、账与凭证之间的有机联系进行检查，以核对和测定计税依据的计算是否正确。

第四节　会计凭证的检查分析

会计凭证是记录经济业务、搜集会计资料、传递经济信息，并在法律上具有明确经济责任之效力和凭以记账的书面文件。会计凭证检查就是检查人员按照标准，运用专门方法对会计凭证及其记载的财政或财务收支活动的真实性、正确性和合法性，以及凭证组织的科学性的检查和验证。

一、会计凭证检查的意义

会计凭证特别是原始凭证，是会计核算的原始证据。会计账簿是根据会计凭证整理登记的。会计报表则是以核对无误的账簿记录来编制的。如果会计凭证记录不正确、不真实、不合规、不合法，则账簿记录和会计报表中所提供的财务成本指标也就不可能做到真实、正确、合规、合法。由此可见，会计凭证记录是确保整个会计账目真实、正确、合规、合法的基础。审查会计凭证及其记载的经济活动的真实性、正确性、合规性和合法性具有特别重要的意义。

通过原始凭证的检查，判断和证明财政、财务收支活动及其会计账表记录的真实性、正确性、合法性和合规性。原始凭证是在法律上具有明确经济责任效力的证明凭证。如记载的财政、财务收支活动真实、正确、合规、合法，则根据账簿记录和会计报表中的财务成本指标也就可以作出基本正确的判断。否则，会作出相反的结论。特别是属于贪污等违法行为，一般均以伪造、涂改原始凭证或在原始凭证上弄虚作假为其作案的基本手法。因此，在会计凭证审查中，原始凭证的审查则是审查的重点。

通过会计凭证的审查，借以取得必要的检查证据。税务稽查报告书中的结论，特别是所查明有关违法、违纪的重大问题的结论都必须以充分的检查证据为依据，而不能以分析或推理妄加杜撰，这是检查者必须严格遵守的行为准则。会计凭证，特别是原始凭证是主要的检查证据之一。凡是查出财政、财务收支活动中的违纪或违法行为，都必须抽调（重大违法案件）或影印相关的会计凭证，以其为其最基本的证据，并作为检查报告书的重要附件，借以证明检查结论的正确性和客观公允性。

通过记账凭证的审查，判明账务处理的合规性，借以证明账表记录及其所提供的财务成本指标的真实性、正确性和合法性。原始凭证真实、正确、合法只能证明财政或者财务收支活动本身的“三性”，从而使会计账目的“三性”具有可靠的基础。记账凭证的账务处理发生了差错或有意舞弊的行为，同样会影响账表记录的正确性、真实性和合法性。而且，当前有的单位损大公而肥小公的违纪行为，往往表现为在账务处理上作弊多。所以通过记账凭证的审查，对于查错防弊，维护财经法纪和确保财务成本指标的真实性、正确性、合规性和合法性均具有其重大作用。

通过会计凭证的审查，判明被查单位凭证组织的科学性和财务内控制度的完备性。会计凭证组织和凭证审核的内控手续制度是否完善是防止舞弊行为发生和保证会计账目“四性”的重要措施。通过严格审查，发现不科学、不完善之处，提出改进的意见，从而达到促进被查单位加强对会计凭证的管理、不断完善凭证内控之目的。

二、原始凭证和记账凭证的检查

（一）原始凭证的检查内容

企业原始凭证的差错是导致会计核算中许多差错的源头。原始凭证出现差错，一方面是由于别有用心的人出于个人投机的目的或私心而伪造凭证导致的，另一方面也反映了单位内部的管理制度不够严格，产生了漏洞。检查原始凭证的主要目的是查堵防漏，防止由于原始凭证的问题导致整个系统的错误，也可以用抽查的方法来证实会计报表和账簿检查中发现的疑点。

1. 原始凭证的真实性：日期是否真实、业务内容是否真实、数据是否真实等。

2. 原始凭证的合法性：经济业务是否符合国家有关政策、法规、制度的规定，是否有违法乱纪等行为。

3. 原始凭证的合理性：原始凭证所记录的经济业务是否符合企业生产经营活动的需要、是否符合有关的计划和预算等。

4. 原始凭证的完整性：原始凭证的内容是否齐全，包括有无漏记项目、日期是否完整、有关签章是否齐全等。

5. 原始凭证的正确性：数字是否清晰，文字是否工整，书写是否规范，凭证联次是否正确，有无刮擦、涂改和挖补等。

（二）记账凭证的检查内容

记账凭证的错误大多是原始凭证错误的延续。例如，原始凭证是伪造的，未经过真伪鉴别就按其填制了记账凭证并登记入账；或者填制记账凭证时操作错误，将有关经济业务的处理（即会计分录）记错，导致其不能正确反映经济业务活动等。记账凭证中容易出现的错误与原始凭证的错误在许多方面有类似之处，有些记账凭证的错误也可以归结为要素方面的错误，如日期错误、金额错误、计算错误、摘要错误、格式错误、编号错误等。查账时，应当注意记账凭证错误的特点，查找其特殊之处：

1. 记账凭证的基本要素是否完整，有无缺少或空白。

2. 检查会计科目的运用是否符合经济业务的性质和内容，是否符合有关财务制度和会计制度的规定，借贷方向与金额是否正确。

3. 检查记账凭证签章栏内，各级负责人和有关经办人的签章是否齐备。

4. 与所附的原始凭证核对，检查其数量、金额、摘要等是否一致，是否有证证不符的现象。

5. 核对记账凭证与对应的账簿记录是否一致，是否有账证不符的情况。

6. 复核记账凭证的各明细科目金额、合计金额是否正确，是否多计、少计和误计。

三、原始凭证的检查方法

在原始凭证的检查中，审阅法和抽样法在诸多查账方法中居主导地位，常常为查账人员首选。原始凭证数量繁多，来源各异，查账人员不可能对其进行全面检查，常见的形式是采取抽样检查法，即按照一定标志和规律，从凭证总体中抽出其中一部分进行检查，并以此推断总体特性。另外常用的方法是利用查账人员的经验，对凭证中所列各要素进行审阅，视其是否存在异常之处，发现其中可能存在的错弊。

此外，查账人员对原始凭证进行分析，还可以使用复核法（对原始凭证所记录反映的有关数据资料进行重复验算）、核对法（即将记账凭证与所附原始凭证进行核对，或将原始凭证所反映的经济业务与实际情况进行比较，分析其是否存在差异并分析差异的性质和原因）、对比分析（将不同时期同类原始凭证上的相同要素进行对比分析，寻找其中存在的明显变化，分析其是否具有业务依据和正当缘由）、推测和判断（对原始凭证所反映的经济业务进行合理假设，并据以判断其结果，特别是在发现凭证不能反映经济业务真实面貌时）、询问与函证法（对有关实物进行审查盘点，以证明原始凭证所记录的数量和金额的正确性）、实物鉴定法（对有疑问的原始凭证，如其真实性存在问题，是否被篡改等，请有关专家对其进行鉴定，以鉴别其真实性和合法性，主要方法有物理鉴定、化学鉴定和法律鉴定）等。

四、记账凭证的检查方法

（一）审阅法

为了增强查找舞弊的准确性，提高审查的工作效率，审查人员可以首先采取审阅法对记账凭证的重要部位进行技术观察和审视。

1. 记账凭证的外在形式，视其基本要素是否表达清晰，有无粗糙、模糊之处，其手续是否完备，填制的经手人和复核人是否签章。

2. 记账凭证所载会计分录，视其所运用的会计科目是否正确，能否反映原始凭证所载的经济业务，其对应关系是否明确，指向是否清楚，一级科目、二级科目层次是否分明，所涉金额是否无误。

3. 记账凭证的摘要，能否说明经济业务的轮廓和梗概，有无似是而非之处。

4. 记账凭证系采用计算机填制的，要对其所采用的科目编号进行核对，视其有无混淆不同会计科目的顺序及其编号，填制凭证的操作程序有无错误，操作后有无存盘或保留必要的备份。

有时企业的记账凭证数量非常大，审查人员一般较难对其进行全部而详尽的检查，审查人员可以采用抽样审查的方法，这样可使审查有所侧重，并能提高效率。

（二）核对法

在初步审阅的基础上，如发现异常或疑点，应立即将记账凭证的可疑之处或疑点与原始凭证进行核对，这也是对记账凭证进一步地检查。核对的内容主要是核对会计科目核算的经济内容与原始凭证是否相符，记账凭证中的借贷方金额是否与原始凭证相符，特别是对附有多张原始凭证的情形，应对其进行加总验证，不但要核对数量、金额，而且要核对其业务内容、凭证张数、业务发生的时间等；核对汇总记账凭证与分录记账凭证合计数是否相符；核对记账凭证与明细账、日记账及总账，看其是否相符，是否存在矛盾的地方。如果发现明显的矛盾且不能正常解释的异常凭证，审查人员应该做进一步的查询。

（三）查询法

查询是指审查人员针对记账凭证中出现的异常和可疑之处，向被查单位有关操作人员、当事人或者知情人进行询问。询问可以公开、当面进行，也可以秘密进行。查询也包括函询，函询有积极函询和消极函询两种方式。函询对象一般是出具原始凭证的单位、开具凭证的经办人、被查单位的货主或者客户等，查询过程中应查清记账凭证中出现的各种问题，并取得有关问题的证据材料。

（四）其他方法

在记账凭证检查中，审查人员还应该综合使用其他技术方法。

1. 比较分析法，对原始凭证和记账凭证填制的时间、业务发生地点、所涉及的数量、金额等进行分析。可以对比其他正常业务凭证，找出可疑凭证的破绽；对比发生误差的凭证，找出错误和舞弊的共性。

2. 经验判断法，分析和判断记账凭证错误和舞弊的动因和根源，界定其对相关业务及会计资料的影响。

3. 计算统计法，分析记账凭证发生舞弊的概率，计算出凭证舞弊所涉的金额。

4. 内查外调法，对在被查单位内部无法查清楚的特殊凭证，向有关单位和个人进行调查寻访，以收集外部审查证据。

社会写真

某税务检查组到A公司检查企业所得税汇算清缴情况。该公司生产半导体产品，正准备首次公开募股（IPO）上市。到A公司后，检查人员根据计划展开了检查。实施了账证、账账、账表及表表核对程序，并采用了以产定耗、以耗定产、以产定销等分析方法，未能发现疑点。

A公司财务部陆部长告诉检查组洪组长，从上一年度开始，公司全力以赴准备上市，邀请著名会计师事务所的人员辅导会计核算，并全面规范会计核算，依法纳税，原来账面上存在的涉税问题也都主动纠正并进行了补税，这样才能确保其上市前三年的检查能顺利过关。陆部长请检查人员放心，并保证A公司在纳税方面不会存在问题。但洪组长认为规定的检查程序必须完成，请陆部长继续配合至检查结束。

由于未能找到重大疑点，检查组采取对收入、成本及费用等账户进行全面检查的方法。检查人员小王看到记载原材料采购的会计凭证后的附件仅是购货发票和入库单，觉得附件中还应有采购合同，于是请陆部长提供相关采购合同。陆部长称公司记载原材料采购的会计凭证后都不附采购合同，许多企业都不附，会计师事务所也未提出这样的要求，公司对购销合同分别单独装订。在小王的坚持下，陆部长拿出了三本装订整齐的采购合同，并解释合同都是格式条款。小王检查其中1份主要原材料的采购合同后向陆部长提出问题，合同约定款到发货，为什么A公司常常未付款对方就发货？陆部长解释道，供货方与A公司是老关系，合同只是个形式，于是供货方经常先发货后付款。洪组长在仔细翻阅了应付账款明细账及相关会计凭证后提出，多年来半导体原材料的供应一直很紧张，付款后能及时拿到货就不错了，而A公司基本上都是先收货后付款，这样的购销关系较为异常。更为异常的是，A公司对外支付货款时多次将货款汇给本公司，减少的是供货单位的应付账款。陆部长对此辩称，可能是付款凭证开错了。洪组长提出查阅A公司相关收款银行账户核算的账页，再也无法隐瞒的陆部长不得不承认了实情。

原来，由于长期以来半导体原材料供应紧张，必须先付款后提货，而A公司长期处于资金紧张状态，所以只好常常用准备包装上市前就闲置不用且未纳入大账核算的××银行账户上的资金先行垫付，由此形成了对供货方的应付账款，而还款时就出现了将货款汇给本单位××银行账户，但账面却是减少应付账款的情形。陆部长同时承认××银行账户上的资金是公司以前年度账外经营和截留收入形成的结余，现阶段主要用于资金垫付。最终，A公司依法补缴了税款和罚款。

（资料来源：http：//www. shenguang. com/news/2012 －03/E69CE7499395 48828FC0EEB16B4DA3F2. html）

本章习题

一、单选题

1. 下列各项中，应记入“坏账准备”科目贷方的有（ ）。

A. 收回过去已确认并转销的坏账

B. 已发生的坏账

C. 确实无法支付的应付账款

D. 转销的坏账损失

2. 下列项目不属于其他业务支出的是（ ）。

A. 其他业务耗用的原材料

B. 其他业务应计的税金

C. 转让无形资产的成本

D. 固定资产清理净支出

3. 企业取得各种赔款，罚款一般应通过（ ）会计科目核算。

A. 营业外收入　　B. 其他业务收入

C. 其他应收款　　D. 应收账款

4. 固定资产盘盈一般通过（ ）会计科目核算。

A. 固定资产清理

B. 其他业务收入

C. 以前年度损益调整

D. 待处理财产损溢——待处理固定资产损溢

5. 在计算应纳税所得额时，技术转让费支出应当计入（ ）。

A. 制造费用　　B. 管理费用

C. 其他业务支出　　D. 销售费用

6. 在计算应纳税所得额时，包装物租金收入应当计入（ ）账户。

A. 其他业务收入　　B. 营业外收入

C. 其他应收款　　D. 其他应付款

7. 某增值税一般纳税人为尽快收回货款，采用销售折扣方式销售货物，其发生的现金折扣金额处理正确的是（ ）。

A. 冲减销售收入，但不减少当期销项税额

B. 冲减销售收入，同时减少当期销项税额

C. 增加销售费用，减少当期销项税额

D. 全部计入财务费用，不能减少当期销项税额

8. 纳税检查中对会计报表检查时，不包括在损益表的检查分析中的项目内容是（　　）。

A. 主营业务成本　　B. 主营业务收入

C. 各项存货项目　　D. 营业费用

9. 税务稽查中逆查法是指（　　）。

A. 对所有会计资料进行检查

B. 从分析会计报表开始，延伸检查账簿、凭证

C. 从凭证开始，延伸检查账簿、报表

D. 按记账时间的先后顺序倒查

10. 对被查单位的账簿、凭证，有针对性地抽取一部分进行稽查的方法，称为（　　）。

A. 详查法　　B. 抽查法　　C. 审阅法　　D. 顺查法

11. 对纳税人收入总额的检查，主要是检查利润表中的（　　）项目，通过本年与以前年度（　　）的对比分析，发现收入增减变化较大的，结合现金流量表的相关项目，分析各项目之间的关系，确定主营业务收入检查的突破点。

A. 主营业务收入，主营业务利润变动率

B. 主营业务利润，主营业务利润变动率

C. 主营业务收入，主营业务收入变动率

D. 主营业务利润，主营业务收入变动率

二、多选题

1. 企业出售固定资产应通过（　　）科目核算。

A. 固定资产清理　　B. 营业外收入

C. 营业外支出　　D. 其他业务收入

2. 检查固定资产项目情况的具体内容包括（　　）。

A. 要检查固定资产原值比上期数额的增减变化情况

B. 要检查本期提取的折旧额是否与固定资产的增减变化情况相适应

C. 要检查购置固定资产的总额和票据

D. 要检查固定资产构成情况

3. 企业经营规模无较大变化，而销售利润率变化较大时，可能存在的问题有（　　）。

A. 收入不实　　B. 成本不实

C. 隐瞒销售利润　　D. 虚增销售利润

4. 检查应收账款项目时，计算应收账款周转次数指标需要销售收入和下列哪些资料（　　）。

A. 现销收入　　B. 销售退回、折让、折扣

C. 期初应收账款　　D. 期末应收账款

5. 下列业务中属于营业外收入的有（　　）。

A. 投资净收益　　B. 补贴收入

C. 转销固定资产盘盈　　D. 处理固定资产收益

6.（　　）应作为重点，实施进一步的稽查。

A. "应收票据"账户借方余额　　B. "应收票据"账户贷方余额

C. "应收账款"账户借方余额　　D. "应收账款"账户贷方余额

7.（　　）应作为重点，实施进一步的稽查。

A. "预付账款"账户借方余额　　B. "预付账款"账户贷方余额

C. "其他应付款"账户借方余额　　D. "其他应付款"账户贷方余额

8.（　　）应作为重点，实施进一步稽查。

A. "应付账款"账户借方余额　　B. "应付账款"账户贷方余额

C. "预收账款"账户借方余额　　D. "预收账款"账户贷方余额

9.（　　）应作为重点，实施进一步的稽查。

A. "长期借款"账户借方余额　　B. "长期借款"账户贷方余额

C. "应付债券"账户借方余额　　D. "应付债券"账户贷方余额

10. 为了看企业有无乱挤、虚列成本费用而偷缴企业所得税等情况，应重点检查其借方发生额的账户有（　　）。

A. 生产成本　　B. 制造费用　　C. 主营业务成本　　D. 销售费用

11.（　　）应作为重点，实施进一步的稽查。

A. "货币资金"账户出现借方余额

B. "货币资金"账户出现贷方余额

C. "交易性金融资产"账户出现借方余额

D. "交易性金融资产"账户出现贷方余额

12. 应重点检查贷方发生额和红字冲销额，看其有无隐匿应税收入而偷缴税款等情况的账户有（　　）。

A. 主营业务收入　　B. 其他业务收入

C. 营业外收入　　D. 投资收益

13. 对税务检查中发现的疑点和问题，要查清问题，落实定案，只有通过检查会计凭证的（　　）才能实现。

A. 合法性　　B. 完整性　　C. 真实性　　D. 正确性

第四章　增值税的检查

案例导读

青岛A工贸公司虚开增值税专用发票案

2012年4月，青岛市国税局稽查局在对一家加工服装辅料、塑料制品公司进行检查时，发现该公司从经营酒水的青岛A工贸公司取得了200多万元的增值税专用发票，同时经对青岛A工贸公司涉税问题进行分析，发现青岛A工贸公司具有非常明显的虚开增值税专用发票的嫌疑，引起了检查人员的高度警惕。

随后税警联合成立了专案组，首先抓捕了销售服装辅料的王某，王某到案后很快交代了其销售服装辅料给外贸纺织公司，以支付6%的开票费让毛某为其开具增值税专用发票的违法事实。专案组随即抓获了青岛A工贸公司实际经营人毛某，毛某到案后交代了其根据销售酒水客户普遍不要发票这一特点，利用青岛A工贸公司对外大肆虚开增值税专用发票，以非法牟利的事实。

经查，毛某在没有实际货物交易的情况下，以收取3%～6.5%的“开票费”的形式，利用青岛A工贸公司对外虚开增值税专用发票347份，总计金额17 520 241.78元，税额2 978 441.10元，以获取非法所得。目前该案已追缴税款、滞纳金及罚款300余万元，并对涉嫌虚开增值税专用发票的犯罪嫌疑人移交司法机关追究刑事责任。

（资料来源：http：//www.smhaida.com/2016/zhutibanhui_0310/394783.html）

第一节　销项税额的检查

对增值税销项税额的检查，应在确认销售业务行为的前提条件下，以应税销售额为中心，正确运用税率，通过分析会计报表，核对收入、成本、费用、存货类会计账户，审核原始资料，运用测试法、观察法、核对法、复算法、盘点法等方法开展检查。检查的要点如下。

第一，检查销售行为的真实性，有无隐瞒应税行为、挂账、滞后实现销售的情况。

第二，检查应税项目的完整性，有无将应税项目不计税，侵吞国家税款的情况。

第三，审查销售额的正确性，有无将应税收入分离为价外费用挂在对方往来账上或冲减经营费用，人为降低销售额，少计税金的情况。

第四，审查销项税额计算的准确性，有无错用税率，少计或多计销项税额的情况。

第五，检查会计核算的正确性，有无违反会计核算规则、转移应缴税金的情况。

销项税额是增值税纳税人销售货物和应税劳务，按照销售额和适用税率计算并向购买方收取的增值税税额。当期销项税额的计算公式如下：

当期销项税额 = 当期销售额 × 增值税适用税率

在影响销项税额的两个因素中，适用税率较为简单，检查重点是当期销售额。存在的主要问题是隐瞒收入。隐瞒收入看起来很好理解，就是在账上少计收入，但实际工作中要发现纳税人少计收入的确很难。因此，要发现纳税人是否存在少计收入的行为，首先要了解该纳税人的生产经营性质、销售渠道、购货方性质、产品结构等。无论是增值税一般纳税人还是小规模纳税人，只要其销货对象中有小规模纳税人或直接消费者（即不需要取得增值税专用发票的单位及个人），则存在隐瞒收入的可能性较大。一般是将销售给这些不需要发票的单位及个人的产品取得的收入不入账，直接作为账外收入。

一、纳税义务发生时间的检查

（一）政策依据

1. 一般规定。销售货物或者应税劳务，纳税义务发生时间为收讫销售款或者取得索取销售款凭据的当天；进口货物纳税义务发生时间为报关进口的当天，自海关填发税款缴纳书之日起 15 日内缴纳税款。

按销售结算方式的不同，纳税义务发生的时间具体为：

（1）采取直接收款方式销售货物，不论货物是否发出，均为收到销售额或取得索取销售额的凭据，并将提货单交给买方的当天。

（2）采取托收承付和委托银行收款方式销售货物，为发出货物并办妥托收手续的当天。

（3）采取赊销和分期收款方式销售货物，为按合同约定的收款日期的当天。

（4）采取预收货款方式销售货物，为货物发出的当天；但建造超过12个月的货物，为收到预收款或者书面合同约定的收款日期的当天。

（5）委托其他纳税人代销货物，为收到代销单位销售的代销清单的当天。

（6）销售应税劳务，为提供劳务同时收讫销售额或取得索取销售额凭据的当天。

（7）发生视同销售货物行为，为货物移送的当天。

2. 特别规定。纳税人以代销方式销售货物，在收到代销清单前已收到全部或部分货款的，其纳税义务发生时间为收到全部或部分货款的当天；对于发出代销商品超过180天仍未收到代销清单及货款的，视同销售实现，其纳税义务发生时间为发出代销商品满180天的当天。

（二）常见涉税问题和检查方法

1. 常见涉税问题。人为滞后销售入账时间，延迟实现税款，主要包括以下几个方面。

（1）采用托收承付结算方式销售时，为调减当期销售额或利润，延期办理托收手续。

（2）发出商品时不作销售收入处理。

（3）采用交款提货销售方式销售时，货款已收到，提货单和发票账单已交给买方，但买方尚未提货情况下，不作销售收入处理。

（4）故意推迟代销商品的结算，人为调节或推迟当期应交税费。

（5）货物已经发出，未收到货款而不申报纳税。

例如，在企业中经常会发生这样的业务，企业出售货物，产品已经发出，货款也已经收到，账务处理如下：

借：银行存款

　贷：应收账款

应收账款出现贷方余额。为什么会出现这种情况？因为企业没有开出销项发票。按照税法规定，一般纳税人必须按照上述规定的时限开具增值税专用发票，不得提前或滞后。企业正确的账务处理应该是这样的，企业在收取货款时将发票开出，根据发票金额作会计分录如下：

借：银行存款

　贷：主营业务收入

　　应交税费——应交增值税（销项税额）

企业在收取货款的当期就应该正确核算该项业务的应纳增值税额。因为我国的税收核算方式主要是以票控税，只要企业开出销货发票，就要确认销售收入，计算并向税务机关申报应交纳的增值税税额。尽管税法中已经对纳税义务时间有了明确的规定，但是发票在企业手中，开不开发票，何时开发票企业都能够自行灵活掌握，这就涉及企业纳不纳税，何时纳税的问题。有些企业由于资金不足交不起税，就从发票上做文章故意拖延开具发票的时间。有的企业为了躲避税收，对一些销售业务根本不开发票，销售货款长期挂在往来账中。有的销售业务通过现金结算的，货款不存入银行账户而是作为账外资金管理。这样的事件并不罕见，它不仅仅会影响到增值税的正确核算和征收，同样会影响不同税种的税收工作，如消费税、资源税和城建税等。

2. 主要检查方法。

（1）查阅“主营业务收入”明细账，根据摘要内容和凭证字号，调阅有关记账凭证和原始凭证，将“销货发票”“出库单”等单据上记载的发出商品的时间等内容，与“主营业务收入”明细账、“增值税纳税申报表”的相关记录进行比较分析。

（2）根据所附的发货证明、收货证明，确认其发出日期；根据所附的托收回单、送款单等确定其收款依据，判断是否延期办理托收手续，入账时间是否正确，是否存在不及时结转销售的问题。

（3）必要时可调查询问有关业务人员和保管人员，以取得证据。如发现存在问题或疑点，再根据有关凭证进行深入核对，进一步查证，特别要注意检查核算期末前几天的销售情况。

（4）检查仓库实物账，并与货物出运凭证核对，确认货物的出库和出运时间，判断是否存在滞后入账的情况。

【例4-1】税务稽查人员于2016年8月20日至23日对某机床厂（一般纳税人）当年缴纳增值税情况进行检查，发现企业采用分期收款方式销售货物，于是重点审查了“发出商品”“库存商品”“主营业务收入”“主营业务成本”等账户，核对记账凭证、原始凭证和销货合同。该企业于2月10日采用分期收款方式销售货物一批，价款210万元（不含税），该批产品成本120万元，分三次平均收取价款，按合同规定收款日期分别为2月10日、5月10日、8月10日。前两次货款如期收到，企业按规定确认收入和结转成本，但从8月10日至检查日期为止，企业以未收到款项为由未确认收入，也未结转成本。

解析：该机床厂以未收到款项为由未确认收入，也未结转成本，不符合税法规定，也不符合会计制度，应予改正。

$$应确认收入 = 210 \div 3 = 70（万元）$$

$$应补交增值税 = 70 \times 17\% = 11.9（万元）$$

$$应结转成本 = 120 \div 3 = 40（万元）$$

调账分录：

借：应收账款　819 000

　贷：主营业务收入　700 000

　　　应交税费——应交增值税（销项税额）　119 000

借：主营业务成本　400 000

　贷：发出商品　400 000

二、一般销售方式下销售额的检查

一般销售方式下的销售额为纳税人销售货物或者提供应税劳务应向购买方收取的全部价款和价外费用，但是不包括收取的销项税额。

（一）价外费用的检查

1. 政策依据。

（1）一般规定。价外费用是指价外向购买方收取的手续费、补贴、基金、集资费、返还利润、奖励费、违约金（延期付款利息）、包装费、包装物租金、储备费、优质费、运输装卸费、代收款项、代垫款项及其他各种性质的价外收费，但不包括向购买方收取的销项税额、受托加工应征消费税的消费品所代收代缴的消费税、代垫运费（同时符合承运部门的运费发票开具给购货方和纳税人将该项发票转交给购货方两个条件）。

（2）特别规定。凡价外费用，无论其会计制度如何核算，均应并入销售额计算应纳税额。增值税销项税额计算中关于价外费用的规定属于税法的特殊规定，因此销售单位收取价外费用时一定要将其合并在应税销售额中计算销项税，并在计算销项税时（未明确说明是不含税价格时）将其视为含税收入，先换算，再计算税款。但在会计处理上价外费用不一定要确认会计收入，而是根据不同项目进行不同的会计处理。

会计方面的具体处理如下。手续费是企业在提供一定服务的基础上收取的，包装物的租金都是企业转让了资产的使用权才取得的，按会计准则的规定，它们都应计入“其他业务收入”。在销售商品的同时收取的奖励费、优质费、返还利润，具有价上加价的性质，因而会计上应计入“主营业务收入”。根据会计准则分析，违约金应作为营业外收入处理，补贴收入记入“营业外收入”中的“补贴收入”科目。企业按规定收取的基金、集资费具有专款专用性质，一般通过“其他应付款”科目核算。收取购货方延期付款利息是企业收取的利息收入，应冲减财务费用。企业在销售产品过程中发生的包装费、运输装卸费、储备费，是作为产品销售费用的，因而企业收取的包装费、运输装卸费、储备费应冲销产品销售费用。代垫款项是企业已支付但不应由企业承担的费用，垫付缴后，应通过“其他应收款”科目核算。代收款项是企业为第三方收取的，不会导致企业经济利益的增加，因而不能作为收入核算，收取时应贷记“其他应付款”科目。

【例4－2】 A厂是增值税一般纳税人，2016年8月销售产品100件，每件不含税销售价格为100元，成本为80元，同时收取包装费、运输装卸费1 000元。款项已收到。

解析：在销售产品同时收取的包装费、运输装卸费为价外费用，包装费、运输装卸费应纳税额的计算如下。

$$\text{不含税销售额}=1000/(1+17\%)=854.7\ (\text{元})$$

$$\text{应纳增值税}=854.7\times17\%+100\times100\times17\%=1\ 845.3\ (\text{元})$$

账务处理：

借：银行存款　12 700
　贷：主营业务收入　10 000
　　销售费用　854.7
　　应交税费——应交增值税（销项税额）　1 845.3
借：主营业务成本　8 000
　贷：库存商品　8 000

2. 常见涉税问题。将向购货方收取的各种应一并缴纳增值税的价外费用，采用不入账、冲减费用、人为分解代垫运费或长期挂往来账等手段，不计算缴纳增值税。

3. 主要检查方法。

（1）了解企业所属行业特点和产品市场供求关系，综合分析企业有无加收价外费用的可能，同时还要了解行业管理部门是否有要求其代收价外费用的情况等。

（2）审核销售合同，查阅是否有收取价外费用的约定或协议。

（3）检查往来明细账，重点检查“其他应付款”明细账户，如果存在长期挂账款项，需进一步审阅有关原始单据，核实是否属于价外费用。

（4）检查“其他业务收入”“营业外收入”等明细账，如有从购买方收取的价外费用，应对照“应交税费——应交增值税（销项税额）”账户，核实是否申报纳税。

（5）检查“管理费用”“制造费用”“销售费用”等明细账，如有贷方发生额或借方红字冲减销售额，应对照记账凭证，逐笔检查，核实是否存在收取价外费用直接冲减成本费用，少缴税款的情况。

（6）审阅购销合同，并与“其他应收款”账户进行核对，确认是否存在代垫运费协议，是否同时符合代垫运费的两个条件等，判断代垫运费业务是否成立，有无将销售业务人为分割成货物销售和代垫运费的情况等。

【例4－3】2016年5月稽查局对某企业2015年度的纳税情况进行检查时，发现其中一笔业务账务处理如下：

借：银行存款　　3 200

　贷：营业外收入　　3 200

记账凭证摘要栏中注明为收取的装卸费。稽查人员遂调取该企业与付款方签订的产品购销合同进行检查，合同约定销货方为购货方运送货物，但运输费用由购货方负担。又采用查询法面询此业务的销售人员，证实为随同货物销售收取的装卸费，企业未计提销项税额。

解析：由于业务发生当年已作了年终决算，因而有关收入、成本、费用已经结转，相关税金已经缴纳。作账务调整时，无须考虑“收入”“费用”账户的相关金额，只按规定计算逃避的增值税并记入相关会计科目的贷方，影响以前年度的利润额记入“以前年度损益调整”账户的借方，并说明相关情况。

不含税销售额＝3 200/（1＋17%）＝2 735.04（元）

应补交增值税＝2 735.04×17%＝464.96（元）

调账分录：

借：以前年度损益调整　　464.96

　贷：应交税费——增值税检查调整　　464.96

（二）残次品、废品、材料、边角废料等销售的检查

1. 政策依据。会计制度规定，残次品、边角废料等销售收入计入“其他业务收入”账户，同时计征增值税销项税额。关于废品销售收入的处理为：废品如果是非生产性废品，计入“营业外收入”；如果是生产中产生的废品，计入“其他业务收入”。

2. 常见涉税问题。例如，销售残次品、废品、材料、边角废料等隐匿账外，或直接冲减原材料、成本、费用等账户，或作其他收入，不计提销项税额。

3. 主要检查方法。

（1）采用审阅法和核对法，从与“其他业务收入”“营业外收入”等账户贷方相对应的账户着手，核查销售收入是否提取了销项税额。

（2）检查“库存商品”“原材料”等账户，看是否有红字冲减记录，并查阅原始凭证，看是否属销售残次品、废品、材料、边角废料等取得的收入。

（3）结合投入产出率、企业消耗定额、废品率等指标分析企业残次品、废品、材料、边角废料等数量，与账面记载情况相核对；对差额较大的，进一步检查车间、厂办、食堂等部门，看是否将边角废料收入隐匿在内部有关部门。

【例4－4】2016年7月，稽查局对某机械设备有限公司2015年度的纳税情况进行检查。检查中，稽查人员采用比较分析法对该公司的有关财务数据进行分析，发现其税收负担率明显低于行业平均税收负担率。进一步采用审阅法和核对法查核收入类账户反映的收入金额与应交税费账户反映的销项税额之间的勾稽关系是否正常，发现销项税额小于按收入金额和相应税率计算的税额。于是，采用抽查法抽查“主营业务收入”“其他业务收入”等账户以及相关的记账凭证、附件资料，发现在2015年3月23日第23号凭证上有这样一笔分录：

借：银行存款　　13 200

　贷：其他业务收入　　13 200

记账凭证后附磅码单一份，上面注明货物为废铁和铁屑。查实该公司实现销售未计提销项税额的税收违法事实。

解析：由于业务发生当年已作了年终决算，因而有关收入、成本、费用已经结转，相关税金已经缴纳。作账务调整时，无须考虑“收入”“费用”账户的相关金额，只按规定计算逃避的增值税并记入相关会计科目的贷方，影响以前年度的利润额记入“以前年度损益调整”账户的借方，并说明相关情况。

$$不含税销售额=13\ 200/（1+17\%）=11\ 282.05（元）$$

$$应补交增值税=11\ 282.05\times17\%=1\ 917.95（元）$$

调账分录：

借：以前年度损益调整　　1 917.95

　贷：应交税费——增值税检查调整　　1 917.95

（三）销售价格明显偏低的检查

1. 政策依据。纳税人销售货物或者应税劳务的价格明显偏低并无正当理由的，由主管税务机关核定其销售额。其核定顺序如下：

（1）按纳税人最近时期同类货物的平均销售价格确定。

（2）按其他纳税人最近时期同类货物的平均销售价格确定。

（3）按组成计税价格确定，组成计税价格的公式为：

组成计税价格 = 成本 × （1 + 成本利润率）

属于应征消费税的货物，其组成计税价格中应加计消费税税额：

组成计税价格 = 成本 × （1 + 成本利润率） + 消费税税额

公式中的成本利润率按照国家税务总局规定的比例确认。公式中的成本，如果销售自产货物，则为实际生产成本；如果销售外购货物，则为实际采购成本。

组成计税价格的公式往往是税务机关检查时运用的，纳税人自己用的不多。即使纳税人自己运用，计算的内容往往也不真实。因此，纳税人销售货物或者提供应税劳务的价格明显偏低，以及单位或个体经营者视同销售货物行为而无销售额的，很容易逃避税款。

2. 常见涉税问题。常见涉税问题有：纳税人销售货物（应税劳务）的价格明显低于同行业其他企业同期的销售价格，或某一笔交易的货物（应税劳务）销售价格明显低于同期该货物的平均销售价格。

3. 主要检查方法。

（1）采用比较分析法，将纳税人的货物（应税劳务）销售价格、销售利润率与本企业和其他同业企业的同期销售价格、销售利润率进行对比，核实销售价格和销售利润率是否明显偏低。

（2）采用询问、调查等方法，了解纳税人经营战略、发展规划和销售政策，了解纳税人与价格明显偏低的销售对象是否存在关联关系，审核纳税人货物销售价格偏低的理由是否正当，如无正当理由，应予以补缴税款。

【例 4－5】某电机制造企业是增值税一般纳税人，某税务师事务所于 2016 年 8 月受托对该企业 2016 年 6 月增值税纳税情况进行审查，注册税务师取得该企业 2016 年 6 月会计资料。其中该企业 6 月份发生以下销售行为：

（1）6 月第 15 号凭证记载，销售电机两台，货款 160 000 元，每台售价 80 000元，开出增值税专用发票一张，货已发出，货款未收回，会计分录为：

借：应收账款——华光贸易公司　　187 200

　贷：主营业务收入　　160 000

　　　应交税费——应交增值税（销项税额）　　27 200

（2）6 月第 25 号凭证记载，销售电机三台，货款 450 000 元，每台售价 150 000元，开出增值税专用发票一张，货已发出，货款未收回，会计分录为：

借：应收账款——长兴公司　　526 500

贷：主营业务收入　　450 000

应交税费——应交增值税（销项税额）　　76 500

（3）6月第30号凭证记载，销售电机两台，货款320 000元，每台售价160 000元，开出增值税专用发票一张，货已发出，货款未收回，会计分录为：

借：应收账款——利达公司　　374 400

贷：主营业务收入　　320 000

应交税费——应交增值税（销项税额）　　54 400

客户不同，售价相差如此之大。经过调查，市场上同类电机的单位售价在140 000～170 000元。于是，检查人员怀疑华光贸易公司是该企业的关联方，或者二者存在其他利益关系。后通过检查“长期股权投资”明细账得到证实：该电机制造厂为华光贸易公司的股东之一。经询问企业财务负责人，此偏低价格为关联方交易定价。

解析：因该企业与华光贸易公司交易价格偏低，而产品有同类产品售价可以参考。所以依税法规定，应按同期同类产品加权平均单价确定销售额，从而计算得出应补交的增值税额。

计算调整如下：

6月份该企业产品的加权平均售价＝（450 000＋320 000）/（2＋3）＝154 000（元）

销售给华光贸易公司的两台电机应确认收入＝154 000×2＝308 000（元）

应补计收入＝308 000－160 000＝148 000（元）

应补交增值税销项税额＝148 000×17%＝25 160（元）

调账分录：

借：应收账款——华光贸易公司　　173 160

贷：本年利润　　148 000

应交税费——增值税检查调整　　25 160

（四）账外经营的检查

1.“账外账”的含义及特点。“账外账”就是部分纳税人为偷逃国家税款，私自设立两套账簿，对内账簿真实核算生产经营情况；对外账簿记载虚假的经营收入和利润情况，以虚假的生产经营情况应对各方检查并以此作为纳税申报的依据，通过做假账的手段达到偷逃税款的目的。“账外账”的特点如下。

（1）隐蔽性强，税务等监督管理机关不易查证。采取“账外账”逃避缴纳税款的纳税人都有一个共同点，应付税务机关检查和日常纳税申报的“账”，即对外核算账放在明处，随时都可以拿出来对付；对内核算“账”存放隐蔽，有的放在单位领导人或者财务人员的家中，有的放在财务室的不同资料柜中，税务等监督管理机关不易查证。

（2）知情范围小。采用“账外账”逃避缴纳税款的纳税人，为了缩小知情范围，从而达到逃避缴纳税款的目的，一般只让单位主要领导及领导信任的主管财务人员知晓内幕，缩小了“泄密”的口子。

（3）采用“账外账”的代价与“收益”对等。采取“账外账”逃避缴纳税款的纳税人，对主管财务人员的选择要求较高，一是要有强有力的制假能力，二是要有“保密”观念，嘴要严，因而他们大都使用自己信任的亲朋好友来担任，支付的报酬较为可观。只有花高代价用人，才能使“假品”不易暴露，取得最佳造假效果。

（4）“人机”通用。“账外账”逃避缴纳税款不仅仅存在于手工做账中，而且已经用到高科技手段，如利用计算机逃避缴纳税款等。

2. 常见涉税问题。纳税人为了偷税，设立两套账簿，对内账簿真实核算生产经营情况，对外账簿记载虚假的经营收入和利润情况，以应对税务机关检查，并以此作为纳税申报的依据。

3. 主要检查方法。账外经营从其偷税手段上看，具有很大的隐蔽性。有的偷税者通过现金交易，将大部分业务从购进、生产到销售整个生产经营过程都置于账外，查处难度较大，检查方法也较多，在此主要介绍重点检查法。

（1）将“库存商品”明细账与仓库保管员的实物账进行比对。如果存在仓储实物账的数量小于或大于“库存商品”账户账面数量的异常情况，应进一步查明是否存在隐瞒货物销售收入的问题。

（2）根据被查企业期末库存盘点表进行抽样实地盘点，核对账实是否相符。如仓储实物账数量小于账面结存数量，应进一步检查是否存在销售收入不入账及用白条抵库存问题。

（3）盘点现金。突击盘点出纳现金，核实出纳库存现金是否与现金日记账的余额一致，如果相差很大而又不能说明原因，则纳税人可能存在账外经营。

（4）核实与货物生产数量存在“一对一”关系的关键性配件购进、耗用和结存情况。判断其与货物的账面生产量是否一致，如果关键性配件的耗用量大于货物的账面生产量，则纳税人可能存在账外经营。例如，生产洗衣机的企业，其关键配件——电机与洗衣机存在“一对一”的关系，生产一台洗衣机只需要一台电机，如果电机的生产领用数量大于洗衣机的产量（扣除在产品的因素），就说明纳税人可能存在隐匿洗衣机销售收入的问题。

（5）调查纳税人在银行设立账户（包括以主要负责人名义开的个人银行卡）。将其资金到账情况与“银行存款”明细账相核对，如果有“未入账资金”，应进一步核实其“未入账资金”的来源，查实纳税人销售货物不入账的问题。

（6）利用金税工程比对信息和海关比对信息。如果纳税人有滞留未抵扣的增值税专用进项发票和海关代征增值税完税凭证，说明其很有可能采用体外循环隐瞒销售收入的手段偷税，应进一步核实其产生滞留票的原因。

（7）关注企业账面反映的从非金融机构借入的资金，核查其真实性。核查企业是否有账外资产，是否存在账外经营的问题。

（8）对须有关部门审核批准才能外运的产品，可到相关部门调查核实其实际销售数量。

【例4－6】某市税务机关2016年6月对某电子有限公司2015年度的纳税情况进行检查。稽查人员通过对该公司2015年度以及以前年度的纳税申报资料和附报资料进行比较分析，发现该公司2015年的销售收入与以前年度相比无明显变化，但增值税税收负担率有较大幅度下降，明显低于同一时期同行业的平均水平。从财务报表的数据来看，是库存商品的大幅增加导致了税收负担率的下降。

解析：检查过程中，稽查人员采用直查法检查了“原材料”账户的购入和领用情况，并与“生产成本”账户记载的原材料耗用情况进行核对。同时深入生产车间了解材料的实际耗用情况、产品生产情况，掌握产品产出的第一手资料。经查，原材料的购进、耗用、结存的数量，与该公司“原材料”“生产成本”账户的记载情况以及生产车间的投入产出情况均相符。

稽查人员又重点检查了该公司的仓库，对存货进行了盘点，发现实际库存数小于账面数。遂采用核对法检查“主营业务收入”和“库存商品”账户、仓库明细账之间的数量差异，发现“库存商品”账户贷方数与“主营业务收入”账户记载的销售数量一致，但仓库明细账记载的出库数量大于“主营业务收入”账户记载的销售数量，其差额正好是盘亏的数量。进而检查仓库的出库单据，查实差额部分均为发出的产品。取得相关资料后，稽查人员采用查询法面询公司负责人，公司负责人承认上述发出的产品均为已实现的销售收入，未申报纳税，货款已经收讫，存放在公司另外开设的账户上，此账户未向税务机关报告。

（五）一般销售方式下销售额的检查实例

1. 将取得的应税收入全额或部分记入“往来”账户。

【例4－7】税务稽查人员于2016年12月稽查某企业（一般纳税人）当年增值税缴纳情况，发现该企业6月份“预收账款”账户期末贷方余额585 000元，金额较大。经进一步检查“预收账款”明细账和有关记账凭证、原始凭证及产品出库单，查明产品已出库，企业记入“预收账款”账户的余额全部是企业销售产品收到的货款和税款，而没有及时结转主营业务收入。经核实，该批产品生产成本为300 000元（已经结转成本）。

解析：采用预收货款方式销售货物，确认应税收入的纳税义务发生时间为货物发出的当天。本企业货已发出，应确认收入实现。

$$应税的不含税销售额=585\ 000/（1+17\%）=500\ 000（元）$$

$$应补交增值税=500\ 000\times 17\%=85\ 000（元）$$

调账分录：

借：预收账款　　585 000

　贷：本年利润　　500 000

　　应交税费——增值税检查调整　　85 000

2. 将取得的应税收入全额或部分记入所有者权益类账户。

【例4-8】在检查某纳税人“应付账款”账户时，发现年底有一笔应付账款转入“资本公积”账户，其会计处理为：

借：应付账款——××　　11 700

　贷：资本公积　　11 700

发生时的原始记录为：

借：银行存款　　11 700

　贷：应付账款——××　　11 700

解析：账务调整如下。

（1）若是当期发现的，直接调整相应的会计科目：

借：资本公积　　11 700

　贷：主营业务收入　　10 000

　　应交税费——应交增值税（销项税额）　　1 700

再冲减相应的成本8 000元（假定其销售成本为8 000元）

借：主营业务成本　　8 000

　贷：库存商品　　8 000

（2）编制上一年度决算报表前发现的，可以直接调整上年度账项。

注意：对于影响利润的错账，须一并调整“本年利润”科目核算的内容。

借：资本公积　　11 700

　贷：本年利润　　10 000

应交税费——增值税检查调整 1 700

借：本年利润 8 000

贷：库存商品 8 000

（3）编制上一年度决算报表后发现的影响上年利润的项目，通过“以前年度损益调整”进行调整。（该企业应缴纳的企业所得税略）

借：资本公积 11 700

贷：以前年度损益调整 10 000

应交税费——增值税检查调整 1 700

借：以前年度损益调整 8 000

贷：库存商品 8 000

3. 将取得的应税收入全额或部分记入“费用”“营业外收入”账户。

【例4－9】 某企业为增值税一般纳税人，生产加工各类服装。2016 年 6 月上旬，国税局稽查干部对该厂 2015 年的增值税以及有关会计核算情况进行了较全面的检查。摘录以下凭证资料：7 月 8 日 24 号凭证，基本生产车间将砚布条等下脚料、边角料卖给废旧物资回收站。编制分录：

借：银行存款 5 850

贷：制造费用 5 850

解析：按照规定，企业取得的下脚料等收入应计入“其他业务收入”账户，该企业直接冲销“制造费用”账户，逃避了增值税。

应税的不含税销售额＝5 850/（1＋17%）＝5 000（元）

应补交增值税＝5 000×17%＝850（元）

调账分录：

借：以前年度损益调整 850

贷：应交税费——增值税检查调整 850

三、特殊销售方式下销售额的检查

特殊销售方式是指在销售活动中出现某种特定的行为，如折扣销售、以旧换新、以物易物、还本销售等。

（一）折扣销售、销售折扣、销售折让和销货退回的检查

1. 政策依据。

（1）一般规定。从概念上来区分，折扣销售是指企业为了扩大商品销售、鼓励客户多购买商品或因购货方购货数量较大等原因而给予客户价格优惠的销售方式，例如，购买 3 件价格打 9 折、购买 6 件价格打 8 折等；销售折扣是指在销

售货物后，企业为了鼓励客户尽快偿还货款而给予客户的一种折扣优待，例如，10 天内付款，货款折扣 2%；销售折让则是指企业由于售出的商品质量不合格等原因而给予购货方的售价折让。

不同的销售模式具有不同的税务及账务处理方式，在销售收入的确认方面也不尽相同。折扣销售和销售折让均属销售价格方面的折扣优惠，都是以折扣或折让之后的金额确认销售收入。发生折扣销售时，直接以折扣后的价格计算确定销售收入金额；发生销售折让时，通常销售收入已经确定，所以销售折让在实际发生时直接冲减当期的销售收入和销项税额。销售折扣发生时，因是对货款予以免除，其实际上是一种融资性质的理财费用，所以销售折扣额不能够抵减销售额，而是作为费用直接记入当期损益。

（2）特别规定。

①企业在采取折扣销售模式进行销售时，应注意以下两点：

第一，销售额和折扣额必须在同一张发票上的“金额”栏分别注明。未在同一张发票“金额”栏注明折扣额，而仅在发票的“备注”栏注明折扣额或另外开具一张发票注明折扣额的，折扣额不得从销售额中减除。

第二，折扣销售仅限于货物价格的折扣，销售者将货物用于实物折扣的，该折扣货物对应的金额不得从货物销售额中减除，应按“视同销售货物”中的“赠送他人”计算缴纳增值税。

②企业销售货物后，由于种种原因，可能会发生全部退货、部分退货事项。按照《增值税暂行条例》及其实施细则规定，销货企业可按以下方法进行税务处理。

第一，企业在收到购买方退回的原发票联和税款抵扣联时，可直接扣减当期销项税额；

第二，企业在仅收到购买方退回的税款抵扣联时，可根据按规定开具的红字专用发票扣减当期销项税额；

第三，企业未能收到购买方退回的原发票联和税款抵扣联时，应在取得购买方所在地主管税务机关出具的《开具红字增值税专用发票通知单》后，才可根据退回货物的数量、价款或折让金额向购买方开具红字专用发票，并据此扣减当期销项税额。

2. 常见涉税问题。

（1）纳税人为了少缴税款，采取虚构退货的手段，人为减少应计税销售收入，销售货物直接冲减生产成本或库存商品。

（2）以退货名义支付费用。

3. 主要检查方法。

（1）审查销货退回冲减销售收入时，有无合法凭据，在购货方尚未付款并未作账务处理的情况下全部退货的，增值税专用发票各联次是否全部收回作废；已付款或购货方已作账务处理的情况下，是否取得了购买方税务机关出具的《开具红字增值税专用发票通知单》。

（2）核实退回的货物是否冲减了本期的销售成本并办理了入库手续。纳税人无合法依据冲减主营业务收入，且无货物退货入库记录的，就可能存在虚构销货退回的业务。

（3）检查资金流，核实货物流和资金流是否一致和同步，在财务上是否构成完整的核算过程，如果不存在，则可能存在虚构销货退回的业务。

【例 4－10】某公司主要经营批发销售中西药品，属增值税一般纳税人。税务稽查人员于 2017 年 5 月 10 日至 13 日对该公司 2016 年 1 月—12 月缴纳增值税情况进行检查。在检查中发现该公司销售药品时，开出有红字销货发票，这引起了稽查人员的重视。会计处理为：

借：应收账款　　35 100

　贷：主营业务收入　　30 000

　　　应交税费——应交增值税（销项税额）　　5 100

接着，红字发票的对应凭证记录为：

借：应收账款　　35 100（红字）

　贷：主营业务收入　　30 000（红字）

　　　应交税费——应交增值税（销项税额）　　5 100（红字）

经查，该公司采用折扣方式销售药品，有部分折扣额未在同一张发票注明，而将折扣额另外开具红字发票。2016 年 1 月—12 月该公司用此手法开出红字销货发票 20 张，合计冲减销售额 123 000 元（不含税），冲减增值税销项税额 20 910元。

问：该公司的做法是否正确？（调账分录省略）

解析：纳税人采取折扣方式销售货物，允许按折扣后的销售额计算销项税额，只限于销售额和折扣额在同一张发票上“金额”栏注明。另外开具一张发票注明折扣额的，折扣额不得从销售额中减除。所以该公司应补交增值税。

【例 4－11】某电视机制造企业是增值税一般纳税人。税务稽查人员于 2017 年 11 月对该企业 2017 年 1 月—10 月增值税纳税情况进行审查，发现“主营业务收入”明细账存在贷方红字，于是抽取相关的会计凭证。

2017年9月第20号凭证记载，发生销货退回电视机5台，每台不含税售价4 000元，开出红字增值税专用发票一张，会计分录为：

借：应收账款——福星商场　　23 400（红字）

　贷：主营业务收入　　20 000（红字）

　　应交税费——应交增值税（销项税额）　　3 400（红字）

凭证后附有红字增值税专用发票一张，未附福星商场所在地主管税务机关开具的红字增值税专用发票通知单。

经询问，这5台电视机因存在质量问题而发生退货。将"主营业务收入"明细账和"应交税费——应交增值税（销项税额）"明细账进行核对，发现企业已将该销货退回对应的销项税额进行冲减。检查"主营业务成本"明细账和"库存商品"明细账，企业未将退回的货物办理入库手续，未冲减当期的"主营业务成本"。该型号电视机的单位成本是2 400元。

再查"应收账款"明细账，抽取相关会计凭证，得知2017年6月15日该厂曾向福星商场销售电视机80台，每台不含税售价4 000元，货款一直未收到，企业账务处理为：

借：应收账款——福星商场　　374 400

　贷：主营业务收入　　320 000

　　应交税费——应交增值税（销项税额）　　54 400

凭证后附有增值税专用发票一张，检查人员向购买方查证后，得知购买方未付款但已将取得的专用发票作了账务处理。

解析：发生销货退回时，不论是属于本年度还是属于以前年度销售的，都应冲减本期的销售收入，并扣减本期的销项税额。如已结转销售成本的，还应冲减同一月份的销售成本。但前提是这是真实的销货退回，并有合法的扣减依据。依税法规定，该企业应取得《开具红字增值税专用发票通知单》后，才能开具红字增值税专用发票，作为扣减本期销项税额的依据。该企业未取得《开具红字增值税专用发票通知单》就开具了红字发票，并冲减了收入和销项税额，不符合税法规定，应调增对应的收入和销项税额。调账分录为：

借：应收账款——福星商场　　23 400

　贷：主营业务收入　　20 000

　　应交税费——应交增值税（销项税额）　　3 400

借：库存商品　　12 000

　贷：主营业务成本　　12 000

（二）以物易物销售方式的检查

1. 政策依据。以物易物是一种较为特殊的购销活动，是指购销双方不以货币结算，而以同等价款的货物相互结算，实现货物购销的一种方式。在实务中，有的纳税人以为以物易物不是购销行为，销货方收到购货方顶抵货款的货物，认为自己不是购货；购货方发出顶抵货款的货物，认为自己不是销货。这两种认识都是错误的。正确的处理方法是，以物易物双方都应作购销处理，以各自发出的货物核算销售额并计算销项税额，以各自收到的货物按规定核算购货额并计算进项税额。应注意，在以物易物活动中，应分别开具合法的票据，如收到货物不能取得相应的增值税专用发票或其他合法票据的，不能抵扣进项税额。

2. 常见涉税问题。常见的涉税问题有不按规定核算货物销售、应计未计销售收入、不计提销项税额。

（1）以物易物直接冲减“生产成本”或“库存商品”。

（2）以物易物不按规定确认收入，不计提销项税额。

3. 主要检查方法。

（1）检查“生产成本”“原材料”“库存商品”明细账的贷方发生额，如果存在与资金账户直接对转的异常情况，则结合原始凭证，核查销售货物是否直接冲减“生产成本”或“库存商品”。

（2）检查“库存商品”“原材料”等存货类账户明细账的贷方发生额，若对应账户是“原材料”或“工程物资”或其他货物等账户则应进一步检查记账凭证和原始凭证，查明是否存在以物易物不按规定确认收入、少缴税款的问题。

（3）查阅相关合同和负债类账户的明细账，审核各种债务的清偿方式，核实是否存在与“库存商品”“原材料”等资产类账户的贷方发生额对转的情况，确认是否存在以货抵债的事项。

（4）检查偿还债务的原始凭证和应交税费明细账，核实以货抵债业务是否按规定计提销项税额。

【例 4－12】某水泥生产企业属增值税一般纳税人，年生产能力 800 000 吨。2017 年 6 月，税务稽查人员对该企业 2016 年的纳税情况进行检查。在检查过程中，稽查人员发现 2016 年 3 月“工程物资”账户反映该企业从某物资公司购进钢材一批，金额为 110 000 元，然而在检查“银行存款”“应付账款”时，均未发现有这笔交易的记录。稽查人员进一步查看对应的记账凭证，发现企业所作的会计分录为：

借：工程物资——钢材　　110 000

　贷：库存商品——水泥　　110 000

稽查人员接着检查记账凭证所附的原始凭证，原始凭证共三张，第一张是该企业开出的销售水泥的普通发票，第二张是物资公司开出的钢材出售普通发票，第三张是该企业基建仓库验收钢材的验收单，金额均为150 000元（不含税）。很明显，该企业用本厂生产的水泥和物资公司换取了钢材，并未计入销售收入。该批水泥成本价110 000元，市场价150 000（不含税）。经询问，该企业换入钢材为建一幢楼房，该工程现尚未完工。后来向物资公司调查了解，也证明了这一事实。

解析：企业以生产的产品进行以物易物的交易，属于销售货物行为，应按产品的市场价作销售处理，并计算缴纳增值税。

$$水泥厂应补缴增值税=150\,000\times17\%=25\,500（元）$$

以物易物双方都应作购销处理。该企业换入钢材用于在建工程，不管对方是否开具了增值税专用发票，对应的增值税进项税额都不得作为进项税额扣除，而要计入工程物资成本。另外，企业在确认产品销售收入时，要同时结转产品销售成本。

（三）以旧换新和还本方式销售货物的检查

1. 政策依据。纳税人采取以旧换新方式销售货物，应按新货物的同期销售价格确定销售额；对金银首饰以旧换新业务，可以按销售方实际收取的不含增值税的全部价款征收增值税。回收的旧货物应视同外购材料或商品处理。

还本销售，指销售方将货物出售之后，按约定的时间，一次或分次将货款部分或全部退还给购货方，退还的货款即为还本支出。还本支出按规定可作为销售费用或经营费用处理。税法规定，采取还本销售方式销售货物，其销售额就是货物的销售价格，不得从销售额中减除还本支出。

2. 常见涉税问题。

（1）纳税人采取还本销售方式销售货物按减除还本支出后的销售额计税。

（2）纳税人采用以旧换新销售方式销售货物，按实际收取的销售款项计税（金银首饰除外）。

3. 主要检查方法。

（1）采用调查、询问和比较分析法，核实纳税人存在的以旧换新、还本销售业务。

（2）检查纳税人的收入类明细账和销售原始凭据，核实有无某种货物销售价格明显低于正常时期的销售价格，若有异常且无正当理由，则看其是否是由采取以旧换新方式，按实际收取的款项计算销售额造成的。

（3）检查“销售费用”“主营业务成本”等成本费用账户，核实有无还本支出核算；是否存在还本支出冲减销售收入的问题，对照销售收入进行审核。

（4）核实实际销售收入（方法见前面相应的检查方法）。

【例4－13】2016年5月，税务稽查人员对某商场（一般纳税人）2015年增值税纳税情况进行税收检查。在检查“主营业务收入”明细账时，稽查人员发现2015年1月—2月洗衣机的销售收入比其他月份明显偏低，于是抽取相关会计凭证，询问企业财会人员，查明该商场1月—2月采用以旧换新方式销售洗衣机，收取货款共10万元，开出普通发票，旧货折价款4万元，纳税申报表中企业按10万元申报缴纳了增值税。

解析：该商场用以旧换新方式销售洗衣机，企业以实际收到的10万元申报缴纳税款，旧货折价款4万元应作而未作应税销售额，造成少缴增值税。旧货折价款视为含税价，应将其转化为不含税收入，补交增值税。

不含税应税收入＝［40 000/（1＋17%）］＝34 188.03（元）

应补交增值税额＝34 188.03×17%＝5 811.97（元）

调账分录：

借：库存商品	40 000
贷：以前年度损益调整	34 188.03
应交税费——增值税检查调整	5 811.97

（四）没收包装物押金收入的检查

1. 政策依据。

（1）纳税人为销售货物而出租出借包装物收取的押金，单独记账核算的，不并入销售额征税。但对因逾期未收回包装物不再退还的押金，应按所包装货物的适用税率征收增值税。

（2）从1995年6月1日起，对销售除啤酒、黄酒外的其他酒类产品而收取的包装物押金，无论是否返还以及会计上如何核算，均应并入当期销售额征税。

（3）自2004年7月1日起，纳税人为销售货物出租出借包装物而收取的押金，无论包装物周转使用期限长短，超过一年（含一年）仍不退还的均并入销售额征税。

2. 常见涉税问题。

（1）随同产品出售单独计价包装物不计或少计收入。

（2）包装物押金收入不及时纳税。

3. 主要检查方法。

（1）现场查看纳税人成品仓库的产品有无包装，询问相关人员随同产品出售的包装物是否单独计价。

（2）审查纳税人“包装物”账户，看其贷方是否与货币资金、往来结算等账户发生对应关系；根据“包装物”明细账贷方发生额逐笔审查产品销售领用包装物业务的记账凭证和原始单据，核实是否存在随同产品出售单独计价的包装物，应计而未计销售收入、未申报纳税的问题。

（3）结合企业生产的特点，了解其是否有出借包装物的行为及包装物的出借方式、押金的收取方式等。

（4）审查与出借包装物有关的货物销售合同、审核与包装物押金相关的“其他应付款”明细账，掌握各种包装物的回收期限，核实时间超过一年的押金是否按规定计算缴纳了增值税。

（5）对酒类生产企业，还要重点审查包装物明细账的贷方发生额，核实销售除黄酒、啤酒以外的酒类产品收取的包装物押金是否并入了当期销售额计算缴纳了增值税。

【例4－14】2016年8月，稽查人员对某公司2015年1月至2016年6月的纳税情况进行检查，发现该企业销售黏合剂产品，同时有包装物出借业务，并收取押金。稽查人员核对企业包装物账面数量与库存实物数量时，发现存在一定的差异。进一步采用直查法检查企业的有关账证资料，查实2015年1月销售产品并收取包装物押金150 000元，在2016年4月25日将这笔逾期的包装物押金转入了“营业外收入”未计提销项税额的税收违法事实。

2016年4月25日将这笔逾期的包装物押金没收，会计处理为：

借：其他应付款　　150 000

　贷：营业外收入　　150 000

解析：没收的包装物押金记入了营业外收入，因而少计了增值税税额。因此，应补交增值税：

$$补交增值税=150\ 000\div(1+17\%)\times17\%=21\ 794.87（元）$$

调账分录：

借：本年利润　　21 794.87

　贷：应交税费——增值税检查调整　　21 794.87

（五）出售使用过的固定资产的检查

1. 政策依据。

（1）一般纳税人。

①纳税人销售自己使用过的2009年1月1日以后购进或者自制的已抵扣进项税额的固定资产时，应按照适用税率征收增值税，并可开具增值税专用发票。

销项税额=含税销售额÷（1+税率）×税率

②销售其按照规定不得抵扣且未抵扣进项税额的固定资产的，可按简易办法征收增值税，同时不得开具增值税专用发票。2014年7月1日后依3%征收率减按2%征收增值税。

应纳税额=含税销售额÷（1+3%）×2%

纳税人销售自己使用过的固定资产，适用简易办法依照3%征收率减按2%征收增值税政策的，可以放弃减税，按照简易办法依3%征收率缴纳增值税，并可以自开或代开增值税专用发票。

（2）小规模纳税人销售自己使用过的固定资产，按下列公式确定应纳税额(3%减按2%征收)：

应纳税额=［含税销售额/（1+3%）］×2%

注意：小规模纳税人销售自己使用过的固定资产，应开具普通发票，不得由税务机关代开增值税专用发票。

2. 常见涉税问题。出售固定资产，固定资产的净值、发生的清理费用和收入均在“固定资产清理”账户核算。部分纳税人出售固定资产取得的收入直接通过“营业外收入”账户核算，清理费用、固定资产净值在“固定资产清理”账户核算，导致出售固定资产的成本与收入分离，逃避缴纳税款。

3. 主要检查方法。对这类问题，可采用审阅法、核对法进行检查。

（1）审查企业固定资产登记卡（簿），核实出售的固定资产是否属于列入企业固定资产目录并且作为固定资产管理的货物，是否是使用过的固定资产。

（2）根据“固定资产清理”账户的贷方发生事项，检查有关转让、变卖固定资产收入的原始凭证（转让合同、协议等），审查转让价格是否按规定申报缴纳了增值税。

【例4-15】北京市某台球桌制造厂，为增值税一般纳税人。2016年5月，税务检查人员对该企业2015年1月—8月增值税纳税情况进行检查。检查“固定资产”账户时，发现有贷方发生额，立即抽取了相关原始凭证，原来企业出售了使用过的固定资产，又结合“固定资产清理”账户得到以下数据：2015年4

月出售使用过的卡车一辆，售价50 000元（含税），原价90 000元；8月出售使用过的小轿车一辆，售价100 000元（含税），原价140 000元；10月销售旧设备一台，售价50 000元（含税），原价40 000元。以上行为均未计缴增值税。（上述设备均为2009年1月1日前购入）

解析：该企业2015年销售使用过的卡车、小轿车和旧设备，均属于固定资产，应补交增值税。

应补交增值税＝［（50 000＋100 000＋50 000）/3%］×2%＝3 883.495（元）

借：以前年度损益调整　　3 883.495

　贷：应交税费——增值税检查调整　　3 883.495

四、视同销售行为的检查

(一) 政策依据。

根据《中华人民共和国增值税暂行条例实施细则》（财政部国家税务总局第50号令）第四条规定：单位或个体经营者的下列行为，视同销售货物。

1. 将货物交付他人代销。

2. 销售代销货物。

3. 设有两个以上机构并实行统一核算的纳税人，将货物从一个机构移送其他机构用于销售，但相关机构设在同一县（市）的除外。这里所称的用于销售，是指收货机构向购货方开具发票、向购货方收取货款。收货机构的货物移送行为有上述两项情况之一的，应当向所在地税务机关缴纳增值税；未发生上述两项情况的，应由总机构统一缴纳增值税。

4. 将自产或委托加工的货物用于非应税项目。

5. 将自产、委托加工或购买的货物作为投资，提供给其他单位或个体经营者。

6. 将自产、委托加工或购买的货物分配给股东或投资者。

7. 将自产、委托加工的货物用于集体福利或个人消费。

8. 将自产、委托加工或购买的货物无偿赠送他人。

以上视同销售，均应按规定交纳增值税。但在财务上如何进行账务处理，是否作销售收入，实际工作中操作不统一，也不规范。增值税视同销售与会计准则对此情况如表4－1所示。对于视同销售的会计处理，目前有两种观点，对应也就有两种做法：

第一，与正常销售相同，计收入，算税金，转成本。（会计服从税法）

第二，不计收入，按成本结转，按公允价值计税。（会计与税法分离）

表 4-1　增值税视同销售与会计准则对比情况

序号	项目	会计准则
1	将货物交付他人代销	确认收入
2	销售代销货物	确认收入
3	设有两个以上机构并实行统一核算的纳税人，将货物从一个机构移送其他机构用于销售，但相关机构设在同一县（市）的除外	不确认收入
4	将自产或委托加工的货物用于非应税项目	不确认收入
5	将自产、委托加工或购买的货物作为投资，提供给其他单位或个体经营者	（同一控制下控股合并除外）确认收入
6	将自产、委托加工或购买的货物分配给股东或投资者	确认收入
7	将自产、委托加工的货物用于职工集体福利和个人消费	确认收入
8	将自产、委托加工或购买的货物无偿赠送他人	不确认收入

（二）常见涉税问题

常见涉税问题如下：

1. 委托代销业务不按规定申报纳税。

2. 受托代销业务未申报纳税。

3. 不同县（市）间移送货物用于销售未申报纳税。

4. 自产或委托加工的货物用于非应税项目、集体福利和个人消费，未视同销售申报纳税。

5. 自产、委托加工或购买的货物用于对外投资、分配给股东或无偿赠送他人，未视同销售申报纳税。

（三）主要检查方法

1. 对委托代销业务不按规定申报纳税的检查。

（1）审核委托代销业务的真实性，查阅委托方与受托方签订的委托代销合同或协议，重点检查是否构成代销业务，核实纳税人是否将直销业务作为委托代销业务进行核算。

（2）审查在收到代销清单前是否收取货款，收到清单后是否及时结转销售，审查发出代销商品是否超过 180 天，核实有无延迟纳税义务发生时间和不计销售的问题。检查“应收账款”“应付账款”“其他应付款”“销售费用”等账户，核查“库存商品——委托代销商品”账户贷方发生额的对应账户是否异常。

2. 对受托代销业务未申报纳税的检查。审查代销商品账户、销售资料和往来明细账，查阅相关合同、协议，了解被查单位是否存在代销业务，必要时对受托代销商品采用发函协查或实地盘存的方法进行检查，核实是否存在代销收入不入账、隐匿销售收入或延缓实现销售收入时间的问题。

3. 在不同县（市）间移送货物用于销售，未申报纳税的检查。

（1）可采用直查法、审阅法和核对法重点检查“库存商品”明细账的贷方摘要栏，特别对摘要栏内注明“移库”字样的，应深入审查，检查附在凭证后的相关附件资料。

（2）了解纳税人是否存在跨市县的分支机构，检查仓库明细账、仓库出库单等，以确定库存商品的流向和用途，判定是否有将库存商品移送到统一核算的在其他县（市）的机构用于销售，但未作销售处理、未提销项税额的情况。

4. 将自产或委托加工的货物用于非应税项目、集体福利和个人消费，未视同销售申报纳税的检查。

（1）实地观察或询问自产或委托加工货物的用途，分析有无用于非应税项目、集体福利和个人消费。

（2）审阅“其他业务支出”“在建工程”“应付职工薪酬”账户的借方发生额，进一步检查“库存商品”“自制半成品”账户的贷方发生额，若发生额大于当期结转的主营业务成本，说明有可能将自制或委托加工的货物用于非应税项目或集体福利、个人消费，应对“应付职工薪酬”“其他业务支出”“在建工程”账户进行逆向反查，对这些账户的借方发生额的对应账户进行审核，检查其是否使用了自产或委托加工的货物。

（3）检查仓库发货单，审核是否存在非应税项目、集体福利和个人消费领用自产、委托加工货物的情况。

（4）审核计税价格，核实有无以成本价作为计税依据的情况。

【例4－16】 某机电设备公司（一般纳税人）主要生产销售各种发电机组。某税务师事务所2016年8月受托对该企业2015年7月增值税纳税情况进行审查，发现公司为本企业专门自制发电机组1台，当月移送并安装投入使用。企业会计处理如下。

借：固定资产　　38 000

　贷：库存商品　　38 000

经查，38 000元为该自制发电机组的账目成本价，企业无同类型产品销售价。

解析：该公司自制发电机用于本企业使用，属于视同销售行为，应计提销项税额。

$$组成计税价格 = 38\ 000 \times (1 + 10\%) = 41\ 800（元）$$

$$应补销项税额 = 41\ 800 \times 17\% = 7\ 106（元）$$

调账分录为：

借：固定资产　　7 106

　贷：应交税费——增值税检查调整　　7 106

（5）将自产、委托加工或购买的货物用于对外投资、分配给股东或无偿赠送他人，未视同销售申报纳税的检查。

采用审阅法，检查“长期股权投资”“应付股利”“库存商品”“营业外支出”等账户借方的对应账户是否是“原材料”“库存商品”等存货类账户，核实企业有无将自产、委托加工或购买的货物用于对外投资和分配给股东以及无偿赠送他人等事项；如果有，查阅相应业务的记账凭证，再对应“应交税费——应交增值税（销项税额）”账户，检查纳税人用于投资、赠送或分配的货物是否按规定核算销项税额。

【例4-17】 某家具厂为增值税一般纳税人，所在地税务机关在2016年8月检查该企业当月的涉税业务时，发现其部分经济业务及账务处理如下：

（1）以本厂生产的折叠沙发1 000件作为股利分配给股东，每件生产成本120元，市场售价200元（不含税）。企业账务处理为：

借：应付股利　　120 000

　贷：库存商品　　120 000

（2）将本厂生产的一批三合板用于本厂某一固定资产的建造，该批三合板的生产成本4万元，市场售价为5.5万元（不含税）。企业账务处理为：

借：在建工程　　40 000

　贷：生产成本　　40 000

（3）购进生产用切割机10台，不含税金额为每台5 000元，税额850元。账务处理为：

借：固定资产　　50 000

　　应交税费——应交增值税（进项税额）　　8 500

　贷：银行存款　　58 500

解析：企业将自产的产品作为股利分配给股东、用于本厂固定资产的建造，均视同销售，需要缴纳增值税。购进生产用切割机的账务处理正确。

作为股利分配给股东应补交增值税 = 200 × 1 000 × 17% = 34 000（元）

用于本厂固定资产的建造应补交增值税 = 55 000 × 17% = 9 350（元）

将自产产品作为股利分配给股东调账分录：

红字会计分录：

借：应付股利　　　　　　　　　　　　－120 000

　贷：库存商品　　　　　　　　　　　　－120 000

正确会计分录：

借：应付股利　　　　　　　　　　　　234 000

　贷：主营业务收入　　　　　　　　　　200 000

　　应交税费——应交增值税（销项税额）　　34 000

借：主营业务成本　　　　　　　　　　120 000

　贷：库存商品　　　　　　　　　　　　120 000

将自产产品用于本厂固定资产建造的调账分录如下：

红字会计分录：

借：在建工程　　　　　　　　　　　　－40 000

　贷：生产成本　　　　　　　　　　　　－40 000

正确会计分录：

借：在建工程　　　　　　　　　　　　49 350

　贷：库存商品　　　　　　　　　　　　40 000

　　应交税费——应交增值税（销项税额）　　9 350

五、混合销售行为的检查

（一）政策依据

2016年5月1日全面实施营改增试点后，根据《财政部、国家税务总局关于全面推开营业税改征增值税试点的通知》，一项销售行为如果既涉及服务又涉及货物，为混合销售。从事货物的生产、批发或者零售的单位和个体工商户的混合销售行为，按照销售货物缴纳增值税。其他个体工商户的混合销售行为，按照销售服务缴纳增值税。

上述混合销售行为成立有两个要点：一是其销售行为必须是一项（同一项销售行为、同一购买者、同一时间）；二是该项行为必须既涉及服务又涉及货物。一项行为只涉及货物不涉及服务，或者只涉及服务不涉及货物，都不属于混合销售。混合销售按照其主业划分适用税率，主业为销售货物按照销售货物适用税率，主业为销售服务按照销售服务适用税率。例如，超市在销售货物的同时提供送货上门服务，按“销售货物”缴纳增值税。美容院在提供美容服务的同时销售护肤产品，按“生活服务”缴纳增值税。

（二）检查方法

1. 检查企业混合销售行为缴纳增值税归类判断是否正确。以纳税人申报的或检查核实的各部分销售额为依据，查明纳税人的税务登记，落实经营范围，核实纳税人实际经营业务是以销售货物为主还是以提供应税劳务为主，进而判断其混合销售行为是按照销售货物缴纳增值税还是按照应税服务缴纳增值税。

2. 检查混合销售行为申报销项税额的收入额是否正确。如果判断混合销售行为是按销售货物缴纳增值税，应以纳税申报表为依据，结合“主营业务收入”“其他业务收入”明细账，查明申报的销售额是否正确，以及销售额中是否包括了应税服务的销售额，同时还应检查“应付职工薪酬”“营业外收入”“其他应付款”等明细账户贷方发生额，查看其摘要栏的内容，是否将应税服务收入记入这些不征收增值税的账户核算，进一步对照账证予以核实。

同时要注意，如果对应税服务的收入一并征收增值税，则也应将应税服务收入涉及的进项税额予以抵扣。

【例4－18】A公司主营生产销售铝合金门窗，兼营铝合金门窗安装业务，属于一般纳税人。2016年5月销售给D公司铝合金门窗并负责安装，金额1 000万元，采用签订两份合同的方式，划分货物销售600万元，建筑安装400万元，在账务上分开核算，分别以货物销售、建筑安装服务的适用税率进行增值税纳税申报。

同年10月，主管税务机关对A公司检查时，责令其对5月此笔销售业务的申报情况进行纳税调整，全部按货物的销售额征收增值税，补缴增值税税款，加收滞纳金。

解析：业务发生在全面营改增之后，销售铝合金门窗并负责铝合金门窗安装业务，属于混合销售行为，收取的铝合金门窗安装费用按货物销售缴纳增值税。

第二节　进项税额的检查

进项税额是指纳税人购进货物或应税劳务所支付或者承担的增值税税额。这里所说购进货物或应税劳务包括外购（含进口）货物或应税劳务、以物易物换入的货物、抵偿债务转入的货物、接受投资转入的货物、接受捐赠转入的货物以及在购销货物过程当中支付的运费。在确定进项税额抵扣时，必须按税法规定严格审核。

进项税额涉税账户主要包括“库存商品”（“原材料”“包装物”）、“固定资产”、“待处理财产损溢”、“在建工程”、“应付职工薪酬”、“固定资产清理”、“实收资本”、“营业外收入”等账户。因此，这些账户也是税务检查的切入点。

一、增值税扣税凭证的检查

（一）增值税扣税凭证

按照《增值税暂行条例》规定，一般纳税人购入货物或接受应税劳务支付的增值税（以下简称“进项税额”），可以从销售货物或提供应税劳务按规定收取的增值税（以下简称“销项税额”）中抵扣，但必须取得以下凭证。

1. 增值税专用发票。实行增值税后，增值税一般纳税人销售货物或者提供应税劳务均应开具增值税专用发票。增值税专用发票记载了销售货物的售价、税率及税额等，购货方以增值税专用发票上记载的购入货物已支付的税额，作为扣税和记账的依据。

如果一般纳税人购进货物或接受应税劳务未按规定取得并保存增值税扣税凭证，或者增值税扣税凭证上未按照规定注明增值税税额及其他有关事项，或者增值税扣税凭证上的项目之间逻辑关系有误，其进项税额不得从销项税额中抵扣。

增值税小规模纳税人（其他个人除外）发生增值税应税行为，需要开具增值税专用发票的，可以自愿使用增值税发票管理系统自行开具。选择自行开具增值税专用发票的小规模纳税人，税务机关不再为其代开增值税专用发票。

2. 海关完税凭证。增值税一般纳税人取得所有需抵扣增值税进项税额的海关进口增值税专用缴款书，简称“海关完税凭证”，应根据相关海关完税凭证逐票填写海关完税凭证抵扣清单，在进行增值税纳税申报时随同纳税申报表一并报送。一般纳税人进口货物必须缴纳增值税，其缴纳的增值税在海关完税凭证上注明。企业以海关完税凭证上注明的增值税税额，作为扣税和记账的依据。

3. 收购凭证。一般纳税人购进免税农产品，根据经主管税务机关批准使用的收购凭证上注明的买价和9%的扣除率计算进项税额，以计算出的进项税额作为扣税和记账的依据。

由于海关完税凭证、农产品收购凭证（含农业生产者开具的普通发票）这两种凭证是增值税专用发票以外可以用于增值税抵扣的凭证，所以称之为“两小票”。

（二）增值税专用发票的检查

资料卡片

增值税专用发票由基本联次或者基本联次附加其他联次构成，分为三联版和六联版两种。基本联次为三联：第一联为记账联（用于销售方记账），第二联为抵扣联（用作购买方的扣税凭证），第三联为发票联（用于购买方记账）。

自2020年2月1日起，增值税小规模纳税人（其他个人除外）发生增值税应税行为，需要开具增值税专用发票的，可以使用增值税发票管理系统自行开具。选择自行开具增值税专用发票的小规模纳税人，税务机关不再为其代开增值税专用发票。

1. 常见涉税问题。

（1）虚开增值税专用发票。虚开增值税专用发票的行为包括：没有货物购销或者没有提供或接受应税劳务而为他人、为自己、让他人为自己、介绍他人开具增值税专用发票；有货物购销或者提供或接受了应税劳务但为他人、为自己、让他人为自己、介绍他人开具数量或者金额不实的增值税专用发票；进行了实际经营活动，但让他人为自己代开增值税专用发票。

对虚开增值税专用发票或者虚开可抵扣税款的其他发票（凭证）的企业，除补缴税款、加收滞纳金外，各地税务机关要依法从严、从重处罚。对涉嫌构成犯罪的，要按有关规定及时移送公安机关，追究其法律责任。

（2）接受虚开的增值税专用发票。购货方与销售方存在真实的交易，销售方使用的是其所在省（自治区、直辖市和计划单列市）的专用发票，专用发票注明的销售方名称、印章、货物数量、金额及税额等全部内容与实际相符，且没有证据表明购货方知道销售方提供的专用发票是以非法手段获得的，对购货方不以偷税或者骗取出口退税论处，但应不予抵扣进项税款或者不予出口退税。购货方已经抵扣的进项税款或者取得的出口退税，应依法追缴，不加收滞纳金；如能重新取得合法、有效的专用发票，准许其抵扣进项税款。

社会写真

2018 年，全国共查处涉嫌虚开增值税发票企业 108 970 户，定性对外、接受虚开增值税专用发票及其他可抵扣凭证 582.5 万份，涉案税额 1 108.93亿元。查处涉嫌骗取出口退税企业 3 545 户，挽回税款损失 147.87 亿元。深圳、重庆、青岛等地案发率开始下降，全国已有近 620 名犯罪嫌疑人慑于打击虚开骗税专项行动高压态势主动投案自首。

（资料来源：国家税务总局网站）

2. 主要检查方法。

（1）关注重点企业。分析纳税人的有关数据、资料，判断是否存在虚开或接受虚开增值税专用发票的可能。对经营和申报上比较特殊的企业，加强重点检查。这些企业包括：一是经常性零申报的企业；二是销售额增长较快，税负率反而下降的企业；三是长期进项税额大于销项税额的企业（也称负申报企业）；四是申报的销售额与该企业的经营场所、注册资金、固定资产、流动资产、从业人员、经营费用不匹配的企业；五是进项抵扣凭证多的企业；六是抵扣凭证数量多、金额大且多来自案件高发地区的企业；七是购销对象较分散且变化频繁，往往大多只有单笔业务往来的企业；八是经营活动使用大量现金交易的企业。

（2）审核纳税人购进货物或应税劳务取得增值税专用发票注明的进项税额。首先审查取得的增值税专用发票的真伪，然后审查票面开具的内容是否填写齐全正确，税务登记号是否准确，取得增值税专用发票的实际金额与增值税专用发票版面是否相符。

（3）审核纳税人据以核算进项税额的增值税专用发票的发票联、抵扣联的记载内容是否一致，有无只有抵扣联而无发票联或者只有发票联而无抵扣联的增值税专用发票。

（4）审核纳税人购进货物是否与购货方的生产、经营相关。一是核对生产经营范围，二是核对“原材料”“库存商品”明细账，防止虚开、代开增值税专用发票。

（三）海关完税凭证的检查

1. 政策依据。

（1）委托代理进口货物，进口增值税专用缴款书上标明两个单位名称，即代理进口单位名称和委托进口单位名称，只准予其中取得专用缴款书原件的一个单位抵扣税款。申报抵扣税款的委托进口单位，必须提供相应的海关代征增值税专用缴款书原件、委托代理合同及付款凭证，否则，不予抵扣进项税款。

（2）自营进出口业务的商贸企业，须向主管税务机关报送对外贸易经济合作部门关于赋予其进出口经营权的批准文件的复印件（以下简称“进出口经营权批件”）；否则，其取得的海关增值税完税凭证不得作为增值税扣税凭证。

（3）纳税人进口货物，凡已缴纳了进口环节增值税的，不论其是否已经支付货款，其取得的海关完税凭证均可作为增值税进项税额抵扣凭证。

2. 主要检查方法。

（1）审核完税凭证是否真实。检查时，可采用审阅法、核对法审查“原材料”等账户，调阅完税凭证，查看其凭证上开具的单位名称与实际是否相符，是否用完税凭证的原件抵扣；对大量用海关完税凭证抵扣税款的商贸企业，应从其资质、税款支付情况等方面，重点核实进口业务的真实性，如有必要，可采取函查、实地调查等方法对上述凭证进行核查。

①审核印章。海关完税凭证上的印章至少有两个，即完税凭证开具海关的印章和收款银行印章。海关印章使用防伪印油，轮廓清晰，加印清楚，字迹一般不模糊；银行印章一般都很清晰、外形一致。“填制单位”“制单人”为海关操作人员代码，要一一对应。

②审核货物名称、数量及单位。海关完税凭证上注明的“货物名称”为标准名称，表述要准确、清楚；“数量”为阿拉伯数字标准表述；“单位”为标准国际计量单位，不同产品使用的计量单位基本与进口货物报关单上的书写形式一致，可以在《海关商品名称单位码表》中验证。

③对有疑问的海关代征增值税完税凭证，可通过协查方法核实其真实性。

（2）审查进口业务的真实性。

①审核进口货物合同，重点加强业务真实性的审查。业务真实性的审查包括合同真实性的审查和合同所包含的货物真实性的审查。真实的货物进口业务，需经过谈判、（订）购货、付款、报关、商检、验货等过程，需要一定的时间，在短期内办理多单进口业务的可能性不大。因此，在审查进口货物合同时，要结合审查进口货物的货物流是否符合合同规范和要求，货物进口的运输方式和途径是否符合国际惯例和逻辑关系，起运地和目的地是否明确，收货人是否确切、是否是真实的货主等。审查进口货物合同，发现是否存在真签合同、假货物或者无货物、少货物的情况。

②审核纳税人提供的代理进口人的税务登记。伪造海关完税凭证案件，多发生在代理进口的情况下，且代理人为外省纳税人的居多。所提交的代理人税务登

记会存在不同程度的漏洞或疑点，税务稽查人员可以通过对代理人税务登记的审核和检查发现可能存在的问题和疑点。

③审查代理进口协议、合同及报关单。伪造海关完税凭证抵扣税款的纳税人，往往根据开出的专用发票上注明的货物种类、名称，伪造相关合同及进口报关单，而且经营范围广泛。

④审查货款的支付情况。例如，资金是否付往代理人的账户，是否通过银行付款来判断其业务的真实性。对有疑问的代理业务，可以通过协查的方法，向代理企业所在的税务机关协查，核实其真实性。

二、支付运输费用进项税额的检查

（一）政策依据

对增值税一般纳税人外购货物和销售货物所支付的运输费用，取得的运输业开具的增值税专用发票注明的进项税额准予扣除，随同运费支付的装卸费、保险费等其他杂费只要是取得的增值税专用发票注明的进项税额，也准予扣除。无论是运输费用，还是装卸费用、保险费等其他杂费，不能取得增值税专用发票的不能抵扣。

（二）检查方法

1. 审核纳税人抵扣票据的合理性、合法性。审核抵扣运费单据是否属于规定的可抵扣票据，票面项目是否符合要求。

2. 审核纳税人“应交税费——应交增值税（进项税额）”科目的记账凭证。审核有无将不属于运费范围的款项也计算了进项税额。

3. 检查纳税人“库存商品”“原材料”“包装物”等明细账，审核单据所列项目与实物是否相符。

4. 审核纳税人运费凭证与有关资金或存货类账户的核算内容的关系。如果只有运费凭证而无相应的资金或存货则不得抵扣。

5. 将购进货物的进项税额与支付运费计算的进项税额进行比较分析，查看有无异常，重点审核是否属虚抵进项税额。

三、购进免税农业产品进项税额的检查

（一）政策依据

购进农产品，除取得增值税专用发票或者海关进口增值税专用缴款书外，按照农产品收购发票或者销售发票上注明的农产品买价和规定的扣除率计算进项税额（自 2019 年 4 月 1 日起，原适用 10% 扣除率的，扣除率调整为 9%。纳税人

购进用于生产或者委托加工13%税率货物的农产品，按照10%的扣除率计算进项税额)，国务院另有规定的除外。

进项税额计算公式为：

进项税额 = 买价 × 扣除率

（二）检查方法

1. 审核企业的收购凭证。将税务部门出售的收购凭证领购簿与使用的收购凭证对照检查，审核其使用的收购凭证是否合法。

2. 检查时，可采用审阅法、核对法、观察法等多种方法，审查“原材料”“库存商品”及其对应账户的账务处理，查看原始凭证所列示的内容，结合产地和其他企业购进价格，核实买价是否正确，必要时可进行外调，按核实的买价计算出可抵扣的进项税额后，再与“应交税费——应交增值税（进项税额）”账户进行核对，看是否相符。

3. 对农产品收购凭证填开情况进行审核和检查，看其是否符合相关的规定。对大宗农产品要进行定期或不定期的抽查，分析其是否账实相符、有没有将霉烂变质的货物长期挂账不作处理的情况等。

4. 审核企业计算免税农业产品进项税额的凭证与有关资金和往来账户。只有开具的凭证而无相应的资金运动或负债产生，或者虽有资金运动或负债产生但内容不一致、数额不相符的，则重点查实抵扣的真实性。

四、不得抵扣进项税额及转出的检查

进项税额不能抵扣的原因包括：属于增值税暂行条例列举的不能抵扣的情形；取得发票不符合规定；超越抵扣规定的时限；抵扣手续不符合规定。下面主要对增值税暂行条例规定的不能抵扣的情形进行介绍。

（一）政策依据

增值税暂行条例规定，下列项目的进项税额不得从销项税额中抵扣：

1. 用于简易计税方法计税项目、免征增值税项目、集体福利或者个人消费的购进货物、加工修理修配劳务、服务、无形资产和不动产。其中涉及的固定资产、无形资产、不动产，仅指专用于上述项目的固定资产、无形资产（不包括其他权益性无形资产)、不动产。

2. 非正常损失的购进货物，以及相关的加工修理修配劳务和交通运输服务。

3. 非正常损失的在产品、产成品所耗用的购进货物（不包括固定资产)、加工修理修配劳务和交通运输服务。

4. 非正常损失的不动产，以及该不动产所耗用的购进货物、设计服务和建筑服务。

5. 非正常损失的不动产在建工程所耗用的购进货物、设计服务和建筑服务。

6. 购进的旅客运输服务、贷款服务、餐饮服务、居民日常服务和娱乐服务。

7. 财政部和国家税务总局规定的其他情形。

发生上述行为不得抵扣进项税额有两种情况：一是购进货物时明确知道不能用于应税项目，这种情况下产生的进项税额在会计核算时就不能作为进项税额核算，而应将相应的进项税额计入对应成本或营业外支出中；二是购进货物时因不明确货物用途，而将货物相对应的进项税额作了当期的进项税额核算。因此，已经作了进项税额抵扣的货物在改变用途用于免税项目或集体福利时，就必须在货物改变用途的当期作进项税额转出。

(二) 常见涉税问题

1. 发生退货或取得折让未按规定作进项税额转出，多抵扣税额。

2. 用于非应税项目、非正常损失的货物，未按规定作进项税额转出，多抵扣税额。

3. 用于免税项目，进项税额未按规定转出，多抵扣税额。

4. 以存挤销，将因管理不善等因素造成的材料短缺挤入正常发出数，少缴增值税。

5. 盘亏材料未按规定的程序和方法及时处理账务，造成相应的进项税额未转出，或盈亏相抵后作进项税额转出，少缴增值税。

(三) 检查方法

1. 检查时，要求被查企业提供《开具红字增值税专用发票通知单》的留存联，核对开具退货的数量、价款及税额与账面冲减的数量、金额及税额是否一致，《开具红字增值税专用发票通知单》的出具时间与账务处理的时间是否匹配，有无人为延期冲销当期进项税额；检查有无利用现行的购进扣税法，大量进货或虚假进货，增大当期进项税额，然后办理退货延期缓缴应纳增值税；将仓库明细账数量与财务材料明细账核对，看有无实际已发生退货，未作进项税额转出的情况。

2. 原材料用于非应税项目、非正常损失进项税额转出的检查。检查“原材料”“包装物”“库存商品”等会计账户，看其贷方的对应账户是否是“生产成本”“制造费用”“销售费用”，检查“材料分配单”“领料单”，查看去向，审查有无非应税项目领料直接进入成本、费用的情况；对用于集体福利、非正常损失或个人消费领用的，审核是否贷记“应交税费——应交增值税（进项税额转出)”账户；确定外购货物批次的单位成本或当期实际成本，核实应由非应税项目（非正常损失）承担的材料物资成本金额，按规定的税率复算进项税额转出是否正确，有无故意降低应付职工薪酬领用材料的成本，少计进项税额转出的情况。

3. 原材料用于免税项目进项税额转出的检查。检查时，可采用审阅法、核对法等方法，首先审查企业的纳税申报表，看有无免税收入申报，对有免税收入申报的企业，一要检查有无进项税额转出记录，进项税额转出的核算是否及时，有无人为调节进项税额转出的时间，从而人为调节当期应交税费的情况；二要检查进项税额转出的计算是否正确，对从事来料加工复出口的企业，有无仅将材料成本作进项税额转出，而对其耗用的水、电、气等不作进项转出的情况。

【例4－19】某食品厂主要生产食品、饮料等，为增值税一般纳税人。税务稽查组于2016年6月对该单位2016年1月—5月的纳税情况进行检查。在检查该单位明细账“应交税费——应交增值税（进项税额）”摘要时，其中，材料、沙土、砖等有关记载，与其食品厂所购进的原料无关，故进一步核实记账凭证和原始凭证，企业4月第23号凭证记载如下：

借：工程物资	117 620
应交税费——应交增值税（进项税额）	19 995.4
贷：银行存款	137 615.4

原来该厂2016年4月开始进行一次房屋扩建工程，为房屋扩建工程购进的材料中所含的进项税额均已抵扣，检查“工程物资”明细账得知这批材料已用于在建工程。至检查日止，房屋扩建工程尚未结束。

解析：用于非应税项目的进项税额不得抵扣，已抵扣的作进项税额转出，补交增值税。

借：在建工程	19 995.4	
贷：应交税费——增值税检查调整		19 995.4

【例4－20】2019年5月，某生产企业将生产经营用的外购白糖作为职工福利发放给员工。外购的白糖在购买的当期（2019年4月）已认证并抵扣，后期用于职工福利，用于职工福利时的实际成本为10万元，则进行抵扣时按照用于职工福利当期白糖的实际成本10万元与9%的税率计算应转出进项税为0.9万元。

解析：应当注意的是，购进货物、劳务用于不得抵扣情形的进项税转出还应当包括购进货物、劳务相应承担的交通运输服务中所包含的增值税。假设当期运输白糖发生运费的实际成本为1 000元，相应还应当转出运费进项税额90元（1 000×9%）。

五、“返利资金”的表现形式及审查

（一）政策依据

对增值税一般纳税人，因购买货物而从销售方取得的各种形式的返还资金，均应依所购货物的增值税税率计算应冲减的进项税额，并从其取得返还资金当期的进项税额中予以冲减，按以下公式计算：

当期应冲减的进项税额＝［当期取得的返还资金/（1＋所购货物的适用税率）］×所购货物适用的增值税税率

商业企业从供货方收取的各种返还收入，一律不得开具增值税专用发票。

增值税一般纳税人因购买货物而从销售方取得的返还资金一般有以下表现形式：

1. 购买方直接从销售方取得货币资金；

2. 购买方直接从应向销售方支付的货款中坐扣；

3. 购买方向销售方索取或坐扣有关销售费用或管理费用；

4. 购买方在销售方直接或间接列支或报销有关费用；

5. 购买方取得销售方支付的费用补偿。

上述情况主要集中在流通领域内的商业企业。应当注意：对与总机构实行统一核算的分支机构从总机构取得的日常工资、电话费、租金等资金，不应视为因购买货物而取得的返利收入，不应作冲减进项税额处理。

（二）常见涉税问题

1. 把返利挂入其他应付款、其他应收款等往来账，不作进项税额转出。

2. 将返利冲减经营费用，不作进项税额转出。

（三）检查方法

对取得返还资金所涉及进项税额的审查，应从经营主体、经营业务、经营形式、结算方式、购货方与销售方的合作方式及关联情况作全面分析，并结合购货方的财务核算情况进行对照判别。

1. 审查“主营业务收入”账户，判断是否存在将因购买货物而取得的返还资金列入该账户核算的情况，特别是“代销手续费”是否符合代销的条件。

2. 审查“其他业务收入”账户，分析该收入的性质及取得该收入的原因。

3. 审查“投资收益”“本年利润”账户，分析是否未向销售方投资或未与销售方联营协作而以投资收益或联营分利的名义分解利润。

4. 审查“应付账款”账户明细账，若购货方与供货方始终保持业务往来，而购货方应付账款余额越滚越大，要进一步分析原因；若应付账款余额被核销，需了解核销的原因，销售方对此债权是否也予以核销，并让购货方取得了除实物形式以外的返还利润。

5. 审查“银行存款”“现金”等贷方发生额与购货发票票面所载金额的差额，对照购、销双方的结算清单，确定应结算与实际结算货款的差额，分析差额部分是否有代扣广告费、促销费、管理费等问题。

6. 审查“经营费用”“管理费用”账户，了解“经营费用”“管理费用”贷方发生额或红字冲销的原因，或“经营费用”“管理费用”某一会计期间大幅度减少的原因，是否向销售方转移费用支出。对个别特殊企业如跨地区总分支机构、关联企业，审查其经销机构的费用来源、费用支出及核算是如何操作的。

需要注意的是，凡“返利资金”均是含税的，在计算进项税额转出时，应将公式中“当期取得的返还资金”换算成不含税收入计算，然后，再根据计算的结果指导企业进行账务调整。

第三节　应纳增值税税额的检查

一、增值税“应交税费”明细账的检查内容

根据《中华人民共和国增值税暂行条例》和《关于全面推开营业税改征增值税试点的通知》（财税〔2016〕36 号）等有关规定，增值税一般纳税人应当在“应交税费”科目下设置“应交增值税”“未交增值税”“预交增值税”“待抵扣进项税额”“待认证进项税额”“待转销项税额”“增值税留抵税额”“简易计税”“转让金融商品应交增值税”“代扣代交增值税”等明细科目，加上原来的“增值税检查调整”，共 11 个二级科目。

（一）“应交增值税”明细账户

“应交增值税”明细账户的借方发生额，反映企业购进货物或接受应税劳务支付的进项税额、实际已缴纳的增值税税额和月终转出的当月应交未交的增值税税额；贷方发生额，反映企业销售货物或提供应税劳务收取的销项税额、出口企业收到的出口退税以及进项税额转出和转出多交增值税；期末借方余额，反映企业尚未抵扣的增值税。

为了详细核算企业应交纳增值税的计算和解缴、抵扣等情况，企业应在“应

交增值税”明细账户下设置“进项税额”“已交税额”“减免税款”“出口抵减内销产品应纳税款”“转出未交增值税”“销项税额”“出口退税”“进项税额转出”“转出多交增值税”“销项税额抵减”10个专栏。

“进项税额”专栏，记录企业购入货物或接受应税劳务而支付的、按规定准予从销项税额中抵扣的增值税税额。企业购入货物或接受应税劳务支付的进项税额，用蓝字登记；退回所购货物应冲销的进项税额，用红字登记。

“已交税金”专栏，记录企业本月已缴纳的增值税税额。企业本月已缴纳的增值税税额用蓝字登记；退回本月多交的增值税税额用红字登记。

“减免税款”专栏，记录企业按规定享受直接减免的增值税税款。

“出口抵减内销产品应纳税额”专栏，记录企业按规定的退税率计算的出口货物的进项税额，抵减内销产品的应纳税额。

“转出未交增值税”专栏，记录企业月终转出应交未交的增值税。月终，企业转出当月发生的应交未交的增值税用蓝字登记。

“销项税额”专栏，记录企业销售货物或者提供应税劳务应收取的增值税税额。企业销售货物或提供应税劳务应收取的销项税额，用蓝字登记；退回销售货物应冲销的销项税额，用红字登记。

“出口退税”专栏，记录企业出口适用零税率的货物，向海关办理报关出口手续后，凭出口报关单等有关凭证，向税务机关申报办理出口退税而收到退回的税款。出口货物退回的增值税税额，用蓝字登记；出口货物办理退税后发生退货或者退关而补交已退的税款，用红字登记。

“进项税额转出”专栏，记录企业因购进货物、在产品等用于非应税项目、发生非正常损失等原因而不应从销项税额中抵扣，按规定转出的进项税额。

“转出多交增值税”专栏，记录企业月终转出本月多交的增值税。月终，企业转出本月多交的增值税税额，用蓝字登记；收到退回本月多交的增值税税额，用红字登记。

企业也可在符合会计核算原理、不影响会计核算原则和会计报表指标汇总，以及对外提供统一会计报表的前提下，根据实际情况，将“应交增值税”明细账户中的各个专栏提升为二级账户进行核算，发生的进项税额、销项税额、出口退税等分别在“进项税额”“销项税额”“出口退税”等明细账户中核算，月末再将有关明细账户的余额转入“应交增值税”明细账户。

（二）“未交增值税”明细账户

“未交增值税”明细账户的借方发生额，反映企业月终转入的多交的增值税；贷方发生额，反映企业月终转入的当月发生的应交未交增值税；期末借方余额反映多交的增值税，贷方余额反映未交的增值税。

二、增值税检查后账务调整运用的会计账户

增值税检查后的账务调整，应设立“应交税费——增值税检查调整”专门账户。该账户专门核算在增值税检查中查出的以前各期应补、应退的增值税税额。全部调账事项入账后，应结出本账户的余额，余额可能在贷方，也可能在借方。期末应对其余额进行处理。处理之后，本账户无余额。

凡检查后应调减账面进项税额或调增销项税额和进项税额转出的，借记有关科目，贷记本科目。会计调账分录为：

借：有关科目

　贷：应交税费——增值税检查调整

凡检查后应调增账面进项税额或调减销项税额的，借记本科目，贷记有关科目。会计调账分录为：

借：应交税费——增值税检查调整

　贷：有关科目

全部调账事项入账后，应结出本账户的余额，并对该余额进行处理。

若余额在借方，全部视同留抵进项税额，按借方余额数，借记“应交税费——应交增值税（进项税额）”科目，贷记本科目。

若余额在贷方，且“应交税费——应交增值税”账户无借方余额，按贷方余额数，借记本科目，贷记“应交税费——未交增值税”科目。

若本账户余额在贷方，“应交税费——应交增值税”账户有借方余额且等于或大于这个贷方余额，按贷方余额数，借记本科目，贷记“应交税费——应交增值税（进项税额转出）”科目。

若本账户余额在贷方，“应交税费——应交增值税”账户有借方余额但小于这个贷方余额，应将这两个账户的余额冲减，其差额借记本科目，贷记“应交税费——未交增值税”科目。

根据上述规定，我们可以明确以下几个问题。

第一，检查出的未记进项税额等，即“应交税费——应交增值税”账户借方应记数，可以全部视同当期留抵数额，转入“应交税费——增值税检查调整”账户的借方。

第二，检查出的未记销项税额等，即“应交税费——应交增值税”账户贷方应记数，可以全部用于抵消当期留抵数额，转入“应交税费——增值税检查调

整”账户的贷方，抵完后，有余额再将其转入“应交税费——未交增值税”科目，上缴国库。

第三，检查出的“应交税费——增值税检查调整”数额，必须按纳税期逐期进行滚动计算，不能将其统算，否则将违背增值税原理。也就是说不逐期计算，可能会产生用前期未缴增值税去抵消后期的进项税额，造成前期欠税，而后期却出现企业未欠税，有时还有留抵税额的情形。另外，按期进行滚动计算，也可以如实计算滞纳金的数额。

三、增值税纳税检查账务调整的方法

（一）年终结账前查补进项税方面的账务调整

1. 扣税凭证取得不合法。如果取得的进项凭证不合法而企业抵扣了该进项税额，检查发现后应作如下账务调整：

借：原材料、库存商品等

　贷：应交税费——增值税检查调整

2. 抵扣范围擅自扩大。企业购进用于非应税项目的货物不应抵扣进项税额，如果企业进行了抵扣，检查发现后应作如下账务处理：

借：应付职工薪酬等

　贷：应交税费——增值税检查调整

3. 非正常损失的货物进项税应转出而未转出。如外购货物及在产品、产成品等发生的非正常损失，企业应负担的进项税应从进项税额中转出，经检查发现未作转出处理的，应作如下账务处理：

借：待处理财产损溢等

　贷：应交税费——增值税检查调整

4. 少抵扣进项税额。在税法规定的期限内，如果企业少抵扣了进项税额，依照规定在计算出少抵扣的税额后，作如下账务处理：

借：原材料等（红字）

　贷：应交税费——增值税检查调整（红字）

（二）年终结账前查补销项税方面的账务调整

1. 价外费用未计销项税额。企业价外向购货方收取代收款项等符合税法规定的各种性质的价外费用未计提销项税额的，应按所售货物适用的税率计算出应补的增值税后，作如下账务处理：

借：其他应付款（代收、代垫款项）、本年利润（价外费用款项）

　贷：应交税费——增值税检查调整

2. 视同销售业务未计销项税额。企业将自产的产品用于发放非货币性职工薪酬、无偿赠予他人等发生的视同销售业务未计提销项税额的，应按当期同类货物的价格或按组成的计税价格计算销售额后计提销项税额，并作如下账务处理：

借：应付职工薪酬、本年利润（应计入损益的部分）

　贷：应交税费——增值税检查调整

3. 适用税率有误。企业因税率使用错误造成少计销项税额的账务处理：

借：本年利润

　贷：应交税费——增值税检查调整

如果发生多计，则用红字作上述分录。

【例4-21】 某国税局2017年10月份，对某工业企业一般纳税人7月—9月增值税纳税情况进行检查，发现问题后，督促企业进行相应调账处理，同时补缴增值税。

（1）7月份企业“应交税费——应交增值税”账户无借方余额。当期“应交税费——增值税检查调整”账户贷方余额470元。

（2）8月份企业“应交税费——增值税检查调整”账户贷方余额700元。8月份企业有留抵进项税1 000元。

（3）9月份，企业“应交税费——增值税检查调整”账户贷方余额1 700元。9月份企业有留抵进项税额800元。

要求：编制调账分录，同时计算企业应补缴增值税税额。

解析：

（1）由于7月份企业“应交税费——应交增值税”账户无借方余额，则按规定应将当期“应交税费——增值税检查调整”账户贷方余额470元转入“应交税费——未交增值税”账户：

借：应交税费——增值税检查调整　　470

　贷：应交税费——未交增值税　　470

（2）8月份企业“应交税费——增值税检查调整”账户贷方余额700元，由于8月份企业有留抵进项税额1 000元，则还需记：

借：应交税费——增值税检查调整　　700

　贷：应交税费——应交增值税（进项税额转出）　　700

此时8月份留抵数额实际变为300元。

（3）9月份，企业“应交税费——增值税检查调整”账户贷方余额1 700元。由于9月份企业有留抵税额800元，可将“应交税费——增值税检查调整”

账户余额1 700元，直接冲减留抵数额后，再对其差额补税。

借：应交税费——增值税检查调整　　600

　贷：应交税费——未交增值税　　600

综上所述：企业应补缴增值税为1 070元（470+600）。

（4）补缴税款时：

借：应交税费——未交增值税　　1 070

　贷：银行存款　　1 070

四、增值税检查案例

【例4-22】 2017年5月21日，税务机关经检查发现，某外商投资企业上月购进的甲材料（相应的进项税额已经抵扣）用于本单位基建工程，企业仅以账面金额10 000元（不含税价格）结转至“在建工程”科目核算。另有5 000元的乙材料购入业务取得的增值税专用发票不符合规定，相应税金850元已于上月抵扣。税务机关要求该外商投资企业在本月调账并于5月31日前补交税款入库［“应交税费——应交增值税（进项税额）”没有借方余额］。该企业应如何调账？

解析：该企业将购进的甲材料用于单位基建工程，应作进项税额转出；增值税专用发票不符合规定，相应税金不允许抵扣，应调减进项税额。调账分录为：

借：在建工程　　1 700

　贷：应交税费——增值税检查调整　　1 700

借：原材料——乙材料　　850

　贷：应交税费——增值税检查调整　　850

综上所述，因为“应交税费——应交增值税（进项税额）”没有借方余额，“应交税费——增值税检查调整”贷方余额合计为2 550元（1 700+850）。调账分录为：

借：应交税费——增值税检查调整　　2 550

　贷：应交税费——未交增值税　　2 550

增值税入库时：

借：应交税费——未交增值税　　2 550

　贷：银行存款　　2 550

【例4-23】 某工业企业系增值税一般纳税人，适用增值税税率为17%。2016年2月25日至28日，当地主管国税机关对其上年12月的生产经营情况及应缴纳的增值税进行了检查，发现问题如下。

（1）12月5日12号凭证：购进原材料一批，已验收入库，取得增值税专用发票一张，注明价款200 000元、税额34 000元。取得运输部门开具的运输业普通发票一张，注明运费10 000元；取得装卸费增值税专用发票一张，注明装卸费用2 000元、税款120元；款项均未支付。企业账务处理为：

借：原材料　210 900

　　应交税费——应交增值税（进项税额）　35 220

　贷：应付账款——××单位　246 120

（2）12月10日26号凭证：购进机械设备一台并投入使用，取得的增值税专用发票上注明价款150 000元，税款25 500元；取得运输业增值税专用发票一张，注明运费8 000元、进项税额880元；取得增值税普通发票一张，注明搬运费用3 000元；款项已付。企业账务处理为：

借：固定资产　160 820

　　应交税费——应交增值税（进项税额）　26 560

　贷：银行存款　187 380

（3）12月12日42号凭证：销售产品一批，开出增值税专用发票一张，注明价款100 000元、税款17 000元，货已发出；开具普通发票一张，取得包装物销售收入35 100元，款项已收存银行。企业账务处理为：

借：银行存款　152 100

　贷：主营业务收入　100 000

　　　应交税费——应交增值税（销项税额）　17 000

　　　营业外收入　35 100

（4）12月18日50号凭证：没收逾期的出租包装物押金9 360元。企业账务处理为：

借：其他应付款　9 360

　贷：利润分配——未分配利润　9 360

（5）12月21日60号凭证：本单位基建工程领用外购已经抵扣进项税额的材料一批，成本价（不含运输费用）180 000元。企业账务处理为：

借：在建工程　180 000

　贷：原材料　180 000

（6）12月24日96号凭证：收购免税农产品（非核定办法扣除范围）一批作原材料，支付收购价款120 000元，支付运输单位装卸费用5 000元，未取得增值税专用发票，货物已验收入库。企业账务处理为：

借：原材料　　125 000

　贷：现金　　125 000

(7) 12 月 25 日 102 号凭证：将自产应税产品成本价格 90 000 元（同类产品的不含税市场销售价格为 100 000 元）捐赠给受灾地区。企业账务处理为：

借：营业外支出　　90 000

　贷：库存商品　　90 000

(8) 12 月 26 日 133 号凭证：销售下脚材料，开具普通发票，取得含税销售收入 11 700 元。企业账务处理为：

借：银行存款　　11 700

　贷：销售费用　　11 700

(9) 12 月 28 日 150 号凭证：接受某单位捐赠货物一批，取得对方开具的增值税专用发票，注明货物金额 100 000 元、增值税税额 17 000 元。企业账务处理为：

借：原材料　　117 000

　贷：营业外收入　　117 000

(10) 12 月 30 日 180 号凭证：后附存货盘存表一张，盘亏原材料成本 41 000元（其中，运输费用 1 000 元，材料和运输费用均在上月已抵扣了进项税额，附件资料说明盘亏的原材料因管理不善被盗）。企业账务处理为：

借：待处理财产损溢　　41 000

　贷：原材料　　41 000

(11) 其他资料：上年 12 月末"应交税费——应交增值税（进项税额）"明细账有借方余额 25 000 元。

检查要求：根据增值税相关规定，检查该企业会计核算存在的问题并对"应交税费——应交增值税"明细账作相关的调账处理。

解析：

(1) 12 月 5 日 12 号凭证：购进原材料发生运输费用 10 000 元，没有取得增值税专用发票，不应该计算进项税额抵扣，应调减进项税额 1 100 元（10 000 × 11%）。调账分录为：

借：原材料　　1 100

　贷：应交税费——增值税检查调整　　1 100

(2) 12 月 10 日 26 号凭证：购进机械设备一台，取得的增值税专用发票上注明税款 25 500 元可作进项税额抵扣；取得运输业增值税专用发票一张，注明税额 880 元可作进项税额抵扣。取得增值税普通发票一张，注明搬运费用 3 000

元，进项税额180元（3 000×6%）计入固定资产原值，应调减进项税额180元。调账分录为：

借：固定资产　180

　贷：应交税费——增值税检查调整　180

（3）12月12日42号凭证：开具普通发票，取得包装物销售收入35 100元，不应计入“营业外收入”账户核算，应将其作“其他业务收入”处理并计算销项税额。应调增增值税销项税额5 100元｛［35 100÷（1+17%）］×17%｝。调账分录为：

借：以前年度损益调整　5 100

　贷：应交税费——增值税检查调整　5 100

（4）12月18日50号凭证：没收逾期的出租包装物押金9 360元，应计入“其他业务收入”处理并计算销项税额，应调增增值税销项税额1 360元｛［9 360÷（1+17%）］×17%｝。调账分录为：

借：利润分配——未分配利润　9 360

　贷：以前年度损益调整　8 000

　　　应交税费——增值税检查调整　1 360

（5）12月21日60号凭证：本单位基建工程领用外购材料，应将其已经抵扣的进项税额转出，计入在建工程。应调减进项税额30 600元（180 000×17%）。调账分录为：

借：在建工程　30 600

　贷：应交税费——增值税检查调整　30 600

（6）12月24日96号凭证：收购免税农产品（非核定办法扣除范围）作原材料，应按规定的扣除比例13%计算进项税额予以扣除。在检查时，应调增进项税额15 600元（120 000×13%）。调账分录为：

借：应交税费——增值税检查调整　15 600

　贷：原材料　15 600

（7）12月25日102号凭证：将自产产品对外捐赠，应视同销售，按照同类产品市场销售价格计算增值税销项税额。在检查时，应调增销项税额17 000元（100 000×17%）。调账分录为：

借：以前年度损益调整　17 000

　贷：应交税费——增值税检查调整　17 000

（8）12月26日133号凭证：销售下脚材料，按规定应作“其他业务收入”处理，同时按规定计算销项税额。在检查时，应调增销项税额1 700元［11 700÷

(1+17%) ×17%]。调账分录为：

借：以前年度损益调整 1 700

贷：应交税费——增值税检查调整 1 700

(9) 12月28日150号凭证：接受某单位捐赠货物，取得对方开具的增值税专用发票，注明增值税税额17 000元，按规定可作进项税额抵扣。在检查时，应调增进项税额17 000元。调账分录为：

借：应交税费——增值税检查调整 17 000

贷：原材料 17 000

(10) 12月30日180号凭证：盘亏原材料41 000元（其中含运费1 000元），按规定应将其进项税额转出。企业只转出盘亏原材料的成本不正确。在检查时，应调增进项税额6 910元（40 000×17%+1 000×11%）。调账分录为：

借：以前年度损益调整 6 910

贷：应交税费——增值税检查调整 6 910

(11) 企业上年12月末"应交税费——应交增值税（进项税额）"明细账有借方余额25 000元。本期检查，"应交税费——增值税检查调整"账户借方发生额为32 600元，贷方发生额为63 950元，借贷发生额相抵后，贷方余额为31 350元。按照规定，在检查时，"应交税费——增值税检查调整"账户贷方余额将检查所属期未抵扣的"应交税费——应交增值税（进项税额）"明细账借方余额25 000元冲减后，实际应补交增值税额5 950元。调账分录为：

借：应交税费——增值税检查调整 6 350

贷：应交税费——未交增值税 6 350

上交增值税时：

借：应交税费——未交增值税 6 350

贷：银行存款 6 350

第四节 增值税其他检查内容

一、纳税人和扣缴义务人的检查

（一）政策依据

1. 纳税义务人。在中华人民共和国境内销售货物或者提供加工、修理修配劳务以及进口货物的单位和个人，为增值税的纳税义务人，有两种类别，即一般纳税人与小规模纳税人。

依据2018年3月28日国务院常务会议决定，从2018年5月1日起，统一增值税小规模纳税人标准，将工业企业和商业企业小规模纳税人的年销售额标准由50万元和80万元上调至500万元，让更多企业享受按较低征收率计税的优惠。

2. 扣缴义务人。代扣代缴义务人，亦称“扣缴义务人”，即有义务从持有的纳税人收入中扣除应纳税款并代为缴纳的企业或单位。确定代扣代缴义务人，有利于加强税收的源泉控制，简化征税手续，减少税款流失。代扣代缴义务人主要有以下两类：一是向纳税人支付收入的单位；二是为纳税人办理汇款的单位。

代扣代缴义务人不同于代收代缴义务人。代收代缴义务人不持有纳税人的收入，无法从纳税人的收入中扣除应纳的税款。代扣代缴义务人持有纳税人的收入，因而可以扣除纳税人的应纳税金并代为缴纳。

对税法规定的扣缴义务人，税务机关应向其颁发代扣代缴证书，明确其代扣代缴义务。代扣代缴义务人必须严格履行扣缴义务。对不履行扣缴义务的，税务机关应视其情节轻重予以处置，并责令其补缴税款。

（二）常见涉税问题。

符合一般纳税人条件但不办理一般纳税人认定手续。

发生扣缴义务时，扣缴义务人未按规定履行代扣代缴义务。

（三）主要检查方法

审查会计报表、资金流动凭据和现金流量计算、货物购进凭据、销售日记账，通过单位能耗（比如材料消耗、水电消耗、工资消耗）测算，核实纳税人的年实际应税销售额，检查是否符合一般纳税人条件但未申请认定为一般纳税人。

审阅扣缴义务人所签订的劳务合同，审查境外的单位或个人在境内销售应税劳务的情况，核实扣缴义务人是否正确履行扣缴义务。

二、适用税率的检查

（一）一般规定

1. 政策依据。根据财政部、税务总局、海关总署2019年第39号《关于深化增值税改革有关政策的公告》，从2019年4月1日起，增值税一般纳税人发生增值税应税销售行为或者进口货物，提供应税劳务，提供有形动产租赁服务，原适用16%税率的，税率调整为13%；销售或进口税法列举的货物，提供交通运输服务、邮政服务、基础电信服务，原适用10%税率的，税率调整为9%；提供现代服务业服务（有形动产租赁服务之外）、增值电信服务，税率不变，仍为6%。纳税人购进农产品，原适用10%扣除率的，扣除率调整为9%。纳税人购进用于生产或者委托加工税率为13%的货物的农产品，按照10%的扣除率计算进项税额。

小规模纳税人销售货物或提供应税劳务，征收率为3%。

2. 常见涉税问题。高税率货物适用低税率，少缴税款。

3. 主要检查方法。

（1）采用比较分析法，计算不同税率货物的销售额占总销售额的比例，并与上期或以往年度的比例对比。如果低税率货物的销售收入比例明显上升，高税率货物的销售比例明显下降，应分析不同税率货物的销售价格和销售数量是否发生变化，如果变化不大，则该纳税人可能存在高税率货物按低税率货物申报纳税的问题。

（2）采用实地观察法，调查了解实际生产经营货物的具体品种、货物的性能、用途、配料、工艺流程等，结合税收政策的相关规定，审查其申报的税率是否正确。

（3）检查不同税率的货物或应税劳务的财务核算情况，重点检查存货核算的凭证资料、原始附件，审核是否将高税率的货物并入低税率的货物中核算。

（4）检查“主营业务收入”“其他业务收入”明细账设置情况，核实是否按规定分别核算和准确核算不同税率的货物或应税劳务的销售额。

（5）对照审核“主营业务收入”“其他业务收入”“应交税费”明细账和纳税申报表，核实是否按规定计提、申报不同税率的货物或应税劳务的销项税额。

（二）特殊规定

1. 政策依据。纳税人兼营销售货物、劳务、服务、无形资产或者不动产，适用不同税率或征收率的，应当分别核算适用不同税率或征收率的销售额；未分别核算销售额的，从高适用税率。

（1）兼有不同税率的销售货物，提供加工修理修配劳务或者应税服务的，从高适用税率。

（2）兼有不同征收率的销售货物，提供加工修理修配劳务或者应税服务的，从高适用征收率。

（3）兼有不同税率和征收率的销售货物，提供加工修理修配劳务或者应税服务的，从高适用税率。

2. 常见涉税问题。

（1）兼营不同税率的货物、劳务、服务、无形资产或者不动产，未分别核算不同税率的货物、劳务、服务、无形资产或者不动产的销售额，未从高适用税率。

（2）兼营不同税率的货物、劳务、服务、无形资产或者不动产，不能准确核算不同税率的货物、劳务、服务、无形资产或者不动产的销售额，或将高税率货物的销售额混入低税率货物的销售额进行核算。

3. 主要检查方法。

（1）审核会计报表和“主营业务收入”“其他业务收入”明细账，核实是否按规定分别核算和准确核算不同税率货物，以及一并征收增值税的应税劳务的销售额。

（2）审核记账凭证和原始凭证，根据原始凭证注明的经济内容，核实价格和金额等方面有无异常情况，判断有无将应适用高税率的货物或应税劳务的销售额，混入低税率销售额的情况。

（3）审核“主营业务收入”“其他业务收入”“应交税费”明细账和纳税申报表，核实是否按规定计提、申报不同税率的货物或应税劳务的销项税额。

【例4－24】 A金属材料有限公司（以下简称“A公司”）经营范围包括钢材销售、建筑用脚手架租赁，增值税一般纳税人，适用一般计税方法计税。2016年6月销售200吨螺纹钢给B公司，不含税售价2 200元/吨，货物由A公司车辆运输至B公司，运费129.87元/吨；出租脚手架给C建筑公司收入50 000元；公司店面出租收入10 000元。计算A公司应纳增值税额。

解析：业务发生在全面营改增之后，销售螺纹钢并负责运输属于混合销售行为，收取的运费按货物销售缴纳增值税；脚手架和店面出租则属于兼营行为。

$$\begin{aligned}\text{增值税销项税额} &= 2\,200\times200\times17\% + 129.87\div1.17\times200\times17\% + \\ &\quad 50\,000\div1.17\times17\% + 10\,000\div1.11\times11\% \\ &= 86\,829.95\ (\text{元})\end{aligned}$$

三、小规模纳税人应纳增值税税额的检查

对小规模纳税人的增值税征收采用简易征收办法，对小规模纳税人适用的税率称为征收率。这里需要解释两点：第一，小规模纳税人取得的销售额是销售货物或者提供应税劳务向购买方收取的全部价款和价外费用，但是不包括按3%的征收率收取的增值税税额。第二，小规模纳税人不得抵扣进项税额。小规模纳税人实行的增值税的简易征收办法，购进货物即使取得增值税专用发票，也不作进

项税额抵扣。这是因为，小规模纳税人会计核算不健全，不能准确核算销项税额和进项税额，不实行按销项税额抵扣进项税额求得应纳税额的税款抵扣制度，而实行简易计税办法。

注意：小规模纳税人发生增值税应税销售行为，合计月销售额未超过10万元（以1个季度为1个纳税期的，季度销售额未超过30万元）的，免征增值税。

（一）应纳税额的计算

应纳税额的计算公式为：

应纳税额＝［含税销售额÷（1＋征收率）］×征收率

【例4－25】某小型工业企业是增值税小规模纳税人。2016年3月取得销售收入12.36万元（含增值税）；购进原材料一批，支付货款3.09万元（含增值税）。计算该企业当月的应纳增值税税额。

解析：小规模纳税人开具普通发票，取得的销售收入均为含税销售额，同时不得抵扣进项税额。

当月应纳增值税税额＝12.36÷（1＋3%）×3%＝0.36（万元）

（二）常见涉税问题

小规模纳税人应纳税额涉及销售额和征收率，其中，销售额是最主要的因素。在影响销售收入的销售数量与销售单价两种因素中，销售单价的正确性可以通过检查合同、询价等方式加以验证，企业在销售单价方面进行调节的余地较小，因此，隐瞒销售产品的数量成为企业隐瞒销售收入的主要方法。

一些小企业出于偷逃税款的考虑，往往会将部分收入隐匿不入账，以达到缩小税基，少交流转税、少交甚至不交所得税的目的。这部分收入一般来源于自然人、个体工商户或是小企业，直接以现金收取，并不开具正式发票。由于这部分收入未在账内核算，且企业内控制度又多不健全，与收入有关的原始单据如发货单、提货单、送货单等往往没有妥善保管，有的甚至没有这类原始单据，因此，如何查出这些账外收入就成了税务稽查的难点。

（三）主要检查方法

1. 分析性复核，判断企业是否掩饰销售额。掩饰少报销售额的账务处理方式尽管不同，但归根结底是通过虚假账务核算来实现的，会计账簿所反映的信息不能客观真实地反映企业相关指标变动趋势及比率，对重要的比率或趋势进行分析，将通过分析得到的数据在横向上与同行业的相关数据资料进行比较，纵向上与本公司不同时期的数据资料进行比对，查找疑点，寻找突破口。

2. 实地盘点，账实核对，确认企业存货数量。销售数量的计算公式如下：

销售数量 = 产品生产数量 - 期末库存产品数量 + 期初库存产品数量

分析企业的存货数量和结构是否合理，目前企业基本实行订单生产，以销定产，没有特殊情况，原材料和库存产品数量不会太大。实地盘点、账实核对是检查企业是否存在虚报销售额的重要方法。

（1）到产成品仓库检查出库单、提货单等出库票据并与“库存商品”账户贷方核对，若出库单、提货单等出库票据发出产品数量大于企业“库存商品”账户发出数量、“主营业务收入”账户销售数量，应进一步检查是否存在将产成品发出而未作销售处理隐瞒收入的情况。

（2）将“库存商品”明细账与仓库产品保管明细账户相核对，如果仓库产品保管明细账数量小于“库存商品”账户数量，应进一步查清是否存在由仓库直接销售产品，隐瞒产品销售收入的问题。

（3）将仓库产品的实际数量与“库存商品”明细账相核对，如果仓库产品的实际数量大于结存数量，一方面看是否退货未办手续入账，另一方面看是否有账外结存。

（4）到企业的生产车间了解其生产过程，材料使用，产品的生产情况，生产过程中是否产生边角余料、副产品、废品等，是如何核算处理的，有无销售副产品、废品、边角余料不作销售处理，而将其收入留作小金库另作他用等情况。

第五节　生产企业出口货物免、抵、退税的检查

出口货物退（免）税是指在国际贸易业务中，对报关出口的货物退还在国内各生产环节和流转环节按税法规定已缴纳的增值税和消费税，或免征应缴纳的增值税和消费税。它是国际贸易中通常采用并为世界各国普遍接受的、目的在于鼓励各国出口货物公平竞争的一种税收措施。我国目前主要针对增值税与消费税进行退免，即对我国报关出口的货物退还或免征其在国内各生产和流转环节按税法规定缴纳的增值税和消费税。对增值税出口货物实行零税率，对消费税出口货物免税。

出口货物适用零税率和免税货物从形式上看均表现为纳税人不纳税，但二者区别在于：一是税法规定纳税人销售零税率货物具有纳税的义务，但由于规定税率为零，纳税人无税可纳。而免税则指国家根据政策的需要，免除纳税人缴纳税

款的义务。二是纳税人销售零税率货物既然有纳税义务，同样也有抵扣税额的权利，从形式上表现为退给纳税人在各个流转环节已缴纳的税款。而免税则规定免除纳税人纳税的义务，同时也规定生产销售免税货物不得抵扣进项税额，即纳税人必须放弃抵扣税款的权利。

出口货物退（免）税这项优惠政策，可以直接给纳税人带来经济利益。绝大多数纳税人积极运用这项优惠政策，既为自身经营带来了丰厚的利润，也对我国的产品占据国际市场起到了非常重要的作用。但是也有个别纳税人钻国家政策的漏洞，采用非法手段骗取国家退税款。因此，对出口货物退（免）税的检查非常重要。2014 年，税务总局会同公安部、海关总署开展打击骗取出口退税专项行动，挽回国家税收损失 36 亿元。

一、出口货物退（免）税的基本政策

（一）免税并退税

出口免税是指对货物在出口销售环节不征增值税、消费税，把货物出口环节与出口前的销售环节视为一个征税环节；出口退税是指对货物在出口前实际承担的税收负担，按规定的退税率计算后予以退还。

适用这个政策的情形主要有：有出口经营权的内资生产企业和批准设立的外商投资企业自产货物的自营出口或委托代理出口；外贸企业收购货物出口或受生产企业委托代理出口货物；某些专门从事对外承包工程、对外修理修配、对外投资等项目的特定企业的货物出口等。

（二）免税不退税

出口免税与上述第（一）项含义相同。出口不退税是指适用这个政策的出口货物因在前一道生产、销售环节或进口环节是免税的，因此，出口时该货物的价格中本身就不含税，也无须退税。

适用这个政策的出口货物主要有：来料加工复出口的货物、列入免税项目的避孕药品和工具、古旧图书、免税农产品、国家计划内出口的卷烟及军品等。

（三）不免税也不退税

出口不免税是指对国家限制或禁止出口的某些货物的出口环节视同内销环节，照常征税；出口不退税是指对这些货物出口不退还出口前其所负担的税款。

适用这个政策的主要是税法列举限制或禁止出口的货物，如天然牛黄、麝香、白银等。

二、一般退（免）税货物应具备条件

一般退（免）税货物应具备的条件有：必须是属于增值税、消费税征税范围的货物；必须是报关离境的货物；必须是在财务上作销售处理的货物；必须是出口收汇并已核销的货物。

对出口的凡属于已征或应征增值税、消费税的货物，除国家明确规定不予退（免）税的货物和出口企业从小规模纳税人购进并持普通发票的部分货物外，都属于出口货物退（免）税的货物范围，均应予以退还已征增值税和消费税或免征应征的增值税和消费税。

三、检查出口货物免、抵、退税的计算是否正确

实行免、抵、退管理办法的“免”税，是指对生产企业出口的自产货物，在出口时免征本企业生产销售环节增值税；“抵”税，是指生产企业出口自产货物所耗用的原材料、零部件、燃料、动力等所应予退还的进项税额，抵顶内销货物的应纳税额；“退”税是指生产企业出口的自产货物在当月内应抵顶的进项税额大于应纳税额时，对未抵顶完的部分予以退税。出口货物免、抵、退税的计算分两种情况：一种是出口企业全部原材料均从国内购进；另一种是出口企业有进口料件加工业务。这里主要介绍第一种情况下免、抵、退税的计算。

计算步骤：

第一步，剔税：

$$\text{当期免抵退税不得免征和抵扣的税额}=\text{出口货物离岸价格}\times\text{外汇人民币牌价}\times\left(\text{出口货物征税率}-\text{出口货物退税率}\right)$$

第二步，抵税：

$$\text{当期应纳税额}=\text{内销的销项税额}-\left(\text{进项税额}-\text{当期免抵退税不得免征和抵扣的税额}\right)-\text{上期留抵税额}$$

第三步，算尺度：

$$\text{免抵退税额}=\text{出口货物离岸价}\times\text{外汇人民币牌价}\times\text{出口货物退税率}$$

第四步，比较、确定当期应退税额和免抵税额：

如当期期末留抵税额≤当期免抵退税额，则：

$$\text{当期应退税额}=\text{当期期末留抵税额}$$

$$\text{当期免抵税额}=\text{当期免抵退税额}-\text{当期应退税额}$$

如当期期末留抵税额>当期免抵退税额，则：

$$\text{当期应退税额}=\text{当期免抵退税额}$$

$$\text{当期免抵税额}=0$$

【例4－26】某自营出口生产企业是增值税一般纳税人，出口货物的征税率为17%，退税率为13%。2016年3月购进原材料一批，取得的增值税专用发票注明的价款200万元，外购货物准予抵扣进项税款34万元，货已入库。上期期

末留抵税额3万元。当月内销货物销售额100万元，销项税额17万元。本月出口货物销售折合人民币200万元。试计算该企业本期免、抵、退税额、应退税额、免抵税额。

解析：

当期免抵退税不得免征和抵扣税额 = 200 ×（17% − 13%）= 8（万元）

应纳增值税额 = 100 × 17% −（34 − 8）− 3 = −12（万元）

出口货物免、抵、退税额 = 200 × 13% = 26（万元）

本例中，当期期末留抵税额12万元小于当期免抵退税额26万元，故当期应退税额等于12万元。

当期免抵税额 = 26 − 12 = 14（万元）

四、出口货物免、抵、退税的检查要点

我国出口退税政策是按行业制定的，主要分为两大类，即外（工）贸企业和生产企业。目前采取两种退税计算方法：第一种，"免抵退"办法，适用于自营和委托出口自产货物（含视同自产货物）的生产企业；第二种，"先征后退"办法，适用于收购货物出口的外（工）贸企业。针对生产企业的生产经营特点，检查货物免、抵、退税应注意以下要点。

（一）对有关单证的检查

在国家实行新的免、抵、退税管理办法后，骗取出口退税必然围绕着增值税进项税额虚增和内销货物的销项税额虚减进行操作。所以，在税务检查过程中，也必须紧扣这两点来开展工作，这与增值税的检查方法基本相同，这里主要强调对有关单证的检查。从货物的出口到退税有许多单证，有来自海关的、银行的、外贸的，以及征税税务机关的，在判断货物出口的真实性，明确出口货物真实来源时，应将各种单证形成链条相互印证、对比，从中发现问题、支持结论。

（二）对免、抵、退增值税的检查

对出口退（免）税范围的检查，主要是指三个环节的检查：一是对出口货物免税的检查；二是对出口货物抵税的检查；三是对出口货物退税的检查。

1. 出口货物免税的检查要点。要对出口货物的出口原始凭证逐一进行检查，并与出口产品销售明细账逐笔核对，按月计算生产企业的出口销售额。重点检查出口货物的贸易类型，海关商品编码适用的出口货物退税率。对于出口原始凭证不全，或者已取得出口原始单据，但不具有法定效力的，应按内销进行补税和账务处理。

2. 出口货物抵税的检查要点。出口货物的采购和生产环节所负担的进项税

额，在扣除不予抵扣的进项税额之后，其余额可用于抵减内销产品的销项税额。其抵税的检查应注意的要点有：一是对于生产企业既有出口业务，又有内销业务量，其进项税额首先按出口货物离岸价与征税率、退税率之差计算不予抵扣的进项税额作进项税额转出，然后再抵减内销产品的销项税额。二是由于免、抵、退税办未能按照生产企业的进项税发票所列税款计算退税，因此，对于抵扣凭证的真实性、合法性的检查应作为重中之重。

3. 出口货物退税的检查要点。出口企业按月计算办理的出口退税，由“应交税费——应交增值税”贷方的“出口退税”账户转入“其他应收款——应收出口退税”账户。检查中应注意出口企业申报的出口退税与主管退税机关核批的退税是否一致，对于出口退税额的差异要进行调账（对于采取按退税机关审批批复作账务处理的不要调账），并要注意以下问题：一是出口退税率的确定是否正确，特别是要注意退税率几经调整的出口产品，整机与零部件的征退税率不同的产品，以及农产品和以农产品为原料加工的工业品的区别。二是出口贸易类型的确认是否正确，特别要注意企业自产与购进业务核算是否准确，一般贸易、来料加工与进料加工贸易有无相互混淆，以及免税产品按退税处理的问题。

本章习题

一、单选题

1. 税务人员在税务稽查中发现某公司3月4号凭证的会计分录为：

借：在建工程——厂房　5 000

　贷：库存商品　5 000

经查，结转的产成品金额为实际生产成本，则可能的正确会计分录为（　　）。

A. 借：在建工程　5 000

　　贷：主营业务收入　5 000

B. 借：在建工程　5 835

　　贷：库存商品　5 000

　　　应交税费——应交增值税（销项税额）　835

C. 借：在建工程　5 935

　　贷：库存商品　5 000

　　　应交税费——应交增值税（销项税额）　935

D. 借：在建工程　6 435

　　贷：主营业务收入　5 500

　　　应交税费——应交增值税（销项税额）　935

2. 税务人员在税务稽查中发现，甲炼油厂运输车间领用汽油时的会计分录为：

借：生产成本——辅助生产成本（运输车间）

　贷：库存商品——汽油

则该企业（　　）。

A. 少计了增值税

B. 既少计了增值税，又少计了消费税

C. 应将“库存商品——汽油”改为“主营业务收入——汽油”

D. 处理正确

3. 某服装企业（增值税一般纳税人，适用增值税税率17%）取得销售服装收入（含税）100 000元，企业的会计处理为：

借：银行存款　100 000

　贷：资本公积　100 000

下列关于该笔账务处理的表述，正确的为（　　）。

A. 造成少缴增值税 17 000 元

B. 造成少缴增值税 14 529. 91 元

C. 造成少缴消费税 5 000 元

D. 造成少缴消费税 3 000 元

4. 检查“库存商品”“原材料”等存货类账户明细账的贷方发生额，对应账户是“原材料”或“工程物资”或其他货物等账户的，可能存在的问题是（　　）。

A. 以物易物不按规定确认收入、少缴税款

B. 用货物抵偿债务，不按规定计提销项税额

C. 销售货物直接冲减“生产成本”或“库存商品”

D. 收取返利未按规定冲减进项税额

5. 某家具生产企业为一般纳税人，适用 17% 的增值税税率。某月份销售产品 200 件，每件不含税价为 1 000 元，该月收取包装物使用费 20 000 元。另外，为保证购买方及时退回包装物，订立了包装物使用期限为六个月的合同，并收取押金 40 000 元。则本月该企业应缴纳的增值税为（　　）元。

A. 42 717. 95　　B. 37 400　　C. 36 905. 98　　D. 34 000

6. 某电器企业（增值税一般纳税人，适用 17% 的增值税税率。）在收取货款时另向购买方收取延期付款利息 20 000 元，企业作如下会计处理：

借：银行存款　　20 000

　贷：财务费用　　20 000

下列关于该笔会计处理的表述，正确的是（　　）。

A. 该笔会计处理造成企业少缴增值税 1 200 元

B. 该笔会计处理造成企业少缴增值税 2 905. 98 元

C. 该笔会计处理造成企业少缴增值税 3 400 元

D. 该笔会计处理造成企业少缴企业所得税 1 000 元

7. 某企业为增值税一般纳税人，增值税税率为 17%，2016 年 6 月在收取货款时另向购买方收取优质费 100 000 元，企业应作的账务处理为（　　）。

A. 借：银行存款　　100 000

　　贷：销售费用　　100 000

B. 借：银行存款　　100 000

　　贷：主营业务收入　　83 000

　　　　应交税费——应交增值税（销项税额）　　17 000

C. 借：银行存款　　100 000
　　贷：主营业务收入　　85 470.09
　　　　应交税费——应交增值税（销项税额）　　14 529.91

D. 借：银行存款　　100 000
　　贷：其他业务收入　　85 470.09
　　　　应交税费——应交增值税（销项税额）　　14 529.91

8. 在税务检查中如果发现某企业有以下会计分录：

借：应收账款
　贷：库存商品
　　　其他应付款

则最有可能的是（　　）。

A. 纳税人以产成品抵偿债务

B. 纳税人隐瞒经营收入

C. 纳税人存在账外经营行为

D. 纳税人销售价格明显偏低，且无正当理由

9. 某公司为增值税一般纳税人，主要生产化工原料，2016 年 1 月当地税务机关对其上年度的纳税情况实施全面检查。稽查人员采用审阅法检查“库存商品”账户相关记账凭证时，发现 2015 年 10 月 45 号记账凭证记载如下：

借：应付账款　　234 000
　贷：库存商品　　234 000

记账凭证后附有仓库出库单据。从固定证据完整齐全的角度，税务机关宜采用（　　）至（　　）调查查实该公司存在以产品抵付应付购货款的税收违法事实。

A. 外调法债务单位　　B. 外调法债权单位

C. 观察法管理部门　　D. 观察法后勤部门

10. 下列账务处理可能存在收取价外费用逃避纳税义务的问题是（　　）。

A. 借：其他应收款
　　贷：库存商品

B. 借：应收账款
　　贷：原材料

C. 借：应付账款
　　贷：原材料

D. 借：库存现金

　　贷：销售费用

11. 纳税人利用关联企业交易转移计税价格的逃避纳税义务的手法是（　　）。

A. 销售货物直接冲减“生产成本”

B. 以物易物不按规定确认收入，不计提销项税额

C. 白酒生产企业成立由其控股的销售公司，以明显低于同期该货物的平均销售价格将货物给销售公司

D. 用货物抵偿债务，不按规定计提销项税额

12. 纳税人采取以旧换新方式销售货物的偷税手法是（　　）。

A. 按实际收取的销售款项计税（金银首饰除外）

B. 按销售折扣后的销售额计税

C. 按减除还本支出后的销售额计税

D. 按实际收取的销售款项计税

13. 纳税人采取还本销售方式销售货物的偷税手法是（　　）。

A. 按货物的适用税率计税

B. 按销售折扣后的销售额计税

C. 按减除还本支出后的销售额计税

D. 按组成计税价格计税

14. 实行统一核算的纳税人机构间移送货物逃避纳税义务的问题是（　　）。

A. 设有两个以上的机构并实行统一核算的纳税人，将货物从一个机构移送其他机构（不在同一县市）用于销售，未作销售处理

B. 设有两个以上的机构不实行统一核算的纳税人，将货物从一个机构移送其他机构（不在同一县市）用于销售，未作销售处理

C. 设有两个以上的机构并实行统一核算的纳税人，将货物从一个机构移送其他机构（不在同一县市）不用于销售，未作销售处理

D. 设有两个以上的机构不实行统一核算的纳税人，将货物从一个机构移送其他机构（不在同一县市）不用于销售，未作销售处理

15. 纳税人出售、出借包装物业务容易出现的涉税问题是（　　）。

A. 啤酒生产企业包装物押金收入不及时纳税

B. 黄酒生产企业包装物押金收入不及时纳税

C. 白酒生产企业包装物押金收入不及时纳税

D. 单独核算的包装物租金收入不及时纳税

16. 2016 年 1 月，稽查局对某机械设备有限公司 2015 年度的纳税情况进行检查。检查中，发现在 2015 年 5 月 15 日第 32 号凭证上，账务处理如下：

借：银行存款　　13 200

　贷：其他业务收入　　13 200

记账凭证后附磅单一份，上面注明货物为废铁和铁屑。该企业采用逐笔计提税额的账务处理方法，申报表中未反映此笔业务申报的税款。该企业的违法问题类型属于（　）。

A. 销售原材料未计提销项税额

B. 销售原材料隐匿账外

C. 销售废品未计提销项税额

D. 销售废品隐匿账外

17. 某商场采用还本销售的方式，销售电视机 100 台，每台不含税售价 5 000 元，约定 2 年后将售价的 50% 返还给购货人，则该商场当期计算的增值税销项税额是 42 500 元，注册税务师审核后，认为销项税额应该是（　　）。

A. 42 500 元　　B. 85 000 元　　C. 10 000 元　　D. 20 000 元

18. 小规模纳税人销售自己使用过的固定资产，减按（　　）征收率征收增值税。

A. 2%　　B. 3%　　C. 11%　　D. 6%

19. 甲服装厂为增值税一般纳税人，2016 年 9 月销售给乙企业 300 套服装，不含税价格为 700 元/套。由于乙企业购买数量较多，甲服装厂给予乙企业 7 折的优惠，并按原价开具了增值税专用发票，折扣额在同一张发票的“备注”栏注明。甲服装厂当月的销项税额为（　　）元。

A. 24 900　　B. 35 700　　C. 36 890　　D. 47 600

20. 某工艺品厂为增值税一般纳税人，2016 年 12 月 2 日销售给甲企业 200 套工艺品，每套不含税价格 600 元。由于部分工艺品存在瑕疵，该工艺品厂给予甲企业 15% 的销售折让，已开具红字增值税专用发票。

为了鼓励甲企业及时付款，该工艺厂提出“2/20，*N*/30”的付款条件，甲企业于当月 15 日付款。该工艺品厂此项业务的销项税额为（　　）元。

A. 16 993. 2　　B. 17 340　　C. 19 992　　D. 20 400

二、多选题

1. 以下有关增值税检查专门账户表述正确的有（　　）。

A. 增值税一般纳税人在税务机关对其增值税纳税情况进行检查后，凡涉及增值税涉税账务调整的，均应设立“应交税费——增值税检查调整”专门账户

B. 凡检查后应调减账面进项税额或调增销项税额和进项税额转出的数额，借记有关科目，贷记“应交税费——增值税检查调整”科目

C. 凡检查后应调增账面进项税额或调减销项税额和进项税额转出的数额，借记有关科目，贷记“应交税费——增值税检查调整”科目

D. 全部调账事项入账后，应结出“应交税费——增值税检查调整”账户的余额，并对余额进行处理，处理之后，“应交税费——增值税检查调整”账户无余额

2. 甲公司的总部在上海，该公司系增值税一般纳税人，为了扩大市场销路，依法设立了天津销售分公司。根据这一情况，稽查人员应重点（　　）。

A. 审查企业近年来的利润总额，了解企业的盈利情况

B. 检查“库存商品”等存货类账户，核实机构间是否存在移送货物的情况

C. 核对机构间的往来明细账和银行资金往来凭据

D. 审查销售部门的销售台账、仓库部门的实物账等情况

3. 2016 年 9 月 1 日，楚天税务局稽查局接到群众举报，称昊天公司（该公司系增值税一般纳税人）将自产的货物用于非应税项目和集体福利，采取不申报或少申报纳税的手段进行偷税，根据这一线索，稽查人员的检查方法是（　　）。

A. 实地观察或询问自产货物的用途，分析有无用于非应税项目、集体福利的

B. 审阅“其他业务支出”“在建工程”“应付职工薪酬”账户的借方发生额，对这些账户的借方发生额的对应账户进行审核，检查其是否使用了自产的货物

C. 检查仓库发货单，审核是否存在非应税项目、集体福利领用自产货物的情况

D. 审核计税价格，核实有无以成本价作为计税依据的情况

4. 人为滞后销售入账时间，延迟实现税款，主要包括：（　　）。

A. 采用托收承付结算方式销售时，为调减当期销售或利润，延期办理托收手续

B. 发出商品时不作销售收入处理

C. 采用交款提货销售方式销售时，货款已收到，提货单和发票账单已交给

买方，但买方尚未提货情况下，不作销售收入处理

D. 货物已经发出，未收到货款而不申报纳税

5. 某单位购进的下列货物中，按增值税有关规定不能作为进项税额抵扣的有（　　）。

A. 外购食用油用于职工集体福利

B. 外购货物用于分配给股东

C. 外购原材料用于在建工程

D. 发生非正常损失的产品中所耗用的外购材料

6. 纳税人售价明显偏低且无正当理由情况下，主管税务机关有权核定其销售额，核定顺序及方法有（　　）。

A. 当月同类货物的平均销售价格

B. 当月同类货物的最高销售价格

C. 最近时期同类货物的平均销售价格

D. 组成计税价格

7. 注册税务师对非正常损失的购进原材料是否按规定转出进项税额进行审核时，应主要审核（　　）。

A. “营业外支出”账户

B. “待处理资产损溢——待处理流动资产损溢”账户的借方发生额及会计凭证，分析对应关系

C. 增值税专用发票抵扣联

D. 原材料明细账户贷方发生额及会计凭证，分析其对应关系

8. 税务机关对一般纳税人的增值税纳税情况进行检查时，发现的下列情形中，应通过“应交税费——增值税检查调整”贷方科目核算的有（　　）。

A. 企业将自产的产品用于集体福利，未进行账务处理

B. 企业将外购的原材料改变用途用于个人消费，未进行账务处理

C. 企业将委托加工收回的产品用于连续生产应税货物，未进行账务处理

D. 企业销售的货物发生退货，开具了红字专用发票但未进行账务处理

E. 企业将外购的货物无偿赠送给其他单位，未进行账务处理

三、技能训练题

1. 税务检查组于2016年8月对某食品加工厂（增值税一般纳税人）2015年度和2016年1月—7月增值税纳税情况进行检查，发现的问题是：2015年4月6日收取包装物押金8 000元，计入“其他应付款——包装物押金”明细账的贷

方；2016年4月28日因包装物逾期未退还而没收了押金，账务处理为：

借：其他应付款——包装物押金　　8 000

　贷：应付职工薪酬——职工福利　　8 000

要求：判断账务处理是否正确。如不正确，如何调账？

2. 某企业（增值税一般纳税人）2017年3月销售产品500件，每件单价100元，取得收入58 500元列应付账款。账务处理为：

借：银行存款　　58 500

　贷：应付账款——某单位　　58 500

要求：

（1）如果当月发现问题，编制调账分录。

（2）如果在下一年度发现该问题，编制调账分录。

3. 某商业集团公司，上月（2017年5月）由于保管不妥，部分商品发生变质，购进时已抵扣进项税额2 040元，商品购进实际成本为12 000元，公司决定由责任人赔偿2 000元。企业会计处理为：

借：待处理财产损溢　　10 000

　　其他应收款——责任人赔款　　2 000

　贷：库存商品　　12000

经核实，月末已经批准核销，转至“营业外支出”科目借方。

要求：判断该企业的账务处理是否正确。如不正确，如何调账？

4. 2016年5月在对某公司（增值税一般纳税人）查账时发现，2015年12月份将购进的A材料用于建造单位职工食堂，该公司仅以账面金额30 000元（不含税价格）结转至“在建工程”科目核算。

要求：

（1）如果目前该基建工程尚未完工（不考虑滞纳金和罚款），编制调账分录。

（2）如果该公司职工食堂在2016年2月已经完工投入使用，假设该公司固定资产无残值，房屋按20年计提折旧，编制调账分录。

5. 某市服装厂为增值税一般纳税人，生产加工各类服装。2016年10月税务人员对其2015年的纳税情况进行检查，通过了解其生产经营过程、核实产品成本等方法，重点查看了其2015年的“主营业务收入”“应交税费”“制造费用”等账户，摘录如下凭证资料：

（1）4月8日24号凭证，基本生产车间将布条等下脚料、边角料卖给某废旧物资收购站。会计分录为：

借：银行存款　　7 100

　贷：制造费用　　7 100

(2) 5月16日56号凭证，提供原始凭证为自然灾害损失报告单一张，注明原材料布匹因仓库漏雨发生霉烂损失，账面成本价5 000元。会计分录为：

借：待处理财产损溢　　5 000

　贷：原材料　　5 000

经核实，月末已经批准核销，转至“营业外支出”科目借方。

(3) 12月25日135号凭证，将一批童装捐赠给穷困山区的儿童，这批童装售价50 000元，成本40 000元，账务处理如下：

借：营业外支出　　40 000

　贷：库存商品　　40 000

要求：

(1) 扼要指出存在的纳税问题。

(2) 计算应补（退）的增值税税额，并作出相应的账务调整。

6. 嘉利食品饮料有限公司为一家主要从事食品、饮料生产销售的企业，为增值税一般纳税人（居民企业）。2016年4月15日税务稽查人员对该公司2015年的纳税资料进行检查，发现以下情况。

基本资料：

(1) 3月13日，该企业向光辉商贸公司收取饮料包装物押金46 800元，合同约定3个月归还。会计处理为：

借：银行存款　　46 800

　贷：其他应付款　　46 800

(2) 4月8日，向本企业职工发放一批食品作为福利，账面成本10万元，市场同类产品售价14万元，会计处理为：

借：应付职工薪酬——职工福利　　100 000

　贷：库存商品　　100 000

(3) 4月28日，购买饮料灌装设备一套，取得增值税专用发票，价款10万元，税款1.7万元。会计处理为：

借：固定资产　　100 000

　　应交税费——应交增值税（进项税额）　　17 000

　贷：银行存款　　117 000

(4) 5月26日，因管理不善该企业成品仓库被盗，损失一批产成品，账面成本 20 万元（外购材料占 65%），市场售价 28 万元。会计处理为：

借：待处理财产损溢　　200 000

　贷：库存商品　　200 000

注：当年已将相关损失全部结转入“营业外支出”账户。

（5）6 月 30 日，光辉商贸公司逾期未归还包装物，其押金予以没收，会计处理为：

借：其他应付款　　46 800

　贷：营业外收入　　46 800

（6）7 月 8 日，向长江商贸公司销售饮料一批，开具增值税专用发票，价款 20 万元，税款 3.4 万元。货物由公司负责运输，送货上门，收取购货方运费 4 680元。会计处理为：

借：银行存款　　238 680

　贷：主营业务收入　　200 000

　　　应交税费——应交增值税（销项税额）　　34 000

　　　其他业务收入　　4 680

（7）7 月 25 日，企业通过民政部门向干旱灾区捐赠矿泉水一批，成本 30 万元；同类产品不含税平均售价 40 万元，会计处理为：

借：营业外支出　　300 000

　贷：库存商品　　300 000

（8）7 月 28 日，该企业支付合同违约金 10 万元；缴纳税收滞纳金及罚款 20 万元。其会计处理为：

借：营业外支出　　300 000

　贷：银行存款　　300 000

（9）8 月 26 日，因管理不善，该企业仓库损失一批外购农产品，其账面成本为 87 930 元（含运费 930，为不含税运费金额，已在运输业增值税专用发票上注明）。其会计处理如下：

借：待处理财产损溢　　87 930

　贷：原材料　　87 930

注：当年已将相关损失全部结转入“营业外支出”账户。

其他说明：

（1）为简化处理，本题仅涉及增值税，其他各税费均省略。

（2）除特别说明外，企业发生的各项费用和支出均取得了合法有效的凭证。

要求：

（1）根据以上资料，逐笔指出该企业在会计或税务处理中存在的问题。

（2）计算该企业应补（退）的增值税。

（3）作出相关调账处理。

7. 2016 年 3 月某市国税局稽查局对某电视机厂 2015 年的业务进行检查，该厂为增值税一般纳税人，主要生产销售新型彩色电视机。检查中发现如下业务：

（1）3 月 2 日，采取交款提货结算方式向甲家电商场销售电视机 500 台，本期同类产品每台不含税售价 3 000 元。由于商场购买的数量多，按照协议规定，厂家按售价的 5% 对商场优惠出售，打折后每台不含税售价 2 850 元，货款全部以银行存款收讫。查申报表，该企业申报销项税额 242 250 元。

（2）3 月 5 日，向乙家电商场销售彩电 200 台（每台不含税售价 3 000 元）。为了尽快收回货款，厂家提供的现金折扣条件为“4/10、2/20、*N*/30”。本月 23 日，全部收回货款，厂家按规定给予优惠。查申报表，该企业申报销项税额 99 960元。

（3）采取以旧换新方式，从消费者个人手中收购旧电视机，并销售新型号电视机 10 台，开出普通发票 10 张，收到货款 31 100 元，并注明已扣除旧电视机折价 4 000 元。查申报表，该企业申报销项税额 4 518. 8 元。

（4）采取还本销售方式销售电视机给消费者 20 台，协议规定，每台不含税售价 4 000 元，5 年后厂家全部将货款退还给购货方，共开出普通发票 20 张，合计金额 93 600 元，查申报表，此笔业务企业未申报纳税。

（5）上月以分期收款方式销售的电视机，根据合同约定，本月应当收到款项 58 万元，但月底仍未收到，企业未申报纳税。

要求：

（1）计算上述业务应补（退）增值税税额。

（2）就上述业务（1）和业务（2）作出账务处理。

8. 某机床厂是增值税一般纳税人。2017 年 4 月，税务机关审查其 2016 年 12 月增值税申报缴纳情况时，查出其部分经济业务及账务处理情况如下。

（1）以本厂生产的 5 台 A 机床对外投资，每台机床的生产成本 140 000 元，市场售价每台 200 000 元（不含税）。账务处理为：

借：长期股权投资　　　　700 000

　贷：库存商品　　　　700 000

（2）本企业扩大再生产，新建生产车间一个，将本企业生产的 2 台 A 机床未入库直接用于生产。账务处理为：

借：固定资产　280 000

　贷：生产成本　280 000

（3）用本企业生产的1台机床换取原材料——钢材28吨，取得增值税专用发票（已认证），发票注明价款200 000元，税率17%，税额34 000元，材料已验收入库。账务处理为：

借：原材料　200 000

　应交税费——应交增值税（进项税额）　34 000

　贷：库存商品　140 000

　　营业外收入　94 000

（4）将换取的钢材部分用于新车间厂房建设，成本30 000元。账务处理为：

借：在建工程　30 000

　贷：原材料　30 000

（5）由于火灾损毁自产机床4台。企业生产成本中，外购项目的比例为70%。账务处理为：

借：待处理财产损溢　560 000

　贷：库存商品　560 000

（6）采用托收承付结算方式销售机床3台，已办妥托收手续。账务处理为：

借：分期收款发出商品　420 000

　贷：库存商品　420 000

要求：

（1）指出企业上述账务处理中在增值税核算方面存在的问题。

（2）计算企业应补交的增值税。

9. 宝利锅炉集团公司是甲市一家大型国家企业，为增值税一般纳税人。旺财锅炉安装公司是宝利锅炉集团公司在乙市设立的子公司，主营业务为锅炉安装。宝利锅炉集团公司2016年1月发生下列业务：

（1）将自己生产的利得牌75吨新型节能环保锅炉2台，以不含税单价200万元的价格卖给旺财锅炉安装公司。

（2）为本单位浴池生产安装4吨锅炉1台。生产成本10万元，未从生产成本转出。

（3）向长青发电厂销售利得牌75吨新型节能环保锅炉1台，以不含税单价600万元售出。

（4）因本公司浴池安装锅炉发生在建工程费用3万元，其中领用原材料不含税价2万元，增值税进项税额3 400元未作进项税额转出，其他费用1万元，未从“在建工程”转出。

月初增值税进项税额余额为零，本月购进原材料发生增值税进项税额70万元，2016年2月10日申报并缴纳1月份增值税100万元。

要求：

（1）判断宝利锅炉集团公司销售给旺财锅炉安装公司的锅炉价格是否合理，税务机关是否可以调整，并说明调整方法。

（2）计算宝利锅炉集团公司应补增值税税额。

第五章　消费税的检查

案例导读

消费税检查手法：分析经营情况确定重点

B公司于2007年年初成立，专门生产某品牌系列化妆品。2012年8月，某税务检查组对B公司2011年度企业所得税汇算清缴情况开展检查。检查人员小孔在检查B公司纳税资料时发现，B公司为化妆品生产企业，但未曾缴纳化妆品消费税。检查组吴组长了解到，B公司生产的实际是护肤护发品。《财政部、国家税务总局关于调整和完善消费税政策的通知》（财税字〔2006〕33号）第三项规定，从消费税税目中取消护肤护发类产品，仅将其中的高档护肤类化妆品列入化妆品税目。由于财政部和国家税务总局对高档护肤类化妆品的征收范围一直未作明确规定，实践中对护肤护发品已停止征收消费税，B公司生产销售护肤护发品未缴纳消费税很可能属于正常情况。尽管如此，吴组长还是要求小孔深入了解B公司是否应缴纳消费税。

小孔详细了解了B公司的生产经营情况，发现B公司生产的产品有30多类，大约700个品种。在统计了被检查年度销售额靠前的6个品种的销售额后发现，这6个品种的合计销售额仅占公司全部销售额的8.3%，且6个品种之间销售额差异较小。由于国家对护肤护发品中属于高档护肤类化妆品的品种一直未有明确的定义、标准和范围，所以无法判断这6个品种是否应征收消费税。小孔将检查情况向吴组长汇报，经分析后决定不再考虑B公司是否存在应征消费税的问题。

检查工作进入尾声，吴组长在随意翻阅B公司一本厚厚的产品明细账时偶然发现，B公司的产品中还有指甲油、口红、香粉、香水等应征收消费税的化妆品。吴组长认为，应重新检查B公司究竟有多少产品应缴纳消费税。

在B公司财务人员的配合下，小孔很快弄清楚，B公司应缴纳消费税产品的销售收入为1 973万元，应补缴消费税591.9万元。检查组还查明，B公司的母公司A公司是专业生产高档化妆品的企业，财税字〔2006〕33号文件出台后，A公司为了避税，成立B公司，将原属于A公司生产的护肤护发品全部转移给B公司生产，为将来妥善回避高档护肤类化妆品缴纳消费税问题做准备。B公司以为在品种繁多的产品中，夹杂生产一小部分消费税应税产品不会被发现，但最终被依法查处。

（资料来源：http：//www. chinaacc. com/new/253_255_201307/04zh160813378. shtml）

第一节　生产销售和自产自用应税消费品的检查

一、从价定率计税依据的检查

实行从价定率办法计算应纳税额的计算公式：

消费税应纳税额 = 销售额 × 税率

（一）销售额

1. 政策规定。销售额为纳税人销售应税消费品向购买方收取的全部价款和价外费用。销售额不包括应向购货方收取的增值税税款。纳税人销售的应税消费品，以外汇计算销售额的，应当按外汇市场价格折合成人民币计算应纳税额。纳税人将应税消费品与非应税消费品，以及适用税率不同的应税消费品组成成套消费品销售的，应根据组合产品的销售金额，按应税消费品中适用最高税率的消费品税率计算缴纳消费税。

2. 常见涉税问题。常见涉税问题有：隐匿销售收入，已列销售少报或不申报税款，将销售费用、支付给购货方的回扣等直接抵减应税销售额，向单独成立的销售公司或其他关联企业低价销售应税消费品，成套应税消费品未按规定足额申报纳税。

3. 主要检查方法。

（1）隐匿收入的检查。

①对被查对象进行综合测评。

第一，申报数据的审查。审查“库存商品”“自制半成品”“包装物”“委托加工物资”“主营业务收入”“其他业务收入”“营业外收入”等账户，核实被查对象的产销存情况是否与纳税申报情况相符。

第二，测算消费税税负，与同行业税负对比，本期税负与基期税负对比，找出异常之处。

第三，运用比较分析法进行分析，找出异常之处。如将本期销售收入与其上年同期销售收入进行比较，分析销售结构和价格变动是否异常；比较被查对象与同行业其他企业的销售收入变动情况，分析是否符合行业发展趋势；比较本期的存货减少额与销售成本之间的比例关系，检查是否存在销售收入小于或等于存货减少数的异常情况。

②进一步核实账外疑点。

第一，资金流的检查。一是检查收支登记簿、现金日记账、银行对账单、产品出库单或销货清单，以审查其有无虚构往来而将已实现的销售额挂账或不入账（或部分入账）的情况。二是通过突击盘点现金，核实库存现金是否与现金日记账的余额一致，如果实存现金与现金日记账余额差额很大而又不能够说明原因，则账外经营的可能性很大。三是调查纳税人在银行设立账户情况。将银行对账单与“银行存款”明细账相核对，检查是否存在多头开户的情况；检查存款账户中存款的来源，从中发现是否存在销售货物不入账的问题；核对“银行存款”明细账与主营业务收入明细账相关数据的一致性，审核是否存在销售货物不作销售收入处理的问题。四是抽取部分往来客户，对其实施协查取证，查找其他信息。五是检查被查对象的结算币种。

第二，物流的检查。一是核对“库存商品”明细账与仓库保管账。如果仓库保管账账面数量小于“库存商品”账户数量，应进一步查明是否存在由仓库直接销售货物，隐瞒货物销售收入的问题。二是到仓库检查出库单、提货单，与“库存商品”账户贷方核对。若出库单、提货单反映的发出货物数量大于“库存商品”账户的发出数量、“主营业务收入”账户的销售数量，应进一步检查是否存在将库存商品发出而未作销售处理的情况。三是通过实物盘点，核对账实是否相符。如仓库实际数量小于账面结存数量，应进一步检查是否存在销售收入不入账以及用白条抵库存问题。四是检查有无瞒报、少报销售额或者销售数量，有无只报主要产品不报其他产品、半成品、残次品销售情况的问题。

第三，发票流的检查。一是滞留票的检查。从 CTAIS 上调取滞留票信息，对发票开具方、收取方进行调查取证。二是取得及开具发票的检查，主要是对品名、单价、数量等进行统计比对，看有无异常。

（2）检查应税消费品的销售收入，有无不通过“主营业务收入”等账户核算，而直接挂“应收（付）账款”等往来账户，必要时，进行协查取证。

（3）成套应税消费品的检查。

①实地查看成品仓库，了解被查对象是否生产销售成套应税消费品。

②了解包括包装物在内的成套应税消费品的组成项目及其各自适用税目税率。

③对由应税消费品和非应税消费品组成的成套应税消费品，应重点审查其是否按照应税消费品适用税率计算纳税；对于由不同税率的应税消费品组成的成套应税消费品，则应重点审查其是否按从高适用税率计算纳税。

【例5-1】某日化厂用价值8 800元（不含税）的护肤护发品与价值3 200元（不含税）的防皱化妆品（消费税税率30%）组成精美礼品盒销售，共得价款12 000元（不含税），存入银行。该企业的账务处理为：

借：银行存款　　　　14 040

　贷：主营业务收入　　　　12 000

　　　应交税费——应交增值税（销）　　　　2 040

应纳消费税 = 3 200 × 30% = 960（元）

借：税金及附加　　　　960

　贷：应交税费——应交消费税　　　　960

解析：纳税人将应税消费品与非应税消费品组成成套消费品销售的，应根据组合产品的销售金额，按应税消费品中适用最高税率的消费品税率计算缴纳消费税。所以该企业少纳消费税2 640元（8 800 × 30%）。

调账分录：

借：税金及附加　　　　2 640

　贷：应交税费——应交消费税　　　　2 640

企业应补交消费税2 640元，应调减应纳税所得额2 640元。

（二）价外费用

1. 政策规定。价外费用是指价外收取的基金、集资费、返还利润、补贴、违约金（延期付款利息）和手续费、包装费、储备费、优质费、运输装卸费、代收款项、代垫款项以及其他各种性质的价外收费。下列款项不包括价外费用在内：承运部门的运费发票开具给购货方的；纳税人将该项发票转交给购货方的。其他价外费用，无论是否属于纳税人的收入，均应并入销售额计算征税。

2. 常见涉税问题。纳税人在价外费用计税方面常出现的问题是一票两开，将价外费用单独记账，不并入销售额，不缴增值税或消费税。通常表现为：将价外费用冲减“生产成本”“制造费用”“销售费用”“管理费用”等，或将价外费用记入“营业外收入”及各种往来账户。

3. 主要检查方法。

（1）了解被查对象可能收取的价外费用种类，特别是其代政府或行业管理部门收取的价外费用。根据开具发票或收据所列货物或劳务名称，严格界定价外费用的性质，确定价外费用的金额。

（2）向销售部门了解销售情况和货款结算形式，对有长期业务往来的客户，应要求其提供合同、协议，并审阅业务相关内容，综合分析企业有无加收价外补贴的可能。

（3）检查“其他应收款”“其他应付款”等往来账户，核实纳税人是否有应并入销售额缴消费税的代收代垫款项。

（4）检查“销售费用”“管理费用”“财务费用”等明细账，如有借方红字发生额或贷方发生额，应逐笔核对相关会计凭证，审查其有无价外费用直接冲减期间费用的情况，并与“应交税费——应交消费税”账户核对。

（5）检查“主营业务收入”“其他业务收入”“营业外收入”明细账，如有属于应税消费品而从购买方收取的价外收费，应对照“应交税费——应交消费税”账户，核实价外收费有无申报纳税。

（三）包装物

1. 政策规定。连同包装物销售的应税消费品，无论包装物是否单独计价，也不论在会计上如何核算，均应并入应税消费品的销售额中征收消费税。如果包装物不作价随同产品销售，而是收取押金，此项押金则不应并入应税消费品的销售额中征税。但对因逾期未收回的包装物不再退还的和已收取一年以上的押金，应并入应税消费品的销售额，按照应税消费品的适用税率征收消费税。既作价随同应税消费品销售，又另外收取的包装物的押金，凡纳税人在规定的期限内不予退还的，均应并入应税消费品的销售额，按照应税消费品的适用税率征收消费税。

1995 年 6 月 1 日起，对酒类产品生产企业销售酒类产品而收取的包装物押金，无论押金是否返还与会计上如何核算，均需并入酒类产品销售额中，依酒类产品的适用税率征收消费税。对酒类包装物押金征税的规定只适用于实行从价定率和复合计税办法征收消费税的粮食白酒、薯类白酒和其他酒，而不适用于实行从量定额办法征收消费税的啤酒和黄酒产品。白酒生产企业向商业销售单位收取的“品牌使用费”是随着应税白酒的销售而向购货方收取的，属于应税白酒销售价款的组成部分，因此，不论企业采取何种方式或以何种名义收取价款，均应并入白酒的销售额中缴纳消费税。

2. 常见涉税问题。包装物及其押金收入未足额缴纳消费税。对于包装物业务少计消费税的情况通常的表现有：纳税人将单独计价的包装物收入从应税消费品收入中扣除，在收取价款时直接贷记“包装物”科目；对逾期不再退还的包装物押金及已收取一年以上的包装物押金未计算消费税；对酒类产品包装物押金未及时计提消费税。

3. 主要检查方法。

（1）结合企业生产特点，实地察看其所产应税消费品是否需要包装物。

（2）检查购进包装物的财务核算情况。审查在购进时有无不通过“包装物”账户而通过往来账户核算、随货销售后不记收入的情形；重点审查其取得发票的品名是否真正属于包装物。

（3）应注意审查“其他应付款”“其他业务收入”“营业外收入”等科目，核实纳税人是否有应并入应税消费品销售额征收消费税的包装物出售收入及收取的包装物押金。如有，应结合“应交税费——应交消费税”账户和纳税申报表，审查其是否及时足额缴纳了消费税。

（4）检查需包装的应税消费品与包装物的消耗量的对应关系有无异常。如有异常则可能有两个原因，一是应税消费品可能存在问题，二是包装物可能存在问题。应根据检查情况，分别进行调查取证。

（5）抽查往来明细账，审查有无异常波动情况，特别是要检查“其他应付款”明细账户借方发生额的对应账户，看有无异常的对应关系，如发现有与“应付职工薪酬”“盈余公积”等账户对应的情况，一般说明将应没收的包装物押金（如销售啤酒、黄酒、成品油收取的包装物押金）挪作了他用。

【例5-2】某酒厂2017年5月出售自产的粮食白酒400千克，不含增值税单价为80元/千克；用去包装物900个，该包装物单独计价，不含增值税单价5元/个（均取得增值税专用发票）。该厂计算此项业务应纳消费税额为：

$$400\times1+80\times400\times20\%=6\ 800\text{（元）}$$

账务处理为：

借：税金及附加　　6 800

　贷：应交税费——应交消费税　　6 800

该酒厂消费税的涉税处理是否正确？

解析：从1995年6月1日起，对销售除啤酒、黄酒外的其他酒类产品而收取的包装物押金，无论是否返还以及会计上如何核算，均应并入当期销售额征税。

该企业涉税处理不正确，少计提消费税：

$$5 \times 900 \times 20\% = 900\text{（元）}$$

调账分录为：

借：税金及附加　　900

　贷：应交税费——应交消费税　　900

（四）销货退回的检查

1. 常见涉税问题。常见涉税问题为虚构销货退回业务。

2. 主要检查方法。

（1）检查有无合法扣减依据。一是在购货方尚未付款并未作账务处理的情况下，原开具的发票是否作了相应的处理。全部退货的，发票各联是否全部收回作废。二是在已付款或购货方已作账务处理的情况下，是否取得了购买方提供的《开具红字增值税专用发票通知单》，并据以开具红字发票。

（2）实物追踪检查。一是审查有无入库记录，看其退回的货物是否办理了入库手续并相应冲减了本期的业务成本。二是跟踪追查销货退回货物的去向。一般情况下，发现无合法扣减依据，随意冲减业务收入又无产成品退货入库记录的，就是虚构销货退回。必要时可到对方处协查取证。

（五）异常抵减应税销售额的检查

1. 红字冲减应税销售额的检查。检查“主营业务收入”账户有无红字冲销的情况，如有，应进一步核实，看其有无将支付给购货方的回扣、推销奖、委托代销商品的代购代销手续费用等直接冲销销售收入。

2. 直接坐支销售额的检查。采用随机抽样等方法，抽检部分销售凭证，审查原始凭证中，有无按坐支后的余额记入“主营业务收入”账户的情况。抽检中，注意将原始销售凭证、销售（代理代销）合同、合同订立价格与收入类账户中同类货物正常销售价格进行对比，从中找出异常予以查证核实。

二、从量定额计税依据的检查

实行从量定额办法计算应纳税额的计算公式：

消费税应纳税额＝销售数量×单位税额

（一）政策规定

实行从量定额办法计算应纳税额的应税消费品，计量单位的换算标准如下：

啤酒1吨＝988升

黄酒1吨＝962升

汽油1吨＝1 388升

柴油 1 吨 = 1 176 升

根据《中华人民共和国消费税暂行条例》的规定，对啤酒和黄酒实行从量定额的办法征收消费税，即按照应税数量和单位税额计算应纳税额。按照这一办法征税的消费品的计税依据为应税消费品的数量，而非应税消费品的销售额，征税的多少与应税消费品的数量成正比，而与应税消费品的销售金额无直接关系。

自 2006 年 4 月 1 日取消汽油、柴油税目，增列成品油税目。汽油、柴油改为成品油税目下的子目（税率不变）。另外新增石脑油、溶剂油、润滑油、燃料油、航空煤油五个子目。上述新增子目的计量单位换算标准分别为：

石脑油 1 吨 = 1 385 升

溶剂油 1 吨 = 1 282 升

润滑油 1 吨 = 1 126 升

燃料油 1 吨 = 1 015 升

航空煤油 1 吨 = 1 246 升

计量单位换算标准的调整由财政部、国家税务总局确定。

（二）常见涉税问题

1. 隐匿销售数量。

2. 对自产的用于连续生产的石脑油未建立中间产品移送使用台账。

（三）主要检查方法

1. 对于生产销售的应税产品，查阅其生产台账、库存台账、销售台账等，核实其应税消费品的生产、销售、库存数量，与其申报销售数量核对，看有无异常情况。

2. 对于委托加工应税产品，核实“委托加工物资”账户，核实其委托加工的收回数量、销售数量。

3. 对于进口的应税产品，核实其报关进口数量。

4. 对按从量定额进行过调整的税目，核实是否及时调整了适用税额。

三、复合计税的计税依据的检查

卷烟、粮食白酒、薯类白酒实行从量定额和从价定率相结合计算应纳税额的复合计税办法。消费税应纳税额计算公式如下：

消费税应纳税额 = 销售数量 × 定额税率 + 销售额 × 比例税率

（一）政策规定

粮食白酒、薯类白酒计税办法为实行从量定额和从价定率相结合计算应纳税额的复合计税办法。

生产销售粮食白酒、薯类白酒，从量定额计税办法的计税依据为粮食白酒、薯类白酒的实际销售数量。

进口、委托加工、自产自用粮食白酒、薯类白酒，从量定额计税办法的计税依据分别为海关核定的进口征税数量、委托方收回数量、移送使用数量。

生产销售、进口、委托加工、自产自用粮食白酒、薯类白酒从价定率计税办法的计税依据按《中华人民共和国消费税暂行条例》及其有关规定执行。

（二）常见涉税问题

常见涉税问题有：人为调节销售数量，违反规定隐匿销售收入，成立关联销售公司。

（三）主要检查方法

1. 检查从量定额部分的计税数量是否准确。

2. 检查从价定率部分的销售额计算是否准确，价外费用、视同销售、包装物及其押金等的确认是否正确。

四、自产自用应税消费品的检查

（一）政策规定

纳税人用于生产非应税消费品和在建工程、管理部门、非生产机构、提供劳务，以及用于馈赠、赞助、集资、广告、样品、职工福利、奖励等方面的应税消费品，按销售同类应税消费品的销售价格确定计税依据征收消费税。同类消费品的销售价格是指纳税人当月销售的同类消费品的销售价格。如果当月同类消费品各期销售价格高低不同，应按销售数量加权平均计算。但销售的应税消费品有下列情况之一的，不得列入加权平均计算：一是销售价格明显偏低又无正当理由的；二是无销售价格的。如果当月无销售或者当月未完结，应按照同类消费品上月或最近月份的销售价格计算纳税。

没有同类应税消费品销售价格的，按照组成计税价格计算纳税。

（二）组成计税价格

1. 从价定率。

组成计税价格＝（成本＋利润）÷（1－消费税比例税率）

2. 复合计税。

组成计税价格＝（成本＋利润＋自产自用数量×消费税定额税率）÷（1－消费税比例税率）

式中：成本是指应税消费品的产品生产成本；利润是指根据应税消费品的全国平均成本利润率计算的利润。

应税消费品全国平均成本利润率由国家税务总局确定，各应税消费品的全国平均成本利润率如表5－1所示。

表5－1 应税消费品全国平均成本利润率

平均成本利润率（%）	具体消费品
5	化妆品，鞭炮、焰火、雪茄烟，薯类白酒、酒精、其他酒，小客车，实木地板，中轻型商用客车，木制一次性筷子
6	贵重首饰及珠宝玉石，越野车、摩托车
8	小轿车、乘用车
10	粮食白酒，高尔夫球及球具，游艇
20	高档手表

（三）常见涉税问题和主要检查方法

1. 常见涉税问题。

（1）将自产应税消费品（不包括金银首饰）用于连续生产应税消费品以外用途的，未在移送使用时申报纳税。

（2）生产、批发、零售单位用于馈赠、赞助、集资、广告、样品、职工福利、奖励等方面的自产应税消费品，未按视同销售在移送使用时申报纳税。

（3）纳税人将自产石脑油用于连续生产乙烯等非应税消费品或其他方面的，未按规定建立移送使用台账，或未于移送使用环节申报纳税。

2. 主要检查方法。

（1）熟悉纳税人的经营范围、生产工艺流程，看其是否有上述应税消费品的应税行为。重点检查被查对象有无属于应税消费品的自产半成品、中间产品。

（2）自产自用业务的审查。这类情况比较普遍，是消费税检查的重点。应仔细检查“库存商品”“生产成本”“自制半成品”账户贷方发生额，注意审核账户对应关系是否正常，如对应科目是“管理费用”“应付职工薪酬”“销售费用”“营业外支出”等，则应进一步查阅记账凭证，注意有无同时按照该种应税消费品的同期同类售价计提消费税。

【例5－3】某汽车制造企业2016年3月将自产的一辆汽车用于在建工程，同类汽车不含税销售价为30万元，该汽车成本为20万元，适用消费税税率为5%。编制会计分录。

解析：将自产的一辆汽车用于在建工程，应视同销售。

$$应交消费税 = 300\ 000 \times 5\% = 15\ 000（元）$$

$$应交增值税 = 300\ 000 \times 17\% = 51\ 000（元）$$

借：在建工程　　266 000

　贷：库存商品　　200 000

　　应交税费——应交增值税（销项税额）　　51 000

　　　　——应交消费税　　15 000

【例5－4】 某酒厂系增值税一般纳税人，主要生产粮食白酒，2016年税务人员在对该酒厂当年日常税务检查中发现一笔业务的账务处理存在问题：

借：营业外支出　　50 000

　贷：库存商品——白酒　　50 000

经核实，系用自产的粮食白酒1吨，作为样品赠送给有关客户。

该酒厂生产的粮食白酒单位成本为50元/千克，单位售价为80元/千克（不含税售价），粮食白酒的消费税税率为20%加1元/千克。

要求：

（1）指出该厂在报缴增值税和消费税方面存在的问题。

（2）计算应补（退）的增值税和消费税（暂不考虑对企业所得税的影响）。

（3）作出检查年度的调账分录（不考虑附加税费）。

解析：

（1）该企业用自产的应税消费品无偿赠予他人，未作视同销售申报缴纳增值税和消费税，所以应补缴增值税和消费税。

$$应补的增值税 = 1 \times 1\ 000 \times 80 \times 17\% = 13\ 600（元）$$

$$应补的消费税 = 1 \times 1\ 000 \times 80 \times 20\% + 1 \times 1\ 000 \times 2 \times 0.5 = 17\ 000（元）$$

（2）调账分录：

借：本年利润　　30 600

　贷：应交税费——增值税检查调整　　13 600

　　　　——查补的消费税　　17 000

五、特殊规定计税消费额的检查

（一）政策规定

纳税人用于换取生产资料和消费资料、投资入股和抵偿债务等方面的应税消费品，应当以纳税人同类应税消费品的最高销售价格作为计税依据计算消费税。

纳税人通过自设非独立核算门市部销售的自产应税消费品，应当按照门市部对外销售额或者销售数量征收消费税。

2006 年 4 月 1 日起，纳税人将自产的应税消费品与外购或自产的非应税消费品，以及适用税率不同的应税消费品组成套装销售的，以套装产品的销售额（不含增值税）为计税依据。

（二）常见涉税问题

1. 隐匿销售收入。

2. 视同销售（如对外投资、抵偿债务等），未按视同销售处理或未按最高价计税。

3. 已列销售少报或不申报税款。

4. 向单独成立的销售公司或其他关联企业低价销售应税消费品。

5. 成套应税消费品未按规定足额申报纳税。

（三）主要检查方法

1. 以物易物、以货抵债、投资入股业务的检查。对这类业务，主要是审查纳税人的计税价格是如何确定的，有无与协作厂家压低售价，或双方均以成本价，不计或少计消费税的情况。应注意审查“库存商品”明细账的贷方发生额，认真审核贷方栏记录。发现疑点后，应注意检查记账凭证和原始凭证。如出现对应科目是“原材料”“应付账款”“长期股权投资”等，应进一步审核是否按纳税人同类消费品的最高销售价格计算消费税。

2. 关联交易的检查。

（1）了解被查对象销售机构的设置及汇总核算情况，特别要注意审查被查对象是否单独成立了销售公司；查看相关注册登记文书，判断是否存在其他关联企业。

（2）将同类应税消费品按销货单位对销售收入、销售数量进行统计，分销售对象计算出检查期销售平均单价并按单价排序，从中找到价格异常或明显偏低的单位，结合单位成本价格，对低于成本价销售的单位进行重点检查。

（3）对关联企业的关联交易业务，是否按照《税收征管法》《消费税暂行条例》《消费税实施细则》的规定，对其关联交易行为进行处理。

（4）调查取证中，应了解被查对象的生产经营范围及其生产的各类应税消费品的销售情况，了解被查对象应税消费品的定价政策和价格组成。

3. 组合产品的检查。对于将不同税率的应税消费品组成成套消费品销售的，主要对纳税人的仓库、柜台进行实地检查。发现纳税人有成套消费品销售的，再进一步审查“主营业务收入”和“库存商品”明细账，并与销售发票核对，注意是否将成套消费品分开记账、分别计算消费税。

第二节　委托加工应税消费品的检查

一、委托加工应税消费品的检查概述

（一）政策规定

委托加工的应税消费品，于委托方提货时，由受托方代收代缴消费税。如果受托方未按规定代收代缴消费税，处理如下：向纳税人（委托方）追征税款；对受托方处以应收未收税款50%以上3倍以下的罚款。

如果受托方没有代收代缴消费税，委托方应补缴税款，补税的计税依据为：已直接销售的，按销售额计税；未销售或不能直接销售的，按组成计税价格计税。

注意：委托个人加工的应税消费品，由委托方收回后缴纳消费税。

委托加工的应税消费品，按照受托方的同类消费品的销售价格计算纳税。计算公式为：

应纳消费税税额＝同类消费品销售单价×委托加工数量×适用税率

没有同类消费品销售价格的，按照组成计税价格计算纳税。计算公式为：

组成计税价格＝（材料成本＋加工费）÷（1－消费税税率）

应纳消费税税额＝组成计税价格×消费税税率

材料成本是指委托方所提供加工材料的实际成本。委托加工应税消费品的纳税人，必须在委托加工合同上如实注明（或以其他方式提供）材料成本。凡未提供材料成本的，受托方所在地主管税务机关有权核定其材料成本。

加工费是指受托方加工应税消费品向委托方所收取的全部费用（包括代垫辅助材料的实际成本）。

纳税人应税消费品的计税价格明显偏低又无正当理由的，由主管税务机关核定其计税价格。应税消费品计税价格的核定权限规定如下：甲类卷烟和粮食白酒的计税价格由国家税务总局核定；其他应税消费品的计税价格由国家税务总局所属税务分局核定；进口的应税消费品的计税价格由海关核定。

（二）常见涉税问题

1. 委托方常见涉税问题。

（1）委托加工应税消费品（不包括金银首饰）的应纳消费税，受托方未按规定代收代缴，委托方也未主动申报纳税。

（2）委托个体经营者加工应税消费品（不包括金银首饰）的纳税人，未按规定申报纳税。

（3）将非委托加工应税消费品混入委托加工应税消费品直接销售而不申报纳税。

（4）隐匿或部分隐匿委托加工的应税消费品。

（5）委托方以委托加工的部分应税消费品抵偿加工费，少申报缴纳消费税。

2. 受托方常见涉税问题。

（1）受托加工应税消费品（不包括金银首饰），未在交货时代收代缴消费税。

（2）受托代销金银首饰，未将受托代销收入申报纳税。

（3）接受除消费者个人以外的单位委托加工金银首饰及珠宝玉石时，故意将委托方变为消费者个人，仅就加工费缴纳消费税，从中少缴消费税。

（4）委托方与受托方串通，采取货物收发、加工，款项收付均不作账务处理等手段，偷逃消费税。

（三）主要检查方法

1. 检查“库存商品”“生产成本”“委托加工物资”等账户，看其中是否有属于委托加工的应税消费品。审查委托加工合同、存货明细账、材料出（入）库凭据、备查簿、收（付）款凭据等，核查委托加工业务是否真实。

2. 检查（或外调）其往来单位，看其有无委托加工应税消费品的业务；核实委托加工数量与其收回数量是否匹配；收回委托加工应税消费品直接用于销售的，核实其销售数量与委托加工的收回数量是否匹配。审查“委托加工物资”“应交税费——应交消费税”等明细账，注意委托加工应税消费品直接出售的，有无重复征收消费税的问题。

3. 检查“委托加工物资”“应交税费——应交消费税”等明细账，对照委托加工合同等原始凭证，注意纳税人委托加工的应税消费品是否按照受托方的同类消费品的销售价格计算纳税；没有同类消费品销售价格的，注意是否按照组成计税价格计算纳税，受托方代收代缴的消费税税额计算是否正确。

4. 核对仓库实物账、发（收）货发（收）料凭据及存货明细账，审查核对货币资金类账户明细账及银行对账单，核查是否存在双方串通，货物、资金账外循环偷逃消费税的情况。

5. 检查“委托加工物资”“生产成本”“应交税费——应交消费税”等明细

账，注意纳税人用外购或委托加工收回的已税消费品连续生产应税消费品，在计税时准予扣除的消费税税额计算是否准确，是否按当期实际生产领用数量计算。

【例5-5】某日用化学品厂为增值税一般纳税人，2016年9月发生下列经济业务（化妆品消费税税率30%）。

（1）9月20日，将自产的化妆品，生产成本20 000元，作为福利分配给本单位职工。企业无同类产品销售价格。该企业没有将此福利分配视同销售处理。

（2）接受乙企业委托加工一批化妆品，乙企业提供原材料实际成本为6 000元，收到乙企业加工费2 300元，其中包括为乙企业代垫辅助材料300元。该化妆品无同类消费品销售价格。该企业没有进行代收代缴。该批化妆品尚未销售。

要求：

（1）判断该企业涉税处理是否正确，若不正确，计算应补交的消费税。

（2）说明对该企业怎样处罚，并计算乙企业应补交的消费税。

解析：

（1）该企业没有将此福利分配视同销售处理，涉税处理不正确。自产产品作为职工福利，应视同销售处理：

应纳消费税税额＝{[20 000×(1+5%)]/(1-30%)}×30%=9 000（元）

（2）对该厂处以应代收代交税款50%以上3倍以下的罚款。

乙企业应补交消费税税额＝[(6 000+2 300)/(1-30%)]×30%=3 557.14（元）

二、外购或委托加工收回应税消费品已纳消费税税额抵扣的检查

（一）政策规定

1. 外购的用于连续生产的应税消费品，可以用销售额扣除外购已税消费品买价后的余额作为计税价格计征消费税：一是外购的已税烟丝生产的卷烟；二是外购的已税化妆品生产的化妆品；三是外购的已税珠宝玉石生产的贵重首饰及珠宝玉石；四是外购的已税鞭炮、焰火生产的鞭炮、焰火；五是以外购的已税石脑油、燃料油为原料生产的应税消费品；六是以外购的已税润滑油为原料生产的润滑油；七是以外购或委托加工收回的汽油、柴油用于连续生产的汽油、柴油；八是以外购的已税杆头、杆身和握把为原料生产的高尔夫球杆；九是以外购的已税木制一次性筷子为原料生产的木制一次性筷子；十是以外购的已税实木地板为原料生产的实木地板。外购已税消费品的买价是指购货发票上注明的销售额（不包括增值税税款）。

2. 委托方收回货物后用于连续生产应税消费品的，准予从应纳消费税税额中扣除原料已纳消费税税款的应税消费品（已纳消费税税款是指委托加工的应税

消费品由受托方代收代缴的消费税）：一是以委托加工收回的已税烟丝为原料生产的卷烟；二是以委托加工收回的已税化妆品为原料生产的化妆品；三是以委托加工收回的已税珠宝、玉石为原料生产的贵重首饰及珠宝、玉石；四是以委托加工收回的已税鞭炮、焰火为原料生产的鞭炮、焰火；五是以委托加工收回的已税摩托车零件生产的摩托车；六是以委托加工收回的已税杆头、杆身和握把为原料生产的高尔夫球杆；七是以委托加工收回的已税木制一次性筷子为原料生产的木制一次性筷子；八是以委托加工收回的已税实木地板为原料生产的实木地板；九是以委托加工收回的已税石脑油为原料生产的应税消费品；十是以委托加工收回的已税润滑油为原料生产的润滑油。

（二）常见涉税问题

1. 超范围抵扣外购或委托加工应税消费品的已纳税额。

2. 外购或委托加工应税消费品的已纳税额已申报抵扣，但该应税消费品未用于连续生产应税消费品的，没有转出已纳税额。

3. 取得不符合规定的抵扣凭证申报抵扣外购或委托加工应税消费品的已纳税额。

4. 外购应税消费品取得普通发票，属于可扣除已纳税额范围的，按含增值税的买价计算扣除已纳税额。

5. 工业企业从商业企业购进应税消费品一并申报抵扣。

（三）主要检查方法

1. 抵扣范围的检查。了解被查对象所涉及的消费税税目，进而确定其允许扣除已纳消费税税款的税目，然后与被查对象的申报数据进行一一比对，看其对消费税抵扣政策的执行范围的界定是否准确，有无擅自超范围抵扣的问题；对已停止执行抵扣政策的消费税税目，是否及时中止了已纳消费税的抵扣；对新增税目的抵扣项目，有无将 2006 年 4 月 1 日前的业务一并申报抵扣的问题。

2. 转出已抵扣税款的检查。检查“库存材料”“生产成本”“自制半成品”“库存商品”“委托加工物资”等账户，到生产车间查询生产记录等有关资料，追查生产领用应税消费品的去向，审查其有无将生产领用的应税消费品改变用途，而又未转出已抵扣的已纳税额的情况。

3. 抵扣凭证的检查。检查抵扣凭证的要点如下。

（1）对外购应税消费品的，检查其是否凭取得的增值税专用发票申报抵扣；对 2006 年 4 月 1 日前取得普通发票的被查对象，还应看其外购或委托加工应税消费品的抵扣换算是否正确。

（2）对委托加工应税消费品的，检查时应看其是否凭《代扣代收税款凭证》申报抵扣。

（3）对进口应税消费品的，检查时应看其是否凭《海关进口消费税专用缴款书》申报抵扣。

4. 工业企业外购抵扣的检查。对工业企业既自产又外购应税消费品或不自产只外购应税消费品的情况，检查2006年8月之前从商业企业购进的应税消费品是否一并申报抵扣了已纳消费税税款。

5. 对纳税人提供的消费税申报抵扣凭证上注明的货物，无法辨别销货方是否申报缴纳消费税的，应当向销货方所在地税务机关发函协查，并根据销货方税务机关的回函结果核准是否准予其抵扣。注意，未经核准的一律不得抵扣。

三、委托加工应税消费品消费税会计处理的检查

如果委托方将委托加工应税消费品收回后直接用于销售，应将受托方代收代缴的消费税和支付的加工费一并计入委托加工应税消费品的成本，借记“委托加工物资”账户，贷记“应付账款”“银行存款”等账户。

如果委托方将委托加工的应税消费品收回后用于连续生产应税消费品，则应将受托方代收代缴的消费税计入“应交税费——应交消费税”账户的借方，在最终应税消费品计算缴纳消费税时予以抵扣，而不是计入委托加工应税消费品的成本中。委托方在提货时，按应支付的加工费等借记“委托加工物资”等账户，按受托方代收代缴的消费税，借记“应交税费——应交消费税”账户，按支付加工费相应的增值税税额借记“应交税费——应交增值税（进项税额）”账户，按加工费与增值税、消费税之和贷记“银行存款”等账户；待加工成最终应税消费品销售时，按最终应税消费品应缴纳的消费税，借记“税金及附加”账户，贷记“应交税费——应交消费税”账户；“应交税费——应交消费税”账户中这两笔借贷方发生额的差额为实际应缴的消费税，缴纳时，借记“应交税费——应交消费税”账户，贷记“银行存款”账户。

【例5－6】甲卷烟厂主要生产××卷烟，2016年8月发生以下经济业务：

（1）8月5日购买一批烟叶，取得增值税专用发票注明价款为100 000元，增值税17 000元。

（2）8月15日，将8月5日购进的烟叶发往乙卷烟厂，委托乙卷烟厂加工烟丝，收到的增值税专用发票注明支付加工费40 000元，增值税税款6 800元。乙厂无同类烟丝销售价格，没有采用组成计税价格计算消费税。

（3）甲卷烟厂收到烟丝后领用一半用于卷烟生产，另一半直接出售，取得

价款 180 000 元，增值税 30 600 元。对于出售收入，该企业计缴了消费税。

要求：

（1）判断乙烟厂应代收代缴的消费税的处理是否正确。若不正确，计算应代收代缴的消费税税额。

（2）判断甲卷烟厂直接出售另一半烟丝应纳消费税处理是否正确。

解析：

（1）乙烟厂无同类烟丝销售价格，应按组成计税价格计算消费税。

乙烟厂应代收代缴消费税 = ［（100 000 + 40 000）/（1 − 30%）］×30% = 60 000（元）

（2）甲卷烟厂直接出售另一半烟丝不缴纳消费税。

【例 5−7】甲企业委托乙企业加工应税消费品一批。甲提供的材料成本为 49 000 元，支付给乙加工费 5 000 元，因甲、乙均为增值税一般纳税人，甲在支付加工费的同时，取得了乙开具的增值税专用发票，所负担的增值税税额为 850 元，加工的该应税消费品无同类产品市场销售价格。甲收回委托加工的消费品后，40% 用于本企业继续生产应税消费品，60% 用于直接对外销售，不含税销售额为 40 000 元。该委托加工产品的消费税适用税率为 10%，增值税税率为 17%。甲乙企业应缴纳的消费税及账务处理如下。

乙企业的账务处理为：

（1）乙企业在计算代收代缴消费税时：

应代收代缴消费税 =（49 000 + 5 850）×10% = 5 485（元）

借：应收账款　　5 485

　贷：应交税费——代收代缴消费税　　5 485

（2）乙企业收到加工费和增值税销项税额时：

借：银行存款　　5 850

　贷：应交税费——应交增值税（销项税额）　　850

　　其他业务收入——加工费　　5 000

甲企业的账务处理为：

（1）甲企业提供委托加工的材料时：

借：委托加工物资　　49 000

　贷：原材料　　49 000

（2）甲企业支付乙企业加工费时：

借：委托加工物资　　5 850

　贷：银行存款　　5 850

(3) 甲企业应付乙企业代收代缴的消费税时：

借：应交税费——应交消费税　　5 485

　贷：应付账款　　5 485

(4) 甲企业收回加工物资时：

借：库存商品　　54 850

　贷：委托加工物资　　54 850

要求：判断甲、乙企业的账务处理是否正确，说明理由。

解析：

乙企业受托加工业务的账务处理为：

(1) 代收代缴消费税时，组成计税价格错误。正确的处理为：

组成计税价格 =（49 000 + 5 000）÷（1 - 10%）= 60 000（元）

应代收代缴的消费税 = 60 000 × 10% = 6 000（元）

借：应收账款——消费税　　6 000

　贷：应交税费——代收代缴消费税　　6 000

(2) 乙企业收到加工费和增值税税额时，账务处理正确。

甲企业委托加工业务的账务处理为：

(1) 甲企业提供委托加工的材料时，账务处理正确。

(2) 甲企业支付加工费及加工费应负担的增值税时，应作进项税额处理：

借：委托加工物资　　5 000

　　应交税费——应交增值税（进项税额）　　850

　贷：银行存款　　5 850

(3) 甲企业支付的加工环节的消费税税额 6 000 元，40% 应记入“应交税费——应交消费税”账户的借方，60% 应记入委托加工物资消费品的成本：

借：委托加工物资　　3 600

　　应交税费——应交消费税　　2 400

　贷：应付账款——消费税　　6 000

(4) 收回委托加工物资时：

借：库存商品　　57 600

　贷：委托加工物资　　57 600

(5) 甲企业销售加工收回的货物时，应计算增值税销项税额：

40 000 × 17% = 6 800（元）

借：银行存款　46 800

　贷：主营业务收入　40 000

　　应交税费——应交增值税（销项税额）　6 800

（6）甲企业结转直接对外销售60%的成本：

$$57\ 600 \times 60\% = 34\ 560（元）$$

借：主营业务成本　34 560

　贷：库存商品　34 560

四、消费税检查案例

【例5－8】 某县税务局稽查局于2017年2月对阳光地板厂（增值税一般纳税人）2016年流转税的纳税义务进行检查，发现以下业务存在问题。

（1）5月16日，发出A型号实木地板300平方米，用于办公室的装修。经查无同类产品的销售价格，成本为每平方米150元，企业的账务处理为：

借：管理费用　45 000

　贷：库存商品——A型实木地板　45 000

（2）10月10日，与材料供应商达成协议，企业以B型号实木地板2 000平方米，用于抵偿所欠供应商的货款400 000元，地板的成本为每平方米140元，企业的账务处理为：

借：应付账款　400 000

　贷：库存商品——B型实木地板　280 000

　　资本公积　120 000

经查，企业当月销售B型号实木地板三批，第一批数量2 000平方米，不含税单价260元，第二批数量3 000平方米，不含税单价250元，第三批数量1 000平方米，不含税单价266元。

（3）查企业的"销售费用"账户，发现10月28日借方列支28 000元，查实为企业以"样品"名义赠送给某经销商B型号实木地板200平方米。企业的账务处理为：

借：销售费用——样品费　28 000

　贷：库存商品——B型实木地板　28 000

（4）稽查人员盘点企业的原木数量，经核实2015年年底实际结存40立方米，账面结存60立方米，差额为11月8日账外发出原木20立方米，价值为80 000元，委托圣地地板加工厂（非个体经营者）加工成素板。12月10日提货时以现金支付加工费4 000元，双方均未入账，也未取得相应发票。阳光地板厂将委托加工收回的素板的50%继续加工成C型地板，已全部售出，取得含税收入187 200元；另外50%至检查时仍未售出。委托加工产品收回及C型地板的销售均未入账。

（5）检查企业的“其他应付款”和“营业外收入”账户，到12月31日，“其他应付款——押金”账户年末贷方余额为23 000元，审查发现，其中有销售地板给宁波客户的押金，收取时间为2014年8月10日，金额5 000元；“营业外收入——没收押金”账户的贷方发生额为6 000元。企业的账务处理为：

借：其他应付款——押金　　6 000

　贷：营业外收入——没收押金　　6 000

要求：根据以上资料，逐笔指出企业存在的涉税问题，并计算该厂应补交的增值税和消费税税额。（增值税抵扣凭证当月均认证通过并已申报抵扣；实木地板的消费税税率为5%，成本利润率为5%）

解析：

（1）第1笔业务，以自产产品用于工程，应当视同销售，计算缴纳增值税和消费税：

组成计税价格＝［150×（1＋5%）÷（1－5%）］×300＝49 736.84（元）

应补增值税＝49 736.84×17%＝8 455.26（元）

应补消费税＝49 736.84×5%＝2 486.84（元）

（2）第2笔业务，以产品偿还债务，应当视同销售，计算缴纳增值税和消费税：

增值税的计税价格＝（2 000×260＋3 000×250＋1 000×266）÷（2 000＋3 000＋1 000）

＝1 536 000÷6 000＝256（元）

应补增值税＝256×2 000×17%＝87 040（元）

消费税的视同销售价格应以同期最高售价计算：

应补消费税＝2 000×266×5%＝26 600（元）

（3）第3笔业务，以产品对外捐赠，应当视同销售：

B型产品的平均销售价格＝256（元）

应补增值税＝256×200×17%＝8 704（元）

应补消费税＝256×200×5%＝2 560（元）

（4）第4笔业务，为账外委托加工及销售：

委托加工环节，受托方应代收代缴消费税，未代收代缴的由委托方收回后补交；已经售出的按销售价格计征，未出售的按组成计税价格计税。

消费税的计算：

已售部分的计税价格＝187 200÷1.17＝160 000（元）

已售部分应补增值税 = 160 000 × 17% = 27 200（元）

已售部分应补消费税 = 160 000 × 5% = 8 000（元）

未售部分应补征消费税 = [（80 000 + 4 000）× 50% ÷（1 − 5%）] × 5% = 2 210.53（元）

（5）逾期（一年）未退和没收包装物押金，应视同含税收入并入销售额，计算征收增值税和消费税：

应补增值税 = [（5 000 + 6 000）÷ 1.17] × 17% = 1 598.29（元）

应补消费税 = [（5 000 + 6 000）÷ 1.17] × 5% = 470.09（元）

合计应补增值税 = 8 455.27 + 87 040 + 8 704 + 27 200 + 1 598.29 = 132 997.55（元）

合计应补消费税 = 2 486.84 + 26 600 + 2 560 + 8 000 + 2 210.53 + 470.09 = 42 327.46（元）

第三节 进口环节和零售环节应税消费品的检查

一、进口环节应税消费品的检查

（一）政策规定

根据税法规定，企业进口应税消费品，应当自海关填发税款缴款书的次日起15日内缴纳税款。企业不缴税不得提货。因此，缴纳消费税与进口货物入账基本上没有时间差。进口应税消费品，应在进口时由进口者缴纳消费税，缴纳的消费税应计入进口应税消费品的成本。进口应税消费品缴纳的消费税一般不通过“应交税费——应交消费税”科目核算，在将消费税计入进口应税消费品成本时，直接贷记“银行存款”科目。在特殊情况下，如出现先提货、后缴纳消费税或者用于连续生产其他应税消费品按规定允许扣税的情形，可以通过“应交税费——应交消费税”科目核算。

（二）常见涉税问题

1. 进口应税消费品（不包括金银首饰），在报关进口时未足额申报消费税。

2. 进口金银首饰（除个人携带、邮寄进境外），在零售环节未申报纳税或未足额申报纳税。

（三）主要检查方法

1. 审查纳税人的经营范围，看其是否有进口应税消费品的应税行为。

2. 检查“库存商品”“生产成本”“委托加工物资”等账户，看其中是否有属于应税消费品的进口货物。

3. 对有进口应税消费品的，除金银首饰外，均应核查其进口环节的完税证明及其货款支付、往来情况。

二、零售环节应税消费品的检查

（一）政策规定

金银首饰以旧换新，应按实际收取的不含增值税的全部价款确定计税依据征收消费税。带料加工业务，应按受托方销售同类金银首饰的销售价格确定计税依据征收消费税。没有同类金银首饰销售价格的，按照组成计税价格计算纳税。组成计税价格的计算公式为：

组成计税价格 =（材料成本 + 加工费）÷（1 - 消费税税率）

生产、批发、零售单位用于馈赠、赞助、集资、广告、样品、职工福利、奖励等方面的金银首饰，应按纳税人销售同类金银首饰的销售价格确定计税依据征收消费税；没有同类金银首饰销售价格的，按照组成计税价格计算纳税。组成计税价格的计算公式为：

组成计税价格 = 购进原价 ×（1 + 利润率）÷（1 - 消费税税率）

（二）常见涉税问题

1. 在中国境内从事金银首饰零售业务（包括受托代销）、为生产经营单位以外的单位和个人加工金银首饰未申报纳税。

2. 生产、进口的铂金首饰，在零售环节未足额缴纳消费税。

（三）主要检查方法

1. 检查“库存商品”“委托加工物资”等账户，看其中是否有属于应税消费品的货物。

2. 审查购销合同、委托加工合同，了解购销双方、委托加工的双方有关货物流、资金流以及收款依据的约定，检查存货明细账、仓库实物账、货币资金类账户明细账、往来款项明细账、银行对账单以及相关发运货物单据，结合销售发票、销售单据，并与“主营业务收入”明细账、“应交税费——应交消费税”明细账进行比对，核查是否存在已发生纳税义务而未及时足额申报缴纳消费税的情况。

3. 金银首饰零售业务的检查。对金银首饰零售业务的检查，除了上述检查内容外，还应审核以下几个方面。

（1）对金银首饰批发单位检查时，应根据规定，首先，检查其批发资质，看其是否有中国人民银行总行批准其从事金银首饰批发业务的批文；其次，检查其购货对象的两证留存资料，看前来批发金银首饰的经营单位是否同时持有两证，即《经营金银制品业务许可证》影印件和《金银首饰购货（加工）管理证明单》，凡是与持有两证的经营单位批发业务，不征收消费税，否则一律视同零售征收消费税。

（2）对金银首饰加工业务单位检查时，应根据规定，首先，检查其加工资质，看其是否有中国人民银行批准其从事金银首饰加工业务的批文。其次，检查其加工对象的两证留存资料，看前来加工金银首饰的经营单位，是否同时持有两证，即《经营金银制品业务许可证》影印件和《金银首饰购货（加工）管理证明单》。凡是与持有两证的经营单位的加工业务，不征收消费税，否则一律视同零售征收消费税。

（3）对经营单位兼营生产、加工、批发、零售业务检查时，应特别关注其生产、加工、批发业务，是否与零售业务分别核算，凡是未分别核算销售额或者划分不清的，一律视同零售征收消费税。

4. 检查进口铂金首饰有无对应的进口消费税完税凭证，并核实完税凭证的真实性。

第四节　消费税其他检查内容

一、纳税义务人和扣缴义务人的检查

（一）政策依据

1. 纳税人是指在中国境内生产、委托加工和进口应税消费品的单位和个人。

2. 委托加工的应税消费品，由受托方在向委托方交货时代收代缴税款。

3. 1995 年 1 月 1 日起，在中国境内从事金银首饰零售业务的单位和个人，为金银首饰消费税的纳税人；委托加工（另有规定者除外）、委托代销金银首饰的，受托方也是纳税人。委托个体经营者加工应税消费品（不包括金银首饰）的，委托方收回时缴纳税款。

（二）常见涉税问题

1. 从事应税消费品生产经营的纳税人未办理税务登记、税种登记手续，或虽办理登记手续却未申报纳税。

2. 受托加工应税消费品未按规定履行代扣代缴义务。

（三）主要检查方法

1. 界定纳税人的身份，查清纳税人是否属漏征漏管户。稽查人员利用掌握

的信息（可通过调查、举报、传媒、广告等途径取得）和征管数据，对“经营范围”中有消费税应税项目、“纳税人名称”中有消费税税目关键字的纳税人进行索引，然后逐一查询其税种登记信息和申报征收信息，应特别关注实行定期定额征收的个体经营户。

2. 对照现行政策，看被查对象有无法定代扣代缴义务；对于有法定扣缴义务的，则应让其提供扣缴义务登记手续，以界定其身份。

3. 履行扣缴义务的检查。查阅委托加工合同，结合受托加工账目，核实在中国境内受托加工应税消费品（不包括金银首饰）的单位和个人（委托个体经营者加工应税消费品的除外）在交货时是否按照规定代扣代缴消费税。

【例5-9】 某小型饰品零售店打出广告，称其经营的银饰成色足、款式新颖。稽查人员通过查看其征管数据，发现该饰品店为实行定期定额征收税款的个体经营者，没有办理消费税的税种登记。稽查人员遂下户核实，该饰品店老板辩称其经营的银饰为镀银首饰，不须申报缴纳消费税。通过检查饰品店的进货凭据以及向饰品供货方进行协查取证，稽查人员查实了该饰品店实际销售金银首饰，不申报缴纳消费税的事实。

二、消费税适用税目税率的检查

（一）政策规定

2019 年我国消费税税目及税率情况如表 5-2 所示。

表 5-2　2019 年消费税税目税率表

税　　目	税率
一、烟	
1. 卷烟	
（1）甲类卷烟［调拨价 70 元（不含增值税）/条以上（含 70 元）］	56% 加 0.003 元/支（生产环节）
（2）乙类卷烟［调拨价 70 元（不含增值税）/条以下］	36% 加 0.003 元/支（生产环节）
（3）商业批发	11%（批发环节）
2. 雪茄烟	36%（生产环节）
3. 烟丝	30%（生产环节）

续表

税　　目	税率
二、酒及酒精	
1. 白酒	20%加0.5元/500克（或者500毫升）
2. 黄酒	240元/吨
3. 啤酒	
（1）甲类啤酒	250元/吨
（2）乙类啤酒	220元/吨
4. 其他酒	10%
5. 酒精	5%
三、化妆品	30%
四、贵重首饰及珠宝玉石	
1. 金银首饰、铂金首饰和钻石及钻石饰品	5%
2. 其他贵重首饰和珠宝玉石	10%
五、鞭炮、焰火	15%
六、成品油	
1. 汽油	
（1）含铅汽油	1.52元/升
（2）无铅汽油	1.52元/升
2. 柴油	1.20元/升
3. 航空煤油	1.20元/升
4. 石脑油	1.52元/升
5. 溶剂油	1.52元/升
6. 润滑油	1.52元/升
7. 燃料油	1.20元/升
七、摩托车	
1. 气缸容量（排气量，下同）在250毫升（含250毫升）以下的	3%
2. 气缸容量在250毫升以上的	10%
八、小汽车	
1. 乘用车	

续表

税　　目	税率
（1）气缸容量（排气量，下同）在1.0升（含1.0升）以下的	1%
（2）气缸容量在1.0升至1.5升（含1.5升）的	3%
（3）气缸容量在1.5升至2.0升（含2.0升）的	5%
（4）气缸容量在2.0升至2.5升（含2.5升）的	9%
（5）气缸容量在2.5升至3.0升（含3.0升）的	12%
（6）气缸容量在3.0升至4.0升（含4.0升）的	25%
（7）气缸容量在4.0升以上的	40%
2. 中轻型商用客车	5%
九、高尔夫球及球具	10%
十、高档手表	20%
十一、游艇	10%
十二、木制一次性筷子	5%
十三、实木地板	5%
十四、铅蓄电池	4%
十五、涂料	4%

（二）常见涉税问题

1. 兼营非应税消费品，采取混淆产品性能、类别、名称，隐瞒、虚报销售价格等手段，故意混淆应税与非应税的界限。

2. 兼营不同税率应税消费品从低适用税率。

3. 不同税率应税消费品，或者应税消费品与非应税消费品组成成套应税消费品对外销售的，从低适用税率。

4. 对税目税率发生变化的应税消费品从低适用税率。

（三）主要检查方法

1. 重点检查应税与非税消费品的划分是否正确。

2. 对照检查“主营业务收入”“应交税费——应交消费税”明细账。检查时，要注意审查销售发票、发货凭据等原始单据。必要时，应深入车间、仓库、技术、销售部门，了解生产工艺流程、产品原料、结构、性能、用途及售价等，看有无不同税率的应税消费品的适用税目，是否正确划分；不同税率的应税消费品是否分别核算，未分别核算的，是否从高适用税率；不同税率应税消费品的销售额、销售数量是否准确，是否正确计算应纳消费税。

3. 检查“库存商品”“自制半成品”“原材料”“委托加工物资”“包装物”等账户，重点看其有无可供销售的成套应税消费品。如有，进一步查阅“主营业务收入”等账户，核实其有无将组成成套消费品销售的不同税率的货物分别核算、分别适用税率或者从低适用税率的情形。

4. 审查税目税率发生过变动的应税消费品，看被查对象是否在政策变动的时间临界点及时调整了核算对象或核算办法。

社会写真

买得起的车，缴不起的税费

2007 年，家住北京郊区的李某有了身孕，为了方便产检，家里决定买车。斟酌过后，李某看中了一辆 1.6 升排量的国产轿车，售价 11.7 万元。除去 1.7 万元增值税，共缴纳了 1 万元车辆购置税。也就是说，李某共为这辆国产车花去 12.7 万元。

在使用车辆的过程中，李某每年需要缴纳 300～400 元的车船使用税等。这笔费用还不算高，最让她介意的是各种养路费、油费支出。2009 年以后，养路费等其他费用改为燃油税（成品油消费税），油价高涨，李某每月油价支出 1 000 余元。而各类保险、养车以及车船使用税等平均到每个月后，保守估计每月光私家车一项就需消费 1 500 多元。如果某个月用车频繁一些，李某家私家车支出的费用将更高。

这一切，不得不令李某感慨：“买得起的车，缴不起的税费！”

三、纳税环节与纳税义务发生时间的检查

（一）纳税环节的政策规定

1. 纳税人生产的应税消费品，于销售时纳税。

2. 自产自用的应税消费品，用于连续生产应税消费品的，不纳税；用于其他方面的，于移送使用时纳税。

3. 委托加工的应税消费品，由受托方在向委托方交货时代收代缴税款。

4. 进口的应税消费品，于报关进口时纳税。

5. 委托加工的应税消费品直接出售的，不再征收消费税。

6. 经国务院批准，金银首饰消费税由生产销售环节征收改为零售环节征收。纳税人销售（指零售，下同）的金银首饰（含以旧换新），于销售时纳税；用于

馈赠、赞助、集资、广告、样品、职工福利、奖励等方面的金银首饰，于移送时纳税；带料加工、翻新改制的金银首饰，于委托方交货时纳税。

7. 金银首饰消费税改变征税环节后，经营单位进口金银首饰的消费税，由进口环节征收改为在零售环节征收；出口金银首饰由出口退税改为出口不退消费税。个人携带、邮寄金银首饰进境，仍按海关现行规定征税。

8. 2002 年 1 月 1 日起，对钻石及钻石饰品消费税的纳税环节由现在的生产环节、进口环节后移至零售环节。

9. 2003 年 5 月 1 日起，铂金首饰消费税的征收环节由在生产环节和进口环节征收改为在零售环节征收。

10. 委托个体加工的，由委托方收回后在委托方所在地缴纳消费税。消费者个人委托加工的金银首饰及珠宝玉石，委托方可暂按收取的加工费征收消费税。

11. 生产企业将自产石脑油用于本企业连续生产汽油等应税消费品的，不缴纳消费税；用于连续生产乙烯等非应税消费品或其他方面的，于移送使用时缴纳消费税。

（二）纳税义务发生时间的政策规定

1. 纳税人销售应税消费品，其纳税义务的发生时间为：纳税人采取赊销和分期收款结算方式的，为销售合同规定的收款日期的当天。纳税人采取预收货款结算方式的，为发出应税消费品的当天。纳税人采取托收承付和委托银行收款方式销售的应税消费品，为发出应税消费品并办妥托收手续的当天。纳税人采取其他结算方式的，为收讫销售款或者取得索取销售款凭据的当天。

2. 纳税人自产自用的应税消费品，其纳税义务的发生时间，为移送使用的当天。

3. 纳税人委托加工的应税消费品，其纳税义务的发生时间，为纳税人提货的当天。

4. 纳税人进口的应税消费品，其纳税义务的发生时间，为报关进口的当天。

5. 纳税人销售金银首饰，其纳税义务发生时间为收讫销货款或取得索取销货凭据的当天；用于馈赠、赞助、集资、广告、样品、职工福利、奖励等方面的金银首饰，其纳税义务发生时间为移送的当天；带料加工、翻新改制的金银首饰，其纳税义务发生时间为受托方交货的当天。

（三）常见涉税问题

未按规定的纳税义务发生时间申报缴纳消费税。

（四）主要检查方法

调取收集仓库保管人员的“销货发票”“产品出库单”等单据，结合仓库保管员的货物出库单存根联的开具情况，调阅与取得收入相关的原始凭证和记账凭证。根据所附的发货证明、收货证明，查清发出商品的时间；根据所附的托收回单、送款单确定其收款依据，与“产品销售明细账”“消费税纳税申报表”相对照，以此判断入账时间是否正确，确定是否存在不及时结转销售而少计销售的问题。

1. 采用直接收款结算方式的。

（1）结合订货合同，如合同注明直接收款方式，将“主营业务收入”“其他业务收入”等与货物出库单进行核对，查明当月应实现的收入是否全部入账，有无压票现象。

（2）通过对应收、应付、其他应收、其他应付等有关明细账进行清理，查看有无虚列户名的无主账户或转账异常的情况，凡核算内容不符合规定的、发生额挂账时间较长的，就存在隐匿收入的可能，必要时可到对方单位调查取证。

2. 采取赊销和分期收款结算方式的。

（1）应检查“分期收款发出商品”明细账，并调阅一些老客户、信誉好的大客户的赊销合同。

（2）根据赊销双方赊销合同的约定，确认其赊销行为是否成立，核实企业是否将不属于分期收款方式销售的商品划为赊销处理，滞后实现销售收入。

（3）对照赊销合同，检查备查对象是否按照约定的金额和时间实现销售。

（4）通过审核合同约定的收款时间，与相关收入、往来账户进行比对，核实到期应转而未转的应税销售额，确认是否存在滞后收入或不计收入的情况。

3. 采取预收货款结算方式的。

（1）将“预收账款”账户（有的企业是在其他往来账户核算的）与“主营业务收入”等账户进行比对，检查其是否在发出应税消费品的当天确认销售额。

（2）审查存货明细账、仓库实物账、发货（出门）凭据、运输单据等，与收入明细账、“应交税费——应交消费税”明细账进行比对，核查是否存在发出应税消费品未及时申报缴纳消费税的情况。

4. 采取托收承付和委托银行收款方式销售应税消费品的。

（1）审查购销合同了解收款期限和相关约定，结合出库单（或销售清单），以季末或年末发出商品备查簿为依据，将一定时期内办理托收的相关凭据、银行对账单、银行结算凭证回单联及发票开具日期，与“主营业务收入”“其他业务收入”“应交税费——应交消费税”明细账进行比对，核查其是否存在不及时结转销售收入的问题。

（2）将“银行存款”“应收票据”“其他货币资金”等账户与“主营业务收入”等账户进行比对，检查其是否在发出应税消费品并办妥托收手续的当天确认销售额。

5. 采取其他结算方式的。

（1）检查中应将“库存现金”“银行存款”“其他货币资金”“应收/应付账款”“其他应收/应付账款”账户与“主营业务收入”等账户进行比对，检查其是否在收讫销售款或者取得索取销售款的凭据的当天确认销售额。

（2）以“库存商品”等存货类账户为中心，结合提货单、出库单、发票及记账凭证，检查会计分录的对应关系，对照收入类账户，看有无产品（商品）已发出，劳务已提供而未列销售的情况。

6. 自产自用应税消费品应当纳税的。检查“原材料”、“自制半成品”、“库存商品”、“生产成本”（非应税消费品）、“固定资产”、“在建工程”、“管理费用”、“营业费用”、“营业外支出”、“其他业务支出”、“应付职工薪酬”等账户以及仓库实物账和相关发货（领料）凭据，看其是否在移送使用的当天确认销售额。

7. 委托加工的应税消费品。检查“委托加工物资”“原材料”“自制半成品”等账户，看其是否在提货的当天确认应代扣代缴的消费税。

8. 进口的应税消费品。检查“材料采购”“原材料”“包装物”“库存商品”等账户以及完税凭证，看其是否将进口的应税消费品在报关进口的当天确认销售额。

社会写真

某卷烟厂有员工 1 000 人，生产 × × 牌高档卷烟（调拨价为 70 元/标准条，售价为 80 元/标准条）。2019 年 12 月税务机关对其 2019 年 1—11 月的纳税情况进行了检查。稽查人员查阅该厂经理办公会议纪要时，发现 2019 年 9 月经理办公会曾作出向全厂员工每人发放 10 条自产卷烟的决定。稽查人员审查该厂产成品明细账及其贷方发生额的对应关系，没有发现自产卷烟转至“应付职工薪酬”的相关记录；经向有关人员证实该厂确实发放了福利卷烟后，稽查人员采用全查法逐一审查了 2019 年 9 月库存商品明细账的贷方发生额，发现其当月除正常销售结转外，发生卷烟仓库被盗损失100万元计入了“营业外支出”；进一步审查记账凭证，发现该厂已转出不予抵扣的增值税进项税额8万元，并附有手续齐全的仓库报损明细单、成本计算表及公安机关报案受理单。稽查人员向仓库保管员、财务人员询问，追查发放福利卷烟的账务处理，相关人员闪烁其词。稽查人员遂向受理报案公安机关发出协助调查通知，证实该厂2019年9月确实发生被盗案件，但核定被盗损失为70万元。面对证据，该厂不得不承认将发放福利卷烟假报产品损失，少缴增值税、不缴消费税的事实。

——资料卡片——

消费税的前世今生

消费税（excise tax），是一种古老的税种，最早产生于古罗马帝国时期。当时，随着农业、手工业的发展、城市的兴起与商业的繁荣，统治者相继开征了诸如盐税、酒税等产品税，这可以视为消费税的雏形。随后很多国家的统治者借鉴了这一做法，于是消费税便逐渐发展起来了。消费税发展至今，已成为世界各国普遍征收的税种，目前已有120多个国家或地区征收消费税，而且还有增加的趋势。近年来，在税收可持续发展法律制度改革浪潮中，各国纷纷开征或调整消费税，以便建立一个既有利于环境和生态保护又有利于经济发展的绿色税收法律制度。

本章习题

一、单选题

1. 企业发生视同销售行为，没有同类消费品销售价格时，消费税的计税价格为（　　）。

A. （成本－利润）／（1－增值税税率）

B. （成本－利润）／（1－消费税税率）

C. （成本＋利润）／（1－消费税税率）

D. （成本＋利润）／（1－增值税税率）

2. 随同货物出售单独计价的包装物，取得收入计入（　　）科目。

A. 主营业务收入　　B. 银行存款

C. 其他业务收入　　D. 营业费用

3. 下列哪种商品是在零售环节缴纳消费税（　　）。

A. 汽车　　B. 游艇　　C. 化妆品　　D. 金银首饰

4. 纳税人采取直接收款方式销售应税消费品，货款已收到，货物未发出，但提货单已交购买方，其正确的会计分录为（　　）。

A. 借：库存现金

　　贷：库存商品

B. 借：库存现金

　　贷：主营业务收入

C. 借：库存现金

　　贷：主营业务收入

　　　　应交税费——应交增值税（销项税额）

D. 借：库存现金

　　贷：主营业务收入

　　　　应交税费——应交增值税（销项税额）

　借：税金及附加

　　贷：应交税费——应交消费税

5. 税务人员在税务稽查中发现，甲炼油厂运输车间领用汽油时的会计分录为：

借：生产成本——辅助生产成本（运输车间）

　贷：库存商品——汽油

则该企业（　　）。

A. 少计了增值税

B. 既少计了增值税，又少计了消费税

C. 应将“库存商品——汽油”改为“主营业务收入——汽油”

D. 处理正确

6. 税务机关在税务检查中发现，张某委托本地个体户李某加工实木地板。张某已将实木地板收回并销售，但未入账，也不能出示消费税完税证明。下列关于税务机关征管行为的表述中，正确的是（　　）。

A. 要求李某补交税款

B. 要求张某补交税款

C. 应对张某处以未缴消费税税额0.5倍至3倍的罚款

D. 应对李某处以未代收代缴消费税税额0.5倍至3倍的罚款

7. 某地板生产企业为增值税一般纳税人，2016年1月销售自产地板两批：第一批800箱取得不含税收入160万元，第二批500箱取得不含税收入113万元；另将同型号地板200箱赠送福利院，300箱发给职工作为福利。实木地板消费税税率为5%。该企业当月应纳的消费税为（　　）万元。

A. 16.8　　B. 18.9　　C. 18.98　　D. 19.3

8. 甲企业委托乙企业生产木制一次性筷子。甲企业提供的主要原材料实际成本为12万元，支付的不含税加工费为1万元，乙企业代垫辅料的不含税金额为0.87万元。木制一次性筷子的消费税税率为5%，乙企业代收代缴消费税的组成计税价格为（　　）万元。

A. 12.63　　B. 13.55　　C. 13.68　　D. 14.6

9. 纳税人以应税消费品抵债，其计税价格是（　　）。

A. 当月同类消费品加权平均价格

B. 材料成本×（1+成本利润率）

C. 材料成本×（1+成本利润率）+消费税

D. 同类消费品最高销售价格

10. 下列销售行为中，可以以销售差额作为销售额计税的是（　　）。

A. 金银首饰以旧换新　　B. 所有货物的以旧换新

C. 还本销售　　D. 以物易物

11. 金银首饰与其他产品组成成套消费品销售，按（　　）征收消费税。

A. 销售额全额　　B. 金银首饰销售额

C. 其他产品销售额　　　　　　　　D. 按所占比重

12. 下列生产方式中，按委托加工处理的是（　　）。

A. A 提供资金，委托 B 加工　　　　B. B 提供原材料为 A 加工

C. A 委托 B 购买原材料后由 A 加工　　D. A 提供原材料由 B 加工

13. 某烟厂 2016 年 4 月外购烟丝，取得增值税专用发票上注明税款为 8.5 万元，期初尚有库存的外购烟丝 2 万元，期末库存烟丝 12 万元，该企业本月应纳消费税中可以扣除的消费税是（　　）。

（外购烟丝用于连续生产应税消费品，烟丝消费税税率 30%）

A. 6.8 万元　　B. 9.6 万元　　C. 12 万元　　D. 40 万元

二、多选题

1. 某化妆品厂（增值税一般纳税人）新试制一批化妆品用于职工福利，无同类产品的对外售价，已知该批产品的生产成本 10 000 元，当月无进项税额。企业账务处理为：

借：应付职工薪酬　　10 000

　贷：库存商品　　10 000

已知化妆品的全国平均成本利润率为 5%，消费税税率为 30%，增值税税率为 17%，下列关于该笔账务处理的表述，正确的有（　　）。

A. 少计算增值税 1 700 元　　　　B. 少计算增值税 1 785 元

C. 少计算增值税 2 550 元　　　　D. 少计算消费税 3 150 元

E. 少计算消费税 4 500 元

2. 在会计核算中，列入“税金及附加”科目核算的税种包括（　　）。

A. 城建税　　B. 消费税　　C. 增值税　　D. 印花税

3. 纳税人销售应税消费品时向购货方收取的下列费用中，属于价外费用应计入应税消费品的销售额计征消费税的有（　　）。

A. 包装物租金

B. 因购货方延期付款向其收取的违约金

C. 所售应税消费品的品牌使用费

D. 运输装卸费

E. 将承运部门开具给购货方的运费发票转交给购货方的同时向购货方收取的代垫运费

4. 对纳税人采用“以旧换新”方式销售货物，检查其有无将收回旧货物直接冲减销售额的情况，下列方法正确的是（　　）。

A. 检查“主营业务收入”明细账中是否有产品（商品）销售价格明显偏低的情况

B. 检查销售额与旧货作价额是否在同一张发票上注明

C. 检查纳税人“主营业务成本”明细账的贷方发生额与“原材料”“辅助材料”等账户的借方发生额核算内容是否一致

D. 检查纳税人“主营业务成本”明细账的借方发生额与“库存商品”等账户的贷方发生额核算内容是否一致

5. 对自产应税消费品销售情况进行检查，主要应检查（　　）。

A. “主营业务收入”科目贷方发生额

B. “库存商品”科目贷方发生额

C. 盘点表的结存额和仓库数量账

D. “生产成本”的贷方发生额

6. 对外购或委托加工收回的应税消费品用于连续生产应税消费品的计税依据的检查，应注意（　　）。

A. 检查纳税人的“委托加工物资”明细账并与有关记账凭证、原始凭证相核对，看委托加工收回时受托方是否已代收了消费税

B. 检查“生产成本”明细账，并与“发出材料”“原材料”的有关凭证相核对，看委托加工收回或外购的材料是否用于生产应税消费品

C. 检查外购或委托加工收回的应税消费品的领用数量

D. 检查“原材料”科目借方发生额，外购应税消费品采购费用不能计算扣除消费税

7. 下列说法不正确的有（　　）。

A. 包装物随同产品销售而单独计价，其收入记入“其他业务收入”账户

B. 包装物随同产品销售而单独计价，其应纳消费税则应记入“税金及附加”账户

C. 包装物随同产品销售而单独计价，其应纳消费税则应记入“其他业务成本”账户

D. 包装物随同产品销售而单独计价，其收入记入“主营业务收入”账户

8. 检查白酒生产企业视同销售业务，需要检查的科目可能有（　　）。

A. 库存商品

B. 主营业务成本

C. 应付职工薪酬——非货币福利

D. 营业外支出

9. 甲企业为增值税一般纳税人，2016 年 4 月接受某烟厂委托加工烟丝，甲企业自行提供烟叶的成本为 35 000 元，代垫辅助材料 2 000 元，发生加工支出 4 000 元；甲企业当月允许抵扣的进项税额为 340 元。烟丝的消费税税率为 30%，成本利润率为 5%，下列表述正确的是（　　）。

A. 甲企业应纳增值税 1 020 元

B. 甲企业应纳增值税 10 115 元

C. 甲企业应代收代缴消费税 17 571 元

D. 甲企业应纳消费税 18 450 元

三、技能训练题

1. 某酒厂为增值税一般纳税人，主要生产销售各类白酒。2016 年 10 月经营情况如下：

（1）从某酒厂购进酒精 60 吨，取得增值税专用发票，发票金额 200 000 元，增值税税额 34 000 元。款项以银行存款支付。账务处理为：

借：材料采购　200 000
　　应交税费——应交增值税（进项税额）　34 000
　贷：银行存款　234 000

（2）向农业生产者收购粮食 300 吨，收购凭证上注明支付收购价款 300 000 元，款项以现金支付。账务处理为：

借：材料采购　261 000
　　应交税费——应交增值税（进项税额）　39 000
　贷：库存现金　300 000

（3）领用外购酒精 60 吨，全部用于生产白酒。账务处理为：

借：生产成本　200 000
　贷：原材料　200 000

（4）销售瓶装粮食白酒 10 吨，开具增值税专用发票，取得销售额 310 000 元，收取包装物押金 35 100 元，款项收到。账务处理为：

借：银行存款　397 800
　贷：主营业务收入　310 000
　　应交税费——应交增值税（销项税额）　52 700
　　其他应收款——包装物押金　35 100

（5）用 5 吨特制粮食白酒与供货方换取原材料，供货方开具了增值税专用发票，价款 200 000 元，税额 34 000 元。（特制粮食白酒最高售价 50 元/千克，平均售价 44 元/千克，均为不含税价）

借：原材料　　223 400

　　应交税费——应交增值税（进项税额）　　34 000

　贷：主营业务收入　　220 000

　　　应交税费——应交增值税（销项税额）　　37 400

（6）将试制的新型号干红酒 5 吨发给职工作为福利，成本价 15 000 元。该产品无同类产品市场价格（其他酒成本利润率 5%，消费税税率 10%）。

借：应付职工薪酬——福利费　　17 550

　贷：库存商品　　15 000

　　　应交税费——应交增值税（销项税额）　　2 550

（7）购进的粮食因水灾发生霉烂，账面成本 60 900 元。账务处理为：

借：营业外支出　　60 900

　贷：原材料　　60 900

（8）企业当月的消费税申报为：

应纳消费税 = （310 000 + 220 000） × 20% + （20 000 + 5 × 2 000） × 0.5 = 121 000（元）

（9）企业当月的增值税申报为：

销项税额 = （310 000 + 220 000 + 15 000） × 17% = 92 650（元）

进项税额 = 34 000 + 39 000 = 73 000（元）

应纳增值税 = 92 650 − 73 000 = 19 650（元）

要求：

（1）指出企业的会计处理存在的涉税问题。

（2）计算企业应补交的增值税和消费税。

2. 某汽车制造企业为增值税一般纳税人，2016 年 1 月其生产经营情况如下：

（1）销售 B 型小汽车 50 辆给特约经销商，每辆不含税单价 12 万元并开具了增值税专用发票，注明价款为 600 万元，增值税 102 万元，由于特约经销商当月支付了全部货款，汽车制造企业给予特约经销商原售价 2% 的销售折扣。

（2）将新研制生产的 C 型小汽车 5 辆销售给本企业的中层干部，每辆按成本价 10 万元出售，共计取得收入 50 万元，B 型小汽车尚无市场销售价格。

（3）销售 A 型小汽车 30 辆给汽车销售公司，每辆不含税售价 15 万元，开具增值税专用发票注明价款 450 万元。当月实际收回价款 430 万元，余款下月才能收回。

（4）当月购进原材料取得增值税专用发票注明金额600万元、进项税额102万元，支付购进原材料的不含税运输费用20万元，取得了货物运输业增值税专用发票。

（5）当月因管理不善损失库存外购原材料金额35万元（其中含运输成本2.79万元，已经取得一般纳税人开具的增值税专用发票并抵扣）。

（说明：A型车和B型车均适用9%的消费税税率，C型车适用5%的消费税税率，其成本利润率为8%）

2016年1月企业自行计算的增值税销项税额和消费税如下：

增值税销项税额 = ［600×（1－2%）＋50＋430］×17% = 181.56（万元）

应纳增值税 = 181.56－102－20×11%＋（35－2.79）×17%＋2.79×11% = 83.14（万元）

申报缴纳的消费税 = ［600×（1－2%）＋430］×9%＋50×5% = 94.12（万元）

要求：根据上述资料，按资料顺序逐项指出企业的做法是否正确，简要说明理由及正确的处理方法。

3. 某化妆品生产企业为增值税一般纳税人，2016年10月企业发生经济业务如下：

（1）自生产厂家购进散装化妆品一批，取得增值税专用发票（已认证），价款250 000元，增值税税额42 500元。会计处理为：

借：材料采购	175 000
应交税费——应交增值税（进项税额）	42 500
应交税费——应交消费税	75 000
贷：银行存款	292 500

（2）本月将购进散装化妆品的80%生产领用，用于加工成套化妆品。会计处理为：

借：生产成本	140 000
贷：原材料	140 000

（3）企业本月加工成套化妆品7 800件，对外批发销售6 000件，取得不含税销售额290 000元。会计处理为：

借：应收账款	339 300
贷：主营业务收入——化妆品	290 000
应交税费——应交增值税（销项税额）	49 300

（4）将专门特制的成本为3万元的（不含税价）化妆品发给本厂女工。企业的会计处理为：

借：应付职工薪酬——福利费　35 100

贷：生产成本　30 000

应交税费——应交增值税（进项税额转出）　5 100

（5）将价值90 000元的化妆品和价值40 000元的眉笔、镜子等组成套装盒出售，取得不含税收入130 000元。企业的会计处理为：

借：银行存款　152 100

贷：主营业务收入——化妆品　90 000

——眉笔、镜子　40 000

应交税费——应交增值税（销项税额）　22 100

（6）计提当月消费税，会计处理为：

借：营业税金及附加　39 000

贷：应交税费——应交消费税　39 000

应交消费税 =（290 000 + 90 000）×30% − 75 000 = 39 000（元）

（7）企业当月的增值税申报为：

销项税额 =（290 000 + 90 000 + 40 000）×17% = 71 400（元）

进项税额 = 42 500 − 5 100 = 37 400（元）

应纳税额 = 71 400 − 37 400 = 34 000（元）

（8）化妆品消费税税率30%，成本利润率为5%。

要求：

（1）分析以上资料，说明企业的会计处理存在哪些涉税问题。

（2）计算企业当月应补交的增值税和消费税。

4. 某酒厂系增值税一般纳税人，主要生产粮食白酒，2016年税务人员在日常税务检查中发现如下问题：

（1）借：银行存款　117 000

贷：其他应付款——包装物押金　117 000

经核实，企业销售粮食白酒收取的包装物押金共计117 000元，已经超过一年以上，未申报纳税。

（2）借：长期股权投资　100 000

贷：库存商品——白酒　100 000

经核实，将自己生产的粮食白酒一批（1 000千克），生产成本100 000元，投资于某酒业经销公司。该白酒无同类白酒售价，成本利润率10%。

要求：

（1）指出该企业在报缴增值税和消费税方面存在的问题。

（2）计算应补（退）的增值税和消费税。

5. 某企业为增值税一般纳税人，主要生产甲、乙两种产品，适用增值税税率17%，乙产品消费税税率为8%。2016年2月份有关会计资料如下：

（1）销售甲产品1 000件，每件不含税价格为800元，同时负责运输并收取运输费1 000元。

（2）将甲产品50件用于职工福利，已知其生产成本为每件500元。

（3）购进一批原材料，取得的增值税专用发票上注明价款200 000元，税款34 000元。

（4）上述原材料入库时发现短缺10%，经查属于非正常损失。

（5）委托A厂（增值税一般纳税人）加工一批乙产品，已知其原材料成本为50 000元，支付加工费10 000元，并取得增值税专用发票。A厂无同类产品的对外售价。

根据上述资料回答问题（不定项选择题）：

（1）第一笔业务应计算的销项税额为（　　）。

A. 136 000元　　B. 136 070. 30元

C. 136 145. 30元　　D. 136 170元

（2）将甲产品用于职工福利，其正确的处理方法为（　　）。

A. 应计算不得抵扣的进项税额

B. 其原材料所含的进项税额可以抵扣

C. 应视同销售按其对外售价计算销项税额

D. 应视同销售按组成计税价格计算销项税额

（3）委托加工乙产品应由受托方代收代缴的消费税为（　　）。

A. 800元　　B. 4 000元　　C. 4 800元　　D. 5 217. 39元

（4）本月可以抵扣的进项税额为（　　）。

A. 26 350元　　B. 30 600元　　C. 32 300元　　D. 34 000元

（5）本月应纳增值税税额为（　　）。

A. 103 700元　　B. 114 193. 13元　　C. 108 120元　　D. 110 645. 30元

6. 2016年8月，某市国税局稽查局对白酒厂进行检查发现：该酒厂2015年为某乡镇企业加工白酒500吨，未代扣代缴消费税130万元。8月10日，稽查局下达《税务处理决定书》和《税务行政处罚决定书》，决定追缴白酒厂未代扣代缴的消费税130万元，并处以4倍的罚款520万元，限8月25日前补缴入库。由于酒厂对此笔税款有异议，至8月25日该酒厂未缴税款。8月26日，经国税局局长批准，冻结了白酒厂基本账户中的130万元存款。

要求：判断以上处理有何不当之处并说明理由。

第六章　企业所得税的检查

案例导读

某化工企业所得税纳税检查案例分析

2016 年 10—12 月，某市国税局对市区某分局管辖的镇江某化工有限公司所属期 2015 年 1—12 月份的企业所得税纳税申报情况进行了交叉重点评估。

镇江某化工有限公司，2002 年 8 月成立并开业，是增值税一般纳税人，企业所得税征收方式为查账征收。该企业位于镇江市化工开发区谏壁焦湾大道；纳税人识别号 321102741331 × × ×；法人为杜 × ×；经营方式为生产及批发零售；注册资本 69 万元；主营产（商）品是三苯。

该企业 2015 年度增值税纳税申报表、附报资料和财务报表有关数据如下：全年申报增值税应税销售收入 64 529 445.54 元，所得税应税销售收入 64 779 445.54元，销售成本 59 545 804.46 元，营业税金及附加 124 030.32 元，期间费用 6 955 644.80 元，其他扣除项目 1 091 989.84 元，当年账面利润总额为 -2 938 073.88 元。企业第五次申报的亏损额为 1 853 634.27 元，应退预缴所得税 142 803.51 元；某分局汇算清缴复查核定的亏损额为 1 441 885.13 元。

该市国税局首先运用应税销售收入变动率分析法分析，2014 年是 213 977 754.85元，而 2015 年只有 64 529 445.54 元，环比为 -70%，异常。至于异常的原因，我们在税情监控记录里未能找到答案。据管理员讲，企业管理层内部闹矛盾，影响了企业正常的生产经营，导致 2016 年销售收入大幅下滑。

其次用所得税“税收负担率变动率”分析法分析，2014 年是 0.48%，而 2015 年为 0，环比为 -100%，异常。在税情监控记录里，我们发现该企业 2016 年“主营业务毛利率”为 7.7%，偏低；“主营业务成本率”为 92.28%，“主营业务费用率”为 13.8%，都偏高。

最后用“应纳税所得额变动率”分析法分析，2014 年是 3 115 343.92 元，而 2015 年为 -1 441 885.13 元，环比为 -146.28%，异常。

综上分析可知，企业存在问题：有少申报应税收入嫌疑，有多列成本费用嫌疑。转入约谈说明环节。

为了证实或排除疑点，根据纳税评估程序，该市国税局向该企业发出了《纳税评估约谈说明建议书》，将企业存在的疑点告知了纳税人。企业在约定的约谈时间以前送来了《企业纳税评估自查情况说明书》，请求以自查申报代替约谈说明，自查结果如下：

2015年度应纳税所得额为721 960.72元；2015年度应纳所得税额为238 247.04元。应补所得税额为238 247.04元。

该市国税局在企业自查后，按程序进行了实地核查，发现企业自查情况属实。

（资料来源：http：//www.dongao.com/practice/shuian/20080506094535_15585.html）

企业所得税计税依据为收入总额减去准予扣除项目金额（成本费用）并按税法调整后的应纳税所得额。由于其计税依据的复杂性，所以纳税人偷逃税手段较多，可以归纳为三种类型——“隐、扩、推”，即隐瞒收入，扩大成本费用，收入推后、成本提前。总而言之，纳税人对企业所得税的偷逃税手段多种多样，要发现纳税人的偷逃税款证据，最主要的是检查人员要充分熟悉纳税人的生产、经营、采购、销售、管理、分配等基本情况，利用行业数据、市场数据、企业历史数据、资金流等信息，对纳税人账面数据与相关业务单位及个人数据进行核对，通过外查内比等手段对相关指标进行分析，就能发现问题。

第一节　企业应税收入的检查

企业应税收入是指企业应依法缴纳企业所得税的收入总额。在对企业所得税的稽查过程中，收入是检查的重点之一。

一、企业收入总额的组成

根据《企业所得税法》及其实施条例的规定，应税收入总额包括以下项目：

（1）销售货物收入，是指企业销售商品、产品、原材料、包装物、低值易耗品以及其他存货取得的收入。

（2）提供劳务收入，是指企业从事建筑安装、修理修配、交通运输、仓储租赁、金融保险、邮电通信、咨询经纪、文化体育、科学研究、技术服务、教育培训、餐饮住宿、中介代理、卫生保健、社区服务、旅游、娱乐、加工以及其他劳务服务活动取得的收入。

（3）转让财产收入，是指企业转让固定资产、生物资产、无形资产、股权、债权等财产取得的收入。

（4）股息、红利等权益性投资收益，是指企业因权益性投资从被投资方取得的收入。股息、红利等权益性投资收益，除国务院财政、税务主管部门另有规定外，按照被投资方作出利润分配决定的日期确认收入的实现。

（5）利息收入，是指企业将资金提供给他人使用但不构成权益性投资，或者因他人占用本企业资金取得的收入，包括存款利息、贷款利息、债券利息、欠款利息等收入。利息收入，按照合同约定的债务人应付利息的日期确认收入的实现。

（6）租金收入，是指企业提供固定资产、包装物或者其他有形资产的使用权取得的收入。租金收入，按照合同约定的承租人应付租金的日期确认收入的实现。

（7）特许权使用费收入，是指企业提供专利权、非专利技术、商标权、著作权以及其他特许权的使用权取得的收入。特许权使用费收入，按照合同约定的特许权使用人应付特许权使用费的日期确认收入的实现。

（8）接受捐赠收入，是指企业接受的来自其他企业、组织或者个人无偿给予的货币性资产、非货币性资产。接受捐赠收入，按照实际收到捐赠资产的日期确认收入的实现。

（9）其他收入，是指企业取得的除企业所得税法第六条第（一）项至第（八）项规定的收入外的其他收入，包括企业资产溢余收入、逾期未退包装物押金收入、确实无法偿付的应付款项、已作坏账损失处理后又收回的应收款项、债务重组收入、补贴收入、违约金收入、汇兑收益等。

以上九类收入是按税法规定划分的，但是在具体的企业所得税稽查过程中，我们必须了解会计收入确认的原则和方法。

企业取得收入的货币形式，包括现金、存款、应收账款、应收票据、准备持有至到期的债券投资以及债务的豁免等；企业取得收入的非货币形式，包括固定资产、生物资产、无形资产、股权投资、存货、不准备持有至到期的债券投资、劳务以及有关权益等，企业以非货币形式取得的收入，应当按照公允价值确认收入额。

二、视同销售收入的检查

视同销售是指会计上不作为销售核算，而在税收上作为销售、确认收入计缴税金的商品或劳务的转移行为。

《企业所得税法》规定，企业发生非货币性资产交换，以及将货物、财产、劳务用于捐赠、偿债、赞助、集资、广告、样品、职工福利或利润分配等用途的，应当视同销售货物、转让财产或者提供劳务，但国务院财政、税务主管部门另有规定的除外。

资产所有权属在形式和实质未发生改变，可作为内部处置资产，不视同销售确认收入，具体情形有（除将资产转移至境外）：将资产用于生产、制造、加工另一产品；改变资产形状、结构或性能；改变资产用途（如，自建商品房转为自用或经营）；将资产在总机构及其分支机构之间转移；上述两种或两种以上情形的混合；其他不改变资产所有权属的用途。

视同销售产品的销售价格，应参照同期同类产品的市场销售价格；没有参照价格的，应按成本加合理利润的方法组成计税价格。

例如，房地产开发企业将自行开发的商品房转作企业的固定资产不作为视同销售行为处理。但是房地产开发企业将开发产品转作固定资产用于捐赠、赞助、职工福利、奖励、对外投资、分配给股东或投资人、抵偿债务、换取其他企事业单位和个人的非货币性资产等行为，应视同销售，于开发产品所有权或使用权转移，或于实际取得利益权利时确认收入（或利润）的实现。

检查方法如下。

（一）检查“库存商品”明细账及对应账户

1. 检查登记“库存商品”明细账的记账凭证的性质，如为现收或应收的收款凭证，属于销售货物后直接冲减了存货账，经进一步检查会计凭证，核实问题后，应调增应纳税所得额。

2. 检查“库存商品”明细账贷方摘要栏，如不是“结转销售成本”等字样，应进一步检查记账凭证，核实对应账户。如对应账户不是“主营业务成本”“发出商品”等账户，而是“原材料”“应付股利”及往来账或货币资金账等账户，一般存在用产品兑换材料、分配利润、偿还账款，或将产品销售收入挂在往来账上，或将产品销售收入直接冲减“库存商品”账，而不按规定记销售账，逃避纳税的问题，应通过进一步审查原始凭证予以核实，核实后，应调增应纳税所得额。

3. 检查“库存商品”明细账贷方摘要栏，如是“结转销售成本”类似字样，经核实记账凭证对应账户也是“主营业务成本”科目，应审查所附的结转销售成本的“销售汇总表”或计算成本的其他原始凭证汇总的销售数量，并检查或者抽查产品出库单，核实产品的领用部门，看有无将非销售的产品成本也作为销售产品结转了成本，既少纳所得税，又逃避了增值税。同时，将“库存商品”贷方登记的发出数量与各销售明细账贷方登记的销售数量核对，如前者明显大于后者，除应核实销售发出数量外，还应注意检查货币资金和往来账等账户，核实有无隐瞒销售收入的问题。

（二）检查“发出商品”明细账

检查“发出商品”明细账的借方发生额，审查会计凭证的销货合同或协议，核实结算方式和收款时间。在检查借方的基础上检查该账户贷方发生额，以及“主营业务收入”相关明细账，核实在规定的收款期是否在结转产品销售成本的同时，及时、足额地登记销售账。

（三）检查“原材料”明细账

如“原材料”明细账贷方对应账户不是“生产成本”“制造费用”“管理费用”“销售费用”，而是货币资金或往来账户，一般属于销售材料未记销售账和销项税额，核实后应予调整。

（四）其他检查方法

对销售收入不入账或记入“账外账”的，尤其是现金交易较多的企业，应通过查核银行存款，或采用以进核销、以产核销等控制法，发现和核实问题。

【例6-1】2017年某企业将自产产品用于本企业的办公楼修建，产品成本为20万元，同类不含税销售价格为30万元，企业的会计处理为：

借：在建工程　　200 000

　贷：库存商品　　200 000

要求：企业是否需要对原账务处理进行调整？如果需要，如何调整？

解析：按照《增值税法》规定要视同销售，按照《企业所得税法》规定不视同销售，调账分录：

借：在建工程　　51 000

　贷：应交税费——增值税检查调整　　51 000

三、销售货物收入的检查

纳税人的销售收入应包括两部分：一是按已开具的增值税专用发票汇总加计的；二是按普通发票所列含税销售价格推算出的不含税销售额。相对来说，前者税务机关易于通过发票管理进行控制，而后者则易于偷逃税款，故检查时，应注意全面检查。小规模纳税人实行简易征收，按不含税价格的销售额计税，所以检查的重点也在销售额。

应检查“主营业务收入”“其他业务收入”明细账及纳税资料，确认账面应税收入的及时性、真实性。检查方法如下。

（1）通过对企业当期各种货物销售发票开具情况、增值税纳税申报情况、货物销售合同、应付账款、预收账款等货物销售信息资料核对，查实企业销售货物结转销售收入的及时性，对已取得长期挂往来科目的销售收入和按合同或协议价款应收未收的销售收入，应调增应纳税所得额。

（2）结合企业生产经营状况、市场营销特点、销售方式等，对企业不同时期销售收入存在的异常变动情况进行审核，查明异常变动的原因，对审查确认未足额结转的销售收入，应调增应纳税所得额。

（3）通过同期销售货物单位价格比对分析，审核企业销售产品价格，对价格明显偏低而无正当理由的，应按规定计价方式重新调整应纳税所得额。

（4）审查“主营业务收入”“其他业务收入”明细账的借方发生额或贷方发生额的红字冲销数，如摘要栏是销货退回和销售折让、折扣等内容，应进一步核实原始凭证，如无购货方退回的增值税专用发票的发票联和税款抵扣联，或无购货方税务机关开具的“开具红字增值税专用发票通知单”，即为销货退回或折让手续不全，或者是假退货、假折让，或者是将销货回扣、手续费等冲减了销售额和销项税额。核实后，应调增应纳税所得额。

四、提供劳务收入的检查

提供劳务收入，是指企业从事建筑安装、修理修配、交通运输、仓储租赁、金融保险、邮电通信、咨询经纪、文化体育、科学研究、技术服务、教育培训、餐饮住宿、中介代理、卫生保健、社区服务、旅游、娱乐、加工以及其他劳务服务活动取得的收入。

《企业所得税法》规定：企业受托加工制造大型机械设备、船舶、飞机，以及从事建筑、安装、装配工程业务或者提供其他劳务等，持续时间超过12个月的，按照纳税年度内完工进度或者完成的工作量确认收入的实现。

（一）收入时间确认的检查

1. 通过纳税人提供的劳务经济合同，核实劳务的内容、形式、时间、金额，结合“主营业务收入”“其他业务收入”贷方发生额，与企业所得税纳税申报表进行核对，核实申报的主营业务收入额是否账表相符，是否存在合同中约定的各明细项目未确认收入的问题。

2. 结合“工程施工”“劳务成本”等账户，通过劳务收入与劳务成本配比性的检查，对长期挂往来科目预收性质的劳务收入逐项核实，并通过审阅劳务合同或协议，按照结算方式审查劳务收入，对应确认的未按时入账劳务收入，及时调整应纳税所得额。

3. 对受托加工制造大型机械设备、船舶、飞机等，以及从事建筑、安装、装配工程业务或者提供劳务等，持续时间超过12个月的，应重点审查纳税年度内完工进度或者完成的工作量，检查的方法有：一是测量已完工工作量；二是确定已经提供的劳务占应提供劳务总量的比例；三是确定已经发生的成本占估计总成本的比例。

（二）收入金额确认的检查

1. 对已完工或已办理劳务结算手续的，应根据从接受劳务方已收或应收价款的劳务合同、劳务结算凭据等，重点审查应收未收的合同或协议价款是否全额结转了当期收入总额。

2. 对受托加工制造大型机械设备、船舶、飞机等，以及从事建筑、安装、装配工程业务或者提供劳务等，持续时间超过12个月的，应重点审查纳税年度结束时当期劳务收入总额、完工进度以及扣除项目金额等，并据此确认调增应纳税所得额。

3. 对从接受劳务方已收或应收的劳务合同、协议或结算凭证进行审查，特别是存在关联关系的企业，对劳务结算收入价格明显偏低且无正当理由的，要依据公允价格调增应纳税所得额。

4. 对实行差额结转劳务收入的，要重点审查扣除劳务项目的金额是否合理、抵扣的凭证是否合法有效，否则应调增应纳税所得额。

5. 对已经发生的劳务成本预计能够得到补偿的，检查企业是否按劳务成本金额确认收入，并按相同金额结转劳务成本，否则全额调增应纳所得额。

6. 对有大型机械设备的建造承包商，应核实有无对外单位、专项工程等提供机械作业的业务。通过实地调查，结合“固定资产”明细账，核实大型机械设备的使用情况，检查企业有无对外提供机械作业不确认收入的情况。

五、转让财产收入的检查

转让财产收入，是指企业转让固定资产、生物资产、无形资产、股权、债权等财产取得的收入。

（一）固定资产转让收入的检查

企业转让固定资产的行为，主要通过“固定资产”“累计折旧”“营业外收入”“营业外支出”等科目进行会计处理。

首先，在转让固定资产时，应当结转设备净值：

借：固定资产清理

　　累计折旧

　贷：固定资产

其次，支付在转让过程中所发生的费用：

借：固定资产清理

　贷：银行存款

再次，当收到转让收入时：

借：银行存款

　贷：固定资产清理

最后，结转转让收益时：

借：固定资产清理

　贷：营业外收入

从上面的四组会计分录中，我们应当看出在固定资产转让过程中，固定资产净值、清理费用应在“固定资产清理”的借方归集，转让后收回的价款或者残值收入等应在贷方归集，当贷方余额大于借方余额时，说明固定资产的转让有净收益，作为应税收入计入“营业外收入”，反之计入“营业外支出”。有些不需要清理而直接转让的固定资产，为了在实务上全面反映固定资产整体减少状况，准确体现计税收入，也应通过“固定资产清理”科目核算。

检查方法如下。

在检查企业转让固定资产收入的过程中，我们应注意固定资产明细账的贷方发生额，累计折旧表中所列内容，以及和营业外收入明细账贷方发生额之间的逻辑关系。同时通过审查企业报送的资产负债表、现金流量表和固定资产累计折旧表，发现问题。

会计报表的分析主要通过固定资产净值期末数与期初数有无较大变化来进行。如果企业本年度未新增固定资产，而固定资产净值的减少额大于累计折旧的增加额，则说明企业的固定资产有所减少，应进一步查实减少固定资产是否在“营业外收入”账户有所反映。

另外，除了通过对账簿的审查以外，还应该进行实地盘点，随机抽查部分固定资产，确定账实是否相符，从而发现转让固定资产的行为。

(二) 无形资产转让收入的检查

企业会计制度规定，转让无形资产所有权直接冲减无形资产的账面价值，转让净损益记入“营业外收入”或“营业外支出”。

检查时注意以下两点。

1. 审查技术转让收入和特许权使用费收益的划分是否正确。

2. 审查享受所得税优惠政策的技术转让净收入是否正确。主要检查企业所得税优惠事项备案表和所转让技术产权证明。《企业所得税法》所称符合条件的技术转让所得免征、减征企业所得税，是指一个纳税年度内，居民企业技术转让所得不超过500万元的部分，免征企业所得税；超过500万元的部分，减半征收企业所得税。

六、股息、红利等权益性投资收益的检查

（一）会计核算

长期股权投资采用成本法核算的，企业应按被投资单位宣告发放的现金股利或利润中属于本企业的部分，借记“应收股利”科目，贷记“投资收益”科目；属于被投资单位在取得本企业投资前实现净利润的分配额，应作为投资成本的收回，借记“应收股利”等科目，贷记“长期股权投资”科目。

长期股权投资采用权益法核算的，应根据被投资单位实现的净利润或经调整的净利润计算应享有的份额，借记“长期股权投资——损益调整”科目，贷记“投资收益”科目。被投资单位发生净亏损的，比照“长期股权投资”科目的相关规定进行处理。

处置长期股权投资时，应按实际收到的金额，借记“银行存款”等科目，按其账面余额，贷记“长期股权投资”科目，按尚未领取的现金股利或利润，贷记“应收股利”科目，按其差额，贷记或借记“投资收益”科目。已计提减值准备的，还应同时结转减值准备。

处置采用权益法核算的长期股权投资，除上述规定外，还应结转原记入资本公积的相关金额，借记或贷记“资本公积——其他资本公积”科目，贷记或借记“投资收益”科目。

（二）检查方法

股息、红利等权益性投资收益，除国务院财政、税务主管部门另有规定外，按照被投资方作出利润分配决定的日期确认收入的实现。

1. 检查交易性金融资产、持有至到期投资、可供出售金融资产、长期股权投资等借方发生额及上年借方余额，如未体现投资收益，则应重点检查“其他应付款”“应付账款”等往来账户，检查纳税人是否将投资收益挂往来账，不及时确认收益。

2. 检查交易性金融资产、持有至到期投资、可供出售金融资产、长期股权

投资等贷方发生额，按照会计规定冲减投资成本，但是按照税收规定应当确认收入的，纳税人是否进行了纳税调整。

3. 检查申报的免税收入中，对享受免税优惠的投资收益是否符合优惠条件。《企业所得税法》规定，符合条件的居民企业之间的股息、红利等权益性投资收益不用缴纳所得税。“符合条件”是指居民企业之间（不包括投资到“个人独资企业、合伙企业、非居民企业”），直接投资（不包括“间接投资”），连续持有居民企业公开发行并上市流通的股票在一年（12 个月）以上取得的投资收益。《企业所得税法》所称股息、红利等权益性投资收益，不包括连续持有居民企业公开发行并上市流通的股票不足 12 个月取得的投资收益。

七、利息收入的检查

《企业所得税法》规定，利息收入，是指企业将资金提供给他人使用但不构成权益性投资，或者因他人占用本企业资金取得的收入，包括存款利息、贷款利息、债券利息、欠款利息等收入。利息收入，按照合同约定的债务人应付利息的日期确认收入的实现。

（一）会计核算

利息收入通过“投资收益”“财务费用”“银行存款”“库存现金”等科目核算。取得利息收入时，借记“银行存款”“库存现金”等科目，贷记“投资收益”“财务费用”等科目

（二）检查方法

1. 检查企业银行存款账户，结合银行开户情况及银行对账单、利息结算单，审核企业在银行的存款利息收入及委托贷款利息收入是否按规定进行了确认。

2. 检查纳税人“应收账款”“应收票据”“其他应收款”等账户借方发生额，对纳税人收回的挂账时间较长的往来账项以及至年底未收回的资金，应调阅相应合同协议，查看是否有利息约定，然后对照企业“财务费用”账户，检查企业是否对利息收入进行确认。

3. 享受免税优惠的检查。享受免税优惠的国债利息收入，是指企业持有国务院财政部门发行的国债取得的利息收入。实行净价交易后，纳税人在付息日或买入国债后持有到期时取得的利息收入，免征企业所得税；在付息日或持有国债到期之前交易取得的利息收入，按其成交后交割单列明的应计利息额免征企业所得税。纳税人在申报国债利息收入免税事宜时，应向主管税务机关提供国债净价交易成交后的交割单。

八、租金收入的检查

租金收入，是指企业提供固定资产、包装物或者其他有形资产的使用权取得的收入。租金收入，按照合同约定的承租人应付租金的日期确认收入的实现。

（一）会计核算

企业取得租金收入一般通过“其他业务收入”“银行存款”“库存现金”“预收账款”等科目核算。取得租金收入时，借记“银行存款”“库存现金”等科目，贷记“其他业务收入”科目。

（二）检查方法

1. 对照企业的房产、土地等所有权属证明，通过实地查看方式核查企业各种财产的实际使用情况。

2. 通过审查“期间费用”等账户有关财产租赁费用支出单据，核实企业租入资产的实际使用情况，有无转租情形。

3. 通过对企业合同协议的检查，掌握企业对外租赁业务的真实情况，检查企业对外租赁业务的会计处理是否真实、完整。

4. 通过检查企业往来账，对长期挂账不作处理的账项进行重点核实，检查是否存在租金收入记入往来账，不及时确认收入的情况。

九、特许权使用费收入的检查

特许权使用费收入，是指企业提供专利权、非专利技术、商标权、著作权以及其他特许权的使用权取得的收入。特许权使用费收入，按照合同约定的特许权使用人应付特许权使用费的日期确认收入的实现。

（一）会计核算

特许权使用费收入，通过“其他业务收入”账户核算。取得收入时，借记“银行存款”科目，贷记“其他业务收入”科目；结转成本时，借记“其他业务成本”科目，贷记“累计摊销”“银行存款”科目。

（二）检查方法

1. 通过检查账簿、凭证等会计资料，结合相关的合同确定纳税人特许权使用费收入的金额和结算方式，检查“其他业务收入”账户，核实纳税人特许权使用费收入的确认，审核有无隐瞒收入或截留、挪用特许权使用费收入，有无以收抵支或直接冲减成本的情况。

2. 审核合同中的支付方式和支付时间，检查是否存在延迟确认收入或不确认收入的情况。

十、接受捐赠收入的检查

接受捐赠收入，是指企业接受的来自其他企业、组织或者个人无偿给予的货币性资产、非货币性资产。接受捐赠收入，按照实际收到捐赠资产的日期确认收入的实现。

（一）会计核算

纳税人接受捐赠时，借记“银行存款”“库存现金”“原材料”“应交税费——应交增值税（进项税额）”等科目，贷记“营业外收入”科目。

（二）检查方法

1. 检查“营业外收入”科目和企业所得税纳税申报表，审查已记入“营业外收入”科目的捐赠收入是否已作纳税调整。

2. 检查往来科目明细账及记账原始凭据，审查企业是否存在将接受的捐赠收入长期挂往来科目未及时结转损益问题，并据此调整当期应纳税所得额。

3. 对企业接受的非现金捐赠收入，应结合捐赠协议、评估报告等资料，重点审核企业接受的非货币捐赠是否按规定的价值入账，否则应重新调整应纳税所得额；对采取分期结转当期损益的非货币捐赠收益，应根据主管税务机关审核确认批复，审查企业结转损益的期间及各期金额，如未按规定期间或金额结转损益的，则应重新确认，调增应纳税所得额。

4. 结合企业生产经营、资产管理使用以及银行账户等增减变动情况，重点审查企业是否存在取得捐赠不入账的情况，并据实调增应纳税所得额。

十一、债务重组收入的检查

其他收入，是指企业取得的除上述八项收入以外的其他收入，包括企业资产溢余收入、逾期未退包装物押金收入、确实无法偿付的应付款项、已作坏账损失处理后又收回的应收款项、债务重组收入、补贴收入、违约金收入、汇兑收益等。这里主要介绍债务重组收入的检查。

债务重组，是指在债务人发生财务困难的情况下，债权人按照其与债务人达成的书面协议或者法院裁定书，就其债务人的债务作出让步的事项。

债务重组的基本方式有：以低于债务计税成本的现金清偿债务；以非现金资产清偿债务；债务转换为资本，包括国有企业债转股；修改其他债务条件，如延长债务偿还期限、延长债务偿还期限并加收利息、延长债务偿还期限并减少债务本金或债务利息等；以上述两种或者两种以上方式组合进行的混合重组。这里主要介绍前两种方式的纳税检查。

企业在债务重组业务中因以非现金资产抵债或因债权人的让步而确认的资

产转让所得或债务重组所得，如果数额较大，一次性纳税确有困难的，经主管税务机关核准，可以在不超过5个纳税年度的期间均匀计入各年度的应纳税所得额。

（一）以低于债务账面价值的现金清偿债务的检查

按照规定，债务人以低于债务账面价值的现金清偿债务，应当将清偿债务的计税成本与支付的现金金额间的差额确认为债务重组所得，计入企业当期的应纳税所得额。

由于税法要求确认债务重组所得并计税，故在会计处理上应当将重组债务的账面价值与支付现金之间的差额记入“营业外收入”账户核算。如果当期期末生产经营发生亏损，则可用债务重组所得先弥补亏损，然后按其余额计算缴纳企业所得税。

检查方法如下。

1. 检查债务重组业务中的债务重组所得计算是否正确，有无将重组所得直接计入“资本公积——其他资本公积”账户核算的现象，以故意逃避企业所得税。

2. 检查是否将重组所得按期申报纳税或是否申报纳税。在检查时，针对“应付账款”借方发生额，看其贷方的对应科目所核算的内容是否与债务重组有关，然后再结合“营业外收入——债务重组收入”账户贷方发生额进行核对。

（二）以非现金资产清偿债务的检查

债务人（企业）以非现金资产清偿债务，除企业改组或者清算另有规定外，应当分解为按公允价值转让非现金资产，再以与非现金资产公允价值相当的金额偿还债务两项经济业务进行所得税处理，债务人（企业）应当确认有关资产的转让所得（或损失）。这里的“资产”指的是非货币资产，包括除货币以外的具有价值的一切财产，如厂房、机器设备、存货等有形资产，专利、商标等无形资产，股权（债务人的股权除外）等。

在检查时，应特别注意的事项有以下两点。

1. 以非货币性资产清偿债务的，非货币性资产的销售所得和债务重组所得要分别进行调整，否则，核定的企业所得税很难正确。主要原因是，非货币性资产的销售收入应作为计算业务招待费和广告费收入的基数，而重组收入不能作为计算业务招待费和广告费收入的基数。

2. 防止纳税人在以非货币性资产进行债务清偿时，故意多计非货币性资产的计税成本，从而达到少缴企业所得税之目的。

【例6－2】某稽查局对甲公司2016年度的纳税情况进行税收专项检查时，稽查人员采用对比分析法发现资产负债表中“资本公积”的年末数比年初数增加了215 000元。审核该公司“资本公积——其他资本公积”明细账，发现资本公积的增加是由于一笔债务重组业务引起的。审核债务重组合同，甲公司以一批库存商品抵偿所欠乙公司的债务70万元，该批库存商品的账面成本为40万元，市场销售价格（不含税）为50万元，该批商品的增值税税率为17%，采用抽查法检查，该债务重组的记账凭证如下：

借：应付账款——乙公司　　700 000

　贷：库存商品　　400 000

　　应交税费——应交增值税（销项税额）　　85 000

　　资本公积——其他资本公积　　215 000

经核对纳税申报表发现，上述业务未申报缴纳企业所得税。

问：企业应补交多少所得税？

解析：债务人（企业）以非现金资产抵偿债务，除企业改组或者清算另有规定外，应当分解为先按公允价值转让非现金资产，再以与非现金资产公允价值相当的金额偿还债务两项经济业务进行企业所得税处理。

一方面要确认实现了非货币资产转让所得10万元（50－40），另一方面按规定确认实现债务重组所得11.5万元［70－（50＋50×17%）］，应补缴企业所得税5.375万元［（10＋11.5）×25%］。

第二节　生产成本的检查

一、材料费用的检查

材料是产品成本的一个重要组成部分。由于企业材料的种类、规格、品种繁多，要抓住用量多、价值大的重点材料进行检查。材料费用核算是否正确，对产品的生产成本、企业的会计利润及应纳税所得额的形成有直接的影响。因此，对材料费用的检查，是企业所得税检查的重点。

对材料费用，一般从材料的收入、发出、结存三个方面进行检查，检查时，应比较分析材料明细账中收入栏、发出栏和结存栏的单价是否接近，若出入较大应进行重点检查；还应检查材料明细账的结存是否出现异常。

（一）收入材料的检查

《企业所得税法》规定，材料等存货应按照以下方法确定成本：一是通过支付现金方式取得的存货，以购买价和支付的相关税费为成本；二是通过支付现金以外的方式取得的存货，以该存货的公允价值和支付的相关税费为成本；三是生产性生物资产收获的农产品，以产出或者采收过程中发生的材料费、人工费和分摊的间接费用等必要支出为成本。

按现行会计制度和有关税收的规定，收入材料包括购入的、接受捐赠、投资者投入、委托加工和自制等入库的材料。购入的材料是企业收入材料的主要内容，其采购成本包括购买价款、相关税费、运输费、装卸费、保险费、包装费、仓储费、运输途中的合理损耗、入库前的合理挑选费用、购入材料负担的税金以及其他费用。但购进的货物已支付的增值税，除用于生产免征增值税的货物、用于非增值税劳务等特别规定和增值税小规模纳税人购进材料外，不计入材料采购成本中。

材料的核算一般通过“材料采购”“原材料”“包装物”“低值易耗品”“材料成本差异”等账户进行。检查时，应对这些账户的明细分类账进行检查，检查各种材料的收入、发出、结存三个环节，检查各环节的数量、单价、金额是否正确。此外还应对收入材料管理范围进行检查。

1. 收入材料管理范围的检查。收入材料管理范围，是指不属于生产用材料管理范围的物资不应列入材料管理，不得以购代耗。在实际工作中有些企业将已达到固定资产标准的劳动资料化整为零，作为材料或低值易耗品入账，有的企业以购代耗，将外购的材料不办理入库、出库手续，直接计入生产成本。这样处理既影响企业成本核算及财务成果的形成，也违背了财务会计制度有关规定。

在对收入材料检查之前，首先必须准确界定材料管理的范围，特别对材料管理比较混乱的企业更要重点检查。检查时，应以“低值易耗品”“制造费用”等明细账为中心，结合购货发票的经济业务，从物资的品名、性能、规格、计量单位、单价、用途等方面加以分析，判断是否有将固定资产误作材料核算的情况；还应检查购入材料有无办理入库、出库手续，查明有无以购代耗的情况。

2. 外购材料的检查。

（1）外购材料采购成本的检查。外购材料采购成本的正确与否，直接影响生产成本中材料费用列支的正确与否。因此，材料费用检查必须从外购材料采购成本的检查开始。

外购材料实际采购成本包括材料的买价、运杂费、运输途中的合理损耗、入库前的加工、整理及挑选费用以及缴纳的税金。对外购材料实际采购成本，主要检查各种材料的采购成本是否符合财务会计有关规定，有无多计或少计材料采购成本的情况。

例如，某企业从甲公司购入矿石50吨，其他材料50吨，运杂费共计30 000元，全部由矿石负担，这样购入矿石的采购成本多计15 000元，其他材料的采购成本则少计15 000元，从而造成各种材料的采购成本核算不实。

采用计划价格进行材料日常核算的企业，外购材料是通过“材料采购”账户进行核算的。“原材料”“包装物”“低值易耗品”等总分类账及其明细分类账全部采用计划价格核算，其实际价格与计划价格之间的差额通过“材料成本差异”账户进行核算。检查时，应以“材料采购”账户借方发生额作为重点，结合原始凭证和记账凭证予以查证。

在实际税务检查中，必须注意各种不同的错误表现形式，运用恰当的检查方法将问题查实。归纳起来，主要注意以下几个方面的问题。

①购进材料的原始凭证是否真实合法，有无虚构材料采购业务。有的企业为了达到少缴税款的目的，往往伪造或虚开购货发票，虚列材料采购业务。这不仅直接增加了增值税进项税额，减少了应纳增值税税额，还虚增了材料采购成本，导致产品、生产成本、销售成本及利润无法正确核算。如果虚报的材料通过财产清查以盘亏报损的理由核销，就会直接减少当期的应纳税所得额。对每次购入材料的原始凭证及实物要进行核对，及时发现此类问题。

②有无将工程物资的购置费计入材料采购成本。工程物资的一切购置费用均应通过“在建工程——工程物资”科目核算，不得挤占材料采购成本。在实际工作中，有的企业将工程物资作为生产用材料进行核算；也有的将其运杂费等费用记入材料采购成本或期间费用。这一方面虚增了材料成本或期间费用，影响了会计利润；另一方面使工程物资采购成本偏低，从而使在建工程成本核算不实。

检查时，应以“材料采购”账户为中心，对照所附原始凭证记载的物资品名、数量等项目进行分析，看是否符合财务会计制度有关规定。

③有无将材料采购费用和入库前的挑选整理费用直接计入管理费用。采购费用和入库前的挑选整理费用都是材料采购成本的组成部分，不能直接计入管理费用。如果将其直接计入管理费用，不仅会造成材料采购成本失真，增加当期的管理费用，减少当期应实现的利润。当材料发生意外损失时，还会将推迟实现的利润转变为现实的损失。也就是说，由于上述错误引起对税收的相对影响额会随着材料的意外损失而转变为绝对影响额。对这类问题应注重检查。

检查时，应从审查原始凭证入手，看材料采购原始凭证是否齐全、完整。外购材料的原始凭证一般应有发票、运杂费收据、银行或往来结算凭证、材料以及验收入库凭证等，如果发现只有购料发票而无运杂费等凭证时，则应进一步审查相应的“管理费用”明细账的有关项目，查证有无上述问题存在。

④有无将采购过程中发生的业务招待费用计入材料采购成本。按照现行财务制度规定，企业的业务招待费在规定的标准之内作为管理费用列支，其超过规定标准部分不得在税前列支。如果企业将采购过程中发生的业务招待费计入材料采购成本，就会随着材料的消耗而对税收产生影响。

检查时，采取账证结合的办法，审查材料采购原始凭证中有无业务招待费支出的凭据。如果已构成材料采购成本，应据实进行调整。

⑤有无不结转已验收入库的材料节约差异。企业在采用计划价格核算库存材料时，应正确核算购进材料实际成本与计划成本之间的差异。当实际采购成本大于计划成本时，就是超支差，形成借方差异，反之为节约差，形成贷方差异。有的企业只结转超支差异，而不结转节约差异，造成虚增耗用材料成本，直接或间接地影响当期利润。

检查时可将“材料采购”期末结存的总账余额与其明细账相核对，凡不相符的，则要逐笔审查是否存在上述问题。

⑥有无虚增材料成本。这种情况主要是估价入账材料核算错误，估价入账材料在次月初应用而不用红字予以冲销，这样就会产生以下影响：一是当收到发票凭据或付款后又重复入账，造成材料虚亏和形成无主应付账款；二是收到凭据付款后直接冲减应付账款，将价差长期挂在往来账上，造成库存材料成本虚增。不论是重复入账还是直接冲减应付账款，最终都将影响应纳税所得额。

检查时，应以“原材料”账户为中心，审查估价入账的材料次月初是否用红字冲销；如果没有冲销，再看有无采购材料数量和采购成本与之相同或接近的采购业务。如有，应进一步审查原始凭证，查证是否存在重复列支的问题。另外，对“应付账款”明细账的余额要认真审查，查明余额形成的原因。

（2）外购材料数量的检查。外购材料在数量上出现差错，同样会造成产品成本失真，而影响到企业应纳税所得额。因此，在检查外购材料采购成本的同时，还必须对外购材料数量进行检查。检查时，应注意以下问题。

①有无将超定额损耗作为合理损耗，擅自核减采购数量，提高外购材料单位成本。对外购材料的超定额损耗，应查明原因，分清责任，分别不同情况进行处理。如果属于应由责任单位或个人负责的，不得将损耗计入材料成本。而有的企

业对不合理的损耗直接列入材料成本，也有的企业对应索赔的短缺损耗不核减材料采购成本，当收到赔偿款时，直接挂往来账户，从而提高材料采购成本。对于这类问题，检查时，主要是将有疑点的外购材料数量进行核对。一是将发票与入库单上的数量相核对，看是否一致；二是核对入库单所列数量与入账数量是否一致；三是将发票、入库单或入账数量与实物进行核对，看是否一致。同时，还要查看不合理损耗材料采购成本处理是否正确。

②有无凭证与账册计量单位不同，或记账时前后数字颠列、小变大、大变小造成多计或少记材料数量。检查时，应将原始凭证与有关账簿进行核对，看入账数量是否正确。

（3）外购材料原始凭证的检查。外购材料应有购买发票，如果原始凭证仅为自制的出库单和领料单，而未取得发票，应作估价入库处理，而不能直接作入库和出库处理，更不能记入成本，对此，应进一步审核外购材料的真实性。

（4）在途材料的检查。在途材料是指材料尚在运输途中，即单到料未到的情况。在这种情况下，企业可不入账，待材料收到验收入库后再入账，也有的企业可能按采购材料票据上的买价和采购费用入账。这样，在材料验收入库时，如果发现材料升溢或超定额损耗，就应对入账的数量和金额进行调整。

检查时，如果发现有材料短缺或升溢情况，应认真核定材料采购成本，将短缺或升溢材料成本转入“待处理财产损溢”账户。在采用计划价格核算材料的企业，还应对“材料成本差异”账户中的有关数字进行调整，使材料采购成本的核算符合财务制度规定。

3. 委托加工材料的检查。

（1）委托加工材料成本组成的检查。“委托加工物资”账户是用来专门核算委托加工材料成本的，该账户是按实际价格进行核算的。委托加工材料成本一般包括三项内容，即发出被加工的材料的实际成本、支付的委托加工的费用以及运杂费等。这三个项目中任何一项发生差错，均影响加工材料成本的正确性。检查时，应注意以下几个方面的问题。

①有无将非生产部门耗用的材料计入委托加工材料成本。

②采用计划价格核算材料成本的企业，发出委托加工材料时，是否按规定结转了材料成本差异，有无多转借差或少转贷差，从而造成材料实际成本增加的情况。对于以上两个方面的问题，可以“委托加工物资”明细账借方发生额为中心，结合“原材料”“材料成本差异”等账户的贷方有关数字进行检查，同时调阅“发料单”从发料部门、材料品种、数量等方面进行检查。

③有无将加工费及运杂费直接记入成本费用。在委托加工材料成本中，如果没有加工费支出项目，应注意是否将加工费作为期间费用直接记入“管理费用”或直接列“生产成本”。是否有以余料或加工成品抵付加工费的情况。凡是委托异地加工单位加工的材料，如果没有运杂费的发生，就应注意是否将其直接计入了“管理费用”或“生产成本”。

（2）委托加工发出材料和收回材料成本差异的检查。“委托加工物资”账户是按实际成本核算的，所以，企业库存材料如采用计划成本核算，那么，在发出委托加工材料时应将计划成本调整为实际成本。加工材料收回入库时，又要将实际成本转化为计划成本。如果发出与收回材料的成本差异发生差错，不仅会影响“委托加工材料”账户记录的真实性，而且会造成“材料成本差异”核算发生差错，影响差异的分摊，最终影响到企业生产成本及利润。所以，检查时，应注意有无在发出被加工材料时，不结转差异，而只以计划价格直接借记“委托加工材料”，收回时却不计算差异，按计划价格贷记“委托加工材料”账户，从而使差异长期留在该账户内。为发现这样的问题，对委托加工业务较频繁的企业应重点检查。检查时应将“委托加工物资”“材料成本差异”及相关原材料明细账同时对照检查。

（3）委托加工材料收回数量的检查。对于这方面问题，主要检查收回的数量有无短缺。有的企业往往发出材料数量多，收回加工材料数量少，且相差悬殊。对此，可先按合同规定的单位消耗定额测定应收回的委托加工材料数量，然后将其结果与实际收回数量核对，如果不一致，应再进一步追查其去向，看是否有从事账外出售或非生产部门直接领用等问题。应收回委托加工材料数量的测算公式如下：

$$\text{应收回委托加工材料数量}=\frac{(\text{发出加工材料数量}-\text{加工剩余材料数量})}{\text{合同规定的单位消耗定额}}$$

4. 自制材料的检查。如果企业自制材料较多，应按其加工改制材料名称设置成本计算单，单独核算其实际加工成本。自制材料加工成本应包括耗用原材料的实际成本，加工材料生产过程中发生的工资费用以及加工过程中消耗的燃料、动力等其他应负担的间接费用，自制材料成本也是材料成本的检查内容。

（1）自制材料成本的检查。

①耗用原材料成本是否正确，有无将非生产项目耗用材料计入了自制材料成本。检查时，应以“生产成本——自制材料”明细账为中心，结合“原材料”“材料成本差异”等账户开展检查。如发现疑点，再调阅领料单等原始凭证，查

证是否有上述问题的存在。

②自制材料应分摊的共同费用是否正确，有无将应由自制材料承担的费用不予分摊，而挤占同期产品生产成本的问题。检查时，应以“生产成本——自制材料”账户为中心，结合费用分配表进行检查，以证实自制材料是否分摊共同费用以及分摊的费用额是否正确。

（2）自制材料数量的检查。应按单位消耗定额测算出应收回自制材料数量，然后再与入库单上记载的验收入库数量或与实物进行核对，凡相差较多的，一定要查明去向。应收回自制材料的测算公式如下：

应收回自制材料数量 = 加工改制领用原材料数量 ÷ 单位消耗定额

5. 其他方式取得材料的检查。企业除了外购材料、委托加工材料和自制材料以外，还有可能接受外单位的投资、捐赠并以材料作为投资资本和捐赠实物而增加企业的材料。对于这方面情况的检查，注意以材料作为投资条件的，其材料的作价是否符合市场价格，有无人为抬高材料价格，扩大生产成本、减少利润的情况。尤其是关联企业有的会通过这种手段转移利润进行偷税，以减轻税收负担。

检查时，对于投入或捐赠转入材料的单价应与市场同期同类材料价格进行比较，作价明显高于或低于同期同类材料市场价格又无正当理由的，税务机关应对其进行调整。检查过程中，应检查“实收资本”“营业外收入”等有关账户贷方发生额，并详细审查原始凭证。

（二）发出材料的检查

1. 发出材料计价的检查。纳税人的材料等存货的发出或领用，其日常核算有实际成本和计划成本两种方法。对发出材料，主要是检查“原材料”“材料成本差异”账户，核实发出材料的计价、计量、差异的结转、数量、分配等方面是否存在问题。

企业各部门领用的材料，分别记入各有关核算对象。生产和管理部门领用的材料，借记“生产成本”“销售费用”“管理费用”“其他业务成本”“材料成本差异”等，贷记“原材料”“材料成本差异”科目。

（1）按实际成本计价的检查。按照实际成本核算的，可以在个别计价法、先进先出法、加权平均法中任选一种。但选用的方法一经确定，年度内不能随意变更，如确实需要变更，应当在下一纳税年度开始前报主管税务机关备案，同时必须在会计报表中说明变更原因及其对财务状况的影响。

【例6-3】丁公司2016年3月1日结存B材料3 000千克，每千克实际成本为10元；3月5日和3月20日分别购入该材料9 000千克和6 000千克，每千克实际成本分别为11元和12元；3月10日和3月25日分别发出该材料10 500千克和6 000千克。

要求：按先进先出法、月末一次加权平均法、移动加权平均法确定发出存货成本合计及期末存货成本。

解析：

（1）先进先出法：

3月10日发出存货的构成是3月1日的3 000千克和3月5日的7 500千克（10 500 - 3 000）。

3月25日发出存货的构成是3月5日剩余的1 500千克和3月20日的4 500千克（6 000 - 1 500）。

3月10发出存货的成本 = 3 000 × 10 + 7 500 × 11 = 112 500（元）

3月25日发出存货的成本 = 1 500 × 11 + 4 500 × 12 = 70 500（元）

发出存货成本合计 = 112 500 + 70 500 = 183 000（元）

结存存货的成本 =（6 000 - 4 500）× 12 = 18 000（元）

（2）月末一次加权平均法：

$$B材料的平均单位成本 = \frac{(3\ 000 \times 10 + 9\ 000 \times 11 + 6\ 000 \times 12)}{(3\ 000 + 9\ 000 + 6\ 000)}$$

$$= 11.17（元/千克）$$

本月发出存货的成本 =（10 500 + 6 000）× 11.17 = 184 305（元）

月末结存存货的成本 = 3 000 × 10 + 9 000 × 11 + 6 000 × 12 - 184 305 = 16 695（元）

（3）移动加权平均法：

3月5日收货后的单位成本 =（3 000 × 10 + 9 000 × 11）÷（3 000 + 9 000）

= 10.75（元/千克）

3月10日发出存货的成本 = 10 500 × 10.75 = 112 875（元）

3月10日结存存货的成本 = 3 000 × 10 + 9 000 × 11 - 112 875 = 16 125（元）

3月20日收货后的单位成本 =（16 125 + 6 000 × 12）÷（1 500 + 6 000）

= 11.75（元/千克）

3月25日发出存货的成本 = 6 000 × 11.75 = 70 500（元）

月末结存存货的成本 = 1 500 × 11.75 = 17 625（元）

本月发出存货的成本合计 = 112 875 + 70 500 = 183 375（元）

在实际工作中，许多企业都存在随意变更计价方法的问题，造成会计指标前后各期口径不一致，人为调整生产或销售成本，调整当期利润。按实际成本计价的检查，应根据不同的计价方法分别进行检查。

检查方法如下。

第一，对采用先进先出法核算发料成本的检查。在正常情况下，某种材料月末结存数量等于或小于最后一批购进数量，结存单价应与最后一批购料单价相同。如果月末结存数量大于最后一批购进数量，则结存单价应考虑倒数第一批、第二批以及多批进料单价因素。在这种计价方法下，应重点审查“原材料”明细账结存数量与其单价是否正确。可采用按结存数量往上倒推的方法，核实多转发出材料成本的问题。

第二，对采用加权平均法核算发料成本的检查。对采用这种方法的，应重点审查“原材料”明细账各月末的结存栏单价与发出栏单价是否一致，与收入栏单价是否接近，月与月之间有无异常变化。如有明显异常情况，可按加权平均法的要求进行复算，核实多转发出材料成本的问题。

第三，对采用个别计价法核算发料成本的检查。检查时，应根据“原材料”明细账每次发出的材料与购进该批材料的供应地点、单位、质量、规格、单价等，对号入座进行认定，如果不相符，就必然错用不同批次的进价，应核实计算有无多转发出材料成本的情况。

（2）按计划成本计价的检查。根据会计制度规定，采用计划成本进行材料日常核算，计划价格通常以不高于或不低于实际价格的10%为宜，有的企业为了调整产品成本利润，有意过高或过低地确定材料的计划价格，甚至对已制订的接近实际价格的计划价格，有意大幅度地上调或下压，从而人为地调整“材料成本差异”账户余额，达到调整利润的目的。可见，按计划成本计价的检查的重点是“材料成本差异”账户。纳税人采用计划成本法确定存货成本或销售成本，必须在年终申报纳税时结转成本差异。

①“材料成本差异”账户的性质、用途和结构。“材料成本差异”属于资产类账户“原材料”的调整账户，是采用计划成本进行存货核算的企业用于核算各种材料的实际成本与计划成本差异而专设的账户。其借方登记实际成本大于计划成本的差异额，贷方登记实际成本小于计划成本的差异额以及已分配的差异额（节约差用红字，超支差用蓝字）。期末借方余额，表示各类库存材料实际成本大于计划成本的差异额；期末贷方余额，表示各类库存材料的实际成本小于计划成本的差异额。

②“材料成本差异”账户涉税检查的主要内容。“材料成本差异”账户是企业对材料采用计划成本核算的核心账户。不仅材料的实际成本与计划成本的差异要通过该账户进行核算，发出材料应负担的成本差异也要通过该账户按一定比例

摊入有关成本费用账户。因此“材料成本差异”账户是企业所得税的一个计算账户。在材料成本差异的核算中，凡收入材料差异计算和结转的错误（如差异计算错误、借差与贷差方向错误、账务处理科目使用错误等）或发出材料应负担的成本差异分配错误（如材料成本差异率计算错误、人为地调节发出材料应负担的成本差异、分配差异时使用会计科目错误等）都会影响成本费用的核算，进而影响企业所得税。在材料采用计划成本核算的企业，利用“材料成本差异”账户作为调节成本和利润的工具，有一定的普遍性。因此，对“材料成本差异”账户的涉税检查具有重要的意义。

对采用计划价格核算发出材料成本的企业，重点应放在材料成本差异分配的检查方面，采用三步核查法。

检查方法如下。

第一，检查材料成本差异发生额。材料成本差异发生额是否真实正确，直接影响到分配额的多少和产品成本的高低。因此，应检查“材料成本差异”账户借方发生额，如有不属于材料成本的项目，应予剔除；检查分配前的贷方发生额，逐项与其对应账户及有关凭证进行审查核对，如有将材料、在产品和库存商品的盘盈、收回无主账款、材料销售利润等不属于材料成本差异的内容记入该账户的情况，则核实后应调增利润，补征企业所得税。

第二，检查材料成本差异率的计算。材料成本差异率的计算是否准确，关系到发出材料的计划成本调整与生产成本计算的正确与否。按会计制度规定，发出材料应负担的成本差异，可按当月的成本差异率计算，也可按上月的成本差异率计算。计算方法一经确定，不得任意变动。检查时，首先对“材料成本差异”账户各月分配前的借方、贷方发生额进行检查，剔除不属于差异额的部分，然后按照规定的计算公式计算出正确的差异率，再与企业已结转的发出材料成本差异率进行对比，查明有无提高或降低差异率而多转成本差异的情况。

例如，某企业为了逃避缴纳所得税，采用提高材料成本差异率的手段，该企业全年产品生产领用原材料的计划成本平均每月 3 000 万元，每月应计原材料成本差异率在 9.5% ~12.8%，经过调整，每月的人为差异率都比应计差异率提高 1.5%，全年即可多分摊材料成本差异 400 多万元。

第三，检查分配的差异额。在核实成本差异率的基础上，计算出多转的成本差异额。应将“材料成本差异”贷方分摊额与其对应账户和“原材料”明细账贷方发生额审查核对，注意有无将超支差异全部转入生产成本，将节约差异全部留在账户内的情况，有无无视产品成本和利润高低随意分配差异额的情况，有无非生产领用的材料不分配或少分配超支差，只分配或多分配节约差的情况。

【例6－4】某企业采用计划成本核算材料成本，该企业A材料及其差异的有关资料如表6－1所示。

表6－1　A材料成本及其成本差异　　单位：元

原材料	材料成本差异
期初　14 000	期初　280
发出　124 000	减少　2 480
购入　230 000	增加　3 280
结存　120 000	金额　1 080

问：发出材料的差异额计算是否正确？多（少）转发出材料成本是多少？

解析：发出材料和结存材料应分摊的差异率必须一致，否则就说明存在问题。

$$发出材料的差异率=2\ 480/124\ 000\times100\%=2\%$$

$$结存材料差异率=1\ 080/120\ 000\times100\%=0.9\%$$

两者不等，说明存在问题，需要重新核实发出材料和结存材料应分摊的差异额。

$$材料成本差异率=（280+3\ 280）/（140\ 00+230\ 000）\times100\%=1.5\%$$

$$发出材料应分摊的差异额=124\ 000\times1.5\%=1\ 860（元）$$

$$多转发出材料成本=2\ 480-1\ 860=620（元）$$

【例6－5】某市国税局稽查局于2016年11月对某企业2015年的纳税情况进行检查，该企业所得税税率为25%。经检查，该厂2015年5月份原材料月初结存材料计划成本54 000元，该月购入材料实际成本40 000元，计划成本43 000元，材料成本差异－3 000元。该月发出材料计划成本30 000元，材料成本差异月初结存差异－20 000元（节约）。已知该企业领用材料分摊差异额－3 200元。企业该批材料领用后生产的产品已全部销售。

解析：

$$应分摊差异率=（-20\ 000-3\ 000）/（54\ 000+43\ 000）=-0.237\ 1$$

$$本月发出材料应分摊成本差异=30\ 000\times（-0.237\ 1）=-7\ 113（元）$$

$$生产领用少分摊节约额=-7\ 113-（-3\ 200）=-3\ 913（元）$$

该企业在账面处理上实际只分摊了节约额3 200元，少分摊节约额3 913元，造成多结转材料成本（由于企业领用该批材料后生产的产品已全部销售，因此多结转的材料成本即多结转的产品销售成本）3 913 元。因此，在账务上对多转的销售成本全部调增利润，补缴所得税。

借：材料成本差异　　3 913
　贷：以前年度损益调整　　3 913
借：以前年度损益调整　　978.25
　贷：应交税费——查补企业所得税　　978.25

企业在作上述会计处理后，应及时将“材料成本差异”借方发生额 3 913 元记入“材料成本差异”账户，从而使“材料成本差异”账户结存数符合实际。

2. 发出材料数量的检查。发出材料数量是否真实正确，直接影响成本的高低和利润的多少。为了审查计入生产成本中材料耗用数量是否真实，一般先根据企业提供的有关成本定额和成本报表资料，采用各种分析方法，对企业的成本报表资料进行测算，从中发现线索和疑点；再进一步查对账证资料，并到生产车间、仓库调查落实，核实生产领用材料数量。

（1）生产耗用数量的分析。可采用不同的分析方法，测算在材料耗用数量方面存在的可疑问题。

第一，单位产品耗料数量分析法。这是以本期单位产品实际耗料数量与定额耗用数量对比，或与上期单位实际耗用数量对比，分析其实际耗用数量是否正常的一种方法。如果出入很大，应进一步检查核实。

第二，应耗材料分析法。这是按产品消耗定额计算的应耗材料数量，与实际耗用数量对比，分析计入产品成本的材料数量是否正常的一种方法。

第三，投入产出分析法。这是按产品本期实耗材料总量测算产出产品数量，再与实际产出产品数量对比，分析是否正常的一种方法。

（2）生产耗用材料数量的账证审查。通过以上分析，如果发现计入生产成本的材料数量出入很大，应进一步审查有关账证资料，并深入车间和仓库调查核实问题。

第一，检查“原材料”明细账，将“发出材料汇总表”与“领料单”“退料单”进行核对，核实发料总金额是否相符；再将“发出材料汇总表”与“生产耗料分配表”进行核对，核实二者总金额是否一致。

第二，在上项核对的基础上，再审查“领料单”的用途、请领数量和实发数量等内容，并将其汇总，与“生产耗料分配表”进行核对，核实有无将在建工程及其他非生产领料混入生产用料，有无将请领数误按实领数计入生产用料，有无涂改领料数字、加大生产耗料等问题。

第三，深入材料仓库和生产车间、工段调查询问，核实有无领发料不计量或计量不准确，以及以领代耗或以购代耗、在车间存放账外材料的问题。

第四，抽查盘点主要库存材料，再采用“以存挤耗”方法倒挤耗用数量，核实多计生产耗料的情况。

3. 发出材料用途的检查。对发出材料用途的检查，主要检查企业基本建设、专项工程以及职工福利等非生产领用的材料，有无计入生产成本费用中。

（1）对各种主要材料，应检查材料明细账和发料凭证汇总表，审阅领料用途及领用部门，并与仓库保管账户核对，核实材料按用途统计的数字是否相符。

（2）对多用途的材料，如钢材、木材、水泥、煤炭、油料等，应审查有关材料明细账和发料凭证，注意一次领用数量较多的，应查对用料计划，并询问领发人，落实去向，再核对账务处理，核实有无将非生产用途的材料计入成本的情况。

（3）审查发料凭证有关内容，注意是否填制了材料用途，有无错填用途，将非生产领料混入生产成本的情况。

（4）审查领料凭证的领料部门和制单人，核实有无非生产部门人员填写领用材料，故意挤入生产成本的情况。

例如，某企业在年终车间办理领料手续，填制领料单，而实际未领料，车间成本核算员根据领料单填写用途，以产品生产用料和车间维修用料为名，分别作增加产品生产成本和制造费用的账务处理，年终，再以少保留在产品成本、多分配完工产品成本的舞弊方式，将虚增的产品成本人为地转入销售成本，相应地虚减利润总额。

4. 多转发出材料成本计税金额的认定。对查出的纳税人通过提高发出材料单价、多计耗用材料数量、提高发出材料的成本差异率等手段，多转生产耗用材料的成本，不能直接调增利润补征所得税，要视其对利润的影响程度而定。

如果确知该批材料投入生产后其产品未完工，或虽完工但未销售，不影响当期利润，只调整有关存货余额即可，不调增利润，不补征所得税；如确定该批材料投入生产，其产品已完工并全部销售，应将多转发出材料成本全部调整利润，补征企业所得税；如前两种情况都难以确定，一般采用比例分摊法，在生产成本、库存商品、已销产品成本之间进行分摊后调整利润。

确定多转发出成本的材料生产的产品是否已完工或已销售的基本方法有两个：一是从账面上核实确定。如多转发出成本的材料投入生产并经过一个生产周期后，登记其在产品和完工产品的“生产成本”和“库存商品”账已经无余额或余额很少，说明产品已完工并已经销售或大部分已经销售，可对查出的多转的材料成本全部调增利润，补缴企业所得税；如该批材料投入生产尚未经过一个生产周期，“生产成本”账户上有较大余额，且贷方也有较大发生额，并且也无法证明该批产品已全部销售，应在生产成本、库存商品和已销产品成本之间进行分摊。二是通过到车间、仓库查实实物，核实多转发出成本的材料生产的产品完工和销售情况。

总之，对查出的多转发出材料成本计税金额的认定，因情况较为复杂，并且尚无明确的法律依据，应本着实事求是的原则，合理确定当期的计税金额，据以计算应补缴的企业所得税。

【例6－6】某市一生产性企业为增值税一般纳税人，主要生产电器产品，该企业对A原材料采用计划成本法核算，2016年5月稽查局对该企业进行检查，取得如下资料：稽查人员审核材料成本差异账户，上年12月31日贷方累计余额14 600元，没有耗用该材料结转差异的记录，经审查原材料账户，查明12月该公司耗用A原材料376 450元，其中：管理部门耗用85 700元，生产车间耗用290 750元；A原材料月末结存207 550元。查获额按在产品20%、产成品30%、已销产品成本50%的比例进行分摊。

要求：根据以上资料指出企业存在的问题，计算企业应调增（减）应纳税所得额，并编制调账分录。

解析：

耗用材料应分摊的材料成本差异率＝14 600÷（376 450＋207 550）×100%＝－2.5%

管理部门应分摊的材料成本差异＝85 700×－2.5%＝－2 142.5（元）

管理部门应分摊的材料成本差异，直接调增应纳税所得额：

生产车间应分摊的材料成本差异＝290 750×－2.5%＝－7 268.75（元）

生产车间应分摊的材料成本差异，需进行分配：

在产品应分摊的材料成本差异＝－7 268.75×20%＝－1 453.75（元）

产成品应分摊的材料成本差异＝－7 268.75×30%＝－2 180.63（元）

已销产品应分摊的材料成本差异＝－7 268.75×50%＝－3 634.38（元）

已销产品应分摊的材料成本差异，应调增应纳税所得额。

调账分录：

借：材料成本差异	9 411.25	
贷：生产成本		1 453.75
库存商品		2 180.63
以前年度损益调整		5 776.87

（三）结存材料的检查

1. 材料库存数量的检查。企业的期末库存材料数量出现账实不符的问题，具体有两种情况：一种是账存数多而实存数少；另一种是账存数少而实存数多。前者一般是外借、出售、自用材料不结转或少结转材料数量，以及收入材料数量以少记多、发料数量以多记少等原因造成的。后者一般材料先到并入库但未估价入材料账，车间退料不办理退库手续，外借材料入库未作账务处理，收发材料计量不准，以及盘盈材料不作价入账等所致。

检查时，一般采用账盘和实盘两种方法进行。

(1) 账盘法，即以财务部门的材料明细账与仓库的“材料收发存日报表”及“流动资产清查盘点表”相核对，如果发现账账不符的情况，应进一步检查有关凭证，核实原因。

(2) 实盘法，即对主要材料和贵重材料进行实地盘点，将盘点的数量与账存数量相核对，如出现账实不符的情况，应进一步查清原因。属于料先到未估价入账或借入、借出没有进行账务处理的，应予调整；属于盘盈或盘亏的，应核实具体情况按规定处理；属于多转或不转材料成本的，应调增调减有关成本。

2. 账面红字余额的检查。材料明细账期末余额有时会出现红数量或红金额的不正常现象，其原因是多方面的，应将明细账与仓库的账表进行核对或通过盘点核实原因，并分别情况进行处理。

(1) 账面结存数量和金额都为红字。在检查库存数量的基础上，对凡不属于借入材料或货到单未到等收发手续所致，而属于多转发出材料成本所致的问题，应视其情况调整成本或利润。如果仓库存有库存实物，则应按盘点的实存数量计算多转材料成本。其多转耗料数量与金额的计算公式如下：

$$多转耗料数量 = 实际盘点数量 + 账面结存红字数量$$

$$多转耗料成本 = 实际盘点数量 \times 正确的材料单价 + 账面结存红字金额$$

【例6－7】 某厂某月末B种材料账面结存红字数量400千克，红字金额1 000元。经过实地盘点，该种材料实际库存数量为200千克。经检查，该种材料月末结存单价为4元/千克。

要求：计算多转材料数量和多转材料成本。

解析：

$$多转材料数量 = 400 + 200 = 600\ （千克）$$

$$多转材料成本 = 200 \times 4 + 1\ 000 = 1\ 800\ （元）$$

(2) 账面结存数量是红字，金额是蓝字。此种情况要视不同原因分别处理。若库存已无实物，则说明以往发料计价偏低而少转材料成本，应将蓝字金额调增生产成本。如果库存还有实物，经盘点后，按正确单价计算出实存材料金额，再与账存金额比较：小于账面余额的差数，应调增生产成本；大于账面余额的，应将其差额调减生产成本或调增利润。

（3）账面结存数量是蓝字，金额是红字。一般是提高发出材料的单价、多转成本造成的，视其情况调整成本或利润。多转发货成本的计算公式为：

多转发货成本 = 库存存货实际数量 × 适用单价 + 账面结存红字金额

【例6－8】 某公司甲材料全年买入1 000个，均价10元，原材料借方发生额为10 000元；全年发出800个，发出价15元，原材料贷方发生额为12 000元。

要求：计算冲减成本。

解析：这样原材料账户结存就出现了数量200个在借方，而金额2 000元在贷方（即红字）的奇怪现象。应冲减成本为：

$$10 \times 200 + 2\ 000 = 4\ 000（元）$$

3. 材料盘盈、盘亏和毁损处理的检查。材料盘盈、盘亏和毁损，是指对各种材料进行清查盘点，实际库存数量与账存数量核对发生的溢余或短缺。

（1）盘点法的种类。盘点法按照其具体做法可分为直接盘点和间接盘点。直接盘点也叫亲自盘点，是查账人员亲临盘点现场，组织和实施盘点，并要求被查单位有关人员协作的盘点方法；间接盘点也叫监督盘点、会同盘点，是查账人员不亲自执行盘点，而是由被查单位的有关业务人员或保管人员实施盘点，查账人员在现场对其盘点进行指导、观察、监督的盘点方法。在实际运用中，除一些特殊情况外，查账人员一般采用间接盘点法。

一般来说，对现金、有价证券和贵重物资、稀缺物品等应采用详细盘点的方法，全部实施盘点和核对；原材料、商品、产品、在产品、低值易耗品、包装物、产成品、备件、零部件等的价值活动特点为品种繁多、收支频繁、储存地点分散、数量繁杂，因此，对它们进行盘点时，要根据查账人力、财力的情况和查账目的要求，采用判断抽样盘点或随机抽样盘点法。也可以将两者结合起来，或采用ABC盘点法。

对核实盘盈、盘亏和毁损的材料，应编制“材料盘点报告表”，按规定程序报有关部门审批。其核算方法为审批前调整账实相符和审批后进行核销两个过程。在有关部门批准之前，应通过“待处理财产损溢——待处理流动资产损溢”科目进行核算。经有关部门批准之后，应分别不同情况作核销账务处理。

（2）盘点结果的账务处理方式。对于盘盈的材料，属于收发计量上的错误造成的，可冲减管理费用。对于盘亏和毁损的材料，属于自然损耗造成的定额内合理亏损，可计入管理费用；属于过失人或保险责任造成的材料毁损，应扣除过失人或保险公司赔款和残料价值之后计入管理费用。应由过失人或保险公司赔偿的部分，应通过“其他应收款”科目作账务处理；属于非常损失造成的材料毁损，应扣除保险公司赔款和残料价值后，计入“营业外支出”。

【例6-9】检查某企业“待处理财产损溢——待处理流动资产损溢”明细账，发现2016年12月份通过该账户在“营业外支出”中有一笔账务核销了甲产品的盘亏损失数万元。核实“存货盘点单”和“存货盘点报告表”均未发现问题。但根据以往了解掌握的该企业物资管理状况，对“存货盘点报告表”所列盘亏原因是“霉烂变质”，很难令人信服，加之盘亏损失金额较大，所以税务检查人员深入进行调查询问，终于查实是该企业将一部分产成品私分给内部职工，对分掉的产成品没作出库账务处理，而在盘点后挤入盘亏中，经领导批准后在“营业外支出”中作了核销。

【例6-10】某家专门生产毛线的企业，在年终进行财产清查时，发现库房由于保管不善等原因，许多库存毛线发生霉烂、虫蛀，损失价值达60万元。企业在预计全年收支情况后，发现如要列报毁损，企业就会由盈利转为亏损。该企业对职工工资发放实行“工效挂钩”方式，如果企业亏损，职工就不能涨工资，并影响到年终奖金的发放。权衡之后，企业领导授意财会部门，在财产清查表中不列示应报损的材料，实物仍留存在仓库不作处理，年终将账面数额结转下年度。这样的结果一方面导致企业当年形成虚盈实亏，另一方面为以后年度埋藏了潜亏因素。

（3）检查方法。检查时，应将“待处理财产损溢——待处理流动资产损溢”账户与“材料盘点表”及“材料盈亏报告表”核对，看其数量和金额是否相符，有无压低盘盈价格和提高盘亏价格的问题；再进一步查对有关批准文件，看有无只将批准核销盘亏的材料作了账务处理，而将批准核销盘盈的材料长期挂在“待处理财产损溢”账户上不作处理；有无未报经税务机关批准，擅自将盘亏和毁损金额计入费用或营业外支出，在申报应纳所得税时，在税前作了扣除的问题。

①检查“待处理财产损溢”贷方发生额是否长期挂账。例如，审阅某企业“待处理财产损溢——待处理流动资产损失”明细账，发现有一笔金额达2万余元的贷方余额已挂账一年有余。制度规定，企业清查的各项财产的损益，应于期末前查明原因，并根据企业的管理权限，经股东大会、董事会，或经理（厂长）会议等类似机构批准后，在期末结账前处理完毕。清查的各项财产的损益，在期末结账前尚未批准的，在对外提供财务报告时应先按核算规定进行处理，并在会计报表附注中作出说明。检查时，如果企业盘盈的财产跨年度仍然挂账，就有可

能是故意利用“待处理财产损溢”账户隐瞒已报经批准的财产的损益，从而减少当期应纳税所得额。因此应在了解企业待处理财产损溢处理制度的基础上，直接审查其明细账贷方发生额的账龄，以判断企业是否存在故意挂账的行为。

②检查“待处理财产损溢”的会计处理。如果是流动资产的损益，应审查流动资产盘点表单价是否与材料、库存商品明细账相符。通过审查这些资料，来确定其计价的正确性。财产清查后，发现财产的损益不按规定处理、不通过“待处理财产损溢”账户进行过渡处理，或将盘盈资产挂在往来账上，从而导致账实不符，总账、明细账不符的现象，应检查“原材料”“库存商品”等明细账借方，通过分析摘要，找到相应的会计凭证并对原始凭证进行重点检查。也可以直接审查盘点表，查明是否属于盘盈财产，再查实其是否按会计制度进行了正确的会计处理。

③检查企业发生的财产盘亏或毁损，是否将责任单位、个人赔款、残料价值等作为损失的减项扣除。对此，检查人员应查看企业有关权限机构对财产盘亏或毁损批准处理的文件，明确责任事故必须有责任单位和人员进行赔偿，如果是毁损，应当有残值入账。如果经检查发现账上无上述记录，则可能将赔款或残值转作了账外账。

④检查企业存货发生的非正常损失，是否作增值税进项税额转出处理。检查方法是看“待处理财产损溢——待处理流动资产损溢”的借方发生额，通过账户记录，找到相对应的会计凭证，看其对应科目是否同时有增值税进项税额转出的会计处理。如果会计分录没有反映增值税进项税额转出，核实后，调减增值税进项税额并作出相应的账务处理。

二、人工费用的检查

人工成本也称职工薪酬，是指企业为获得职工提供的服务而给予的各种形式的报酬以及其他相关支出，包括基本工资薪金、职工福利、社会保险、商业保险、住房公积金及其他人工成本支出。

（一）会计核算

企业在分配工资、职工福利费、各种社会保险费、住房公积金、工会经费和职工教育经费等职工薪酬时，应当作如下账务处理：

借：生产成本

　　制造费用

　　管理费用

　　销售费用

在建工程

研发支出——资本化支出

贷：应付职工薪酬——工资

——职工福利费

——社会保险费

——住房公积金

——工会经费

——职工教育经费

（二）检查方法

对应付工资，主要检查“应付职工薪酬”明细账户及其对应账户，审核记账凭证和原始凭证，并可按以下步骤进行检查。

1. 核实从业在职工人。结合企业生产经营情况及生产规模，通过审核企业人力资源部门的劳动用工合同、员工名册、养老保险等社会保险的缴纳凭据资料，确认企业职工实际从业人数、人员岗位等，核实有无虚列从业人员、虚列工资的问题。

2. 核实工资薪酬分配情况。

（1）实行计时工资制的企业。职工薪酬分为“月薪制”和“日薪制”两种，基本计算公式为：

应付工资 = 计时工资 + 各种奖金 + 各种补贴及津贴

检查时，应注意审查各月“工资计算单”的计算过程是否统一、正确，有无在一个年度内的不同月份同时使用两种工资率，或者有时采用月薪制，有时采用日薪制计算月工资，造成应付工资额出现差错的情况。

（2）实行计件工资制的企业。职工薪酬计算公式为：

应付计件工资 = Σ计件单价 ×（合格品数量 + 料废数量）

检查时，应根据“应付职工薪酬”科目列支金额，与“工资计算单”等有关统计资料进行核对，审查计算实际列支工资额是否符合上述计算公式的要求，确认是否存在虚列职工工资，或将工废数量混入料废数量多计发工资的情况。

（3）实行绩效工资制的企业。绩效工资是依据个人或组织工作绩效，在对个人或组织工作绩效评估的基础上发放工资的一种工资制度。它建立在对员工进行有效绩效评估基础上，关注的重点是工作的“产出”，如销售量、产量、质量、利润额及实际工作效果等。检查时应当重点审核企业主管部门或总机构依据绩效工资制度核准的准予列支并发放的绩效工资总额，是否存在超标准列支工资总额。在审核职工工薪总额的基础上，还应当根据企业机构设置、人员配备等情况，检查企业工资分配是否存在以下情况：

①检查企业研发人员的基本情况，如学历、职称等情况，核实有无将一般职工工资混入研发人员工资支出，多计或加计扣除额。

②结合企业福利机构、在建工程情况，审核是否存在将上述员工工资列入从事生产职工薪酬范围，造成超标准、超范围列支职工福利等费用，减少当期损益的情况。

③结合企业人员岗位设置及职工工资分配表，审查"生产成本""管理费用""销售费用"等科目职工工资列支情况，核实有无将应在"生产成本""制造费用"科目列支的职工工资直接入期间费用挤入当期损益的情况。

3. 职工保险费用支出和住房公积金的检查。在核实职工基本养老保险、基本医疗保险等基本社会保险缴存情况的基础上，通过"管理费用""销售费用""银行存款"等科目，审查企业支付的补充养老保险费、补充医疗保险费、特殊工种人身安全保险费以及住房公积金是否符合规定的范围、标准和缴存渠道，是否在成本费用中列支为职工办理的各种商业保险费用。

4. 职工福利费、工会经费、职工教育经费的检查。

（1）根据《企业会计准则第 9 号——职工薪酬》第六条规定：企业发生的职工福利费，应当在实际发生时根据实际发生金额计入当期损益或相关资产成本。职工福利费为非货币性福利的，应当按照公允价值计量。自 2018 年 1 月 1 日起，所得税前允许扣除的职工教育经费限额是工资总额的 8%，但必须是实际发生的，只计提没有发生的不可税前扣除。工会经费同样有税前扣除的限额比例 2%，但也是实际已经拨交的才可以在所得税前扣除。

检查内容包括：一是检查支出额是否超出工资总额的规定比例；二是检查借方发生额是否符合列支范围，核对借方支付凭证，有无列支其他无关支出的情况。

（2）对于直接在期间费用中列支的职工福利费、工会经费、职工教育经费的检查。一是检查企业是否在费用明细科目之外列支相关开支，二是检查申报表中填列归集的开支是否完整。

根据《企业所得税法》规定，上述"工资、职工福利费、各种社会保险费、住房公积金、工会经费和职工教育经费"应符合实际发生原则，年末上述会计科目中保留的余额，属于企业计提数额，在汇算清缴期结束前，应全额调增应纳税所得额。

【例 6-11】佳怡饮品有限公司为一家主要从事饮用品生产、销售的生产企业，为增值税一般纳税人（居民企业），执行企业会计制度，假设 2019 年 5 月 8 日税务稽查人员对该公司 2018 年的纳税资料进行检查，检查“应付职工薪酬”账户发现：“应付职工薪酬——工资”账户期初余额为 0，借方发生额 3 000 万元，贷方发生额 3 020 万元，经审核为合理的工资支出；“应付职工薪酬——福利费”账户期初余额为 0，借方发生额 122.4 万元，贷方发生额 122.4 万元；“应付职工薪酬——工会经费”账户期初余额为 0，借方发生额 60.4 万元，贷方发生额 60.4 万元，取得了工会经费拨缴款专用收据；“应付职工薪酬——职工教育经费”账户期初余额 20 万元，借方发生额 59.6 万元，贷方发生额 75.5 万元。

问题：该企业需要如何调整应纳税所得额？

解析：当期实际发放工资 3 000 万元，

$$应调增应纳税所得额 = 3\ 020 - 3\ 000 = 20（万元）$$

$$工会经费的扣除限额 = 3\ 000 \times 2\% = 60（万元）$$

实际列支 60.4 万元，应调增应纳税所得额 0.4 万元。

$$职工教育经费的扣除限额 = 3\ 000 \times 8\% = 240（万元）$$

实际使用了 59.6 万元。

$$应调增应纳税所得额 = 75.5 - 59.6 = 15.9（万元）$$

职工福利费实际列支为 122.4 万元，不需调整。

$$应调增应纳税所得额 = 20 + 0.4 + 15.9 = 36.3（万元）$$

三、制造费用的检查

（一）一般规定

制造费用是指企业核算生产车间、部门为生产产品和提供劳务而发生的各项间接费用，包括：生产车间发生的机物料消耗；生产车间管理人员的工资等职工薪酬；生产车间计提的固定资产折旧；生产车间支付的办公费、水电费等；发生的季节性停工损失；季节性生产企业制造费用全年实际发生数与分配数的差额，除其中属于为下一年开工生产作准备的可留待下一年分配外，其余部分实际发生额大于分配额的差额。

（二）检查方法

1. 检查“制造费用”明细账，结合办公费、水电费、机物料消耗等支付的原始凭证，审核其真实性。

2. 检查采用的分配标准。制造费用一般以生产工时、定额工时、机器工时或直接人工费等为标准进行分配。审查时，应搜集统计各生产对象分配标准的原始记录，与“制造费用分配表”的分配标准进行核对，审核是否有统计分配标准不实和随意变动分配标准的问题。

3. 检查分配方法。制造费用的分配方法有多种，主要审查企业采用的分配方法是否符合实际情况和规定的要求，有无随意变更分配方法，造成分配额不正确的问题。

4. 检查分配对象。分配对象是制造费用的负担者，应在查实分配标准和确定分配方法的基础上，依据“制造费用分配表”的分配对象与生产单位的生产产品及其他生产对象进行核对，核实有无不给在建工程等生产的产品分配费用，有无多分配或仅分配给畅销产品费用的情况。

四、期末在产品成本和本期完工产品成本的检查

（一）在产品成本的检查

1. 期末在产品实有数量的检查。核实期末在产品实有数量，是正确分配完工产品和在产品成本的前提条件，检查时应根据企业采用的不同核算方法分别进行检查。

对采用永续盘存制核算在产品的企业，应重点检查在产品是否账账、账实相符，有无随意不计在产品数量进而多转完工产品成本。检查时可将“生产成本”明细账记录的数量与“库存商品”账户记录的数量及实存数量相核对，从中发现问题。

对采用实地盘存制核算在产品的企业，应重点检查实地盘点记录，审核有无涂改盘存底表，隐瞒在产品数量的情况；有无盘存底表不齐，漏车间、漏工序或有意隐瞒不报的情况；有无汇总资料与在产品盘存底表不符的情况。可检查“生产成本”和“库存商品”明细账，通过审查盘存底表发现问题。如果没有盘存底表，可根据需要进行实地盘点，但由于查账时间与决算时间往往相距数月，在实地盘点时，可按以下公式计算核定少计在产品数量：

$$\text{决算期末在产品应存数量}=\text{检查时在产品盘存数量}+\text{决算期末至检查时产品完工数量}-\text{决算期末至检查时产品投产数量}$$

$$\text{少计在产品数量}=\text{决算期末在产品应存数量}-\text{决算期末账面在产品数量}$$

$$\text{决算期末至检查时产品投产数量}=\text{同时期投料总量}\div\text{单位产品投料总量}$$

2. 在产品计价的检查。

（1）对采用定额成本法计价的，可按下列方法进行检查。

第一，索取有关技术定额资料和会计确定定额成本的计算方法，与实际成本相核对，从而审定企业定额是否符合实际，有无压低定额，多转完工产品成本的

情况。

第二，审核期末在产品成本计算单，审查成本金额计算是否正确，计价是否与定额相符。

第三，将“在产品盘存表”反映的在产品成本与“在产品成本计算单”及“生产成本”明细账户期末余额核对，看是否一致，有无压低（或提高）在产品成本，从而多转完工产品成本的情况。

(2) 对采用约当产量法计价的，可按下列方法进行检查。

约当产量法计算公式：

在产品约当产量的计算——直接材料：在产品耗用材料的多少，与在产品的投料程度有关。

某工序在产品投料率 = 至该工序止投入材料的累计数 ÷ 完工产品应投材料费用

在产品约当量的计算——其他成本项目。除直接材料外，其他几项成本的消耗均与产品的完工程度有关。

$$\text{某工序在产品完工率}=\frac{\text{（前面各工序累计工时定额}+\text{本工序工时定额}\times 50\%\text{）}}{\text{单位产品工时定额}}$$

检查方法如下。

第一，采用分析法和调查法，核实材料投入形式是一次投入还是逐步投入，有无一次投料按逐步投料计算材料成本的问题。对于材料一次投入，应审查“成本计算单”使用的约当程度是否为100%，即在产品材料成本与完工产品材料成本是否一致，有无按工资及费用在产品约当量来计算材料成本，从而多转完工产品成本的问题。

第二，审查其约当程度的确切根据和计算方法，检查工序工时定额是否符合实际，并注意检查是否只按该工序的工时定额计算约当程度，而将以前工序定额工时遗漏忽略。

第三，采用复核法，审查“成本计算单”计算是否正确；审查“生产成本”有无乱转成本的问题；在产品有无只计算原材料成本而不计算工资及费用成本，从而多转完工产品成本的问题。

（二）完工产品成本的检查

产品成本的计算，是指将期初在产品成本加上本期发生的各项生产费用之和，采用一定的分配方法在完工产品与期末在产品之间进行划分，以计算出完工产品的总成本和单位成本。因此，在审查核实期末在产品的基础上，还应对生产费用分配计入完工产品的正确性进行检查。

1. 完工产品产量的检查。主要检查内容有：一是检查有无已经完工但未销售部分不计算产量；二是有无本厂基建、专项工程、福利部门领用的产品不计产量；三是有无发出检验品、展览品、样品以及赠送品等不计产量。

检查方法主要包括：一是根据“产品成本计算单”和“产品入库单”与“库存商品”明细账的收入数核对，看完工产量与入库数量是否相符；二是根据“生产成本”明细账与仓库“库存商品保管账”收入数核对，看本期实际产量是否一致；三是将生产车间的产量记录与产品收入凭证核对，看是否相符；四是根据投入产出法计算应产出产品数量，并与入库、入账产品数量核对，看是否相符。通过以上账表、账证、账账之间核对分析，可以发现企业在产品产量方面存在的问题，如虚报产量，将半成品、废品冒充库存商品顶库，或将已完工产品用于在建工程等。上述问题，都会对产品成本造成影响，核实后应作相应调整。

2. 完工产品成本分配方法的检查。

（1）对不计算在产品成本，本期发生的生产费用全由完工产品负担的检查。本期发生的生产费用全由完工产品负担的成本计算方法，只限于各月月末在产品数量很小，且在产品应分配的费用对完工产品成本的影响也很小的情况。对此，应检查各月份之间在产品数量有无突升突降的变化，或有无在产品实际结存量过大，导致抬高完工产品成本，影响销售利润的问题。

（2）本期发生的生产费用需要在期末在产品和本期完工产品之间分配的检查。

①完工产品与在产品按相同比例分配生产费用的检查。按相同比例分配生产费用的方法，只适用于各月月末在产品已接近完工，或产品已生产完工，但尚未验收入库的情况。对此，应深入车间审查在产品的加工程度，如查实不属于接近完工，尚须下月继续加工的在产品，而企业按完工产品分配费用时，会造成库存商品及在产品成本不实，影响销售利润，则应予调整。

②扣除在产品定额成本，确定完工产品成本的检查。扣除在产品定额成本的方法，只适用于制定在产品各项消耗定额比较准确的企业。对此，应搜集企业的有关定额资料，审查企业制定的在产品各项定额是否正确、合理，看有无过高或过低的问题；有无在月份之间故意调整在产品定额，从而加大或减少完工产品成本的情况。

③按完工产品和在产品约当量分配费用的检查。按完工产品和在产品约当量分配费用的方法，适用于在产品数量较多，各月在产品结存量变化较大，且各项目费用在成本中占有较大比重的情况。对此，应检查成本计算资料，重点审查完

工产品和在产品数量是否真实，材料投入方式的确定是否正确，确定各工序在产品的完工率是否符合实际。

④对按计划成本确定完工产品成本的检查。按计划成本确定完工产品成本的方法，只适用于“分批成本计算法”中产品跨月完工，先出厂销售部分按计划成本计算销售成本的情况。对此，应检查“生产成本”及“库存商品”账户，审查结转出厂的库存商品成本是否过高，而造成账面留存的在产品成本出现红字的问题；有无对出厂部分用计划成本计算，于产品全部完工后不合并计算库存商品成本的问题；有无不属于“分批成本计算法”的产品，采用计划成本确定完工产品成本，造成产品成本不实等问题。

3. 成本计算方法的检查。企业根据生产特点和成本管理要求，分别选用品种法、分步法、分批法、分类法、定额法等不同的成本计算方法。对成本计算方法的检查应主要从以下三方面进行。

（1）有无在一个年度内随意变动成本计算方法；按规定时间改变成本计算方法的，是否报税务机关备案。

（2）采用的成本计算方法是否适合本企业的生产组织、工艺过程和成本管理要求。例如，采用品种法时，有无把耗用材料种类和数量不同、工艺过程不同、销售价格相差较大的不同产品，合并为一种产品计算成本的问题。采用分步法时，确定在产品成本内容是否齐全、合理，有无只计算材料项目不计算工资及费用项目的问题，有无确定的加工程度不真实，造成成本计算不正确的问题。采用分批法时，有无批号划分不清，造成各批产品耗用材料和加工费划分不清的问题；有无对未完工批号的出厂产品不计算在产品成本，造成库存商品成本计算不实的问题。

（3）制定和执行的各种定额是否正确。制定的材料定额和费用定额，有无多年不变而脱离实际费用的问题。

4. 多转完工产品成本纳税调整金额的确认。对查出的多转完工产品成本，不能直接调增当期利润和应纳税所得额，与多转发出材料成本一样，亦应视其对利润的影响程度而定。如确知该批产品已全部销售，应全额调增利润；如确知该批产品未销售，不影响当期利润，只调整生产成本与库存商品余额；如前两种情况都不易确定，应按一定的分摊率调整利润及库存商品金额。

第三节　应纳税所得额计算中各项扣除的检查

一、主营业务成本的检查

（一）会计核算

“主营业务成本”账户核算企业确认销售商品、提供劳务等主营业务收入时应结转的成本。期（月）末，企业应根据本期（月）销售各种商品、提供各种劳务等实际成本，计算应结转的主营业务成本，借记“主营业务成本”，贷记“库存商品”等科目。采用计划成本或售价核算库存商品的，平时的营业成本按计划成本或售价结转，月末，还应结转本月销售商品应分摊的产品成本差异或商品进销差价。本期（月）发生的销售退回，已结转销售成本的，借记“库存商品”等科目，贷记“主营业务成本”。期末，应将“主营业务成本”的余额转入“本年利润”科目，结转后“主营业务成本”无余额。

（二）检查方法

1. 销售数量的检查。应先将“主营业务成本”明细账销售数量合计数，与“库存商品”明细账结转销售成本的数量核对，再与“营业成本计算表”中计算的营业成本核对，核实是否一致；也可将“库存商品”明细账与仓库保管账收、发、存数量相核对，检查是否虚计销售数量，多转主营业务成本。

2. 销售成本计价的检查。检查“主营业务成本”明细账借方发生额及其对应账户“库存商品”“自制半成品”明细账贷方结转的销售成本，核实有无计价不正确或有意改变计价方法，造成多转销售成本的问题。

对采用计划成本核算的企业，主要审查“材料成本差异”账户，复查差异率计算是否准确，分摊的已销产品差异额是否有误。

对分期收款销售货物结转的销售成本，应将“主营业务成本”明细账的借方数字与“分期收款发出商品”明细账贷方数字核对，核实有无不按合同确定的日期结转销售收入及其相应销售成本，有无在结转部分销售收入时将发出商品的成本全部结转的问题。

3. 销货退回营业成本的检查。

（1）对已结转销售成本的销货退回的检查，应先将“主营业务收入”明细账与“库存商品”明细账核对，对用红字冲减销售收入的销货退回业务，应与“主营业务成本”明细账核对，核实销售退回业务，有无不冲减销售成本的问题。

(2) 对未结转销售成本发生销货退回的，首先核实退回实物数量，再将“库存商品”明细账贷方结转成本金额，与“主营业务成本”明细账核对，以核实企业在作销货退回账务处理时，是否错误地冲减了销售成本。

4. 非销售发出产品结转成本的检查。应将“库存商品”和“自制半成品”明细账贷方发生额，与其对应账户核对，并通过审查出库单，核实有无将在建工程、福利部门、对外投资等非销售领用产品所应负担的成本挤入“主营业务成本”，从而减少销售利润的问题。

二、其他业务成本的检查

(一) 会计核算

其他业务成本是指企业确认的除主营业务活动以外的其他经营活动所发生的支出，包括销售材料的成本、出租固定资产的折旧额、出租无形资产的摊销额、出租包装物的成本或摊销额等。

企业发生的其他业务成本，借记“其他业务成本”，贷记“原材料”“周转材料”“累计折旧”“累计摊销”“应付职工薪酬”“银行存款”等科目。期末，应将“其他业务成本”余额转入“本年利润”科目，结转后“其他业务成本”无余额。

(二) 检查方法

1. 检查销售材料结转的成本是否正确。检查“其他业务成本——材料销售”明细账借方发生额，与“原材料”账户贷方发生额及有关凭证进行核对，核实采用的计价方法前后各期是否一致，有无不按规定结转成本，或不按规定分摊材料成本差异的情况。

2. 参照本章前述对包装物检查的方法，检查出租包装物结转成本费用是否正确。

3. 检查其他业务收入应负担的税金计算是否正确。检查“税金及附加”明细账借方发生额，并与“应交税费”和“其他业务收入”等账户及有关计税资料进行核对，审查各项其他业务收入应缴纳的流转税金及附加税费的计算是否正确，结转数额是否相符。

三、营业外支出的检查

(一) 会计核算

企业发生的营业外支出，借记“营业外支出”，贷记“待处理财产损溢”“固定资产清理”“银行存款”等科目，月终将“营业外支出”结转“本年利润”账户。

（二）检查方法

1. 检查营业外支出的范围是否正确。审查“营业外支出”明细账各支出项目内容，有无违反财会制度规定，擅自扩大营业外支出范围等情况；与纳税申报表核对，对超过税收规定范围列支的各项支出，是否在纳税申报表中作了调整。

2. 检查非流动资产处置的核算是否正确。检查“营业外支出——非流动资产处置损失”明细账，与其对应的“固定资产清理”账户核对，核实有无将出售、报废和毁损固定资产在清理过程中收回的出售价款、变价收入和保险公司或过失人的赔偿，不作抵减支出而转入其他账户的问题；有无只将固定资产清理后的净损失转入营业外支出，而将固定资产清理后的净收益留在账内，不及时结转的问题。

3. 检查某些营业外支出是否有审批手续。如对固定资产盘亏损失的扣除，应检查“营业外支出”明细账借方发生额与有关对应账户，并与纳税申报表核对，核实有无将固定资产盘亏、毁损净损失，不经主管税务机关审核同意，自行从应纳税所得额中扣除。

4. 检查某些营业外支出是否符合扣除标准或范围。如对公益性捐赠的检查，应检查“营业外支出”明细账借方发生额及有关对应账户，并与纳税申报表核对，核实各种公益性捐赠总额，计算是否超过年度利润总额 12% 的标准，超过年度利润总额 12% 的部分，准予结转以后 3 年内在计算应纳税所得额时扣除。对超过 3 年结转期的部分，检查是否作了纳税调整；检查具体支出的项目，对直接向受赠人捐赠的支出是否作了纳税调整；对税法规定不允许税前扣除的其他各项支出，检查是否在申报时作了纳税调整。

四、期间费用的检查

（一）管理费用的检查

管理费用，是指企业为组织和管理企业生产经营所发生的费用，包括企业在筹建期间内发生的开办费、董事会和行政管理部门在企业的经营管理中发生的或者应由企业统一负担的公司经费（包括行政管理部门职工工资及福利费、物料消耗、低值易耗品摊销、办公费和差旅费等）、工会经费、董事会费（包括董事会成员津贴、会议费和差旅费等）、聘请中介机构费、咨询费（含顾问费）、诉讼费、业务招待费、技术转让费、矿产资源补偿费、研究费用、排污费等。企业生产车间（部门）和行政管理部门等发生的固定资产修理费用等后续支出，也在“管理费用”科目核算。

1. 业务招待费的检查。

（1）政策依据。根据税法相关规定，企业发生的与生产经营活动有关的业务招待费支出，按照发生额的60%扣除，但最高不得超过当年销售（营业）收入的0.5%。发生费用时，借记“管理费用”等科目，贷记“银行存款”“库存现金”等科目。

（2）检查方法。

①审查业务招待费用支出时，应注意审核“管理费用”明细账，查实核算招待费的明细科目，进一步落实纳税申报时归集是否完整，是否存在少归集招待费的问题。

②审查“主营业务收入”及“其他业务收入”账户，核实全年销售（营业）收入，依据规定的比例计算业务招待费限额，再与“管理费用——业务招待费”明细账及列入其他费用账户中的招待费发生额核对。对于超支额，应调增应纳税所得额。

③对大额会议费、出差费等支出，应核查相应原始凭证，对开票单位为酒店、餐馆的应作检查重点，检查企业是否存在以其他支出名义列支招待费用。

2. 研发费用的检查。

（1）会计核算。“研发支出”科目核算企业进行研究与开发无形资产过程中发生的各项支出。“研发支出”科目可按研究开发项目，分别“费用化支出”“资本化支出”进行明细核算。主要账务处理有：

①企业自行开发无形资产发生的研发支出，不满足资本化条件的，借记“研发支出”科目（费用化支出），满足资本化条件的，借记“研发支出”科目（资本化支出），贷记“原材料”“银行存款”“应付职工薪酬”等科目。

②研究开发项目达到预定用途形成无形资产的，应按“研发支出”科目（资本化支出）的余额，借记“无形资产”科目，贷记“研发支出”科目（资本化支出）。

期（月）末，应将“研发支出”科目归集的费用化支出金额转入“管理费用”科目，借记“管理费用”科目，贷记“研发支出”科目（费用化支出）。

（2）检查方法。

①审查研究开发项目开发计划（立项书）和研究开发费预算、技术研发专门机构编制情况和专业人员名单。

②审查企业研究开发费用列支的真实性和合理性。着重审查研发费用财务核算的账证是否健全，研究开发费用支出范围是否符合有关政策规定，有无虚计或

多计加计扣除金额。

3. 固定资产折旧的检查。固定资产是指企业为生产产品、提供劳务、出租或者经营管理而持有的、使用时间超过12个月的非货币性资产。

对固定资产折旧的检查，主要审查取得固定资产入账的价值是否真实和符合计价规定；固定资产折旧的提取范围、折旧年限、提取方法是否正确合理。

4. 技术转让费及无形资产摊销的检查。技术转让费，是指企业使用非专利技术而支付的费用。检查时，应审核“管理费用——技术转让费”明细账借方发生额及其记账凭证和原始单据，核实支付凭证是否合法，支付的金额与入账列支的金额是否相符；有无将支付的技术转让费一方面计入管理费用，另一方面又作为无形资产入账重复摊销的问题。

对无形资产摊销的检查，主要审查取得无形资产入账的价值是否真实和符合计价规定；无形资产摊销是否正确合理。

5. 其他费用的检查。

检查方法如下：

（1）检查企业“管理费用”科目借方发生额，有无将支付给其他企业的管理费，不进行纳税调整。

（2）对“管理费用”科目的检查，应对董事会费（包括董事会成员津贴、会议费和差旅费等）、聘请中介机构费、咨询费（含顾问费）、诉讼费、矿产资源补偿费、排污费等进行检查，检查记载经营业务的原始凭证是否合法、有效，有无虚构经营业务并以非法取得的票据虚列费用的情况。

（3）检查“管理费用”明细账，核实有无将应计入生产成本、制造费用的支出直接计入管理费用，扩大期间费用。

【例6-12】 A企业2016年应纳税所得额100万元，所得税税率25%。经税务稽查后，查出业务招待费超限额10万元、列支赞助支出5万元，未作纳税调整，假设其他方面均无问题。企业列支的业务招待费和赞助支出的账务处理如下：

借：管理费用	100 000	
贷：银行存款		100 000
借：营业外支出	50 000	
贷：银行存款		50 000

问题：企业是否需要对原账务处理进行调整？作出补交多少所得税的会计分录。

解析：不需要对原来账务进行调整，企业在补缴税款的时候，只对补缴税款进行账务处理即可：

借：所得税费用　　37 500

　贷：应交税费——查补的企业所得税　　37 500

借：应交税费——查补的企业所得税　　37 500

　贷：银行存款　　37 500

(二) 销售费用的检查

销售费用，是指企业在销售商品过程中发生的各项费用以及专设销售机构的费用，包括企业销售商品过程中发生的保险费、包装费、展览费和广告费、商品维修费、预计产品质量保证损失、运输费、装卸费等以及为销售本企业商品而专设的销售机构的职工薪酬、业务费、折旧费等经营费用。企业发生的与专设销售机构相关的固定资产修理费用等后续支出也记入“销售费用”。发生费用时，借记“销售费用”等科目，贷记“银行存款”“库存现金”等科目。

1. 广告费和业务宣传费的检查。广告费与业务宣传费都是为了达到促销之目的进行宣传而支付的费用，二者既有共同属性，也有区别，目前《企业所得税法实施条例》和“财税 48 号通知”对广告费与业务宣传费均规定实行合并扣除。

(1) 政策依据。广告费和业务宣传费扣除标准为三档：15%、30%、不准扣除。

《企业所得税法实施条例》第四十四条规定：企业发生的符合条件的广告费和业务宣传费支出，除国务院财政、税务主管部门另有规定外，不超过当年销售（营业）收入 15% 的部分，准予扣除；超过部分，准予在以后纳税年度结转扣除。

财税〔2017〕41 号文件补充规定，对化妆品制造、医药制造和饮料制造（不含酒类制造）企业发生的广告费和业务宣传费支出，不超过当年销售（营业）收入 30% 的部分，准予扣除；超过部分，准予在以后纳税年度结转扣除。

烟草企业的烟草广告费和业务宣传费支出，一律不得在计算应纳税所得额时扣除。

广告费必须符合下列条件：广告是通过经工商部门批准的专门机构制作的；已实际支付费用，并已取得相应发票；通过一定的媒体传播。

(2) 检查方法。

①审查发生的广告费和业务宣传费的原始凭据，确认支出的真实性。

②审查广告合同载明的金额与期限，掌握企业广告费用的计量情况，检查企业是否将预支的以后年度广告费和业务宣传费支出提前申报扣除。

③检查企业有无将不允许税前列支及超标准费用借用广告费和业务宣传费的名义税前扣除。

④检查申报扣除的广告费支出所对应的广告是否通过一定的媒体播放。

⑤对当年未能在税前扣除的广告费支出是否建立台账进行管理，跟踪其以后年度的扣除情况。

2. 其他销售费用的检查。其他销售费用的检查方法如下。

（1）审查实际发生的运输及装卸费原始凭据，结合产品销售情况，确认支出的真实性。

（2）对照材料采购及在建工程支出，审核有无将材料采购环节和购建固定资产发生的运输费、装卸费计入销售费用。

（3）审核有无将外购的材料款以运输费用的名义在销售费用中列支。

（4）检查“销售费用——专设销售机构经费”明细账及其有关记账凭证和原始凭证，注意审核业务是否真实，记载经营业务的原始凭证是否合法、有效，核实有无将应计入“生产成本”等不属于专设销售部门人员的工资、福利费、办公费、差旅费等错计入销售费用开支的问题；有无虚列销售人员提成工资的问题；有无不按规定计提折旧费和低值易耗品摊销，多列支销售费用的问题；有无虚报冒领加大差旅费、办公费和修理费开支，多计入销售费用的问题。

【例6－13】A公司为某市增值税一般纳税人。2015年所得税申报表为：销售收入1 000万元，税金及附加17万元，销售成本350万元，管理费用200万元（其中：业务招待费5.15万元），销售费用480万元（其中：广告宣传费300万元），利润为－47万元，应纳企业所得税为0。在次年税务稽查中，税务部门发现其少计一笔销售收入150万元，请问A公司应补缴多少企业所得税？

解析：

（1）企业的申报表已报完，稽查查补的收入不作为广告费和业务招待费的基数。

（2）业务招待费扣除限额为5万元（1 000×0.5%），业务招待费扣除标准为3.09万元（5.15×60%），招待费超支2.06万元（5.15－3.09）。

（3）广告费和业务宣传费扣除限额为150万元（1 000×15%），实际发生了300万元，2015年可以扣除的广告费和业务宣传费为150万元。广告费及业务宣传费累计结转以后年度的扣除额为150万元。

(4) A企业应补税63.765万元［(150+2.06+150−47)×25%］。

(三) 财务费用的检查

财务费用，是指企业为筹集生产经营所需资金等而发生的筹资费用，包括利息支出（减利息收入）、汇兑损益以及相关的手续费、企业发生的现金折扣或收到的现金折扣等。

1. 利息支出的检查。

(1) 会计核算。为购建或生产满足资本化条件的资产发生的应予资本化的借款费用，在“在建工程”“制造费用”等科目核算，发生利息支出时，借记“财务费用”，贷记“银行存款”。

(2) 检查方法。

①检查列入财务费用的利息支出是否真实、合理。应检查“财务费用”明细账借方发生额及其会计凭证，并与“长期借款”账户贷方发生额与“在建工程”账户借方发生额及相关贷款合同相互核对，核实有无将购建固定资产尚未完工交付使用前应计的利息错计入财务费用列支。

②检查向非金融机构借款的利息支出是否超标准。应检查“财务费用”明细账记录与有关凭证，并与所得税申报资料核对，核实将高于金融机构同类、同期利率以上的利息支出计入财务费用后，对超过规定列支的利息支出，是否在“企业所得税纳税申报表”中作了调整。

③对关联方企业间利息支出的检查。一要审查企业成立章程，核实企业资金来源、购销渠道，确定企业间是否在资金、经营、购销等方面存在直接或者间接的控制关系，是否直接或者间接地同为第三者控制，是否在利益上具有相关联的其他关系，以此确认双方企业是否构成关联关系。二要检查签订的借款合同，明确关联企业投资的性质。三要检查企业从其关联方接受的债权性投资与权益性投资的比例是否超过规定标准，不超过标准的借款利率是否超过金融机构同类、同期利率。

2. 汇兑损益的检查。

(1) 会计核算。按会计制度规定，企业应将外币账户的月末余额，按月末市场汇价折合的记账本位币金额与账面记账本位币之间的差额作为汇兑损益。发生汇兑损益时，借记“财务费用”科目，贷记相关科目。在借款费用资本化期间，外币专门借款本金及其利息的汇兑差额，应当予以资本化。

(2) 检查方法。

①检查采用的记账本位币和折合汇率是否正确。根据有关财务会计制度的规

定，企业一般以人民币为记账本位币，业务收支以外币为主的企业，也可以外币作为记账本位币。记账本位币一经确定，不得随意变更。需要变更的，应报财政机关批准。企业发生外币业务进行记账时，应当将有关外币金额折合为本位币金额。检查时，依据企业备案或经批准的记账本位币和折合汇率，检查记录外币业务的“银行存款”“库存现金”“应收账款”“应付账款”发生额，审查使用的记账本位币和折合汇率有无随意改变的问题。

②检查汇兑损益的计算及处理是否正确。发生的汇兑损益分别不同情况进行处理：在筹建期间发生的，如为净损失，计入开办费，按规定期限摊销；如为净收益，按规定期限转销。属生产经营期间发生的，计入财务费用。检查时，首先应根据中国人民银行公布的月末市场汇价和企业的外币账户月末余额，计算出企业实际的汇兑损益，再与企业计算的汇兑损益比较，看是否相符。在核实汇兑损益数额的基础上，核实汇兑损益发生的不同项目，划清生产与非生产、当期与非当期的界限，审查“财务费用——汇兑损益”账户发生额及其原始凭证，核实有无虚增汇兑损失或将不属于生产经营发生的汇兑损失、不应计入财务费用的汇兑损失挤入财务费用，并从当期应纳税所得额中扣除的问题；有无只结转汇兑损失而不结转汇兑收益的问题。

第四节　企业资产税务处理的检查

一、资产税务处理的一般法律规定

企业资产包括固定资产、生物资产、无形资产、长期待摊费用、投资资产、存货等，以历史成本为计税基础。历史成本，是指企业取得该项资产时实际发生的支出。企业持有各项资产期间资产增值或者减值，除国务院财政、税务主管部门规定可以确认损益外，不得调整该资产的计税基础。

企业转让资产，该项资产的净值，准予在计算应纳税所得额时扣除。

财产净值，是指有关资产、财产的计税基础减除已经按照规定扣除的折旧、折耗、摊销、准备金等后的余额。

除国务院财政、税务主管部门另有规定外，企业在重组过程中，应当在交易发生时确认有关资产的转让所得或者损失，相关资产应当按照交易价格重新确定计税基础。

二、固定资产税务处理的检查

(一) 固定资产计税基础的检查

1. 会计核算。

(1) 企业购入不需要安装的固定资产，按应计入固定资产成本的金额，借记“固定资产”，贷记“银行存款”“其他应付款”“应付票据”等科目。购入需要安装的固定资产，先记入“在建工程”科目，安装完毕交付使用时再转入“固定资产”。

(2) 自行建造完成的固定资产，借记“固定资产”，贷记“在建工程”科目。已达到预定可使用状态但尚未办理竣工决算手续的固定资产，可先按估计价值记账，待确定实际价值后再进行调整。

(3) 融资租入的固定资产，在租赁期开始日，应按租赁准则确定的应计入固定资产成本的金额，借记“固定资产”或“在建工程”科目；按最低租赁付款额，贷记“长期应付款”科目；按发生的初始直接费用，贷记“银行存款”等科目；按其差额，借记“未确认融资费用”科目。租赁期届满，企业取得该项固定资产所有权的，应将该项固定资产从“融资租入固定资产”明细科目转入有关明细科目。

(4) 以其他方式取得的固定资产，按不同方式下确定的应计入固定资产成本的金额，借记“固定资产”，贷记有关科目。

(5) 固定资产装修发生的装修费用满足固定资产准则规定的固定资产确认条件的，借记“固定资产”，贷记“银行存款”等科目。

2. 检查方法。

(1) 虚增固定资产计税基础的检查。审核固定资产入账发票等相关原始凭证，并与购入、建安合同相印证，确认入账金额的真实性。

(2) 资本性支出发生当期扣除的检查。结合对企业生产成本、制造费用、期间费用的检查，对企业一次性列支金额较大的支出应核对发票内容，必要时进行实地查验，查看大额支出形成的标的物是否达到固定资产标准而未列入固定资产核算，在当期扣除；核对企业固定资产盘点表，查看盘盈固定资产是否已通过费用科目列支。

(3) 接受投资形成固定资产的检查。首先，检查出资协议及资产评估报告，查看是否存在接受固定资产投资的情况；其次，通过固定资产明细账核对固定资产实物，以核实固定资产的真实性；再次，结合固定资产实物检查固定资产入账价值是否符合会计准则及资产税务处理的规定，有无固定资产计价不实、虚构价值金额的情况。

（二）固定资产折旧及处置的检查

1. 会计核算。

（1）按期计提的固定资产折旧，借记“制造费用”“销售费用”“管理费用”“研发支出”“其他业务成本”等科目，贷记“累计折旧”科目。

（2）处置固定资产应通过“固定资产清理”科目核算，应按该项固定资产账面净额，借记“固定资产清理”科目；按已提的累计折旧，借记“累计折旧”科目；已计提减值准备的，借记“固定资产减值准备”科目；按其账面余额，贷记“固定资产”。

2. 检查方法。

（1）折旧基数的检查。

①将“固定资产”明细账的记录与“折旧计算表”核对，审核是否存在将税法不允许计提折旧的固定资产计算折旧未作纳税调整，当月开始使用的固定资产计提了折旧的问题。

②对采用双倍余额递减法的，应以固定资产在每一会计期间的期初净值作为计提基数，注意有无按其原值计算折旧的情况；采用年数总和法的，有无将原值不扣除预计净残值作为计提基数；缩短折旧年限的，计提折旧的年限是否低于税法规定最低折旧年限的60%。

③检查“固定资产”明细账借方发生额，核实其价值构成，如购进的固定资产运输装卸费、安装费等，直接计入当期费用，虽少计提了折旧，但却加大了当期费用，应结合“原材料”账户及当期损益等账户进行检查核实。

（2）折旧计算方法的检查。检查“累计折旧”账户贷方，审查“折旧计算表”中实际采用的方法是否符合规定的要求，有无不属于加速折旧的固定资产采用加速折旧法计提折旧，有无在一个年度内随意变更折旧方法，造成多提或少提折旧的情况。同时，结合“固定资产”账户的检查，核实折旧率的计算有无问题，特别注意核实折旧率明显偏高的折旧项目。

（3）折旧额计算及分配的检查。对照企业“折旧计算表”，检查折旧额的计算有无问题；检查“固定资产”明细账，结合对固定资产实物的检查，核实固定资产的用途或使用部门，并据以检查“累计折旧”账户贷方对应账户，核实有无将车间的折旧费用计入期间费用而推迟实现利润的情况。

（4）对固定资产处置的检查。应重点检查“固定资产清理”“累计折旧”“固定资产减值准备”“营业外支出”“营业外收入”“其他应付款”等账户，检查固定资产处置收入及残值是否按规定结转损益，是否冲抵了相应的累计折旧。

（5）固定资产减值准备的检查。对照“固定资产减值准备”科目和企业所得税纳税申报表，检查当年计提的减值准备是否按规定调增应纳税所得额。

三、无形资产税务处理的检查

（一）会计核算

1. 外购的无形资产，按应计入无形资产成本的金额，借记“无形资产”，贷记“银行存款”等科目。

2. 自行开发的无形资产，借记“无形资产”，贷记“研发支出”科目。

3. 企业合并中取得的无形资产，应按其在购买日的公允价值，借记“无形资产”，贷记有关科目。

4. 其他方式取得的无形资产，按不同方式下确定应计入无形资产成本的金额，借记“无形资产”，贷记有关科目。

5. 无形资产预期不能为企业带来经济利益的，应按已计提的累计摊销，借记“累计摊销”科目；已计提减值准备的，借记“无形资产减值准备”科目；按其账面余额，贷记“无形资产”；按其差额，借记“营业外支出”科目。

6. 处置无形资产时，应按实际收到的金额，借记“银行存款”等科目；按已计提的累计摊销，借记“累计摊销”科目；已计提减值准备的，借记“无形资产减值准备”科目；按应支付的相关税费，贷记“应交税费”等科目；按其账面余额，贷记“无形资产”；按其差额，贷记“营业外收入——处置非流动资产利得”科目或借记“营业外支出——处置非流动资产损失”科目。

（二）检查方法

1. 检查有关专利权属的证明文件和受让合同、契约。如专利项目众多，应向企业索取专利权明细表，逐一查对分析，以确定其专利权是否真实。

2. 检查专利权的计价是否准确，有无将其他费用挤入专利权价值中，或虚计专利权价值，从而造成多计无形资产摊销额。

3. 检查“累计摊销”账户的贷方发生额，并与“无形资产”账户进行核对，检查摊销期限是否符合规定，摊销额计算是否准确，有无通过无形资产摊销来调节盈余，多计摊销额。

4. 对自行扩大加计扣除无形资产成本的检查：一是检查研发项目立项书、计划书等，审核研发项目是否符合“新产品、新技术、新工艺”的规定，是否符合加计扣除无形资产的范围；二是检查“无形资产”“研发支出”“管理费用——研发费”等账户，审核是否对已计入“管理费用——研发费”的支出重复计入无形资产并加计扣除；三是检查形成无形资成本项目的原始凭证，审核企业是否将其他与形成无形资产无关的支出计入加计扣除的无形资产。

5. 查看土地使用证及土地转让协议等资料，检查土地使用权的计价与摊销，查实是否虚计土地使用权成本，扩大摊销额。

6. 对无形资产处置的检查，应重点审核“累计摊销”和“无形资产减值准备”账户，检查在处置无形资产时是否冲抵了相应的累计摊销。

7. 无形资产减值准备的检查。对照“无形资产减值准备”科目和企业所得税纳税申报表，检查当年计提的减值准备是否按规定调增应纳税所得额。

四、长期待摊费用税务处理的检查

（一）会计核算

企业发生的长期待摊费用，借记“长期待摊费用”，贷记有关科目。摊销长期待摊费用时，借记“管理费用”“销售费用”等科目，贷记“长期待摊费用”。

（二）检查方法

1. 检查长期待摊费用支出的真实性。查阅租入固定资产的租赁合同以及改建工程的建筑安装合同，查清计入长期待摊费用的支出是否为租入固定资产、提足折旧固定资产等的改建而发生的，改良支出费用是否应由承租人承担。

2. 检查租入固定资产改良支出的正确性。查清有无将其他固定资产的维修等支出费用列入改建支出，或将其他不允许税前列支的支出费用计入改建支出。

3. 检查租入固定资产改良支出摊销的正确性、合理性。通过检查长期待摊费用摊销计算表，审查计算表中摊销年限，审核是否在剩余租赁期内将租入固定资产的改良支出平均摊销；对已提足折旧固定资产的改良支出，是否按照预计尚可使用年限分期摊销；对改建的固定资产延长使用年限的，是否适当延长了折旧年限；对其他应当作为长期待摊费用的支出，是否自支出发生月份的次月起分期摊销，摊销年限是否低于 3 年。

五、资产减值损失税务处理的检查

（一）会计核算

资产负债表日，应收款项发生减值的，按应减记的金额，借记“资产减值损失”科目，贷记“坏账准备”科目。本期应计提的坏账准备大于其账面余额的，应按其差额计提；对应计提的坏账准备小于其账面余额的差额作相反的会计分录。

1. 对于确实无法收回的应收款项，按管理权限报经批准后作为坏账处理，转销应收款项，借记“坏账准备”科目，贷记“应收账款”等科目。

2. 已确认并转销的应收款项以后又收回的，应按实际收回的金额，借记“应收账款”等科目，贷记“坏账准备”科目；同时，借记“银行存款”科目，贷记“应收票据”“应收账款”等科目。

（二）检查方法

1. 检查“应收账款”“其他应收款”“坏账准备”贷方发生额，审核计提的坏账准备是否超过计税标准。

2. 对于超过计税标准计提坏账准备的企业，应检查企业所得税纳税申报表，核实企业是否按规定进行了纳税调整。

3. 检查应收账款明细账及其他应收款明细账，核实计提坏账准备的基数是否正确，将应收账款中关联企业间应收款项计入计提坏账准备基数的，要作纳税调整。

第五节　应纳税所得额及应纳税额的检查

一、应纳税所得额的检查

纳税人应纳税所得额的计算以权责发生制为原则，应纳税所得额的正确计算，同成本、费用核算关系密切，直接影响到国家财政收入和企业的税收负担。纳税人在计算应纳税所得额时，按照税法规定计算出的应纳税所得额与企业依据财务会计制度计算的会计所得额（会计利润）往往不一致。当企业财务、会计处理办法与有关税收法规不一致时，应当依照国家税收法规的规定计算缴纳所得税 。

直接计算法用公式表示为：

应纳税所得额 = 收入总额 − 不征税收入 − 免税收入 − 各项扣除 − 允许弥补的以前年度亏损

间接计算法用公式表示为：

应纳税所得额 = 利润总额 + 纳税调整增加额 − 纳税调整减少额

（一）政策规定

1. 不征税收入。“不征税收入”是企业所得税法中的一个新创概念，是指从企业所得税原理上讲应永久不列入征税范围的收入范畴，这一概念与国际税法中的“所得不予计列项目”相对应，可以直接从收入总额中减除。具体包括：财政拨款；依法收取并纳入财政管理的行政事业性收费、政府性基金；国务院规定的其他不征税收入。

2. 免税收入。

（1）国债利息收入。国债利息收入仅限于企业持有国务院财政部门发行的国债所取得的利息收入。对于国债持有者在二级市场转让国债所获得的收入，应作为财产转让收入计算缴纳企业所得税。

（2）符合条件的居民企业之间的股息、红利等权益性投资收益。不包括连续持有居民企业公开发行并上市流通的股票不足12个月取得的投资收益。

（3）在中国境内设立机构、场所的非居民企业从居民企业取得与该机构、场所有实际联系的股息、红利等权益性投资收益。不包括连续持有居民企业公开发行并上市流通的股票不足12个月取得的投资收益。

（4）符合条件的非营利组织的收入。不包括非营利组织从事营利性活动取得的收入，但国务院财政、税务主管部门另有规定的除外。

3. 各种扣除。

（1）成本，是指企业在生产经营过程中发生的销售成本、销货成本、业务支出以及其他耗费。

（2）费用，是指企业在生产经营活动中发生的销售费用、管理费用和财务费用，已经计入成本的有关费用除外。

（3）税金，是指企业实际发生的除企业所得税和允许抵扣的增值税以外的各项税金及附加。

（4）损失，是指企业在生产经营活动中发生的固定资产和存货的盘亏、毁损、报废损失，转让财产损失，呆账损失，坏账损失，自然灾害等不可抗力因素造成的损失以及其他损失。

企业发生的损失，减除责任人赔偿和保险赔款后的余额，依照国务院财政、税务主管部门的规定扣除。企业已经作为损失处理的资产，在以后纳税年度又全部收回或者部分收回的，应当计入当期收入。

（5）其他支出，是指除成本、费用、税金、损失外，企业在生产经营活动中发生的与生产经营活动有关的、合理的支出。

4. 亏损。亏损，是指企业将每一纳税年度的收入总额减除不征税收入、免税收入和各项扣除后小于零的数额。

企业纳税年度发生的亏损，准予向以后年度结转，用以后年度的所得弥补，但结转年限最长不得超过5年。

（二）检查方法

对应纳税所得额的检查，在前述对收入与成本费用检查的基础上，主要检查利润的结转、计算及应纳税所得额申报调整的正确性。

1. 检查企业本期实现利润总额是否正确。主要检查“本年利润”账户贷方发生额，与“主营业务收入”“其他业务收入”“投资收益”“营业外收入”等账户借方结转金额核对是否相符，有无应转未转或少转收入金额的问题；同时，将“本年利润”账户借方发生额，与“主营业务成本”“税金及附加”“其他业务成本”“营业外支出”和期间费用等账户贷方结转金额核对是否相符，有无多转成本费用的情况；再对“本年利润”账户借方和贷方金额进行复算，计算出本期利润总额，并与账面利润总额核对是否一致。同时，应根据上期检查结论，核对“本年利润”账户，核实上期查增（减）的应纳税所得额是否进行了正确处理。

2. 对存在不征税收入企业的检查，结合企业所得税其他项目的检查，核实企业费用或资产是否为不征税收入形成的。

3. 检查“以前年度损益调整”账户，结合企业所得税申报表，核实以前年度的损益事项是否进行了纳税调整。

【例6－14】某工业企业，系增值税一般纳税人，增值税税率为17%。通过审查2016年会计报表及有关账证，取得如下资料：

（1）企业当年取得销售收入1 100万元，其中折扣销售额5万元（销售额和折扣额在同一张销售发票上注明）。

（2）产品销售成本为200万元。

（3）企业期间费用净支出总额150万元。其中，研究新技术的开发费20万元，赞助与其有关联关系的高等学校的研究开发新产品费用25万元。

（4）企业当年提取存货跌价准备35万元。

（5）企业取得国家各种补贴收入37万元，其中，对指定专项用途的补贴10万元，按有关文件可免征所得税。

（6）接受实物捐赠价值（含税）20万元。

（7）逾期未返还的押金7.02万元。

该企业计算的企业所得税：

$$应纳税所得额=1100-5-200-150-20\times50\%-35+37=737（万元）$$

$$应纳所得税额=737\times25\%=184.25（万元）$$

要求：根据上述资料，分析企业计算的所得税是否正确。如不正确，请逐项分析并计算该企业2016年度应纳的企业所得税。

解析：该企业缴纳的企业所得税计算是错误的。理由如下：

（1）处理正确。企业有折扣销售时，只要销售额和折扣额在同一张销售发票上注明，就按折扣后的余额计算销售收入。

（2）处理正确。在计算企业应纳税所得额时，销售成本可以直接扣除。

（3）研究新技术的开发费处理正确。企业研究新技术的开发费享受按实际发生数加计50%扣除的优惠政策，抵扣当年应纳税所得额。

赞助费处理错误。企业赞助与其有关联关系的高等学校的研究开发新产品费用25万元，不得税前扣除。

（4）处理错误。企业提取的存货跌价准备不得税前扣除。

（5）处理错误。37万元补贴收入中有10万元专项补贴免税，应从收入总额中扣除。

（6）处理错误。企业接受捐赠的实物资产，在企业接受捐赠时缴纳所得税。

（7）处理错误。企业收取的包装物押金，凡逾期未返还卖方的，应确认收入，依法计征企业所得税。

$$应调增应纳税所得额=7.02\div(1+17\%)=6（万元）$$

根据以上分析可知：

$$企业全年应纳税所得额=1\,100-5-200-150-10+25+35+37-10+20+6=848（万元）$$

$$应纳企业所得税=848\times25\%=212（万元）$$

二、应纳所得税额的检查

应纳税所得税额的计算公式如下：

$$应纳所得税额=应纳税所得额\times税率-减免税额-抵免税额$$

（一）政策规定

1. 企业所得税税率和减免税额。《企业所得税法》规定：企业所得税税率为25%。符合条件的小型微利企业，年应纳税所得额不超过100万元的部分，减按25%计入应纳税所得额，按20%的税率缴纳企业所得税；对年应纳税所得额超过100万元但不超过300万元的部分，减按50%计入应纳税所得额，按20%的税率缴纳企业所得税。

上述小型微利企业是指从事国家非限制和禁止行业，且同时符合年度应纳税所得额不超过300万元、从业人数不超过300人、资产总额不超过5 000万元等三个条件的企业。（财税〔2019〕13号）

从业人数，包括与企业建立劳动关系的职工人数和企业接受的劳务派遣用工人数。所称从业人数和资产总额指标，应按企业全年的季度平均值确定。具体计算公式如下：

季度平均值 =（季初值 + 季末值）÷ 2

全年季度平均值 = 全年各季度平均值之和 ÷ 4

年度中间开业或者终止经营活动的，以其实际经营期作为一个纳税年度确定上述相关指标。

国家需要重点扶持的高新技术企业，减按15%的税率征收企业所得税。国家需要重点扶持的高新技术企业，是指拥有核心自主知识产权，并同时符合下列条件的企业：一是产品（服务）属于《国家重点支持的高新技术领域》规定的范围；二是研究开发费用占销售收入的比例不低于规定比例；三是高新技术产品（服务）收入占企业总收入的比例不低于规定比例；四是科技人员占企业职工总数的比例不低于规定比例；五是高新技术企业认定管理办法规定的其他条件。

2. 减免税额。对于未在中国境内设立机构或场所而有来源于中国境内的股息、利息、租金、特许权使用费和其他所得的外国企业，或者虽设立了机构、场所，但上述所得与该机构、场所没有实际联系的外国企业，其企业所得税适用税率为20%，实际征收时减按10%的税率征收。

3. 抵免税额。居民企业来源于中国境外的应税所得，非居民企业在中国境内设立机构、场所，取得发生在中国境外但与该机构、场所有实际联系的应税所得，已在境外缴纳的所得税税额，可以从其当期应纳税额中抵免。

（二）常见涉税问题

常见的涉税问题有：应纳税额未按适用税率计算，申报的减免所得税税额不符合政策要求，抵免税额的范围及抵免方法不符合税法规定，投资收益未按税法规定进行税务处理，税额计算不准确。

（三）检查方法

1. 检查适用税率和应纳税额的计算是否正确。审查企业申报的适用税率是否符合规定，特别是对小型微利企业，要通过资产负债表核对资产总额，通过劳务合同核对从业人数，核实其适用低税率的条件。

2. 审查申报的减、免所得税税额是否符合政策规定。调阅企业享受减免税的有关文件或证明材料，审核材料的真实性。

3. 对来源于境外的所得已在境外缴纳的所得税税额，在计算抵免税额时，检查其抵免税种的范围及抵免方法是否符合税法规定；对来源于实际税负明显低于我国法定税率水平国家（地区）的企业，检查其所得税税额是否补缴所得税。

4. 检查所得税税款的缴纳情况。首先，应根据“应交税费——应交所得税”账户贷方记录，剔除虚列或错列的税款、滞纳金或罚款等因素，确定应缴所得税税额后，再审查该账户借方实际缴纳入库税款，核实原账面欠缴或多缴的税款数；其次，根据检查确定的应缴纳所得税额与账面和申报的应缴税额核对，核实应补缴或申请退还的税款是否正确。

5. 检查“投资收益”账户，结合企业对外投资的会计资料，核实企业境内外投资收益是否按税法规定进行了税务处理。

【例6-15】 基本资料：某公司2016年度会计利润总额为400万元，该年度已预缴了企业所得税100万元。企业账面计算的在产品数额为55 000元。经税务机关检查，发现以下业务：

（1）该企业2016年12月A产品生产成本明细账如表6-2所示。根据有关资料，该产品经过两道工序连续加工完成，每道工序定额工时及在产品盘存量如表6-3所示，原材料一次投入；停留在各工序的完工程度为该工序的50%。

表6-2　生产成本明细账

完工：600件

产品：A　　　　2016年12月31日　　　　在产品：200件

摘　要	直接材料	直接人工	制造费用	合　计
生产费用合计	240 000	140 000	70 000	450 000
结转完工产品成本	-200 000	-130 000	-65 000	-395 000
期末在产品成本	40 000	10 000	5 000	55 000

表6-3　每道工序定额工时及在产品盘存量

工　序	1	2	合　计
定额工时	6	6	12
在产品盘存量	100	100	200

假定该企业2016年12月份“库存商品”账户期初余额200 000元，本期借方发生额为1 200 000元，本期贷方发生额为1 000 000元，期末余额为400 000元。2016年度固定资产分布及变化情况如表6-4所示。

表6-4　2016年度固定资产分布及变化情况

固定资产	设备类	房屋类
年初数	500万元	800万元
本年增加	6月份增加100万元 8月份增加150万元	9月份增加400万元
本年减少	9月份减少160万元	
年末数	590万元	1 200万元

该企业采用平均年限法计提折旧，设备类折旧年限10年，房屋类折旧年限20年，预计净残值率均为5%。假设该企业本年度计提的折旧额为100万元。

（2）2016年度该企业实现产品销售收入2 000万元，企业在“管理费用”和“销售费用”账户中分别列支了业务招待费18万元和4万元。

要求：

（1）分别对上述会计处理进行分析，并指出所得税纳税方面存在的问题。

（2）计算2016年该企业应补（退）的企业所得税。

解析：

（1）上述会计处理在所得税纳税方面存在的问题如下：

首先，应计算该企业有无多（少）转完工产品成本。

第一步：计算各工序在产品的完工率。

第一工序＝［6×50%/12］×100%＝25%

第二工序＝［（6＋6×50%）/12］×100%＝75%

第二步：计算期末在产品的约当产量。

期末在产品的约当产量＝100×25%＋100×75%＝100（件）

第三步：计算期末在产品成本。

期末在产品的材料成本＝［240 000/（600＋200）］×200＝60 000（元）

期末在产品的人工成本＝［140 000/（600＋100）］×100＝20 000（元）

期末在产品的制造费用＝［70 000/（600＋100）］×100＝10 000（元）

期末在产品应保留的成本＝60 000＋20 000＋10 000＝9 0000（元）＞55 000（元）

所以：

该企业2019年12月多转完工产品成本＝90 000－55 000＝35 000（元）

其次，将多转的完工产品成本在期末库存产品和本期已销售产品成本之间分配。

分配率＝［35 000/（1 000 000＋400 000）］×100%＝2.5%

期末库存产品分配额＝400 000×2.5%＝10 000（元）

$$本期已销售产品分配额 = 35\,000 - 10\,000 = 25\,000（元）$$

本期已销售产品分配的金额表明企业多转了销售成本，应予调减；同时，调增应纳税所得额25 000元。

（2）按照税法规定，本年度该企业可税前扣除的折旧费计算如下：

年折旧率为：

$$设备类 = (1 - 5\%)/10 = 9.5\%$$

$$房屋类 = (1 - 5\%)/20 = 4.75\%$$

$$\begin{aligned}允许税前扣除的折旧费 &= [500 \times 9.5\% + 100 \times 6/12 \times 9.5\% + 150 \times 4/12 \times 9.5\% - \\ &\quad 160 \times 3/12 \times 9.5\%] + [800 \times 4.75\% + 400 \times 3/12 \times 4.75\%] \\ &= 53.2 + 42.75 \\ &= 95.95（万元）< 企业计提的折旧费100（万元）\end{aligned}$$

所以企业计提的折旧费超过税法规定可扣除的折旧费，应调增应纳税所得额：

$$100 - 95.95 = 4.05（万元）$$

（3）根据税法规定允许税前扣除的业务招待费的限额分别为：

$$(18 + 4) \times 60\% = 13.2（万元）$$

$$2\,000 \times 0.5\% = 10（万元）$$

所以允许税前扣除的业务招待费为10万元，而企业实际发生的业务招待费为22万元，大于10万元，故允许税前扣除的业务招待费为10万元，超过部分（12万元）不得税前扣除。

（4）该企业2016年应纳税所得额、应缴企业所得税、应补企业所得税分别为：

$$该企业2016年应纳税所得额 = 400 + 2.5 + 4.05 + 12 = 418.55（万元）$$

$$应缴企业所得税 = 418.55 \times 25\% = 104.637\,5（万元）$$

$$应补企业所得税 = 104.637\,5 - 100 = 4.637\,5（万元）$$

第六节　企业所得税检查后的账务调整

一些企业在企业所得税汇算清缴后往往忽视账务调整工作，存在成本费用的支出多计或少计，或用其他方式人为地虚列利润等现象，增加或减少下年度或以后年度利润，使得已作纳税处理的已税利润在以后年度又出现继续征税的情况，给企业增加不必要的负担，使企业财务状况和反映的会计信息失真。

一、企业所得税检查后是否需要账务调整的标准

企业所得税纳税检查后账务调整主要是根据纳税检查查出的问题性质来进行的。企业所得税纳税检查查补纠正的问题，可概括为以下两类。

（一）对于查出的纳税调整误差额的纠正

《企业所得税法》第九条规定，纳税人在计算应纳税所得额时，其财务、会计处理办法同国家有关税收的规定有抵触的，应当按照国家有关税收的规定计算纳税。也就是说，目前企业按照会计核算的原则计算的利润总额与按照税法的有关规定计算的应纳税所得额两者有一定差异，因此必须进行纳税调整，即纳税人填报企业所得税申报表时，应将按财务会计核算原则计算出来的利润总额，调整为按税法规定计算出来的纳税所得。

在进行企业所得税纳税检查时，对于属于纳税调整的项目，主要从口径和计算时期来核对检查，如果发现企业纳税申报中纳税调整额出现误差，应及时责其纠正，在账上作补缴企业所得税和罚款会计处理。不作其他账务调整。

（二）对于查出的会计利润差额的纠正

对于企业会计利润的检查，主要从利润额的各个组成部分进行。

1. 通过“主营业务收入”和“其他业务收入”账户进行检查。该账户贷方反映的是销售收入以及除产品销售以外的其他销售或其他业务收入，多征或少征销售收入和其他业务收入，直接影响利润额的增加或减少，因此可按误差额调增或调减利润。

2. 通过“主营业务成本”账户进行检查。“主营业务成本”账户借方反映的是销售产品成本，发生错误属多记或少记销售产品成本的情况，因此可根据误差的多少调增或调减利润。

3. 通过“管理费用”“销售费用”“财务费用”“营业外支出”账户进行检查，这些费用有的属于集合分配账户，有的属于期间费用，期末均转入“本年利润”账户，查补纠正其误差额可直接调整增减利润。

4. 通过“投资收益”“营业外收入”账户进行检查，投资收益与营业外收入是企业利润总额的组成部分，出现的误差直接影响企业的当期利润，因此，可按误差直接调整增减利润。

5. 通过“税金及附加”账户进行检查，该账户核算消费税、城建税、教育附加等，其误差额直接影响会计利润，应调增或调减利润。

对于以上问题的查补纠正，企业应按纳税检查报告进行补缴企业所得税的会计处理，并对有关项目进行账务调整。

二、账务调整涉及的主要会计科目

《中华人民共和国企业所得税暂行条例》第九条规定，纳税人在计算应纳税所得额时，其财务、会计处理办法同国家有关税收的规定有抵触的，应当按照国家有关税收的规定计算纳税。也就是说，目前企业按照会计核算的原则计算的利润总额与按照税法的有关规定计算的应纳税所得额有一定差异，因此必须进行纳税调整，即纳税人填报企业所得税申报表时，应将按财务会计核算计算出来的利润总额，调整为按税法规定计算出来的纳税所得。

在进行企业所得税纳税检查时，对于属于纳税调整的项目，主要是从口径和计算时期来核对检查，如果发现企业纳税申报中纳税调整额出现误差，应及时责其纠正，在账上作补缴企业所得税和罚款会计处理，不作其他账务调整。

（1）企业所得税纳税检查期若在年终结账前，则查出的会计利润误差额，直接通过“本年利润”会计科目进行调整。即因企业会计错误账项需调增利润的，应作如下会计调整分录：

借：有关科目

　贷：本年利润

因企业会计错误账项需要调减利润的，应作如下会计调账分录：

借：本年利润

　贷：有关科目

（2）企业所得税纳税检查期若在年终结账后，即在纳税检查中查出的属以前年度的错误问题，凡是涉及需要调增或调减会计利润额的，应在“以前年度损益调整”会计科目中调整。

若上年账项需要调增利润，则可作如下调账分录：

借：有关科目

　贷：以前年度损益调整

若上年错误账项需要调减利润，则应作如下调账分录：

借：以前年度损益调整

　贷：有关科目

期末，企业应将“以前年度损益调整”科目的金额转入“利润分配”科目，结转后，该科目应无余额。

【例6－16】企业上一年度会计报表利润600万元，已按适用税率预缴所得税150万元（600×25%）。但在税务稽查中，稽查人员发现，该企业将购置基建用消防设备的60万元、修建围墙的20万元列入了“管理费用”中的“其他费用”，还将购买的一辆小轿车40万元在“管理费用”中列支。

要求：判断该企业的账务处理是否正确。如不正确，如何调账？

解析：

（1）调整上年损益：

借：在建工程　　（600 000 + 200 000）800 000

　　固定资产　　400 000

　贷：以前年度损益调整　　1 200 000

（2）计算补缴企业所得税：

借：以前年度损益调整　　300 000

　贷：应交税费——查补企业所得税　　300 000

（3）实际缴纳所得税：

借：应交税费——查补企业所得税　　300 000

　贷：银行存款　　300 000

（4）期末将“以前年度损益调整”结转到“利润分配——未分配利润”：

借：以前年度损益调整　　800 000

　贷：利润分配——未分配利润　　800 000

三、企业所得税检查后账务调整的种类

（一）永久性或时间性差额的纳税调整

按照会计方法计算的税前会计利润（或亏损）与按照税收法规规定计算的纳税所得（或亏损）之间存在着内容和时间的差异，由此导致的永久性或时间性差额都应作纳税调整。上例中，国债利息收入、滞纳金、被没收财产损失、工资超支、赞助费支出都属永久性差异；固定资产加速折旧多提折旧额属时间性差异。由这两种差异引起的纳税调整，一般是在所得税汇算清缴时，将调整的差异额与会计利润合并后计算应纳税所得额，只作纳税调整，而在账务上不作调整。

（二）企业虚报亏损的账务调整

税务机关对在申报亏损的企业进行纳税检查时，如发现企业虚列扣除项目或少计应纳税所得，从而多申报亏损，可视同查出同等金额的应纳税所得。对此，除调减其亏损外，税务机关可根据25%的法定税率，计算出相应的应纳所得税额，并视情节，根据《税收征管法》的有关规定进行处理。

【例6－17】某企业2016年末“利润分配——未分配利润”账户借方余额140万元，企业申报亏损也为140万元。经税务部门检查发现：

（1）若企业少计收入40万元存入小金库中，税务部门的处理结果是企业调

减亏损，处以视同所偷税款10万元（40×25%）一倍的罚款。

（2）若超过计税工资标准部分的工资150万元未作纳税调整，扣除账面亏损140万元，实为盈利10万元，处理结果是企业补缴所得税，并处视同所偷税款37.5万元（150×25%）一倍的罚款。

解析：

（1）调减亏损后仍为亏损。

①调减亏损。

借：银行存款　　400 000

　贷：本年利润　　400 000

②缴纳罚款。

借：营业外支出——税收罚款　　100 000

　贷：银行存款　　100 000

（2）调减亏损后为盈利。

由于工资超支属永久性差异，不需作账务调整，但该盈利实为应纳税所得额，应补缴所得税2.5万元，罚款37.5万元，会计处理如下：

①补缴所得税。

借：所得税费用　　25 000

　贷：应交税费——应交企业所得税　　25 000

借：应交税费——应交企业所得税　　25 000

　贷：银行存款　　25 000

②缴纳罚款。

借：营业外支出——税收罚款　　375 000

　贷：银行存款　　375 000

（三）弥补以前年度亏损的处理

税法规定，企业纳税年度发生的亏损，准予向以后年度结转，用以后年度的所得弥补，但结转年限最长不得超过5年。即2013年发生的亏损，可以用2014年、2015年、2016年、2017年、2018年的税前所得进行弥补，如果截至2018年，2013年发生的亏损仍没有弥补完，则2013年的亏损不能再用2019年及以后年度的税前所得弥补，只能用税后利润弥补。如某公司上年度发生亏损15万元，按规定可用以后年度税前利润弥补，当年实现利润总额58万元，当年就纳所得税10.75万元［（58－15）×25%］。

企业以前年度发生的亏损在会计上表现为“利润分配——未分配利润”账

户的借方余额，不论是用当年的税前利润还是用税后利润弥补以前年度亏损，只要扣减“年初利润分配——未分配利润”借方余额就能进行处理，因此不必进行会计账务调整。

第七节　企业所得税纳税检查实例

实例一：

宏达铝业股份有限公司，于2014年1月成立，为增值税一般纳税人，主要从事铝产品生产销售。2016年5月税务机关检查该公司2015年度纳税情况。涉及资料如下：

(1) 4月13日16号凭证：宏达公司直接向某村捐赠20万元用于建设希望小学。账务处理为：

借：营业外支出　　200 000

　贷：银行存款　　200 000

(2) 6月8日5号凭证：一台机器发生毁损报废，该项资产原价38万元，已提折旧30万元，清理完毕。经查，未报经主管税务机关审核批准。账务处理为：

借：累计折旧　　300 000

　　固定资产清理　　80 000

　贷：固定资产　　380 000

借：营业外支出　　80 000

　贷：固定资产清理　　80 000

(3) 7月8日20号凭证：投入一条新生产线，在试运行阶段生产一种新的铝产品，发生成本18万元，销售后共收到货款23.4万元。账务处理为：

借：在建工程　　180 000

　贷：银行存款　　180 000

借：银行存款　　234 000

　贷：在建工程　　234 000

(4) 8月16日7号凭证：因债权人原因确定无法支付的应付款项20万元，已结转。账务处理为：

借：应付账款　　200 000

贷：盈余公积　　200 000

（5）9月13日8号凭证：支付职工进修学杂费90 000元。账务处理为：

借：管理费用　　90 000

贷：银行存款　　90 000

（6）审查“其他应付款——包装物押金”贷方余额3.8万元，经核实，有逾期包装物押金2.34万元。

（7）审查“财务费用”账户，其中记载事项：现金折扣6万元（系购货方享有的销售折扣优惠，但未在同一张发票上注明）。经查，增值税按规定缴纳。

（8）审查“营业外支出”账户，其中记载：经济纠纷的诉讼赔偿30万元；代付个人所得税款3万元。

其他情况说明：

（1）全年主营业务收入9 800万元，主营业务成本6 300万元，主营业务税金及附加960万元。其他业务收入2 000万元，其他业务支出900万元，管理费用800万元，销售费用600万元，财务费用160万元。营业外收入600万元，营业外支出60万元。

（2）企业所得税税率25%，全年已预缴500万元。城建税税率7%，教育费附加征收率3%。

（3）增值税按月缴纳完毕。

（4）题目未涉及的纳税事项，视为全部正确。

要求：

（1）请扼要指出存在的影响纳税的问题，对账务处理错误的作出跨年度的账务调整。

（2）正确计算2015年度应补缴的增值税、城建税、教育费附加、企业所得税，并作出补税的相关分录。

解析：

第一个问题解答：存在的影响纳税问题及调账如下。

（1）账务处理正确。税法规定，直接捐赠不能在税前扣除，应调增应纳税所得额20万元。

（2）账务处理正确。但报废固定资产未经税务机关审批前不得在税前扣除，应调增应纳税所得额8万元。

（3）试运行收入应按税法规定缴纳增值税、城建税、教育费附加。

$$应交增值税=23.4/1.17\times17\%=3.4（万元）$$

$$城建税 = 3.4 \times 7\% = 0.238（万元）$$

$$教育费附加 = 3.4 \times 3\% = 0.102（万元）$$

$$应调增应纳税所得额 = 20 - 18 - 0.238 - 0.102 = 1.66（万元）$$

调账分录：

借：在建工程　　34 000

　贷：应交税费——增值税检查调整　　34 000

借：以前年度损益调整　　3 400

　贷：应交税费——应交城建税　　2 380

　　　　　　——教育费附加　　1 020

（4）因债权人原因无法支付的应付款项应计入应纳税所得额，应调增应纳税所得额20万元。调账分录：

借：盈余公积　　200 000

　贷：以前年度损益调整　　200 000

（5）支付职工进修学杂费，应从提取的职工教育经费中列支，应调增应纳税所得额9万元。调账分录：

借：其他应付款——应付职工教育经费　　90 000

　贷：以前年度损益调整　　90 000

（6）逾期包装物押金应转收入，并缴纳增值税、城建税、教育费附加。

$$应补交增值税 = 2.34/1.17 \times 17\% = 0.34（万元）$$

$$应补城建税 = 0.34 \times 7\% = 0.0238（万元）$$

$$应补教育费附加 = 0.34 \times 3\% = 0.0102（万元）$$

$$应调增应纳税所得额 = 2 - 0.0238 - 0.0102 = 1.966（万元）$$

调账分录：

借：其他应付款——包装物押金　　23 400

　贷：应交税费——增值税检查调整　　3 400

　　　应交税费——应交城建税　　238

　　　　　　　——教育费附加　　102

　　　以前年度损益调整　　19 660

（7）支付的现金折扣不符合税法规定应调增应纳税所得额6万元。

（8）代付个人所得税税款不允许税前扣除，应调增应纳税所得额3万元。

第二个问题解答：

（1）应补交企业所得税及账务处理。

$$调整增加数 = 20 + 8 + 20 + 1.66 + 9 + 1.966 + 6 + 3 = 69.626（万元）$$

$$税前会计利润=9800-6300-960+2000-900-800-600-160+600-60=2620（万元）$$

$$应纳税所得额=2\ 620+69.626=2\ 689.626（万元）$$

$$应纳企业所得税=2\ 689.626\times25\%=672.406\ 5（万元）$$

$$应补缴企业所得税=672.406\ 5-500=172.406\ 5（万元）$$

借：以前年度损益调整　　1 724 065

　贷：应交税费——查补企业所得税　　1 724 065

（2）应补交增值税、城建税、教育费附加及上交分录。

$$应补交增值税=3.4+0.34=3.74（万元）$$

$$应补交城建税=0.238+0.023\ 8=0.261\ 8（万元）$$

$$应补交教育费附加=0.102+0.010\ 2=0.112\ 2（万元）$$

结转增值税：

借：应交税费——增值税检查调整　　37 400

　贷：应交税费——未交增值税　　37 400

上交各税：

借：应交税费——未交增值税　　37 400

　　应交税费——应交城建税　　2 618

　　　　　　——教育费附加　　1 122

　　应交税费——查补企业所得税　　1 724 065

　贷：银行存款　　1 765 205

实例二：

一、企业概况

江州市川江酒业有限公司于 2002 年 1 月注册成立，注册登记类型：有限责任公司；注册资本：8 000 万元；法人代表：万某；纳税人识别号：255705202101000×××。现有在职职工 800 人。

企业主要生产“川康”牌白酒和“川花”牌啤酒两种产品，2002 年 1 月已由江州市国税局认定为增值税一般纳税人。

（一）企业会计核算所采用的一些方法

1. 存货计价方法：全月一次加权平均法。
2. 损益结转方法：账结法。
3. 企业所得税会计处理方法：资产负债表债务法。

（二）税法方面的有关规定

1. 流转税：购进货物和销售货物的增值税税率均为 17%；白酒的消费税税

率为20%，定额税0.5元/500克；啤酒消费税税率为250元/吨。增值税、消费税以一个月为一期纳税，次月10日内入库。

2. 企业所得税：税率25%，采用按季预缴、年终汇算清缴的办法。

（三）其他基本假设

1. 该案例所给出的会计资料仅为该公司2015年6月份发生的部分经济业务，其他未给出的会计资料视为正确无误，该案例中所涉及的错误问题企业并未进行调整。

2. 该公司会计资料齐全，账、证、表、实相符，所给出的各项经济业务视为真实，会计凭证章、戳手续视为齐全、真实。

3. 江州市国税局稽查人员按照稽查计划，对该公司2015年度涉税业务进行稽查，税务稽查时间假定为：2016年6月18日至21日。稽查人员在稽查选案、实施、审理、执行过程中均遵循了法定程序。

（四）该公司的其他条件

1. 当月所有涉及的非货币性资产交换均按照公允价值开具了增值税专用发票。

2. 当月已按照会计凭证上的“应交税费”账户计算申报缴纳了增值税、消费税。

3. 该公司2015年销售收入为15 000万元。

4. 该公司已办理了2015年度企业所得税汇算清缴，申报应纳税所得额200万元（与会计利润相同），已交企业所得税50万元。

5. 已将“川花”商标权无形资产减值准备税前扣除。

（五）案例分析要求与说明

1. 分析要求。

（1）根据所给资料分析存在的问题，编制《纳税检查工作底稿》。

（2）编写《纳税检查报告》，要求简明扼要。

2. 分析说明。

（1）为简化起见，本纳税检查实例仅涉及增值税、消费税和企业所得税。

（2）多计或少计的成本、费用直接调整应纳税所得额。

二、检查中涉及的会计凭证

1. 记账凭证1号。

（1）摘要：2015年6月1日，由于保管不善，购进的原材料被盗，购进价为2万元。

（2）会计分录：

借：待处理财产损溢　　20 000

　贷：原材料　　20 000

2. 记账凭证 2 号。

（1）摘要：2015 年 6 月 1 日，为购置生产设备向银行借入 2 年期、年利率 7.2% 的借款 10 万元。

（2）会计分录：

借：银行存款　　100 000

　贷：长期借款　　100 000

3. 记账凭证 3 号。

（1）摘要：2015 年 6 月 1 日，用所借款项购入需要安装的生产设备一台，购入价格 10 万元，并交付安装使用。设备款分两笔支付，当日用银行存款支付首笔设备款 5 万元和安装费用 1 万元，余款 6 月 30 日付清，6 月 30 日安装完毕。

（2）会计分录：

支付设备款：

借：在建工程　　110 000

　贷：银行存款　　60 000

　　应付账款　　50 000

计提利息：

借：在建工程　　600

　贷：长期借款　　600

4. 记账凭证 4 号。

（1）摘要：2015 年 6 月 1 日，融资租入需要安装的生产线一条，按照租赁协议确定的协议价为 20 万元；发生安装调试费 10 000 元，该款项已通过银行转账支付；从仓库领用材料 6 000 元。租赁期满，该设备转归承租方所有。

（2）会计分录：

租入设备：

借：在建工程　　200 000

　贷：长期应付款——应付融资租赁款　　200 000

支付安装调试费：

借：在建工程　　17 020

　贷：原材料　　6 000

　　应交税费——应交增值税（进项税额转出）　　1 020

　　银行存款　　10 000

安装完毕交付使用：

借：固定资产——融资租赁资产　　217 020

　贷：在建工程　　217 020

5. 记账凭证5号。

（1）摘要：2016年6月30日，融资租入生产设备，租赁期5年，尚可使用年限6年，估计折旧年限5年，采取直线法计提折旧，残值率5%。

（2）会计分录：

借：制造费用　　3 439

　贷：累计折旧　　3 439

6. 记账凭证6号。

（1）摘要：2015年6月1日，由于当年1月1日购入的价值9万元的“川花”商标权的经济因素发生不利变化，为该项无形资产计提减值准备16 500元。该无形资产有效年限5年，受益年限3年。

（2）会计分录：

计提无形资产减值准备：

借：资产减值损失　　16 500

　贷：无形资产减值准备　　16 500

6月摊销：

月摊销额＝（90 000－90 000÷3×5/12－16 500）÷（3×12－5）＝1 968（元）

借：管理费用　　1 968

　贷：累计摊销　　1 968

7. 记账凭证7号。

（1）摘要：2015年6月4日，销售“川康”牌白酒共10吨，销售单价5 000元/吨，用去包装桶100个，包装桶单独计价，不含税销售价格100元/个，单位成本50元。销售“川花”牌啤酒共2吨，销售单价7 500元/吨，出借用去包装桶50个，单位成本20元，共收取出借押金2 925元。

（2）会计分录：

借：应收账款　　76 050

　贷：主营业务收入——白酒　　50 000

　　　　　　　　——啤酒　　15 000

应交税费——应交增值税（销项税额）　　11 050

借：销售费用　　5 000

包装物——出借啤酒桶　　1 000

贷：包装物——白酒桶　　5 000

——啤酒桶　　1 000

借：库存现金　　14 625

贷：其他应付款——啤酒桶押金　　2 925

——其他　　11 700

8. 记账凭证 8 号。

（1）摘要：2015 年 6 月 8 日，该酒业有限公司发生粮食白酒广告支出 20 万元。

（2）会计分录：

借：销售费用　　200 000

贷：银行存款　　200 000

9. 记账凭证 9 号。

（1）摘要：2015 年 6 月 9 日，销售“川康”牌白酒共 3 吨，销售单价 5 000 元/吨。委托银行收款，当天发出货物并办妥托收手续，已开具增值税专用发票，货款当日收到。

（2）会计分录：

借：银行存款　　17 550

贷：主营业务收入　　15 000

应交税费——应交增值税（销项税额）　　2 550

10. 记账凭证 10 号。

（1）摘要：2015 年 6 月 11 日，销售“川康”牌白酒 3 吨，销售单价 5 000 元/吨。销售“川花”牌啤酒 3 吨，销售单价 7 500 元/吨。采取直接收款方式，当天已收货款，但货物未发出。

（2）会计分录：

借：银行存款　　43 875

贷：主营业务收入——白酒　　15 000

——啤酒　　22 500

应交税费——应交增值税（销项税额）　　6 375

11. 记账凭证 11 号。

（1）摘要：2015 年 6 月 13 日，销售“川康”牌白酒 5 吨，销售单价 5 000

元/吨。

（2）会计分录：

借：银行存款　29 250

　贷：主营业务收入　25 000

　　应交税费——应交增值税（销项税额）　4 250

12. 记账凭证12号。

（1）摘要：2015年6月15日，销售“川康”牌白酒10吨，销售单价5 000元/吨，每吨成本为2 000元。

（2）会计分录：

借：银行存款　58 500

　贷：库存商品　20 000

　　其他应付款　38 500

13. 记账凭证14号。

（1）摘要：用外购粮食酒精20吨，成本为80 000元，委托向阳酒厂为其加工粮食白酒，2015年6月20日，从向阳酒厂收回粮食白酒30吨。向阳酒厂收取加工费5 000元，代收代缴消费税4万元，并开具《代收代缴税款凭证》。该批货物收回后直接出售，销售价格为6 000元/吨。

（2）会计分录：

借：委托加工物资　80 000

　贷：原材料　80 000

借：委托加工物资　45 000

　　应交税费——应交增值税（进项税额）　850

　贷：应付账款　45 850

借：库存商品　125 000

　贷：委托加工物资　125 000

借：应收账款　210 600

　贷：主营业务收入　180 000

　　应交税费——应交增值税（销项税额）　30 600

14. 记账凭证15号。

（1）摘要：2015年6月23日，公司举行促销活动，向顾客无偿赠送500千克“川康”牌白酒，成本为1 000元。

（2）会计分录：

借：营业外支出　　1 000

　贷：库存商品　　1 000

15. 记账凭证16号。

（1）摘要：欠甲粮食公司购玉米款10万元，2015年6月26日，甲粮食公司同意进行债务重组，减免5万元，余款当天一次付清。

（2）会计分录：

借：应付账款　　100 000

　贷：银行存款　　50 000

　　资本公积——其他资本公积　　50 000

16. 记账凭证18号。

（1）摘要：2015年6月30日，用“川康”牌白酒10吨向乙粮食公司换入高粱。“川康”牌白酒成本20 000元，公允价值为50 000元。高粱成本为40 000元，公允价值为45 000元。收到乙粮食公司补价5 000元，同时发生运费500元，取得运费发票。双方均开具了增值税专用发票。

（2）会计分录：

借：银行存款　　5 000

　原材料——高粱　　39 095

　应交税费——应交增值税（进项税额）　　5 905

　贷：库存商品——白酒　　20 000

　　应交税费——应交增值税（销项税额）　　8 500

　　应交税费——应交消费税　　20 000

　　营业外收入——非货币性交易　　1 000

　　库存现金　　500

编制《纳税检查工作底稿》和《纳税检查报告》如表6－5和表6－6所示。

表6－5　纳税检查工作底稿

会计资料	记账时间	问题摘要	对流转税应纳税额的影响		对应纳税所得额的影响
			增值税	消费税	
记账凭证1号	2015.6.1	购进原材料非正常损失未转出已抵扣的进项税额	20 000×17%=3 400		－3 400

续表

会计资料	记账时间	问题摘要	对流转税应纳税额的影响		对应纳税所得额的影响
			增值税	消费税	
记账凭证5号	2015.6.30	当月增加的固定资产，当月计提了折旧			3 439
记账凭证6号	2015.6.30	计提的无形资产减值准备税前进行了扣除，会计上可以摊销1 968元，税法可以摊销2 500元			16 500 −532
记账凭证7号	2015.6.4	销售“川康”牌白酒包装物未计入销售额征税	10 000×17% =1 700	10 000×20% =2 000	100×100−100×50−10 000×20%+5 000=8 000
记账凭证8号	2015.6.8	不得扣除粮食类白酒广告支出，少缴纳企业所得税			200 000
记账凭证12号	2015.6.15	销售产品未走收入账户，偷各税	8 500	10×5 000×20%+10×2 000×0.5=20 000	10×5 000−20 000−20 000=10 000
记账凭证15号	2015.6.23	无偿赠送白酒未按照规定计算纳税	0.5×5 000×17%=425	0.5×5 000×20%+1 000×0.5=1 000	0.5×5 000−1 000−1 000+1 000=1 500
记账凭证16号	2015.6.26	未按规定将债权人豁免的债务所得计入应纳税所得额			50 000
记账凭证18号	2015.6.30	非货币性交易换入的存货，未调增应纳税所得额			50 000−20 000−20 000−1 000=9 000

表6-6 纳税检查报告

案件编号	(2016) 003号	纳税人识别号	255705202101000×××		
纳税人名称	江州市川江酒业有限公司	注册登记类型	有限责任公司	法人代表	万某
稽查所属期间	2015年1月1日至 2015年12月31日	检查人员	孙××、马××		
检查类型	专案检查	检查实施时间	2016年6月18日至6月21日		

续表

根据我局日常稽查工作安排，我组于2016年6月18日至6月21日对川江酒业有限公司2016年1月1日至2016年12月31日的纳税情况进行了稽查。现将稽查情况报告如下： 一、基本情况 江州市川江酒业有限公司于2002年1月注册成立，领取了《企业法人营业执照》，具有独立的企业法人资格，法人代表万某。主要生产销售白酒和啤酒。该公司是增值税一般纳税人，适用《企业会计准则》。我们采取审查原始凭证、记账凭证、会计账簿、各种纳税申报表等会计资料的方式，对企业缴纳增值税、消费税、企业所得税情况进行了全面的稽查。 二、主要违法事实及其手段 （一）增值税 1. 购进原材料非正常损失，未转出已抵扣的增值税进项税额，少缴增值税3 400元。 2. 销售白酒包装物未计入销售额征税，少缴增值税1 700元。 3. 销售白酒未走收入账户，少缴增值税8 500元。 4. 无偿赠送白酒未按照规定计算增值税销项税额，少缴增值税425元。 合计应补交增值税14 025元。 （二）消费税 1. 销售白酒包装物未计入销售额征税，少缴消费税2 000元。 2. 销售白酒未走收入账户，少缴消费税20 000元。 3. 无偿赠送白酒未按照规定计缴消费税，少缴消费税1 000元。 合计应补消费税23 000元。 （三）企业所得税 1. 购进原材料非正常损失，未转出已抵扣的增值税进项税额，少缴增值税3 400元，应调减应纳税所得额3 400元。 2. 当月增加的固定资产，当月计提了折旧，多列费用，应调增应纳税所得额3 439元。 3. 计提的无形资产减值准备税前进行了扣除，多列费用，应调增应纳税所得额16 500元。无形资产会计上可以摊销1 968元，税法可以摊销2 500元，应调减应纳税所得额532元。 4. 销售白酒包装物未计入销售额征税，应调减应纳税所得额8 000元。 5. 多扣除了粮食白酒广告支出，应调增应纳税所得额200 000元。 6. 销售白酒未走收入账户，应调增应纳税所得额10 000元。 7. 无偿赠送白酒未按照规定计算纳税，应调增应纳税所得额1 500元。 8. 被债权人豁免的债务，未按规定将债权人豁免的债务所得计入应纳税所得额，应调增应纳税所得额50 000元。 9. 非货币性交易换入的存货，应调增应纳税所得额9 000元。 合计应补缴企业所得税： 394 507×25% =98 626.75（元）

续表

三、处理意见和依据 根据《中华人民共和国增值税暂行条例》《中华人民共和国增值税暂行条例实施细则》《中华人民共和国消费税暂行条例》《中华人民共和国消费税暂行条例实施细则》《中华人民共和国企业所得税暂行条例》《企业债务重组业务所得税处理办法》《中华人民共和国税收征管法》的规定，对该公司的税务违法行为，提出以下处理意见： 1. 查补增值税 14 025 元，查补消费税 23 000 元，查补企业所得税 98 626.75 元； 2. 对查补的税款按规定加收滞纳金； 3. 对该公司的偷税行为，处以少缴税款 1 倍的罚款。

本章习题

一、单选题

1. 2016 年某居民企业实现产品销售收入 1 200 万元，视同销售收入 400 万元，债务重组收益 100 万元，发生的成本费用总额 1 600 万元，其中业务招待费支出 20 万元。假定不存在其他纳税调整事项，2016 年度企业应纳所得税（　　）万元。

A. 16.2　　B. 16.8　　C. 27　　D. 28

2. 在纳税检查中，发现企业以前年度少计收益多计费用的情况时，应在何科目进行反映（　　）。

A. 借记“利润分配——未分配利润”

B. 借记“以前年度损益调整”

C. 贷记“以前年度损益调整”

D. 贷记“应交税费——应交所得税”

3. 某企业因火灾原因盘亏一批材料 20 000 元，该批材料进项税额 3 400 元。收到各种赔偿 2 500 元，残料入库 500 元。报经批准后，应计入“营业外支出”科目的金额为（　　）元。

A. 20 000　　B. 20 400　　C. 23 400　　D. 17 000

4. 某企业采用月末一次加权平均法计算发出材料的成本。2016 年 2 月 1 日，甲材料结存 200 千克，每千克实际成本 100 元；2 月 10 日，购入甲材料 300 千克，每千克实际成本 110 元；2 月 25 日，发出甲材料 400 千克。2 月末，甲材料库存金额为（　　）元。

A. 10 000　　B. 10 500　　C. 10 600　　D. 11 000

5. 税务机关在检查某电视机厂之前已经收集掌握了其他电视机厂的生产情况、毛利率及该电视机厂上年同期的有关销售收入、销售利润率等资料。税务机关应采取（　　）检查该电视机厂企业所得税纳税情况。

A. 抽查法　　B. 比较分析法　　C. 全查法　　D. 函查法

6. 某国有企业 2014 年度取得主营业务收入 5 000 万元，其他业务收入 1 000 万元，债务重组收入 100 万元，固定资产转让收入 50 万元；当年管理费用中的业务招待费 60 万元；该企业当年度可在企业所得税前扣除的业务招待费为（　　）。

A. 60 万元　　B. 30.75 万元　　C. 30.5 万元　　D. 30 万元

7. 某外商投资企业2019年度利润总额为40万元，未调整捐赠前的所得额为50万元。当年“营业外支出”账户中列支了通过当地教育部门向老年活动中心捐赠的5万元。该企业2016年应缴纳的企业所得税为（　　）。

A. 12.5万元　　B. 12.55万元　　C. 13.45万元　　D. 16.25万元

8. 某内资企业2013年开始投入生产经营，各年获利情况如表6-7所示。

表6-7　某内资企业2013—2019年获利情况

年度	2013	2014	2015	2016	2017	2018	2019
获利（万元）	-50	-10	5	15	20	-5	25

该企业2019年度应纳企业所得税为（　　）万元。

A. 0　　B. 2.5　　C. 2.7　　D. 3.3

9. 税务检查中核实企业当年的产品销售收入1 900万元，其他业务收入90万元，视同销售收入10万元，财产转让收入1 000万元，实际在会计利润中列支的广告宣传费用为600万元，则当年在税前可以扣除的广告宣传费用为（　　）。

A. 285万元　　B. 298.5万元　　C. 300万元　　D. 450万元

10. 审核“营业外支出”中的捐赠支出，与纳税申报表核对，核实各种公益救济性捐赠总额，计算是否超过年度利润总额（　　）的标准（税法另有规定的除外），对超过规定标准的部分是否作了纳税调整。

A. 15%　　B. 12%　　C. 10%　　D. 8%

二、多选题

1. 检查纳税人是否有价外收费或兼营非应税劳务，可检查（　　）科目的贷方发生额。

A. 其他应付款　　B. 其他业务收入　　C. 营业外收入　　D. 其他应收款

2. 某小汽车厂管理部门领用自产应税小汽车一辆，正确的处理是（　　）。

A. 消费税不视同销售　　B. 消费税要视同销售

C. 企业所得税不视同销售　　D. 企业所得税视同销售

3. 税收调整增加的项目一般有（　　）。

A. 违法经营的罚款和被没收财物的损失

B. 赞助支出

C. 自然灾害或意外事故损失有赔偿的部分

D. 超过规定限额的业务招待费支出

4. 税收调整减少的项目一般有（　　）。

A. 弥补亏损　　B. 股息收入

C. 国库券利息收入　　D. 境外收益

5. 下列各项中，当年超过税法规定的扣除限额部分，可以结转到以后年度扣除的有（　　）。

A. 企业发生的公益性捐赠支出，超过年度利润总额12%的部分

B. 向非金融企业借款的利息支出超过按照金融企业同期同类贷款利率计算的数额的部分

C. 业务招待费超过税法规定标准的部分

D. 广告费和业务宣传费支出超过当年销售（营业）收入15%的部分

三、技能训练题

1. 某工业企业（增值税一般纳税人），2016年销售收入4 000万元，当年的损益表中反映的会计利润为500万元，已预缴企业所得税125万元，经检查，发现以下几项内容需作纳税调整：

（1）盘亏原材料成本10万元（不属于管理不善造成），已经批准转作“营业外支出”，但企业未作处理（盘亏存货的财产损失，已经税务机关审批）。

（2）销售产品取得含税收入58.8万元（其成本为40万元，未结转），但企业作暂收款入账。

（3）销售费用中，广告费用650万元。

（4）管理费用中，业务招待费支出20万元。

（5）企业在册职工250人，本年工资支出1 000万元，职工教育经费30万元，拨缴工会经费15万元（工会经费取得专用收据，均不考虑期初与期末余额，除增值税外其他税费均不考虑）。

要求：计算企业2016年应补交的企业所得税。

2. 某构件厂生产某种零件，经二道工序制成，某月份投入1 000件（原材料一次投入），完工产品800件，企业月末账面保留的在产品成本2 000元，该企业在产品成本的计算采用“约当产量法”，停留在各工序的完工程度为该工序的50%。有关资料如表6－8和表6－9。

表6－8　在产品盘点表

工序	工时定额（小时）	在产品盘存数（件）
1	15	100
2	25	200

表6－9　生产费用资料表　　单位：元

成本项目	月初在产品成本	本月发生费用
原材料	100 000	800 000
工资	20 000	100 000
动力及其他	10 000	60 000

根据上述资料回答下列问题（每一小步计算请保留两位小数，再进行下步计算）：

（1）月末在产品的约当产量为（　　）。

A. 300 件　B. 162. 5 件　C. 156. 25 件　D. 81. 25 件

（2）月末在产品应分摊的原材料费用为（　　）。

A. 245 454 元　B. 2 182 115 元　C. 151 947. 25 元　D. 147 059. 38 元

（3）月末在产品应分摊的工资费用为（　　）。

A. 32 727 元　B. 20 260. 5 元　C. 19 607. 81 元　D. 11 063. 8 元

（4）若企业月末账面在产品成本计算错误，下列表述中正确的有（　　）。

A. 以月末在产品成本应保留数额，减去企业账面计算的数额，正数差额为多摊入完工产品成本数额

B. 以月末在产品成本应保留数额，减去企业账面计算的数额，正数差额为少摊入完工产品成本数额

C. 以月末在产品成本应保留数额，减去企业账面计算的数额，负数差额为多摊入完工产品成本数额

D. 以月末在产品成本应保留数额，减去企业账面计算的数额，负数差额为少摊入完工产品成本数额

3. 税务代理人员于2016 年2 月份受托对A 市某化妆品厂（增值税一般纳税人）2015 年纳税情况进行审查，该企业存货采用实际成本核算，其领用或销售的成本按规定以月末一次加权平均法计算结转。检查发现：12 月份甲产品月初结存1 000 只，单价60 元，合计金额60 000 元；本期入库甲产品500 只，单价45 元，金额22 500 元；本期发出甲产品800 只，按单价45 元结转销售成本36 000 元。

要求：指出该企业存在的纳税问题；计算应补（退）企业所得税。

4. 某企业2016 年企业会计报表利润为200 000 元，未作任何项目调整，已按25% 的所得税率计算缴纳所得税50 000 元。企业2016 年度有正式职员30 人，

实际列支工资、津贴、补贴、奖金为1 200 000元。税务检查人员对该企业进行所得税纳税审查，经查阅有关账证资料，发现以下问题：

（1）企业“长期借款”账户中记载：年初向中国银行借款100 000元，年利率为5%；向其他企业借长期周转资金200 000元，年利率为10%，上述借款均用于生产经营。向其他企业借款的利息支出超过按中国银行（金融企业）同期同类贷款利率计算的利息支出部分在税前扣除。

（2）全年销售收入60 000 000元，企业列支业务招待费250 000元。

（3）该企业2016年在税前共计提取并发生职工福利费168 000元；计提了工会经费24 000元，计提了教育经费38 000元，经查该两项费用并未发生。

（4）2016年6月5日“管理费用”科目列支厂部办公室使用的空调一台，价款6 000元（折旧年限按6年计算，直线法计提折旧，不考虑残值）。

（5）其他经核实均无问题，符合现行会计制度及税法规定。

要求：扼要指出存在的问题，并计算纳税调整金额；计算应补企业所得税额。

5. 税务稽查局经检查发现德恒制药有限公司生产两种互不关联的产品力佳口服液和金牌抗栓溶剂，原材料均在生产时一次投入，制造费用在生产过程中根据生产进度陆续发生，不存在辅助生产情况。2016年12月份该企业没有保留在产品成本，将其应当负担的费用一次计入当期的产成品成本中。税务人员经反复核实，获取了相关资料，如表6－10所示。

表6－10　2016年12月有关产品成本计算资料

产品名称	生产数量（箱）	直接材料（元/箱）	耗用工时	完工程度（%）
力佳口服液	5 000	600	3 000	
其中：产成品	4 000		2 500	100
在产品	1 000		500	60
金牌抗栓溶剂	3 000	400	5 000	
其中：产成品	2 500		3 500	100
在产品	500		1 500	30
合　计	—	—	8 000	—

2016年12月共发生人工费用400 000元，制造费用210 000元，月初不存在在产品。

根据上述资料完成以下要求：

（1）人工费用、制造费用采用生产工时比例法分配，完成表 6－11、表 6－12的内容填列。

（2）采用约当产量法计算完工产成品和在产品本月的生产成本，完成表 6－13、表 6－14 的内容填列。

（3）作出相应的会计处理。

表 6－11　人工费用分配表　　单位：元

产　品	生产工时	分配率	分配额
力佳口服液	3 000	—	
金牌抗栓溶剂	5 000	—	
合　计	8 000		400 000

表 6－12　制造费用分配表　　单位：元

产　品	生产工时	分配率	分配额
力佳口服液	3 000	—	
金牌抗栓溶剂	5 000	—	
合　计	8 000		210 000

表 6－13　力佳口服液成本计算单　　单位：元

成本项目	成本合计	产成品成本	在成品成本
直接材料			
直接人工			
制造费用			
合　计			

表 6－14　金牌抗栓溶剂成本计算单　　单位：元

成本项目	成本合计	产成品成本	在成品成本
直接材料			
直接人工			
制造费用			
合　计			

6. 某工业企业，2018 年度的生产经营情况如下：

（1）销售产品收入 2 000 万元。

（2）转让一项专利所有权，取得营业外收入 70 万元。

（3）收取当年让渡资产使用权的专利实施许可费，取得其他业务收入 200 万元。

（4）取得国债利息 5 万元。

（5）销售成本 800 万元，营业税金及附加 80 万元。

（6）全年销售费用 500 万元，含广告费 400 万元；全年管理费用 300 万元，含招待费 100 万元，新产品开发费用 70 万元；全年财务费用 60 万元。

（7）全年营业外支出 50 万元，含违反政府规定被工商局罚款 3 万元，公益性捐赠支出 20 万元。

（8）该企业账面会计利润为 485 万元，已预交企业所得税 120 万元。

要求：计算 2018 年度该企业应补（退）的企业所得税额。

第七章　个人所得税的检查

案例导读

对某企业个人所得税纳税异常的税务稽查

2013年，河北省衡水市地税局稽查局在对某县工业企业近3年的税收进行检查时，成功查处个人所得税及罚款904 065.69元。

案情介绍：

根据检查计划，该局对该企业进行日常检查。通过对稽查决策支持系统的数据分析发现，该企业个人所得税纳税存在异常，检查年度纳税数额差异较大。检查人员通过检查发现，差异是由于企业在2011年缴纳了一笔利息个人所得税。询问财务人员得知，该企业2010年进行企业改制，经济性质由有限责任公司变更为股份有限公司。在改制过程中，企业对以前年度的个人集资进行清退，同时返还利息，并代扣代缴个人所得税。财务人员的解释，让检查人员暂时放下了疑问。

稽查经过：

在其后的检查中，检查人员对数据进行了归纳汇总。企业2010年发放利息支出3 621 981.89元，应代扣代缴个人所得税724 396.38元，企业当期未代扣代缴，2011年没有利息支出。2011年2月，补缴了利息个人所得税121 685.92元，还有602 710.46元没有缴纳。6月缴纳了个人所得税款746 200元，多缴143 489.54元。数额不符，带着问题，检查人员询问了财务人员。面对具体数据，财务人员开始含糊其词，解释说会计人员业务不熟悉，把其他项目应代扣代缴的个人所得税计算在一起了，没有按税目区分。随后又说，企业的账簿都是经审计人员审计过的，纳税没有问题。

通过仔细翻看企业的账簿，排除了企业其他项目涉及的个人所得税，还是不能解开疑点。改制会不会有隐性收入？检查人员突然灵机一动，如此大数额税款，涉及的收入应该较大。回想起账簿中一组组数据，企业改制增资涉及的数额引起了检查人员的关注。

企业增资扩股，除实收资本转换股本外，还用资本公积和留存收益转增股本。企业原股本1 4313 800元，转股后股本56 000 000元，增股41 686 200元，除去企业用资本公积37 955 200元转股，企业增加的其他股本用留存收益转股3 731 000元。这里面会不会有涉税问题？有没有隐性收入？

检查人员翻阅了大量政策法规，查找相关依据。根据《国家税务总局关于进一步加强高收入者个人所得税征收管理的通知》（国税发〔2010〕54号）的相关规定，加强企业转增注册资本和股本管理，对以未分配利润、盈余公积扣除股票溢价发行外的其他资本公积转增注册资本和股本的，“利息、股息、红利所得”要依据现行政策规定计征个人所得税。该企业的股东为自然人，应缴纳个人所得税746 200元。这一数额与企业6月缴纳的个人所得税相符，难道仅仅是巧合？财务人员明显在说谎。面对证据，财务人员败下阵来，不得不承认没有代扣代缴集资利息个人所得税，以股息应缴纳的个人所得税混淆了个人集资利息缴纳的个人所得税，达到个人少缴税的目的。

处理结果：

最终，该局扣除企业已缴的121 685.92元，责成企业补扣补缴个人所得税602 710.46元，并处罚款301 355.23元。

（资料来源：http：//blog. sina. com. cn/s/blog_40c08e490101hrcz. html）

第一节　个人所得税征收管理的检查

一、个人所得税检查的重点

（一）高收入行业和单位

1. 电力、电信、金融、保险、证券、石油、石化、烟草、航空、铁路、房地产、城市供水、供气等行业；

2. 律师事务所、会计师事务所、审计师事务所、税务师事务所、评估师事务所等中介机构；

3. 足球俱乐部；

4. 高新技术企业和新兴产业；

5. 外商投资企业、外国企业和外国驻华代表机构；

6. 高等院校；

7. 星级饭店；

8. 娱乐业企业；

9. 效益好的其他企事业单位。

（二）高收入个人

1. 规模较大的私营企业主、个人独资企业和合伙企业投资者，个体工商大户；

2. 企业承包、承租人员和供销人员；

3. 建筑工程承包人；

4. 企事业单位的管理人员、董事会和监事会成员；

5. 演员，时装模特，足球教练员和运动员；

6. 文艺、体育和经济活动的经纪人；

7. 独立或合伙执业的律师、会计师、审计师、税务师、评估师；

8. 大、中学教师；

9. 医生、导游、美容美发师、厨师、股评人、乐手（师）、音响师、装饰装修设计师等具有专业特长的自由职业者。

在检查中，应当组织力量对上述高收入行业和个人进行全面摸底调查，切实掌握这些行业中每一户企业的生产经营规模、从业人员数量、收入分配形式、发放收入项目和数额、扣缴个人所得税等情况，准确掌握以上高收入个人的收入项目、收入形式、经济活动特点等基本情况。在此基础上，对这些行业和个人建立专门档案，实行重点监控管理，及时追踪其经济活动和收入情况。

二、个人所得税检查方法

（一）常规检查方法

对于税务检查人员来说，工资、薪金个人所得税代扣代缴问题的检查，工作量相当大。常规的检查方法是查阅每个被查年度与工资、薪金发放有关的明细账、凭证，逐笔核对、计算每名员工工资、薪金应发数、税前扣除数、应代扣代缴个税数，计算每月所有员工应扣缴个税合计数、全年所有员工合计应扣缴数，最后将此数字与被查单位实际扣缴工资、薪金个税当期数（从税务信息系统提取）进行比较，判断被查单位该年度是否存在工资、薪金个税扣缴问题，并计算出应补扣、补缴数额。

这种方法的优点有：一般情况下，不会漏掉可能存在的工资、薪金个税扣缴问题。该方法主要存在的缺点有：很多情况下，被查单位最后的结果可能是无此问题，但依然要做上述工作。如果检查时间有限、被查单位员工人数多，则巨大的工作量会使此方法几乎不可实行。

（二）指标分析法

在个人所得税税率、免税额等征税要素不变的情况下，如果被查单位符合如下要求，则可以根据年个人所得税税负率、个人所得税税负变动率两个指标来分析、确定工资、薪金个税扣缴可能存在的问题。至于是否符合以上条件，检查人员可询问被查单位财务部门或人力资源管理部门相关人员并对获得的信息加以判断。

1. 被查年度及邻近1～2个年度内员工人均工资、不同薪资水平人数比例基本不变或仅有较小的变化。

2. 被查单位发放工资、薪金通过一个科目进行核算（如“应付职工薪酬——应付工资”或类似名称），或虽然不止一个科目，但核算清楚，可以清晰地对所有发放的工资、薪金进行归集。

3. 被查年度社保等允许税前扣除计算方法及数额未变化或仅有较小的变化。

年个人所得税税负率，用 K 表示，K = 被查单位某一被查年度代扣代缴工资、薪金科目当期个人所得税额 ÷ 当年被查单位“应付职工薪酬——应付工资”借方实际累计发生数（如检查中发现在别的科目中有发放的工资、薪金，则应合并计入）。

年个人所得税税负变动率，用 R 表示，$R = |K_2 - K_1| \div K_1$，其中，K_1 为某一被查年度 K 值，K_2 为下一年度 K 值。

如果符合上述条件的被查单位几个被查年度 K 值均不相等，则应当关注其可能存在的工资、薪金个税扣缴问题。此时，检查人员应根据检查时间及人力情况适当选取进一步检查的方法。如果有较大变化，如表现为以不同年度 K 值为参照计算出的 R 值超过20%，那么，这一指标将指向被查单位 K 值较小的被查年度可能存在明显甚至较大的工资、薪金个税扣缴问题，应重点关注这一年度可能存在的问题，并进行认真的核查。

作出这种判断的基本依据是，如果个人所得税税率表、免税额等征税要素不变，被查单位又符合上述3个条件，那么，从理论上来说，其扣缴的个税数额与发放的工资、薪金数额应当是配比的，如果不配比，则不合常理，可能会存在扣缴问题。

一般情况下，工资、薪金个税扣缴问题主要表现有两种：一种是个税扣缴计算方法不正确，如税前扣除额不对、适用税率不对等；另一种是某些发放项目未合并当月工资、薪金计算应扣缴个人所得税，这些未合并计算的项目可能存在于工资核算科目（如“应付职工薪酬——应付工资”），也可能存在于别的科目

（借：管理费用；贷：银行存款，内容为支付员工奖金，后附领取人姓名、数额、签名等明细）。这两种表现最终的结果是不同年度 K 值不等且据此计算出的 R 值较大。

【例 7－1】 检查人员在对某单位工资、薪金个税扣缴情况进行检查时，调取了企业账目，取得了有关参数：2015 年被查单位“应付职工薪酬”借方累计数 3 200 万元，已扣缴归属期为 2015 年的工资、薪金个税 347 万元；2016 年被查单位“应付职工薪酬”借方累计数 3 300 万元，已扣缴归属期为 2016 年的工资、薪金个税 265 万元。通过询问被查单位财务人员，检查人员了解到，被查单位为一大型国企，2015 年、2016 年员工人数仅有几人变化，“五险一金”按社保局规定扣缴，所有发放的员工工资、薪金均在“应付职工薪酬”中进行核算。

解析：检查人员计算出两个年度的 K 值和 R 值：

$$K_1 = 347/3\ 200 = 0.108$$

$$K_2 = 265/3\ 300 = 0.08$$

$$R = 25.9\%$$

$K_1 \neq K_2$ 且 $R > 20\%$。这些指标表明，2016 年被查单位 K 值剧烈减小，应存在工资、薪金扣缴问题。根据这一指向，检查人员抽查了月工资发放及个税扣缴表，未发现计税方法问题。又查阅 2016 年应付职工薪酬明细账，核对每笔工资、薪金发放数额是否合并计税，发现被查单位 2016 年 5 月中旬发放“风险抵押”工资未合并当月工资计算扣缴个人所得税。

三、纳税义务人的检查

个人所得税纳税义务人依据住所和居住时间两个标准，可区分为居民纳税义务人和非居民纳税义务人。

（一）政策依据

1. 居民纳税义务人。在中国境内有住所，或者无住所而一个纳税年度内在中国境内居住累计满 183 天的个人，为居民个人。居民个人从中国境内和境外取得的所得，依法缴纳个人所得税。

2. 非居民纳税义务人。在中国境内无住所又不居住，或者无住所而一个纳税年度内在中国境内居住累计不满 183 天的个人，为非居民个人。非居民个人从中国境内取得的所得，依法缴纳个人所得税。

（二）常见涉税问题

1. 居民纳税人和非居民纳税人划分不清。

2. 居民纳税人和非居民纳税人义务划分不清。

（三）主要检查方法

1. 对在中国境内任职的外籍人员，检查其与任职单位签署的合同、薪酬发放资料，对照个人护照记录，到进出境机关核实了解进出境时间，并根据相关税收协定的规定，判断其属居民纳税人还是非居民纳税人。

2. 检查居民纳税人在境内、外取得的所得是否履行纳税义务时，需要通过与国际税收管理部门进行情报交换，调查其在境外取得所得的情况，核对其境内、外取得所得的申报资料，从中发现疑点，并将相关疑点呈交国际税收管理部门，由其负责查询个人所得税境外缴纳情况，确定是否存在居民纳税人按非居民纳税人履行纳税义务的情况。

四、个人所得税扣缴义务人的检查

（一）政策依据

个人所得税以支付所得的单位或者个人为扣缴义务人。扣缴义务人应当按照国家规定办理全员全额扣缴申报。扣缴义务人在向个人支付应税款项时，应当依照税法规定代扣税款，按时缴库，并专项记载备查。所说的支付，包括现金支付、汇拨支付、转账支付和以有价证券、实物以及其他形式的支付。

（二）会计核算

扣缴义务人代扣代缴个人所得税会计核算如下：扣税时，借记“应付职工薪酬”“应付股息”“利润分配”等科目，贷记“应交税费——应交个人所得税”科目。解缴税款时，借记“应交税费——应交个人所得税”科目，贷记“银行存款”科目。

（三）常见涉税问题

1. 扣缴义务人未按规定代扣税款。

2. 代扣的税款未按规定期限解缴入库。

（四）主要检查方法

1. 检查“应付职工薪酬”“应交税费——应交个人所得税”等明细账，审查职工薪酬发放单，核实职工的月工资、薪金收入，对达到征税标准的，扣缴义务人是否按规定履行代扣税款义务。

2. 检查“生产成本”“管理费用”“销售费用”等明细账，核查企业是否有支付给临时外聘的技术人员的业务指导费、鉴定费，是否有列支的邀请教授、专家的授课培训费、评审费等，是否按规定履行代扣税款义务。

3. 检查“利润分配——应付股利”“财务费用”等账户，核实对支付给个人的股息、红利、利息是否全额计算扣缴税款。

4. 检查直接在各成本、费用账户中列支或通过其他渠道间接支付给员工的各种现金、实物和有价证券等薪酬，是否按规定全部合并到工资、薪金中一并计算应扣缴的税款。

5. 检查企业“应交税费——应交个人所得税”明细账户、员工薪酬收入明细表和《个人所得税扣缴情况报告表》及完税凭证或缴款书，查看账表数额是否相符，代扣税款是否正确、完整，是否按规定期限解缴税款。

五、个人所得税征税范围的检查

（一）政策依据

下列各项个人所得，应纳个人所得税：工资、薪金所得，劳务报酬所得，稿酬所得，特许权使用费所得，经营所得，利息、股息、红利所得，财产租赁所得，财产转让所得，偶然所得。

居民个人取得前款第一项至第四项所得（以下称“综合所得”），按纳税年度合并计算个人所得税；非居民个人取得前款第一项至第四项所得，按月或者按次分项计算个人所得税。纳税人取得前款第五项至第九项所得，依法分别计算个人所得税。

（二）常见涉税问题

1. 利息、股息、红利性质的所得和工资、薪金所得相混淆。

2. 其他所得和偶然所得相混淆。

3. 将提供著作权所得错按稿酬所得申报缴纳个人所得税。

4. 劳务报酬所得和工资、薪金所得混淆。

5. 将提供著作权所得错按稿酬所得申报缴纳个人所得税。

（三）主要检查方法

1. 劳务报酬所得和工资、薪金所得征税范围的检查。通过检查员工薪酬发放花名册、签订的劳动用工合同和在社保机构缴纳养老保险金的人员名册等相关资料，核实个人与接受劳务的单位是否存在雇佣与被雇佣关系，确定其取得的所得是属于工资、薪金所得还是劳务报酬所得。如存在雇佣与被雇佣的关系，其所得应按工资、薪金所得的范围征税；如果是独立个人提供有偿劳务，不存在雇佣与被雇佣的关系，其所得应属于劳务报酬所得的范围征税。

2. 个体工商户的生产经营所得征税范围的检查。查看经营者工商营业执照的性质是否为个体工商户，实地调查，确定是否为个人自负盈亏经营，检查个体经营者的生产经营情况，查阅会计核算账簿，核实收入、成本、利润、税金是否真实，是否有隐瞒收入、加大成本、虚假申报的问题；核实是否有与生产经营无关的其他应税项目所得混同个体工商户生产、经营所得计税，如从联营企业分回的利润按照“个体工商户生产、经营所得”申报，而未按“利息、股息、红利所得”申报。

3. 稿酬所得和特许权使用费所得征税范围的检查。检查出版单位账簿明细，结合相关的合同、协议，查看原始的支付凭证，按照经济行为的实质，分析、核实支付给个人的报酬属于特许权使用费所得征税范围还是稿酬所得征税范围。若作者将其作品的使用权因出版、发表而提供给他人使用，则此项所得属稿酬所得的征税范围。作者将自己的文字作品手稿原件或复印件公开竞价拍卖而取得的所得，属于转让个人著作的使用权，此项所得属于特许权使用费所得的征税范围。

4. 其他所得和偶然所得征税范围的检查。检查企业“销售费用”“营业外支出”等账户，针对支付给个人的支出，要正确区分是否属于其他所得和偶然所得征税项目，其他所得由国务院财政部门单独确定，偶然所得则强调其偶然性和不可预见性。如对企业在产品发布会、总结会议、业务往来等活动中向有关人员发放的赠品、纪念品等应按照其他所得代扣个人所得税。对于中奖、中彩或企业举办有奖销售等活动中的中奖者个人则按照偶然所得代扣税款。

5. 利息、股息、红利所得征税范围的检查。检查“应付股利”“应付利息”“财务费用”等账户，对照《扣缴个人所得税税款报告表》《支付个人收入明细表》等，核实企业有无把支付的利息、股息、红利性质的所得按照工资、薪金所得，少代扣代缴个人所得税；是否把不属于减税或免税范围的利息、股息、红利所得作为减税或免税处理，少代扣或未代扣代缴个人所得税。

第二节　个人所得税计税依据的检查

个人所得税的计税依据是纳税人取得的应纳税所得额。应纳税所得额为个人取得的各项收入减去税法规定的扣除项目或扣除金额后的余额。

一、工资、薪金所得计税依据的检查

（一）政策依据

1. 居民个人的综合所得，适用“累计预扣法”的，按年计算个人所得税，以每一纳税年度的收入额减除费用 60 000 元以及专项扣除、专项附加扣除和依

法确定的其他扣除后的余额，为应纳税所得额，适用3%至45%的超额累进税率，见表7-1。居民个人取得综合所得，有扣缴义务人的，由扣缴义务人按月或者按次预扣预缴税款。

表7-1　个人所得税税率表

（综合所得适用）

级数	全年应纳税所得额	税率（%）
1	不超过36 000元的	3
2	超过36 000元至144 000元的部分	10
3	超过144 000元至300 000元的部分	20
4	超过300 000元至420 000元的部分	25
5	超过420 000元至660 000元的部分	30
6	超过660 000元至960 000元的部分	35
7	超过960 000元的部分	45

劳务报酬所得、稿酬所得、特许权使用费所得，属于一次性收入的，以取得该项收入为一次；属于同一项目连续性收入的，以一个月内取得的收入为一次。劳务报酬所得、稿酬所得、特许权使用费所得以收入减除20%的费用后的余额为收入额。稿酬所得的收入额减按70%计算。

2. 非居民个人的工资、薪金所得，以每月收入额减除费用5 000元后的余额为应纳税所得额；劳务报酬所得、稿酬所得、特许权使用费所得，以每次收入额为应纳税所得额。

（二）常见涉税问题

1. 少报、瞒报职工薪酬或虚增人数分解薪酬。

2. 自行扩大工资、薪金所得的税前扣除项目。

3. 从两处或两处以上取得收入未合并纳税。

（三）主要检查方法

1. 通过调查人力资源信息资料、签署的劳动合同、社会保险机构的劳动保险信息，结合考勤花名册、岗位生产记录、人员交接班记录等，核实单位的用工人数、用工类别、人员构成结构及分布，要特别注意检查高管人员、外籍人员等高收入者的有关信息；然后审查财务部门“工资结算单”中发放工资人数、姓名与企业的实际人数、姓名是否相符，企业有无为降低高收入者的工资、薪金收入，故意虚增职工人数、分解降低薪酬，或者编造假的工资结算表，人为调剂薪酬发放月份，以达到少扣缴税款或不扣缴税款的目的。

2. 检查“生产成本”“制造费用”“管理费用”“销售费用”“在建工程”“应付职工薪酬”等账户，核实有无通过以上账户发放奖金、补助等情况；还应注意职工食堂、工会组织等发放的现金伙食补贴、实物福利、节假日福利费等，是否合并计入工资、薪金收入总额中计算扣税。

3. 检查《个人所得税扣缴情况报告表》中的工资、薪金总额与“工资结算单”记录的工资总额，审查企业有无扣除水电费、住房租金、托儿费、补充养老保险、企业年金等费用后的实发工资扣缴税款的情况。

4. 通过检查劳动保险部门保险缴纳清单和工资明细表，核实企业是否有扩大劳动保险缴纳的基数、比率，降低计税依据的问题。对效益较好的经营单位，要查看是否将为员工缴纳的补充商业险等合并计入工资、薪金所得计税。

5. 对单位外派分支机构人员，要通过人力资源部门获取详细的薪酬发放信息，通过函证、协查方式检查员工同时从两处或两处以上取得的工资、薪金所得，是否仅就一处所得申报或在两处分别申报，重复扣除税前扣除项目，而未进行合并申报。

【例7-2】 假设2019年甲公司职员李刚全年取得工资180 000。当地规定的社保和公积金个人缴存比例为：养老保险8%，医疗保险2%，失业保险0.5%，住房公积金12%。李刚缴纳社保的月缴费基数是10 000元。

李刚正在偿还首套住房贷款及利息；李刚为独生子，其独生子女正在读大学三年级；李刚父母的年纪均已超过60岁。李刚夫妻约定由李刚扣除住房贷款利息和子女教育费。计算李刚当年应交个人所得税税额。

解析：

$$\text{专项扣除：}10\,000\times(8\%+2\%+0.5\%+12\%)\times12=27\,000\text{（元）}$$

$$\text{扣除项目合计}=60\,000+27\,000+12\,000+12\,000+24\,000=135\,000\text{（元）}$$

$$\text{应纳税所得额}=180\,000-135\,000=45\,000\text{（元）}$$

$$\text{应纳税额}=(45\,000-36\,000)\times10\%+36\,000\times3\%=1\,980\text{（元）}$$

二、个体工商户的生产经营所得计税依据的检查

（一）政策依据

个体工商户的生产、经营所得，以每一纳税年度的收入总额，减除成本、费用以及损失后的余额，为应纳税所得额，适用5%至35%的超额累进税率，如表7-2所示。这里所说的成本、费用，是指纳税义务人从事生产、经营所发生的

各项直接支出和分配计入成本的间接费用以及销售费用、管理费用、财务费用；这里所说的损失，是指纳税义务人在生产、经营过程中发生的各项营业外支出。从事生产、经营的纳税义务人未提供完整、准确的纳税资料，不能正确计算应纳税所得额的，由主管税务机关核定其应纳税所得额。

表7－2　个人所得税税率表

（经营所得适用）

级数	全年应纳税所得额	税率（%）
1	不超过30 000元的	5
2	超过30 000元至90 000元的部分	10
3	超过90 000元至300 000元的部分	20
4	超过300 000元至500 000元的部分	30
5	超过500 000元的部分	35

（二）常见涉税问题

1. 收入构成核算不实。

2. 虚列成本，成本费用的发生额超标准部分未作调整。

3. 家庭费用支出与企业费用支出混淆，多计、多转成本。

4. 个体工商户业主将本人的工资在税前扣除。

5. 投资两个或两个以上企业，应纳税所得额计算不正确。

（三）主要检查方法

1. 对生产、经营收入的检查。个体工商户的生产、经营收入具有现金结算较多、收入不稳定等特点，容易出现收入不入账或者少入账，转移、隐瞒、分解经营收入的情况。在检查中，要通过实地查看、询问等方法，了解掌握个体工商户生产经营范围、规模等情况，结合对其成本费用、收入账的检查，采取纵向和横向比较分析的办法找出疑点，核实其是否存在账外经营、隐匿收入等行为。

2. 对生产、经营成本和费用的检查。要将纳税人的“原材料”“生产成本”“制造费用”“管理费用”等成本、费用明细账与有关记账凭证、原始凭证进行仔细核对，认真分析投入产出比率，参考相关技术数据，核实其各项成本损耗比例是否恰当。对费用列支要审核原始资料及支出用途，看纳税人税前列支的费用是否合理，比例是否正确，是否属于与企业生产、经营有关的费用，有无超标准列支或故意混淆费用等问题。

3. 检查成本、费用账簿及原始单据，核实支出费用的详细去向和类别，有无将家庭购置的资产或发生的费用计入其中。如某私营企业主为其在外地上学的儿子购置汽车一部，价值 120 000 元，计入企业固定资产并计提折旧。按照规定，该折旧不能税前扣除。

4. 对照《个人所得税扣缴情况报告表》，检查“应付职工薪酬”账户、员工薪酬发放表等，核实个体工商户业主的工资发放情况，确认发放的业主工资是否按规定作了纳税调整。

5. 对投资两个或两个以上个人独资企业或合伙企业的企业投资者，首先要检查各被投资企业的章程协议，确定投资者的资本构成；其次要检查各被投资企业的会计报表及纳税申报表，确定被投资企业的经营效益及利润分配，最终核实投资者从各被投资企业分得的利润计算是否准确，是否按规定合并纳税。

三、其他所得计税依据的检查

（一）政策依据

1. 财产租赁所得，每次收入不超过 4 000 元的，减除费用 800 元；4 000 元以上的，减除 20% 的费用，其余额为应纳税所得额，适用比例税率，税率为 20% 。财产租赁所得，以一个月内取得的收入为一次。

2. 利息、股息、红利所得和偶然所得，以每次收入额为应纳税所得额，适用比例税率，税率为 20% 。利息、股息、红利以支付利息、股息、红利时取得的收入为一次。偶然所得，以每次取得该项收入为一次。

3. 财产转让所得，以转让财产的收入额减除财产原值和合理费用后的余额，为应纳税所得额。适用比例税率，税率为 20% 。

（二）常见涉税问题

1. 不报或少报财产租赁应税收入，虚增维修费用，多次抵扣。

2. 隐瞒不报或少报财产转让收入，扩大财产原值或转让财产费用。

3. 扣缴单位在支付应税利息、股息、红利所得或偶然所得时，少扣缴或未扣缴税款。

（三）主要检查方法

1. 结合租赁合同，检查支付租赁费用的单位或个人的支付凭证，掌握纳税人财产租赁的详细信息；审查纳税人提供的按规定支付的有关税费的原始凭证和修缮费用等支出凭证，核实是否与财产租赁有关，修缮费用是否按规定限额按月抵扣，应税数额计算是否正确。

2. 财产转让所得的检查：

（1）通过财产所在地房管部门、车辆管理部门等单位了解个人转让建筑物、机器设备、车辆等财产的情况；

（2）检查纳税人的有关账簿、凭证或检查支付单位或个人的支付凭证，掌握其转让财产取得的所得额；

（3）审查纳税人提供的财产原值凭证是否合法、有效，对资产评估增值的，应审查有无合法的资产评估报告；

（4）审查纳税人财产转让时的完税凭证和费用支出凭证，核对这些支出是否与财产转让有关，数额是否合理；

（5）检查转让债券的原值和相关费用，核对转让债券所得的应纳税所得额计算是否正确。

3. 通过了解发行股票、债券的公司或企业向个人分派股息、配股以及支付利息的情况，检查个人取得的应税利息、股息及红利所得是否按规定进行了纳税申报。

4. 对偶然所得的应纳税所得额进行检查时，要到举办有奖销售、发放彩票的单位进行查证，掌握获奖者的名单和获奖金额，以及申报纳税情况。

第三节 个人所得税特殊计税方法的检查

一、工资薪金所得特殊计税方法的检查

（一）纳税人取得的全年一次性奖金的检查

1. 政策依据。全年一次性奖金，是指行政机关、企事业单位等扣缴义务人根据其全年经济效益和对雇员全年工作业绩的综合考核情况，向雇员发放的一次性奖金。一次性奖金也包括年终加薪、实行年薪制和绩效工资办法的单位根据考核情况兑现的年薪和绩效工资。

（1）纳税人取得全年一次性奖金，单独作为一个月工资、薪金所得计算纳税，并按以下计税办法，由扣缴义务人发放时代扣代缴：一是先将雇员当月内取得的全年一次性奖金，除以 12 个月，按其商数确定适用税率和速算扣除数；二是将雇员个人当月内取得的全年一次性奖金，按上述确定的适用税率和速算扣除数计算征税。

雇员当月工资薪金所得高于（或等于）税法规定的费用扣除额的，适用公

式为：

$$应纳税额=雇员当月取得全年一次性奖金\times适用税率-速算扣除数$$

雇员当月工资薪金所得低于税法规定的费用扣除额的，适用公式为：

$$\text{应纳税额}=\left(\text{雇员当月取得全年一次性奖金}-\text{雇员当月工资薪金所得与费用扣除额的差额}\right)\times\text{适用税率}-\text{速算扣除数}$$

（2）在一个纳税年度内，对每一个纳税人，该计税办法只允许采用一次。

（3）实行年薪制和绩效工资的单位，个人取得年终兑现的年薪和绩效工资按（1）、（2）执行。

（4）雇员取得除全年一次性奖金以外的其他各种名目奖金，如半年奖、季度奖、加班奖、先进奖、考勤奖等，一律与当月工资、薪金收入合并，按税法规定缴纳个人所得税。

（5）对无住所个人取得（4）所述的各种名目奖金，该个人当月在我国境内没有纳税义务，或者该个人由于出入境原因导致当月在我国工作时间不满一个月的，可单独作为一个月的工资、薪金所得计算纳税。

2. 主要检查方法。核查单位的个人所得税计算明细表，核实是否按税法规定正确计算扣缴税款，是否存在多次使用全年一次性奖金的计税办法，少计税款；是否存在将全年一次性奖金按所属月份分摊、重复减除费用、降低适用税率的现象。

（二）在外商投资企业、外国企业及外国驻华机构工作的中方人员取得的工资、薪金的检查

1. 政策依据。在外商投资企业、外国企业及外国驻华机构工作的中方人员分别从雇佣单位和派遣单位取得工资、薪金所得的，由雇佣单位在支付工资、薪金时，按税法规定减除费用，计算扣缴个人所得税；派遣单位支付的工资、薪金不再减除费用，以支付全额直接确定适用税率，计算扣缴个人所得税。

2. 常见涉税问题。从雇佣单位和派遣单位分别取得的工资、薪金所得未合并纳税。

3. 主要检查方法。对于在外商投资企业、外国企业和外商驻华机构工作的中方人员取得的工资、薪金所得，凡是由雇佣单位和派遣单位分别支付，而且工资、薪金所得的一部分按照规定需上交派遣单位（介绍单位）的，应审查纳税义务人提供的两处支付单位的工资、薪金发放单据和完税凭证原件，以及有效的合同或有关证明材料，审核纳税人是否按税法规定将两处取得的工资、薪金收入合并申报个人所得税。

（三）从特定行业取得的工资、薪金的检查

1. 政策依据。特定行业的工资、薪金所得应纳的税款，可以实行按年计算、分月预缴的方式计征，具体办法由国务院规定。

这里所说的特定行业，是指采掘业、远洋运输业、远洋捕捞业以及财政部确定的其他行业。这里所说的按年计算、分月预缴的计征方式，是指特定行业职工的工资、薪金所得应纳的税款，按月预缴，自年度终了之日起30日内，合计其全年工资、薪金所得，再按12个月平均并计算实际应纳的税款，多退少补。

2. 常见涉税问题。常见涉税问题有：擅自扩大特殊行业个人所得税计算适用范围。

3. 主要检查方法。检查中应重点检查采掘业、远洋运输业、远洋捕捞业以及财政部确定的其他行业以外的单位有无在计算个人所得税时，将特定行业个人所得税计算方法和适用的费用扣除标准擅自应用，少纳税款的现象。如某从事内河运输的单位错按远洋运输业的计算方法代扣本单位职工个人所得税。

（四）对个人取得的经济补偿金的检查

1. 政策依据。

（1）个人因与用人单位解除劳动关系而取得的一次性补偿收入（包括用人单位发放的经济补偿金、生活补助费和其他补助费用），在当地上年职工平均工资3倍数额以内的部分，免征个人所得税；超过的部分按照《国家税务总局关于个人因解除劳动合同取得经济补偿金征收个人所得税问题的通知》（国税发〔1999〕178号）的有关规定，计算征收个人所得税。个人领取一次性补偿收入时，按照国家和地方政府规定的比例实际缴纳的住房公积金、医疗保险费、基本养老保险费、失业保险费，可以在计征其一次性补偿收入的个人所得税时予以扣除。

（2）对于个人因解除劳动合同而取得的一次性经济补偿收入，应按“工资、薪金所得”项目计征个人所得税。考虑到个人取得的一次性经济补偿收入数额较大，而且被解聘的人员可能在一段时间内没有固定收入，因此，个人取得的一次性经济补偿收入，可视为一次取得数月的工资、薪金收入，允许在一定期限内进行平均。

具体平均办法为：以个人取得的一次性经济补偿收入，除以个人在本企业的工作年限数，以其商数作为个人的月工资、薪金收入，按照税法规定计算缴纳个人所得税。个人在本企业的工作年限数按实际工作年限数计算，超过12年的按12年计算。按照上述方法计算的个人一次性经济补偿收入应纳的个人所得税税款，由支付单位在支付时一次性代扣，并于次月7日内缴入国库。

2. 常见涉税问题。常用涉税问题有：虚增工作年限，提高当地上年平均工资标准，少缴个人所得税。

3. 主要检查方法。通过审核劳动合同，检查职工档案和缴纳劳动保险的时间来确认解除劳动关系的实际工作年限，确认是否虚构工作年限；到劳动部门、统计部门确认当地上年度职工平均工资、各项保险金金额，确定是否存在降低平均收入，少缴或不缴个人所得税的现象。

（五）个人因认购股票等有价证券而从雇主处取得的折扣或补贴收入的检查

1. 政策依据。中国境内的公司、企业为吸引人才，按有关法律和本公司制度，向其雇员折价发放股票等有价证券。其税务处理办法为：在中国境内负有纳税义务的个人（包括在中国境内有住所和无住所的个人）认购股票等有价证券，因其受雇期间的表现或业绩，从其雇主处以不同形式取得的折扣或补贴（指雇员实际支付的股票等有价证券的认购价格低于当期发行价格或市场价格的数额），属于该个人因受雇而取得的工资、薪金所得，在雇员实际认购股票等有价证券时计税。从雇主处取得的折扣或补贴，因一次收入较多，全部计入当月工资、薪金所得纳税有困难的，自其实际认购股票等有价证券的当月起，在不超过6个月的期限内平均分月计入工资、薪金所得计税。

2. 常见涉税问题。常见涉税问题有：计算折扣和补贴不准确，分摊时间超过六个月。

3. 主要检查方法。检查中应重点查明折扣或补贴的收入计算是否正确，有无未经税务机关批准自行分摊或超过批准月数平均到各月工资、薪金中，降低税率，少申报个人所得税的情况。

二、单位或个人为纳税人负担税款的检查

（一）政策依据

1. 单位或个人为纳税义务人负担个人所得税税款，应将纳税义务人取得的不含税收入换算为应纳税所得额，计算征收个人所得税。

计算公式如下：

$$应纳税所得额 = (不含税收入额 - 费用扣除标准 - 速算扣除数) \div (1 - 税率) \quad (7-1)$$

$$应纳税额 = 应纳税所得额 \times 适用税率 - 速算扣除数 \quad (7-2)$$

公式（7－1）中的税率，是指不含税所得按不含税级距对应的税率；公式（7－2）中的税率，是指应纳税所得额按含税级距对应的税率。

2. 雇主为雇员负担税款的计算方法：

（1）雇主为其雇员定额负担税款的，应将雇员取得的工资、薪金所得换算

成应纳税所得税后，计算征收个人所得税。工资薪金收入换算成应纳税所得额的计算公式为：

应纳税所得额 = 雇员取得的工资 + 雇主代雇员负担的税款 - 费用扣除标准

（2）雇主为其雇员负担一定比例的工资应纳的税款或者负担一定比例的实际应纳税款的，应将国税发〔1994〕089 号文件第十四条规定的按不含税收入额计算应纳税所得额的公式中“不含税收入额”替换为“未含雇主负担的税款的收入额”，同时将速算扣除数和税率两项分别乘以上述的“负担比例”，按此调整后的公式，以其未含雇主负担的税款的收入额换算成应纳税所得额，计算应纳税款。即：

$$\text{应纳税所得额} = \frac{\text{未含雇主负担的税款的收入额} - \text{费用扣除标准} - \text{速算扣除数} \times \text{负担比例}}{1 - \text{税率} \times \text{负担比例}}$$

应纳税额 = 应纳税所得额 × 适用税率 - 速算扣除数

3. 根据《国家税务总局关于印发（征收个人所得税若干问题的规定）的通知》（国税发〔1994〕089 号）第十四条的规定，单位或个人为纳税义务人负担个人所得税税款的，应将纳税义务人取得的不含税收入额换算为应纳税所得额，计算征收个人所得税。为了规范此类情况下应纳税款的计算方法，现将计算公式明确如下。

（1）不含税收入额为 3 360 元（即含税收入额 4 000 元）以下的：

应纳税所得额 =（不含税收入额 - 800）÷（1 - 税率）　（7 - 3）

（2）不含税收入额为 3 360 元（即含税收入额 4 000 元）以上的：

应纳税所得额 = ［（不含税收入额 - 速算扣除数）×（1 - 20%）］÷［1 - 税率 ×（1 - 20%）］　（7 - 4）

（3）应纳税额计算如下：

应纳税额 = 应纳税所得额 × 适用税率 - 速算扣除数　（7 - 5）

公式（7 - 3）、（7 - 4）中的税率，是指不含税所得按不含税级距对应的税率；公式（7 - 5）中的税率，是指应纳税所得额按含税级距对应的税率。

（二）常见涉税问题

常用涉税问题有：单位或个人为纳税人负担税款，在计算扣缴个人所得税时，不进行还原计算，而是直接计算代扣个人所得税，少扣缴税款。

（三）主要检查方法

1. 单位或个人为纳税人的劳务报酬所得负担税款的检查。检查单位或个人与纳税人是否签订了代付税款合同或协议，区分纳税人申报的所得额是含税收入额还是不含税收入额，并据此确定相应的计税方法，防止扣缴义务人混淆这两种不同内涵的所得，少代扣代缴税款。

2. 雇主为其雇员的工资、薪金所得负担税款的检查。首先检查工资发放单，确定代扣个人所得税税款是个人负担还是单位负担。其次，根据具体情况按税收政策规定的计算公式进行还原计算，确定实际应代扣代缴税款。

【例7－3】2016年4月某市稽查局在对某剧院检查其“代扣代缴”明细账时发现其支付某外地歌唱演员一次性劳务报酬7万元。经审核其演出合同，7万元为税后所得，剧院在进行纳税申报时，为其代扣代缴的税款为15 400元［70 000×（1－20%）×40%－7 000］。

解析：根据国税发〔1996〕161号文件规定：单位或个人为纳税义务人负担个人所得税的，应将纳税义务人取得的不含税收入额换算为应纳税所得额，计算征收个人所得税。故应将纳税人取得的不含税收入换算为应纳税所得额。

$$\text{应纳税所得额}=\frac{(\text{不含税收入额}-\text{速算扣除数})\times(1-20\%)}{1-\text{税率}\times(1-20\%)}$$

$$=74\ 117.65\text{（元）}$$

$$\text{应纳税额}=74\ 117.65\times40\%-7\ 000=22\ 647.06\text{（元）}$$

$$\text{该剧院应补扣税款}=22\ 647.06-15\ 400=7\ 247.06\text{（元）}$$

三、捐赠扣除计税的检查

（一）政策依据

1. 个人将其所得对教育事业和其他公益事业捐赠的部分，按照国务院有关规定从应纳税所得中扣除。

2. 所说的个人将其所得对教育事业和其他公益事业的捐赠，是指个人将其所得通过中国境内的社会团体、国家机关向教育和其他社会公益事业以及遭受严重自然灾害地区、贫困地区的捐赠。捐赠额未超过纳税义务人申报的应纳税所得额30%的部分，可以从其应纳税所得额中扣除。

（二）常见涉税问题

1. 向教育和其他公益事业的捐赠未通过规定渠道，捐赠手续不符合规定。

2. 扣除基数不正确，超标准扣除，减少应纳税所得额。

3. 扣除比例计算不正确，将允许部分比例扣除的捐赠混同全额扣除的捐赠。

（三）主要检查方法

1. 检查纳税人捐赠行为时，要重点核实纳税人是否通过国家批准成立的教育和其他公益事业组织进行捐赠，捐赠单据和公章是否相符，是否符合国家税法规定；结合纳税人的自行申报，与办理捐赠事宜的有关社会团体、国家机关取得联系，查核纳税人的捐赠行为是否真实，手续是否合法，捐赠款项是否到位，捐赠数额是否如实申报。

2. 检查纳税人所得计算的准确性，核实捐赠扣除基数，查实有无扩大基数的问题。如某个体商业户纳税申报个人所得100万元，其中，经营收入500万元，成本费用400万元，捐赠80万元。该纳税人申报时按经营收入500万元计算扣除捐赠限额，扩大扣除捐赠基数，减少应纳税额。

3. 检查通过社会团体捐赠的受赠人身份，是否是符合全额扣除标准受赠人。如某人对中国光彩事业促进会进行捐赠，该受赠人不属于政策规定的全额扣除的受赠人，该捐赠应不予税前全额扣除。

【例7-4】李某因购买体育彩票中奖取得奖金100 000元，其中40 000元通过民政部门捐赠给某贫困地区。税务机关发现李某在纳税申报时存在以下问题：

应纳税额 = (100 000 - 40 000) × 20% = 12 000（元）

解析：

李某允许扣除的公益性捐赠额 = 100 000 × 30% = 30 000（元）

李某应纳个人所得税 = (100 000 - 30 000) × 20% = 14 000（元）

四、应纳税额抵扣的检查

（一）政策依据

1. 纳税义务人从中国境外取得的所得，准予其在应纳税额中扣除已在境外缴纳的个人所得税税额。但扣除额不得超过该纳税义务人境外所得依照本法规定计算的应纳税额。

2. 所说的已在境外缴纳的个人所得税税额，是指纳税义务人从中国境外取得的所得，依照该所得来源国家或者地区的法律应当缴纳并且实际缴纳的税额。

3. 所说的依照税法规定计算的应纳税额，是指纳税义务人从中国境外取得的所得，区别不同国家或者地区和不同所得项目，依照税法规定的费用减除标准和适用税率计算的应纳税额；同一国家或者地区内不同所得项目的应纳税额之和，为该国家或者地区的扣除限额。纳税义务人在中国境外一个国家或者地区实际已经缴纳的个人所得税税额，低于依照前款规定计算出的该国家或者地区扣除限额的，应当在中国缴纳差额部分的税款；超过该国家或者地区扣除限额的，其超过部分不得在本纳税年度的应纳税额中扣除，但是可以在以后纳税年度的该国家或者地区扣除限额的余额中补扣。补扣期限最长不得超过5年。

4. 纳税义务人依照税法第七条的规定申请扣除已在境外缴纳的个人所得税

税额时，应当提供境外税务机关填发的完税凭证原件。

5. 自行申报的纳税义务人，在申报纳税时，其在中国境内已扣缴的税款，准予按照规定从应纳税额中扣除。

（二）常见涉税问题

境外个人从境外取得收入在境内抵扣计税时，提供的扣税资料不全，扣除限额的计算不正确。

（三）主要检查方法

1. 了解纳税人收入来源的国家和地区，不同应税项目应区分国家或地区分别计算抵免限额。扣除在境外已缴纳的税款时，应将纳税人在该国已缴纳的税额在按我国税法计算出的各项所得的抵扣限额总额中综合扣除。

2. 境外已纳税款的抵免（扣除）应符合下列有关条件：一是境外已纳税款应是依照所得来源国法律应计算缴纳并实际已经缴纳的税款，要注意是否存在所得来源国税务机关错征或纳税人错缴税款的问题；二是在申请扣除境外已纳税款时，必须提供境外税务机关填发的完税手续，不得以复印件申请税款抵扣，而且必须是本项、本次所得已缴纳的税款，要注意是否存在无证抵扣和混淆抵扣税额的问题。

五、股票期权所得个人所得税的检查

（一）政策依据

企业员工股票期权（以下简称“股票期权”），是指上市公司按照规定的程序授予本公司及其控股企业员工的一项权利，该权利允许被授权员工在未来时间内以某一特定价格购买本公司一定数量的股票。其中“某一特定价格”被称为“授予价”或“施权价”，即根据股票期权计划可以购买股票的价格，一般为股票期权授予日的市场价格或该价格的折扣价格，也可以是按照事先设定的计算方法约定的价格；“授予日”，也称“授权日”，是指公司授予员工上述权利的日期；“行权”，也称“执行”，是指员工根据股票期权计划选择购买股票的过程；员工行使上述权利的当日为“行权日”，也称“购买日”。

员工行权时，其从企业取得股票的实际购买价（施权价）低于购买日公平市场价（指该股票当日的收盘价，下同）的差额，是因员工在企业的表现和业绩情况而取得的与任职、受雇有关的所得，应按“工资、薪金所得”适用的规定计算缴纳个人所得税。

对因特殊情况员工在行权日之前将股票期权转让的，以股票期权的转让净收入，作为工资薪金所得征收个人所得税。

员工行权日所在期间的工资薪金所得，应按下列公式计算工资薪金应纳税所得额和应纳税额：

$$\text{股票期权形式的工资薪金应纳税所得额}=\left(\text{行权股票的每股市场价}-\text{员工取得该股票期权支付的每股施权价}\right)\times\text{股票数量}$$

$$\text{应纳税额}=\left(\text{股票期权形式的工资薪金应纳税所得额}\div\text{规定月份数}\times\text{适用税率}-\text{速算扣除数}\right)\times\text{规定月份数}$$

公式中的规定月份数，是指员工取得来源于中国境内的股票期权形式工资薪金所得的境内工作期间月份数，长于12个月的，按12个月计算；上面公式中的适用税率和速算扣除数，以股票期权形式的工资薪金应纳税所得额除以规定月份数后的商数，对照税率表确定。

员工将行权后的股票再转让时获得的高于购买日公平市场价的差额，是个人在证券二级市场上转让股票等有价证券获得的所得，应按照“财产转让所得”适用的征免规定计算缴纳个人所得税。

员工因拥有股权而参与企业税后利润分配取得的所得，应按照“利息、股息、红利所得”适用的规定计算缴纳个人所得税。

（二）常见涉税问题

1. 个人从两处或两处以上取得股票期权形式的工资薪金所得未申报缴纳个人所得税。

2. 股票期权奖励方式较为隐蔽，未代扣代缴个人所得税。

3. 计算时适用税目、税率错误，少代扣代缴个人所得税。

（三）主要检查方法

认真查阅企业的股票期权计划或实施方案、股票期权协议书、授权通知书等资料，结合员工花名册，核实个人接受或转让的股票期权以及认购的股票情况（包括种类、数量、施权价格、行权价格、市场价格、转让价格等），检查适用的税目、税率是否正确，有无混淆，代扣代缴的个人所得税计算是否正确等。

本章习题

一、单选题

1. 韩国居民崔先生受其供职的境外公司委派，来华从事设备安装调试工作，在华停留 60 天，其间，取得境外公司支付的工资 40 000 元，取得中国体育彩票中奖收入 20 000 元。崔先生应在中国缴纳个人所得税（　　）元。

A. 4 000　　B. 5 650　　C. 9 650　　D. 10 250

2. 2010 年 2 月宋某被授予本公司股票期权，行权价 1 元/股，股票 3 万股。2020 年 3 月份行权，股票当日收盘价 7 元/股。宋某应就该项所得缴纳个人所得税（　　）元。

A. 20 460　　B. 22 440　　C. 26 400　　D. 32 940

3. 孙先生所在的 A 公司 2009 年实行雇员股票期权计划。2019 年 4 月 18 日，A 公司授予孙先生股票期权 60 000 股，授予价 2 元/股；该期权无公开市场价格，并约定 2019 年 11 月 18 日起可以行权，行权前不得转让。2019 年 11 月 18 日孙先生以授予价购买股票 60 000 股，当日该股票的公开市场价格 5 元/股。计算孙先生股票期权行权所得应缴纳个人所得税（　　）元。

A. 0　　B. 28 000　　C. 35 000　　D. 37 965

4. 下列关于个人所得税的表述中，正确的是（　　）

A. 扣缴义务人对纳税人的应扣未扣税款应由扣缴义务人予以补缴

B. 外籍个人从外商投资企业取得的股息、红利所得应缴纳个人所得税

C. 在判断个人所得来源地时，对不动产转让所得以不动产坐落地为所得来源地

D. 个人取得兼职收入应并入当月“工资、薪金所得”应税项目计征个人所得税

二、多选题

1. 根据现行税法规定，下列所得可以免征个人所得税的有（　　）。

A. 购买国家金融债券取得的利息

B. 个人出售已购公有住房的收入

C. 商业保险赔款

D. 个人出租自有居住用房的收入

2. 下列各项中，纳税人应当自行申报缴纳个人所得税的有（　　）。

A. 年所得 12 万元以上的

B. 从中国境外取得所得的

C. 取得应税所得没有扣缴义务人的

D. 从中国境内两处或者两处以上取得工资、薪金所得的

3. 下列各项中，计算个人所得税自行申报的年所得时允许扣除的项目有（　）

A. 财产保险赔款

B. 国家发行的金融债券利息

C. 国际组织颁发的环境保护奖金

D. 商场购物取得的中奖所得

三、技能训练题

1. 中国公民王某2016年1月自单位取得当月工资3 000元，同时领取全年考核奖金20 000元。

要求：在不考虑其他因素情况下，计算王某该笔奖金应纳的个人所得税款。

2. 孙某在某机械厂工作20年，2019年2月与企业解除劳动合同，该机械厂向孙某支付一次性补偿金19万元，同时，从中拿出1万元为孙某缴纳住房公积金、基本养老保险费、失业保险费。

其他资料：孙某所在地2018年职工平均工资为2万元。

要求：计算孙某取得的补偿金应缴纳的个人所得税款。

3. 在一次税务检查时税务机关发现甲电影制片厂存在如下问题：甲电影制片厂聘请乙电影制片厂导演张先生为其拍摄一部叫《绿地》的电影，张导演为此获得报酬81 200元。

甲电影制片厂为张导演代扣代缴个人所得税：

$$(81\ 200-3\ 500)\times 35\%-5\ 505=21\ 690（元）$$

要求：判断甲电影制片厂为张导演代扣代缴个人所得税的做法是否正确。

4. 某纳税人在2019纳税年度，从A、B两国取得应税收入。其中：在A国一公司任职，取得工资、薪金收入69 600元（平均每月5 800元），因提供一项专利技术使用权，一次取得特许权使用费收入30 000元，该两项收入在A国缴纳个人所得税5 000元；因在B国出版著作，获得稿酬收入（版税）15 000元，并在B国缴纳该项收入的个人所得税1 720元。

要求：计算其抵免限额及需要在我国补交的个人所得税。

5. 2019年1月份大雄工资明细如下：工资15 000元，扣社保金1 000元，扣公积金1 000元，附加扣除2 000元，则大雄2019年1月工资计算个税是多少？

2019 年 2 月份大雄工资明细如下：工资 16 000 元，扣社保金 1 100 元，扣公积金 1 000 元，附加扣除 3 000 元。

要求：计算大雄 2019 年 2 月工资计算个税是多少？

6. 李先生在甲企业任职，2019 年 1 月—12 月每月在甲企业取得工资薪金收入 16 000 元，无免税收入；每月缴纳三险一金 2 500 元，从 1 月份开始享受子女教育和赡养老人专项附加扣除共计为 3 000 元，无其他扣除。另外，2019 年 3 月取得劳务报酬收入 3 000 元，稿酬收入 2 000 元；6 月取得劳务报酬收入 30 000 元，特许权使用费收入 2 000 元。

要求：

（1）计算工资薪金所得每月预扣预缴个人所得税。

（2）计算其他综合所得（劳务报酬、稿酬、特许权使用费所得）预扣预缴个人所得税。

（3）计算年度汇算应补（退）个人所得税额。

四、案例分析题

1. 某政府机关按照税法规定为个人所得税扣缴义务人。该机关认为自己是国家机关，因此，虽经税务机关多次通知，还是未按照税务机关确定的申报期限报送《代扣代缴税款报告表》，被税务机关责令限期改正并处以罚款 1 000 元。对此，该机关负责人非常不理解，认为自己不是个人所得税的纳税义务人，而是替税务机关代扣税款，只要税款没有少扣，晚几天申报不应受到处罚。

要求：判断税务机关的处罚决定是否正确，并说明理由。

2. 老刘是某企业的员工，2017 年 6 月份该企业在代扣代缴个人所得税时，遭到老刘的拒绝，因此该企业没有扣缴老刘的税款，并且未将老刘拒扣税款的情况向税务机关报告。在 2017 年 8 月个人所得税专项检查中，税务机关发现了上述情况，于是税务机关决定向该企业追缴应扣未扣的税款 100 元，并处罚款 100 元。

要求：判断税务机关的处理是否合法，并说明理由。